SOCIÉTÉ DUNKERQUOISE
Pour l'Encouragement des Lettres, des Sciences et des Arts
(RECONNUE D'UTILITÉ PUBLIQUE)

LES CAHIERS
DE LA
FLANDRE MARITIME
EN 1789

Publiés avec une introduction et des notes

PAR

A. DE SAINT-LÉGER & PH. SAGNAC
Professeurs d'Histoire à l'Université de Lille

TOME II
1ʳᵉ Partie

SOCIÉTÉ DUNKERQUOISE   Alphonse PICARD & Fils
2, Rue Benjamin-Morel   82, Rue Bonaparte
DUNKERQUE   PARIS

MDCCCCVI

LES CAHIERS
DE LA FLANDRE MARITIME

en 1789

SOCIÉTÉ DUNKERQUOISE
Pour l'Encouragement des Lettres, des Sciences et des Arts
(RECONNUE D'UTILITÉ PUBLIQUE)

LES CAHIERS

DE LA

FLANDRE MARITIME

EN 1789

Publiés avec une introduction et des notes

PAR

A. DE SAINT-LÉGER & PH. SAGNAC

Professeurs d'Histoire à l'Université de Lille

TOME II

1re Partie

SOCIÉTÉ DUNKERQUOISE
2, Rue Benjamin-Morel
DUNKERQUE

Alphonse PICARD & Fils
82, Rue Bonaparte
PARIS

MDCCCCVI

CHATELLENIE DE BERGUES

NOTICE

La châtellenie, ou plus exactement le bailliage de Bergues Saint-Winoc, était la circonscription administrative et judiciaire la plus étendue après la châtellenie de Cassel. Elle comptait environ 67.450 mesures de terre.

L'*Union* entre le *Magistrat* de la ville et le *Chef-Collège* de la châtellenie avait eu lieu en 1586.

Le Magistrat exerçait la justice à tous les degrés dans la ville et dans vingt-quatre villages du plat-pays. Seules, six seigneuries, vassales de la châtellenie, avaient leurs tribunaux particuliers. C'étaient : la ville et seigneurie d'Hondschoote, les villages et seigneuries de Pitgam, d'Esquelbecq, de Ledringhem, le village et comté d'Houtkerque, enfin la prévôté de St-Donat, qui comprenait, outre différentes branches et enclaves, les villages de Looberghe et de Bissezeele. Dans ces « vassaleries », les jugements étaient rendus par les « gens de loy » des seigneurs et relevaient par appel au Présidial de Bailleul[1] et au Parlement de Flandres. Il faut ajouter à ces « six vassaleries » la juridiction seigneuriale des Moëres, établie par arrêt du Conseil du 10 octobre 1758.

---

[1] Exception faite pour les villages de Looberghe et de Bissezeele, qui dépendaient directement de la prévôté de St-Donat.

Le Magistrat de Bergues était la régie principale de l'ensemble de la châtellenie, ville et plat-pays. Il administrait directement la ville et, par l'intermédiaire d'un hoofman et de quelques asséeurs qu'il nommait, les vingt-quatre villages sur lesquels s'étendait sa juridiction. Il avait même une sorte de supériorité administrative sur les six vassaleries, qui avaient leurs échevinages particuliers et qui formaient des régies secondaires. Ces régies secondaires avaient au-dessous d'elles des régies subalternes. Par exemple, de la prévôté de St-Donat dépendaient les ammanies de Looberghe, d'Hondschoote, de Killem, de Téteghem, etc.

Les cahiers des communautés de la châtellenie de Bergues doivent donc se classer ainsi qu'il suit :

I. Les cahiers des corporations et de la ville de Bergues;

II. Les cahiers des villages sur lesquels s'étendaient la juridiction et l'administration du Magistrat de Bergues ;

III. Les cahiers des vassaleries avec celui de la juridiction des Moëres.

I

CORPORATIONS DE BERGUES

Savetiers

L'an mil sept cent quatre-vingt-neuf, le 18e jour du mois de mars, en l'assemblée des MAITRES SAVETIERS de cette ville de Bergues, convoqués extraordinairement par billets, en la manière accoutumée et tenus dans la Noble Rose où étaient présens Pierre Hennebelle ; Christofle Wittynk, connétable ; Jacques Goessen, doien ; W. Cavael (?) et Pierre Woutters, deux assistans ; P. Bechaert ; P. W. Mallet ; Frans Brian ; F. Persyn ; Jaen Garzylies ; P. Deheurel ; P. Pierens ; F. Verhaege ; Jos de Ruyter ; J. de Louage ; F. Marest ; P. de Clerck ; J. Hostyn ; J.-B. Ketebaete ; P. Saciole ; J. Beutaert ; Jos Heyse ; Pierre Bechaert jeune ; F. Magister ; J. Jeuls ; Hejoh (?) ; Hostyn ; Jos Hostyn ; J. Zoste ; J.-Is. Hollente ; C. Sys ; J. Decocq ; Louis Lefebvre ; Lamb. Perseveille ; Louis Lauvivre ; J.-B. Spannuydt ; Bernard Demarey ; Louis Maistres, du même corps des savetiers et demeurants en cette ville de Bergues, pour, en exécution des lettres du roy données à Versailles le 24 janvier 1789 et 19 février ensuivant, des règlemens y annexés et de l'ordonnance de M. le Bailli du bailliage royal de Bailleul, rendue en conséquence le 16 de mars et conformément à l'avertissement donné à l'effet de la présente assemblée par MM. les officiers municipaux de cette ville en la personne de Christophe Wittynk, connétable du même métier, le 17 mars, être procédé à la nomination de députés dans la proportion déterminée par l'article

XXVI du règlement à l'assemblée du tiers Etat qui doit être tenue le 24 de mars en l'hôtel de ville pour rédiger le cahier dont il est parlé dans ladite ordonnance et nommer des députés pour porter ledit cahier en l'assemblée qui doit être tenue par M. le Bailli audit bailliage, dans laquelle assemblée lesdits sieurs susnommés, après en avoir délibéré et avoir recueilli les voix, ont, d'après la pluralité des suffrages, nommé et député par ces présentes la personne de Pierre Woutters à l'effet de les représenter à l'assemblée du tiers Etat qui doit se tenir en l'hôtel de ville, ou autre lieu indiqué, dans les formes ordinaires et là concourir avec les autres membres de ladite assemblée à la rédaction de leur cahier de doléances, plaintes et remontrances et après la rédaction dudit cahier concourir pareillement à l'élection des députés qui seront chargés de porter ledit cahier à l'assemblée qui sera tenue par M. le.... de..... le...., donner auxdits députés tous pouvoirs généraux et suffisans de proposer, remontrer, aviser et consentir tout ce qui peut concerner les besoins de l'Etat, la réforme des abus, l'établissement d'un ordre fixe et durable dans toutes les parties de l'administration, la prospérité du royaume et le bien de tous et de chacun des sujets du roi, promettant lesdits sieurs agréer et approuver tout ce que lesdits députés qui seront nommés auront fait, délibéré et signé en vertu des présentes, de la même manière que si lesdits sieurs comparans y avoient assisté en personne.

Fait et passé.

Cahier de doléances, plaintes et remontrances faites par les MAITRES CORDONNIERS de la ville de Bergues St Winnoc, en Flandres, en vertu des lettres du Roi données à Versailles le 24 janvier 1789 et 19 février en suivant.

1º Le dit corps expose les intérets qu'il souffre de n'être pas soutenu par M. le Magistrat de cette ville de Bergues dans leurs anciens statuts et privilèges de maitrise, attendu que les étrangers livrent ouvertement des souilliers en ville aussi bien que les francs maitres qui ont dû paier les droits de maitrise et charges de la ville, et quand la communauté fait saisir des souilliers, il faut soutenir procès.

2º Que les droits établis sur les cuirs depuis trente ans font un tort considérable à la communauté par la cherté des cuirs, qu'à ce sujet les maitres doivent vendre à un haut prix les souilliers, [ce] qui rend la consommation petite, attendu que la pluspart du peuple porte des sabots.

3º Que la cherté desdits cuirs est encore occasionnée par le transport qu'on en fait dans les païs étrangers, même des cuirs crues et en poil, d'où il résulte que nos manufactures restent vuides sans travailler, et en outre que les fabriquans pour tenir les cuirs très chers font entre eux un monopoule en achetant tous les cuirs qui se trouvent chez nos voisins.

4º Que les accises ou droits de ville, qui sont exhorbitantes, établis sur les boissons et principalement sur les bierres qui est la boisson ordinaire du païs les rends si chères que le peuple n'en peut faire usage (qui est très facheux pour les ouvriers qui travaillent le long d'un semaine à la sueur de leur corps) (biffé).

5º Et ce qui augmente encore les mêmes droits de ville s'est que la moitié des habitants de Bergues, savoir le Magistrat, l'Etat major, les ecclésiastiques, couvens, anciens échevins, qui ont servi sept ans, et les veuves des échevins sont exempts de ces droits, ainsi l'autre moitié desdits habitans doit tout supporter, [ce] qui augmente la taxe et droits établis sur la boisson.

6º Que la ville, qui entretient des fournitures pour une garnison complette de trois bataillons qui faisaient une forte consommation en tout, et pour l'entretient desquelles la ville doit entretenir les fournitures qui dépérisent, se trouve presque toujours sans garnison, dont le peuple en souffre beaucoup, en païant aussi, sans rien profiter, la pension et l'entretient de l'Etat major.

7º Et finallement que l'altération de la libre navigation de cette ville par mer est très préjudiciable et déplorable pour le peuple à cause que le commerce qui devroit fleurir ouvertement est totallement interrompue par une ordonnance de M‍r l'Intendant de Flandres et d'Artois, sans considérer que les habitans de Bergues paient depuis l'an 1762 jusq'à présent un droit très considérable taxés sur les maisons pour l'entretient de cette libre navigation sans aucuns fruits, et de laquelle taxe personne n'en rend compte au peuple, où la masse de cette imposition est emploïée.

Remontrances et observations

1º Il serait à souhaiter qu'il plairoit à S. M. pour le bien de ses fidèles sujets et de son roïaume d'accorder la suppression des intendans et de ses officiers qui sont une charge incroiable pour leurs entretients.

2º Que le Magistrat de cette ville se pourront élire par des commissaires à établir par S. M. qui seroient moins fraïeux aux provinces que si cette élection et renouvellement du Magistrat continueroient à se faire par les intendans.

3º La suppression du droit d'issue ou d'aubaine qu'on lève de nos voisins et que nos voisins lèvent sur nous dans toute la province de la Flandre sur les héritages que nos frères et citoiens font de leurs parens, tandis qu'il y a tant de provinces en France qui en sont exempts.

[4º] Finallement, que tandis que cette ville se trouve la pluspart de tems presque sans garnison il n'est d'aucune utilité d'entretenir un si grand corps de l'Etat major, comme il se trouve ici. Un moindre suffiroit pour contenir la tranquillité publique parmi une nation pollicée, paisible, docile et interressée pour la prospérité et le service de son roi.

Fait en notre assemblée extraordinaire le 19 du mois de mars

1789, et ont tous les maitres signés qui savent signer et parapher.

J. F. Hamilton, J. Doré, J. Flaender, N. Ghaiant (?), J. Kesteman, Ant^e de Mey, Charles Vareilles, Pierre Formentin, J. de Lehay, J.-B. Meurtin, E. Marischael, Joanne Trebbe, P. Laeben, Joannes Everaere, Andries Rentier, Sebastiam Vamanis, F. Blanckaert, Alexius Lafrance, J. Blanckaert, Joannes Van Steene, Pierre Callewaert, J. Vanderhaeghe. [Un nom a été enlevé par coupure].

Tanneurs

Articles que les Tanneurs prient MM. les députés réunis des autres corporations et communautés de cette ville de Bergues à cette assemblée de vouloir comprendre et inserrer pour eux dans le cahier de doléances, plaintes et remontrances à dresser actuellement.

1º La suppression des droits de sortie que l'on fait payer à Dunkerque réputé étranger du royaume [1], sur les cuirs en poil ou verds [2] tant secs que salés, importés dans ce pays.

2º La remise entière des droits sur les cuirs fabriqués ou tannés exportés à l'étranger. Cette remise a été accordée dès l'établissement des droits, qui a été réduite (on ne sait par quelle autorité, la régie n'avoit jamais produit aucun arrêt, ordonnance ou docu-

---

[1] A cause de sa *franchise*, Cf. Introduction, p. xxvi.
[2] Peaux brutes.

ment royal à cet égard) aux deux tiers du droit principal, l'autre tiers et les dix sols pour livre du total restant à la charge du tanneur ; ce qui, joint à l'art. précédent, fait au grand détriment de la fabrique et du commerce en général des cuirs ; qu'on ne fasse plus aucun envois à l'étranger, ce dernier étant préféré à ceux de ce pays pour le meilleur compte qu'il peut le livrer, ainsi qu'il fait avec Dunkerque par la voie d'Ostende, domination impériale, où il n'y a aucun impôt établi sur les cuirs fabriqués ou tannés.

3° De permettre que les officiers municipaux de cette ville et chatelenie soient dorénavant choisis et élus par les notables de ladite ville et chatelenie, afin que ces officiers, ne dépendant actuellement que d'une seule et unique personne [1], ne soient plus gênés dans leurs deliberations et puissent par conséquent mieux se prêter au bien général.

4° Qu'il n'y ait plus d'exemption de droits en faveur de personne, en quelque qualité ou à quelque titre que ce soit [2].

5° Et finalement MM. les députés sont requis de vouloir bien représenter les entraves qu'on met à la navigation qu'il a plû à sa royale bonté de Sa Majesté d'accorder à cette ville de Bergues.

Tonneliers

Cahier de doléances, plaintes et remontrances, faite par les MAITRES TONNELIERS de la ville de Bergues St Winnoc en Flandres, en vertu des lettres du roi données à Versailles le 24 janvier 1789 et le 19 février en suivant.

---

[1] L'intendant, qui nomme les échevins.
[2] Cf. Tanneurs (5).

1 — *Identique au cahier des cordonniers (1)*.

2 — » » *(4) et en plus :* La consommation n'est à demi si forte que s'il n'y avait pas tant de droits, par où il résulte que ce corps ne livre pas la moitié de futayes qui devraient y être emploié, si la consommation serait plus forte.

3 — *Identique au cahier des cordonniers (5)*.

4 — » » (6).

5 — » » (7).

Remontrances et observations

1-4 — *Identique au cahier des cordonniers (1-3)*.

Fait en l'assemblée ce 19 de mars 1789 et ont signés et paraphés.

B. de Puydt, P. L. Christiaens, Joannes Milantoo (?), François Caron, S. W. Vanderstechel, L.F. Kesteman, S. Brunel, J. J. Claeysen, Winocus de Beire.

Orfèvres

La communauté des Marchands Orfévres de la ville de Bergues désirent la réformation de tous les abus dans les administrations, le bien de l'Etat en général et tout ce qui peut contribuer à la prospérité du royaume et spécialement de cette ville de Bergues.

Item. L'abolition du droit d'écart ou d'issue et autres semblables.

Arrêté à l'assemblée du vingt mars mil sept cent quatre-vingt-neuf.

      J. J. Dumoulin, G. Moutton, C. W. Devaecke, Couvreurs, P. J. Lenoir, Joannes Minnart, la veuve Minnart.

H. Cuvelier, député, *ne varietur*.

Pharmaciens

A représenter pour former le cahier des Plaintes, Doléances et Représentations.

Aujourd'hui vingtième du mois de mars mil sept cent quatre-vingt-neuf, le corps des Maitres en Pharmacie jurés, de la ville et chatelenie de Bergues St Winocq, assemblés par ordre et conformément à l'avertissement donné à l'effet de la dite assemblée par M^r M^r les officiers municipaux de cette ville, se plaignent.

1º De la tollerance par la pollice des charletans soi-disant brevettés, ou non brevettés.

2º Des débits qui se font des drogues et touttes sortes des médicaments composés et simples, en entier et en poudres, de même des arcenicqs en substance et toute matière et liqueurs corosives par des personnes non entendus, malgrez des représentations par requette à ce sujet; et vu que les soussignés sont obligés d'observer les ordonnances, et sous les peines y portés.

3º Que les exempts [1] seroient assugettis aux mêmes droits que

---

[1] Cf. Tanneurs (5).

tous les autres sujets, sur tous les boissons, tant des vins, bierres et excessives droits des eaux de vie.

4º Représentons qu'une sufficente garnison et l'extention du commerce par la libre navigation sont capable de nous soulager, pour pouvoir avec une vraie satisfaction payer tous les impôts et droits que Sa Majesté notre auguste père daignera nous imposer.

5º Demandons que les Edits des l'années mil sept cent soixante-quatre et cinq relativement à l'élection des Mr Mrs du Magistrat soit exécuté.

Ainsi fait et arrêté en notre assemblée extraordinaire, jour, mois et an que dessus.

L. Chent, C. J. Stellamans, P. Dermuller, P. Legier, T. W. Claeis, L. Vernaelde, H. Andries, H. Cuvelier député, T. J. J. Stellamans.

Sculpteurs, Charpentiers et Menuisiers

L'an mil sept cent quatre vingt-neuf, le vingt du mois de mars, Nous sousignés Maitres Sculpteurs, Charpentiers et Menuisiers, ayant tenu notre assemblée, en l'hotel de ville, en conséquence de l'avertissement donné au sieur Joseph Roose, le plus ancien de notre Corporation, le dix huit du même mois, tous demeurans en cette ville de Bergues, et par ordre du Magistrat de la même ville, en exécution des letres patentes de Sa Majesté du vingt-quatre janvier 1789, et dix neuf février ensuivant, des règlements y annexés, et de l'ordonnance de M. le bailly du bailliage royal de Bailleul, rendu en conséquence le… avons, après mûres délibérations, arêté et résolu, arrêtons, résolvons et remontrons les plaintes ou doléances suivantes :

La première, que les adjudications, au rabais, des ouvrages de la ville ou communauté de Bergues se font à si vil prix que la présomption est qu'il existe de l'intéligence entre les adjudicataires et ceux qui font l'adjudication, que c'est même un fait constaté à l'époque de l'adjudication au rabais de l'an 1788, dans laquelle le sieur bourgmaître Schodt aprez avoir demandé au sergent crieur Hioler si les anciens adjudicataires étaient les derniers enchérisseurs et lui ayant été par ledit sergent répondu affirmativement, leur adjuger aussitôt les ouvrages de la ville en donnant les coups de marteau.

La seconde, que le Magistrat de Bergues fit publier que les maîtres charpentiers ne peuvent jouir que du bénéfice de deux patars par jour, sur chac ouvrier, bénéfice trop modique, considerés les avances que les remontrans font de leur argent, les risques de le perdre, l'entretien et le dépérissement de leurs outils, que dans la ville de Dunkerque, les maître charpentiers ont une faveur de cinq sols par jour en ville et de sept sols et demy hors de la ville sur chac ouvrier.

La troisième, que le Magistrat de Bergues, depuis multitude d'années, fait paier une taxe pour la liberté de la navigation, sans rompre charge à Dunkerque, sans que les remontrans puissent exactement jouir de cette prérogative, et que le Magistrat s'est oposé lui-même, à cette jouissance.

La quatrième, que malgré que les ordonnances pour le fait des adjudications des ouvrages publics ordonnent que tous ouvrages, excèdans les cent livres tournois, doivent être adjugés au rabais, que cependant le Magistrat de Bergues fit faire à sa chambre échevinale et à sa chapelle des ouvrages et embelissemens en sculpture et en dorure pour plus de deux mil écus, par convention ou entreprise particulière, et même par un étranger apellé Tretal, demeurant à Seclin.

La cinquième, que pour obvier à tous abus et inconvéniens à

l'avenir, les sousignés suplient le plus respectueusement Sa Majesté vouloir les ériger en corps de métier, ofrons en conséquence d'aquiter au roy telle finance qu'il apartiendra.

Ainsi délibéré, arété, résolu et suplié par les sousignés, jour, mois et an que dessus.

> W. J. Restesteman, Joseph Roose, V. Francis Dequéker, V. Quéker, C. Vansteene, J. M. Loyer, J. L. Elshoecht, A. Bourey, B. Dobbelaere, A. Clapsteen, Joannes Fransois Antonnius Carolus, Antoine Croissol, M. Bogaert, C. Van Waeterhoot, N. Gouliez, Pieter Strobbe, J. Bastaer, Frans Vandorme, Salomon Bac, Jacques Folcke, Thomas Cochuyt, Josep. Meneboo, Jacques Bourez.

Drapiers

Points, observations et remontrances pour le Corps de metier des Marchands Drapiers et autres étoffes sous le titre de St Roc dans la ville de Bergues St Winoc, seulement composé de quatre membres.

Sa Majesté, donnant présentement la clef à tous les individus des ses communautés du roiaume pour ouvrir leurs bouches qu'ils ont dû tenir fermées tant d'années, à faire connaitre les abus et erreurs qui se sont glissés dans l'administration particulière de leurs supérieurs, au grand préjudice des sujets des communautés, et Sadite Majesté, par une suite de sa bonté paternelle, permettant à tous ses sujets de faire leurs plaintes de doléances, observations, et demander à corriger ces erreurs et abus pour le bien être de tous et chacun de ses sujets, les membres composans ledit corps ont résolu à leur assemblée, tenue le vingt du présent mois de mars, de représenter et demander ce qui suit.

1º Que comme ledit corps de métier se trouve chargé de grande charges de rentes occasionnées à lever pour soutenir plusieurs et fréquens procès, qu'ils ont été obligés de soutenir, contre les membres du corps de metier sous le titre de St Nicolas, tailleurs et autres particuliers qui vendoient, et vendent encore, différentes espèces d'étoffes, en fraude de leur dit Corps de Marchands drapiers, à eux permis exclusivement, par leur rolle octroyé par M. nos Magistrats, à quoi ils ne remédient, ni soutienent, si non que par des fréquens procés, qui tendent à grand frais et ruine et ne sont jugés qu'après plusieurs années, sans avantage, et ce sous prétexte de différens noms qu'on donne actuellement aux draps et étoffes qu'on vend et débite à ceux du tems de la confection des leur dit rolle primitive, laquelle ils ont sollicité plusieurs fois lesd^s Srs du Magistrat à le renouveller et remédier, et qu'ils sollicitent encore sans effet.

2º Que le Tiers-Etat continuerait à avoir le double de representans à ceux du premier et second état.

3º Que M. l'Intendant, qui de tems à autre renouvelle notre Magistrat, pour ainsi dire ne fait qu'un corps avec son Subdélégué général de la Flandre Maritime, le subdélégué de Bergues et le Magistrat aiant aussi leur pleine satisfaction, étant composé de leurs enfans, proches parens et autres leurs alliés, formans la plus forte partie, ce qui les rend suspect dans toute la régie et votation concernant le public, au préjudice de leurs intérêts, à l'exclusion des autres bons sujets de la communauté qui auraient droit d'y prétendre à leur tour et en sont exclus.

4º Pour parler avec seureté se trouve à propos que nos douze députés à choisir requéreroient Mrs du Magistrat, leur représenter devant un de leurs commissaires les comptes de cette ville et châtellenie, des trois dernières années, ainsi que celles générales du département de la Flandre Maritime, s'ils ont ces derniers en leur pouvoir, ou du moins copie autentique d'ycelles avec les justificatives, afin de le pouvoir examiner, pour y decouvrer les abus, erreurs, dépenses inutiles, ainsi que la non boni porté en recette, s'il s'en trouve.

5° Que Sa Majesté seroit suplié vouloir bien à l'avenir renouveller de tems à autre ses magistrats, conseillers pensionnaires et greffiers, par les Etats de la Flandre Maritime, en présence et assistance de deux ou quatre de nos députés à choisir par les douze députés qui se trouveront nommés.

6° Sa Majesté aiant eu la bonté depuis longtems d'accorder et octroyer à cette ville de Bergues la libre navigation à la mer près Dunkerque par le canal et ponts qui leur appartiennent, que leur communauté a fait faire et entretient inclusivement, que non obstant il arrive des fréquentes difficultés par celui qui a la direction des eaux [1], au mépris dudit octroi, sous prétexte des pretendus eaux douces qui se découlent du pays au lieu de donner l'eau de la mer pour l'accomplissement de la courtresse desdits eaux douces à un hauteur convenable pour que les vaisseaux puissent venir de la mer à Bergues, au grand intérêt et préjudice des habitans dudit Bergues, et ceux de la chatellenie ; à quoi il est nécessaire et urgent d'être pourvu ; pour les frais et dépenses de lad^{te} libre navigation, les Magistrats de Bergues ont fait depuis plus de 28 ans une taxation annuelle et générale à la charge des propriétaires et locataires de cette ville et terres de la chatellenie, qui se paie encore actuellement ; sans en avoir rendu

---

[1] Il s'agit probablement ici du sieur Duclos, ingénieur, chargé des travaux du port de Dunkerque. Voir DE SAINT-LÉGER, *Dunkerque et la Flandre maritime*, p. 296.

aucun compte à la communauté, s'il se trouve encore nécessité de le continuer, ou point.

7° Et comme il est d'une très grande conséquence, pour le bien être et accroissement d'un commerce général, non seulement pour Bergues, mais aussi pour toutes les villes proches et éloignées, à requérir et suplier Sa Majesté qu'il lui plaisait d'accorder à la ville de Bergues ce droit de l'entrepôt pour y arriver en toute deligence et seureté directement, et être déchargés les marchandises, excepté ceux de contrebande; que de ceux qui y resteront, les droits seroient paiés à Bergues au lieu qu'à Dunkerque, ceci ne pouvant s'obtenir ou demander pouvoir faire le déchargement des sels comme à Dunkerque.

8° Plus, à suplier Sa Majesté vouloir donner par réglement que Bergues auroit ordinairement une garnison au moins de deux à trois bataillons de troupes réglées comme on a eu régulièrement ci-devant, et dont depuis quelques années on a à peine un détachement, et même en différens tems seulement une compagnie qui ne pouvaient faire le service et qu'à cette occasion une des quatre portes de la ville a dû se fermer au grand préjudice des habitans; pour laquelle garnison et même une plus forte, se trouve toute aisance et commodité d'amonition, hopital, cazernes, pavillons et écuries pour leur logement, puisque dans les années 1758 on y a logé les quatre bataillons de la garde française et deux escadrons de cavalerie, sans qu'aucun soldat fut logé chez le bourgeois, et que par la non jouissance d'assès de troupes, un nombre d'habitans sont entierement épuisés, d'autres très fortement lézés à faire leur commerce et gagner honnestement la vie, et les moindres réduits en pauvreté à la charge de la communauté.

Finalement, comme plusieurs personnes, tant ecclésiastiques que laïques, sont exempts des droits des Domaines et de la ville, concernant leur consommation des boissons, qu'un chacun le devroit paier sans exception de personne, aussi et de même que se paie le don gratuit.

Pottiers, Mégissiers et Cordiers

Mémoire contenant les doléances, plaintes et remontrances du corps de metier des POTTIERS, MESSIGIERS et CORDIERS, établies en la ville de Bergues Saint Winoc, qu'ils ont dressé en exécution des lettres du Roi, données à Versailles le 24 janvier 1789 et 19 février en suivant, en leur assemblée générale, tenue au cabaret enseigné Saint-Jean audit Bergues, le vingt deux mars 1789.

1º Premierement observent que MM. les Municipaux de cette ville les ont réunis depuis un tems immémorial, en vertu des statuts et réglemens faits à cet égard; qu'ils supportent toutes les charges, tant celles de Sa Majesté imposées sur leurs marchandises depuis l'année 1760, que celles portées par lesdits statuts et règlemens, et qu'ils ne sont aucunement maintenus dans leurs priviléges, veü que plusieurs individus de la campagne et des autres endroits y viennent débiter leurs marchandises en vilipendance dudit réglement.

2º Qu'ils payent, conjointement les autres habitants, depuis l'année 1762, des taxations considérables pour la libre navigation, sans rompre charge, de la mer jusqu'à cette ville, distante de deux petites lieues, de laquelle perception, ils exigent que compte soit rendu en forme par MM. les Municipaux.

3º Que MM. les Municipaux seront aussi obligés à rendre compte du produit qu'ils ont toùché depuis l'année....... de la taxation qu'ils ont faite sur les boissons consommées en cette ville, pour la construction du pavillon de MM. les officiers, de la quelle taxation on en fait encore aujourd'hui la perception ; que notre ville contribue annuellement ès taxations de Sa Majesté, à raison de trois bataillons, et qu'elle, depuis quelques années, n'est pourvüe, ou d'un bataillon ou de trois à quatre compagnies, ce qui fait que les bourgeois habitans ont du mal à vivre eu égard au petit commerce qui s'y fait.

5° (*sic*) Que les droits sur toutes nos boissons soient abolis ou diminués, attendu qu'ils surpassent de beaucoup la valeur de la chose même.

6° Qu'il seroit très juste et équitable que MM. les ecclésiastiques et ceux de la noblesse contribueraient, chacun pour le tiers, dans toutes les impositions et demandes du Roy, d'un côté, parce que les deux tiers de tous les biens et revenus leur appartiennent et même au dela, et d'un autre, parce que nous sommes tous serviteurs de Sa Majesté et obligés de la secourir en toutes et telles occasions et circonstances qu'elle plaira nous faire donner connaissance.

Ce faisant, le soussigné, au nom de ses confréres, ne laissera d'exaucer les vœux au ciel pour le salut de l'âme de Sa Majesté et la prospérité du royaume.

J. V<small>ANDENBILCKE</small>.

Boulangers

Points à représenter, par le député du Corps de Métier des M<small>AITRES</small> B<small>OULANGERS</small> de la ville de Bergues St Winnoc, à l'assemblée du tiers Etat.

1° Qu'aucun fagot ni mesure de gros bois dit bûches, ne soit fait ni vendû dans cette ville et châtellenie, qu'il n'ait sa juste longueur et contenance comme du passé, à s'cavoir : les fagots de la longueur de cinq pieds de Flandres, de la grosseur ou contour de sept palmes. Les buches de vingt huit pouces en longueur et grosseur, puisqu'actuellement ils sont d'une cherté exorbitante.

2° Qu'il seroit insisté pour la libre navigation sans aucun obstacle, vu qu'il y a vingt huit ans qu'on paie une taxe annuelle pour cet objet.

3° A faire toute représentations possibles pour avoir une garnison de deux à trois battallions de troupes, puisqu'on en est privé depuis plusieurs années, ce qui fait que les habitans en souffrent grandement, même qu'il y en a plusieurs qui se trouvent ruinés et même réduits à la mendicité.

4° Qu'on paie actuellement pour les droits de moulage d'un sacq de blé 14 sols ou cidevant on ne paioit que dix sols par sacq, à leur grand préjudice.

A demander que personne ne soit plus exempt d'aucun droit sur la consommation des vins et bierres et que chaque individu les paie l'un comme l'autre.

Ainsi fait et arrêté le vingt deux mars mil sept cent quatre vingt neuf.

C. J. Denys, J. J. Bryseboo, W. J. de Bée, Jaen Willay, J. de Bruyne, J. Nempon, C. W. Van de Caserye, Pieter Wulveryck, Jean Versallie (?), J.-B. Woutters, Gruion, Pierre Antoine Noreel, Carolus J. De Vos, Benoit Andries, J. Verley, F. Van de Casery, Joseph Wenis, la marque de Pierre Francois Névejans qui a + déclaré ne s'cavoir écrire. Présens Collette. N^re R^al.

Porte-Sacs

L'an mil sept cent quatre vingt neuf le vingt deux du mois de mars en l'assemblée du corps des Porte-Sacs convoqués extraordinairement en la manière accoutumée et tenue dans l'auberge de la Pucelle en cette ville de Bergues, Marché aux pommes, et où étoient Jean Van Batten, Charles Berque, Simon Cachie, Corneille De Schuytter, Frans Van Wormhoudt, Benoit Van Latuin, Jean Fasseur, Jean-Bap^{te} Fonteyne, Jean-Bap^{te} Swartvaeger, Jean Van Debargue, Jaques Fonteyne, Maurice Pecqueu, Martin Saigné, Jean-B^{te} Soetemont, Nicolas Marichal, Louis Pecqueu, Frans Pecqueu, Joseph Pecqueu, Martin Maës, Jean Maes, Jean Govaere, Dominique Beck, Alexandre Delacour, Antoine Fayé, Pierre Lennebeque, Jaques Pinée, Josse Pinée, Pierre Haeze, Charles Bateman et Philippe Bart, tous membres dudit Corps et demeurans en cette ville pour, en exécution des lettres du Roi données à Versailles le 24 janvier 1789 et 19 fevrier en suivant, des règlemens y annexés, et de l'ordonnance de M. le Bailli du bailliage roial de Bailleul rendu en conséquence le... conformément à l'avertissement donné à l'effet de la présente assemblée par MM. les officiers municipaux de cette ville, en la personne de Jean Van Batten, doïen dudit Corps le 16 de ce mois, être procédé à la nomination des députés dans la proportion déterminée par l'art. 26 du règlement à l'assemblée du tiers Etat qui doit être tenu le 24 de ce mois en l'hôtel de ville pour rédiger le cahier dont il est parlé dans ladite ordonnance, et nommer des députés pour porter ledit cahier en l'assemblée qui doit être tenue par M. le bailli dudit bailliage, dans laquelle assemblée lesdits susnommés après en avoir délibéré et avoir recueilli les voix, ou d'après la pluralité des souffrages nommé et député par ces présentes la personne de Jean Fasseur membre dudit corps, à l'effet de les représenter en l'assemblée du tiers, qui doit se tenir en l'hôtel de ville, dans les formes ordinaires, et là concourir avec les autres membres de ladite assemblée à la rédaction de leur cahier de Doléances, plaintes et remontrances, et après la rédaction dudit cahier concourir pareillement à l'élection des deputés, qui seront chargés de porter ledit cahier à l'assemblée qui sera tenu par elle le.... de.... le..., donner auxdits députés tous pouvoirs généraux et suffisans de proposer, remontrer, aviser, et consentir tout ce qui peut concerner les besoins de l'Etat, la réforme des abus, l'établissement d'un ordre fixe et durable dans toutes les parties de l'administration. La prospérité du roiaume, et les besoins de tous et chacun des sujets du Roi, promettant lesdits sieurs agréer et approuver tout ce que lesdits députés qui seront nommés, auront fait et délibéré et signé en vertu des présentes, de la même manière que si les dits comparans y avoient assisté en personne.

Fait et passé date que dessus et ceux sachant écrire ont signé.

> Joannes VAN BATTEN, Benedictus VAN LATUIN, Joannes Baptiste FONTEYNE, Joannes Baptiste SOETEMONT, Franciscus VAN WORMHOUDT, Mourys PECKEU, Nicolaeys MARISCHAEL, Joannes GOVAERE, Pieter de HAESE, FASSEUR, Joannes Baptiste SWARTWAEGHER, Jacobus PINÉE, Franciscus PECKEU, Joannes MAES.

L'an mil sept cent quatre vingt neuf, le vingt deux mars, en conséquence de la signification à nous faite par MM. les officiers municipaux de la ville et châtellenie de Bergues le 16 de ce mois, signé Vernimmen, en l'assemblée du Corps des PORTEFAIX de la ville de Bergues, contenant de former un cahier de Doléances, plaintes et remontrances, déclarons unanimement par ces présentes n'avoir aucun à former, en foi de quoi avons, ceux sachant écrire, signé.

Fait date que dessus.

> Joannes VAN BATTEN, Benedictus VAN LA-
> TUIN, Joannes B^te SOETEMONT, Franciscus
> VAN WORMHOUDT, Mourys PECKEU, Ni-
> colaeys MARISCHAEL, Joannes GOVAERE,
> Pieter DEHAESE, Joannes B^te SWARTVAE-
> GHER, Jacobus PINÉE, Fransiscus PECKEU,
> Joannes MAES, J. FASSEUR.

Charcutiers

L'an mil sept cent quatre vingt neuf et le vingt deuxième jour du mois de mars en l'assemblée du franc Corps de Métier des CHAIRCUTIER de la ville de Bergue St Winnoc, convoquée extraordinairement par billets en la manière accoutumée et tenue au cabaret enseigné La Ville d'Hondschoote audit Bergues, où étoient présens Sr Jacques Zeghers doïen dudit Corps, Jacques Ignace Hauspié, Francois Meneboo, Jean Deweer, Ferdinand Mooke, Jean Desmadris, Jean Robyn et Pierre de Mey, tous membres dudit Corps de Métier, demeurans en cette dite ville, lesquels pour, en exécution des lettres du Roi données à Versailles le vingt quatre janvier 17e quatre vingt neuf et dix neuf février ensuivant, des réglemens y annexés et de l'ordonnance de M^r le bailli du bailliage royal de Bailleul rendu en conséquence le.... et conformément à l'avertissement donné à l'effet de la présente assemblée par Messieurs les officiers municipaux de cette ville en la personne dudit Jacques Zeghers leur doïen, le dix sept de ce mois, être procédé à la nomination de députés, dans la proportion déterminée en l'article vingt six du réglement susdit, à l'assemblée du tiers-état qui doit être tenue le vingt quatre de ce mois en l'hôtel de ville pour rédiger le cahier dont il est parlé dans ladite ordonnance, et nommer les députés pour porter ledit cahier en l'assemblée qui doit être tenue par M. le bailli dudit bailliage.

Dans laquelle assemblée lesdits sieurs sus-nommés, après en avoir délibéré et avoir recueilli les voix, ont, d'après la pluralité des suffrages, nommé et député par ces présentes la personne de Sr Patrice Arsene Cousyn marchand graissier demeurant en cette même ville, à l'effet de les représenter à l'assemblée du tiers état qui doit se tenir en l'hôtel de ville ou autre lieu indiqué dans les formes ordinaires, et là concourir avec les autres membres de la d^{te} assemblée à la rédaction de leur cahier de Doléances, plaintes et remontrances et après la rédaction dudit cahier concourir pareillement à l'élection des députés qui seront chargés de porter ledit cahier à l'assemblée qui sera tenue par M... de... le....

Donner aux dits députés tous pouvoirs généraux et suffisans, de proposer, remontrer, aviser et consentir tout ce qui peut concerner les besoins de l'Etat, la réforme des abus, l'établissement d'un ordre fixe et durable dans toutes les parties de l'administration, la prospérité du royaume et le bien de tous et de chacun des sujets du Roi, promettant lesdits sieurs agréer et approuver tout ce que lesdits deputés qui seront nommés auront fait, délibéré et signé en vertu des présentes de la même manière que si lesdits sieurs comparans y avaient assisté en personne.

Fait et passé audit Bergues en double les jour, mois et an que dessus.

Jacobus ZEGERS, J. J. HAUSPIE, Franciscus MENNEBOO, J. J. ROBYN, DESMADRYS, Ferdinandus MOOCKE, P. de MEY, la marque de Jean ✚ DEWEERS qui dit ne

> savoir écrire, P. A. Cousyn, D. Témoin comme greffier, P. D. Cherrein.

Remontrances plaintes et doléances des membres du franc Corps de Métier des Chaircutiers en la ville de Bergues.

Les membres dudit corps se plaignent de la grande quantité des impositions auxquelles ils sont sujets en cette ville de Bergues, comme sont les droits des octroys, vingtièmes et impôt pour la libre navigation.

Remontrent que les droits des octroys, à cause de l'exemption dont jouissent presque le tiers de la ville, savoir les magistrats en charge avec leur famille et ceux qui pendant douze ans ont servi dans ledit corps municipal ainsi que leurs veuves et famille, s'accumule considérablement sur chaque individu de la ville.

Remontrent encore que l'impôt sur la libre navigation, se percevant depuis l'année 1763, a été payé par eux, sans que pour cela rien eut été moins libre que cette navigation, puisque de tout côté on y met des obstacles et parconséquent ils n'en ont reçu ni pu recevoir aucun profit. Etc.

Ainsi fait et redigé en l'assemblée extraordinaire de ce jour vingt deux mars mil sept cent quatre vingt neuf, en double.

> Jacobus Zegers, J. J. Hauspie, Franciscus Menneboo, Ferdinandus Moocke, J. De Smadrys, P^{re} de Mey, J. J. Robyn, la marque de Jean + de Weers qui a dit ne savoir écrire. Témoin comme greffier P. D. Cherrein.

Maréchaux

Les Connétable, Doien, Jurés et communs suppots du franc Corps de Métier établi en la ville de Bergues, *sous l'invocation de St Eloi*[1] profitant de la circonstance favorable, que la sollicitude paternelle du meilleur des Rois leur a ménagé, de pouvoir faire leurs plaintes sur la multitude des griefs sous le poids desquels la France entière, et la Flandre Maritime en particulier, gémissent depuis si longtemps, ont chargé celui qu'ils ont député pour assister à l'assemblée générale du Tiers Etat de la ville de Bergues, d'y présenter le présent cahier contenant leurs doléances, leurs observations, et les demandes qu'ils croient conformes à l'intérêt public et aux quelles ils prient les autres membres de ladite assemblée de prêter une juste attention. Bons patriotes, bons Français, ils ne sont points conduits par l'instinct d'un aveugle enthousiasme, ils désirent la gloire de la nation, la prospérité de la province et ne sont nullement attachés à leurs opinions particulières : humbles dans leur état, ils se fient plus au génie de l'assemblée qu'à leurs propres lumières. Ils croient donc qu'il convient pour la prospérité du roiaume en général de prier le Roi :

1º De supprimer la vénalité des charges de judicature. L'Etat est obéré, il sera difficile de trouver des fonds pour rembourser les possesseurs de ces charges, mais la nation, à l'exemple de la province de Bretagne, devrait faire un sacrifice en faveur de cette réforme salutaire. Cet abus énorme est la source de mille abus, c'est un abus destructif de toute émulation. Qui voudrait sacrifier ses veilles pour acquérir du mérite, quand les places se vendent à prix d'argent ? C'est une source intarissable de procès, les juges qui tirent leur substance de leurs épices ou qui les font servir à

---

[1] Maréchaux.

leur vanité et au maintien de leur état prétendu, pensent-ils jamais à faire des accommodemens entre les parties ? il est dur qu'il soit permis d'acheter au poids de l'or le droit de décider de la fortune, de la vie et de l'honneur des citoiens, sans aucune espèce de mérite.

2º De prier Sa Majesté de supprimer toute exemption quelconque dans le paiement des charges de l'Etat; les ecclesiastiques et les nobles ont beau se targuer de leurs vaines prérogatives, il ne sont que citoiens ; toutes les fois qu'ils se croient au dessus des autres ils montrent qu'ils n'en sont pas seulement les égaux.

3º De prier Sa Majesté de supprimer les juridictions subalternes qui ne sont qu'une suite de l'ancien régime féodal si contraire aux droits de la roiauté ainsi qu'au bonheur du peuple ; ces justices seigneuriales toujours administrées par des gens sans capacité sont la cause d'une foule de bévues, d'iniquités et d'injustices. Vainement réclameroit-on le droit sacré de la propriété si digne d'être respecté ; cette propriété est abusive dans le fond et funeste dans les effets, elle est contraire au bien public, et quand la voix qui réclame en faveur du bien public se fait entendre c'est un crime de résister à ses accens.

4º De prier Sa Majesté de supprimer également toutes les jurisdictions d'attributions qui ne font que troubler l'ordre judiciaire et qui sont la source d'une infinité de contestations sur la compétence. Plus la machine de l'administration est simple plus l'administration est bonne ; il serait peut être à propos d'exempter de cette suppression les Chambres Consulaires, cependant il semble qu'il serait plus simple de renvoier les affaires de commerce pardevant le juge ordinaire en y faisant observer pour ces cas la forme de procédure qui a lieu pardevant les juges et consuls.

5º De prier le Roi de rendre l'instruction des procès criminels publique. Il est étonnant que ceux qui n'ont que de minces intérêts à défendre peuvent employer le ministère d'un avocat et que ceux qui ont leur honneur et leur vie à sauver n'en sont pas seulement privés, mais que toutes les poursuites, qui se derigent contre eux, ne se font que dans les ténébres du mystère.

6º De prier le Roi de simplifier la perception des droits et des impôts, même de substituer aux impôts dont la perception est sujette à trop de frais d'autres impôts dont la régie et la perception ne soit pas sujette à ces inconvéniens, même s'il était possible de faire face à tout moiennant un seul impôt unique, universel, assis sur les terres, seule source, flux et reflux de toutes les richesses. C'est ainsi que la suppression des frais de la perception qui absorbent une grande partie des impôts allègerait le fardeau de la dette nationale, et que moiennant la vente des domaines et droits domaniaux, moiennant la vente des biens des exjésuites, moiennant la suppression de tous les établissements inutiles et même nuisibles à l'Etat, dont les fonds appartiennent de droit à la chose publique, et dont Sa Majesté disposerait, moiennant une économie stricte et suivie dans toutes les branches de l'administration, on parviendrait peut-être à rétablir l'équilibre dans les finances.

Pour ce qui regarde les intérêts de la province, c'est à dire la Flandre Maritime en particulier, ils croient qu'il est très essentiel que Sa Majesté soit suppliée de ne pas changer la constitution du pays, c'est à dire le régime municipal. C'est sous ce régime que la Flandre est devenue le plus riche, le plus florissant païs de l'Europe ; il serait douloureux que l'arrêt du Conseil du deux mars 1789, qui fait assez présager que les nobles et les ecclésiastiques auront entrée dans la régie et qui prédit l'union de la Flandre Maritime à la Flandre Wallonne, fut suivie des funestes effets qu'il pronostique. Si la Flandre est florissante, c'est parce que les deux ordres à privilèges, qui oublient toujours qu'ils sont citoiens, qui ne se souviennent jamais qu'ils sont formés du même limon dont sont pétris tous les hommes, qui oublient sans cesse qu'il ne faut pas d'autres distinction dans l'ordre social que ceux que prescrit l'ordre hiérarchique, n'y ont jamais eu l'influence qu'ils ont eue dans d'autres contrées. Qu'on corrige les abus de sa constitution, mais qu'on n'en change pas la forme. Sans doute le commissaire départi y a trop d'influence, mais en réclamant l'exécution des édits de 1764 et 1765, on coupe la racine du mal. Il est de même vrai que trop de règles, trop d'administrations particulières, entrainent des frais immenses, mais en donnant aux jurisdictions majeures toute l'administration de la justice, qu'on leur donne aussi l'administration générale des finances et de la régie publique, et cet abus ne subsiste plus. Peut-il exister des citoiens qui par des vues particulières et n'envisageant que les abus de la chose, au lieu d'envisager la chose même, désirent changemens, directement contraires à l'intérêt de leur patrie ? On a tout fait en France pour se libérer en quelque façon de la dépendance des deux ordres à priviléges et dans ce païs où par un bonheur inoui on n'est pas sujet à leur funeste influence, on cherche à les aggréger à l'administration publique.

2º De prier le Roi d'ordonner que tous édits, ordonnances et déclarations quelconques soient publiés dans la Flandre flamingante en langue vulgaire, aussi bien qu'en langue françoise, conformément à l'usage de l'Alsace et de la Loraine allemande, où cette publication se fait en langue du païs. On a vu des exemples infinis, que des gens simples, qui se font expliquer les ordonnances par des gens aussi peu instruits qu'eux, péchent contre les dispositions des loix, et s'exposent souvent à des amendes faute d'avoir entendu le texte. Il est essentiel que les loix soient connues de tout le monde, et c'est dans ce dessein qu'il est ordonné de les afficher, de les promulguer ; or, comment seront elles connues dans ce païs si on ne les publie qu'en langue françoise que sur dix habitans à peine un seul peut comprendre.

3° De prier Sa Majesté d'abolir le droit d'issue, droit barbare et la plus étrange des contributions.

Quant aux intérêts particuliers de la ville, il est important d'observer à Sa Majesté que la liberté du commerce est la source de la prospérité publique, qu'il est naturel que chaque ville jouisse de sa situation, que la liberté de la navigation à la mer n'est pas seulement un droit acquis à la ville de Bergues, naturellement, par la situation de ses canaux, mais encore un droit, qui lui a été adjugé par l'arrêt du Conseil de 1716, d'une manière expresse, qu'il est de sa justice de faire cesser tous les obstacles que des voisins jaloux mettent journellement en jeu pour nuire au commerce et à la navigation susdite.

Ne serait-il de même pas important de représenter au Roi que la ville est surchargée d'octrois pour l'entretien des casernes et des fournitures pour trois battaillons, tandis qu'à peine depuis nombre d'année on puisse en avoir un seul, l'assemblée daignera juger si ce chef de plainte doit être proposé à l'assemblée nationale, ou si c'est une affaire particulière à traitter avec le Ministère de la Guerre.

Les membres de St Eloi finissent leurs demandes en priant l'assemblée de ne pas vouloir négliger de mettre sous les yeux de l'assemblée générale du bailliage, afin que l'assemblée nationale en soit de même imbue, combien il est essentiel que le style de la procédure civile soit simplifié et raccourci.

Tels sont les vœux de ceux du franc corps de métier de St Eloi, qu'ils ont signés à leur assemblée le 22 mars 1789.

Témoin J. J. DISSAUX, greffier ad hoc.

Négociants et Marchands

L'an mil sept cent quatre vingt neuf, le 22me jour du mois de mars, en l'assemblée de MM. les Négociants et Marchands de cette ville, convoquée extraordinairement par billet en la manière accoutumée et tenue dans une salle de l'hôtel de ville, où étoient présens MM. Dom^{que} Demaricaux, J.-B. Delegher, J. P. Leberton, Aug. Lambrecht, Eloy Morel, Pierre Drogerys, Antoine Moutton, C. B. Vandenbussche, P^{re} Coulier fils, J. Loorius père, P. A. Cousyn, J. Bule (?), M. Marhem, J. Kochempoo, V^{r} Vanoudendycke père, P. Decarren, Dom^{que} Bonjean, négocians, tous dem^{ts} en cette ville de Bergues St Winoc, ainsi que MM. De Baecker père et J.-B^{le} Deneufville, pour, en exécution des lettres du roy données à Versailles les 24 janvier et 19 février en suivant, des règlemens y annexés et de l'ordonnance de Monsieur le bailly du bailliage roial rendu en conséquence le... conformément à l'avertissement donné à l'effet de la présente assemblée, par MM. les officiers municipaux de cette ville, en la personne de Monsieur Dom^{que} Bonjean le 16 de ce mois, être procédé à la nomination des députés, dans la proportion déterminée par l'art. 26 du réglement, à l'assemblée du tiers-état qui doit être tenue le vingt quatre de ce mois, en l'hôtel de ville, pour rédiger le cahier dont il est parlé dans la dite ordonnance et nommer des députés, pour porter ledit cahier à l'assemblée qui doit être tenue par Monsieur le bailly dudit bailliage, dans laquelle assemblée lesdits sieurs susnommés après avoir délibéré et recueilli les voix, ont, d'après la pluralité des suffrages, nommés et députés les personnes de MM. Moutton et Decarren, et dans le cas d'empèchement légitime, on a nommé M. Kocqempoo, à l'effet de les représenter à l'assemblée du tiers état qui doit se tenir en l'hôtel de ville ou autre lieu indiqué dans les formes ordinaires, et là convenir avec les autres membres de ladite assemblée à la rédaction de leur cahier de Doléances, plaintes et remontrances, et après la rédaction dudit cahier concourir pareillement à l'élection des députés, qui seront chargés de porter ledit cahier à l'assemblée qui sera tenue par M..., donner auxdits députés tous pouvoirs généraux et suffisans de proposer, remontrer, aviser et consentir tout ce qui peut concerner les besoins de l'état, la réforme des abus, l'établissement d'un ordre fixe et durable dans toutes les parties de l'administration, la prospérité du royaume et le bien de tous et de chacun des sujets du roi, promettant lesdits sieurs, agréer et approuver tout ce que lesdits députés, qui seront nommés auront fait, délibérés et signés en vertu des présentes, de la même manière que si lesdits sieurs comparans y avaient assistés en personne.

Fait et passé jour, mois et an que dessus, et ont signés :

>MOUTTON, DECARREN, BONJEAN, J. VANOUDENDYCK, C. VANDENBUSSCHE, D. DEMARICAUX père, J. LOORIUS, P. DROGERYS, Jacques KOCKENPOO junior, P.A. COUSYN, DE BAECKER, M. MARHEM, et DENEUFVILLE.

Marchands de vin

Nous soussignés formant le Corps de MARCHANDS DE VIN EN GROS, citoyens de cette ville de Bergues, réunis par l'exercice du même commerce à l'effet de suivre les dispositions portées dans les lettres de convocation et réglement y annexé, publiées de par le roy, dimanche quinze de ce mois, avons réglé et arrêté dans notre assemblée de ce jour vingt deux de mars 17ᵉ quatre vingt neuf ce qui suit :

Nous sommes pénétrés de la plus vive reconnaissance à l'égard du Souverain, dont la magnanimité daigne appeller auprez de luy ses sujets pour consulter sur une meilleure forme d'administration. Nous espérons que la prochaine assemblée des états généraux du royaume corrigera les abus, régénèrera la Constitution, et déterminera de la façon la plus conforme à la nature et la raison les droits des individus ; nous engageons ceux de nos concitoyens qui doivent coopérer à ce grand œuvre à se pénétrer de l'importance de leur tache, puisqu'il s'agit du bonheur de la génération actuelle et des générations futures, d'y porter surtout la plus grande union et le plus grand désintéressement.

Dans les assemblées préliminaires qui se tiendront à Bailleul et dans la formation des cahiers, notre avis est que nos députés ne doivent point s'isoler ; ils doivent se souvenir que la Flandre Maritime est une province de ce royaume qu'il sagit de régénérer. Les représentans de la d^{te} Flandre font partie des représentans de la Nation française et ce sont les interêts de la Nation française que l'on va agiter ; il y a des abus dans l'administration en Flandre, il y en a dans l'administration des autres provinces de France, les remèdes à apporter sont à peu près les mêmes et il n'y a qu'une légère différence dans le régime des principes clairs et simples qui établiront les droits du souverain et les droits du peuple, ils doivent convenir partout également à chaque membre de la monarchie et partout également ils doivent conduire à la réforme des abus et à fixer et sanctifier (permettez cette expression) les anciennes loix que la nature et la raison, cette mère universelle des hommes. avouent. Les vœux du peuple français consignés dans tous les écrits, les délibérations des différents bailliages et sénéchaussées, rendues publiques peuvent guider notre marche ; nous y trouverons ce qui peut nous convenir, ce qui fait l'objet de nos plus ardens désirs, nous y voyons ces points :

1º La puissance législative et exécutive reconnue appartenir au Roy comme souverain.

2º L'administration pure et simple de la justice et de la police attribuée aux particuliers.

3º Les droits du tiers-état reconnu ; cet état dont les sueurs fertilisent nos terres, dont l'industrie rend les autres nations nos tributaires et qui quoique jusqu'à présent dans la servitude a lutté avec avantage contre le libre anglais.

4º Le renouvellement des Etats Généraux à une époque définie, la 2ᵉ fixée à trois ou quatre ans pour donner la sanction aux objets déterminés par la première, changer, élaguer suivant le besoin.

5º L'établissement des assemblées provinciales à l'instar des états généraux, l'attribution à ces assemblées de répartir les impositions pour le Roy, fixer la dépense, faire la recette et l'employ des deniers pour l'entretien et l'amélioration de la communauté et ce à l'exclusion de l'intendant et de ses subdélégués, qui ne doit paroitre à ces assemblées que pour faire les demandes au nom du Souverain et veiller à l'exécution des ordonnances et règlements. L'obligation à ces assemblées de rendre un compte, lequel sera imprimé et mis à la connoissance des membres de la communauté.

6º La nécessité du changement des différentes impositions sur les terres en un impôt unique sous le nom d'impôt territorial, lequel sera supporté par le clergé et la noblesse également que par le tiers état. Le clergé doit son opulence aux libéralités des ancêtres des particuliers des deux autres ordres ; comme les deux autres ordres il a besoin de la protection du Gouvernement, et dans ce cas pourquoy n'en partageroit-il pas les charges : et vous nobles, la gloire et l'honneur voilà votre loy, et non point ces exemptions, ces privilèges achetés et payés aux dépens de vos concitoyens.

7º La nomination des officiers municipaux rendue aux villes et châtellenie, et dans celle où elle appartient au roy comme seigneur suzerain, l'attribution simple de l'administration de la justice et de la police aux dits officiers municipaux, l'administration des biens de la commune à ses délégués et fondés de procuration.

8º La liberté de la presse, aux conditions que l'imprimeur met son nom à la tête de l'ouvrage.

9º Le redressement du code civil et criminel ; un changement dans les loix politiques en nécessite un dans les loix civiles.

10º La suppression des lettres de cachet.

11º La chasse libre.

La vérité de tous ces points est commune pour toutes les parties qui constituent la Nation française, et leur sanction les intéresse également ; voyons maintenant ceux qui intéressent cette ville en particulier ; ne laissons point échapper cette occasion de montrer nos besoins, d'exposer nos griefs en même tems que les ressources à nos meaux et nos plaintes.

Ici en Flandre, notre constitution ne connoit point les exemptions sur les terres, pour la noblesse et le clergé, mais dans les villes, et principalement celle-ci nous ne connaissons et ne sentons malheureusement que trop les distinctions de l'ordre du clergé et de la magistrature, les charges ne paroissent établis ici que pour le commun ; tous ceux généralement qui consomment avec quelque aisance sont exempts de droits de ville, ce droit exorbitant accable surtout le pauvre qui ne peut souvent achetter les premières nécessités par ce qu'en rentrant chez luy le soir ses besoins sont audessus ses sallaires, comme si ces droits qu'on dit *de ville* n'étoient point établis pour le bien être de l'administration publique, et si les frais qu'occasionne cette même administration n'étoient point une charge de tous les habitans sans distinction d'ordre ni de rang quelconque. C'est donc à vous, respectable clergé, et à vous, zélés magistrats, à diminuer ces taxes onéreuses en les partageant. Par un tel sacrifice vous fixerez plus que jamais le respect et la soumission que nous vous portons.

Mais en attendant que ce sacrifice s'opère permettez que je fasse au Roy ma douzieme demande en ces termes.

12° Plus d'exemptions d'impôt sous quelque dénomination que ce puisse être, et si les franchises accordées par les quatre membres de Flandre à quelques ordres mendians doivent rester en leur vigueur, quelles soient limitées pour leur exécution à l'instar des termes y fixés par les domaines du Roy, en payant les droits de ville et en y fixant leur consommation comme aux domaines. Sous ce n° nous demandons et désirons avec ardeur qu'en fait de vingtièmes que touttes les communautés généralement quelconques tant d'hommes que de filles soient taxés du 20me annuel de leur maisons, habitations et enclos, sur le même pied que tout autre habitant qui demeure dans son propre bien.

13° Vu que malgré l'énormité des taxes l'administration est toujours en arrière. Nous demandons que tous les frais inutiles en soient éloignés, tels que dépenses de bouches, etc., etc., etc. Qu'on suprime pour la même raison tous les logements de l'Etat Major ; rien de plus simple que de payer à ces messieurs le montant du loyer d'une maison en espèces. Toute la ville murmure contre les dépenses excessives que tous ces différents bâtiments occasionnent.

14° Pour mon quatorzième point, je me suis réservé le plus intéressant de tous peut-être, c'est de ne point permettre en aucun cas ni circonstance au Magistrat, de traiter, de conclure ni de payer quelque somme d'argent que ce pourroit être, soit pour obtenir ou éloigner, faire rendre ou annuler des édits quelconques, sans la participation des notables, et des députés de la commune ; cet ordre n'a que trop senti les funestes effets d'un argument aussi irrésistible toujours fait à ses dépens.

15º A juste titre devons nous demander l'exécution de l'arrêt de 1716, concernant la libre navigation de Bergues à la mer sans rompre charge à Dunkerque, exécutée dans toutte sa rigueur, sans avoir aucun égard aux entraves portés contre cet établissement, et surtout par l'ordonnance de M^r l'intendant du 1er août 1788, et toutte autre de cette nature. Enfin, que nous puissions voir arriver touttes nos marchandises jusques dans le port de cette ville. Sous ce même art. il importe de demander et d'exiger même compte de l'argent levé sous l'impôt dit *de la libre navigation*, charge onéreuse payée depuis plus de vingt ans sans reddition de compte ou apperçu de compte quelconque.

16º Que copie du compte de l'administration du département de la Flandre Maritime qui se rend régulièrement tous les ans à Cassel, soit envoyé à chaque Chef-Collége au moins quinze jours avant sa reddition et cloture, pour y être examiné par les officiers municipaux conjointement avec les notables et députés de la commune.

Nous demandons pareillement connoissance du compte rendu annuellement par les officiers municipaux de l'administration particulière de cette ville et châtellenie, et qu'il soit déposé au moins quinze jours avant sa reddition au greffe pour y être examiné par les députés de la commune.

17º Nous demandons à connoitre l'administration de l'abonnement des deniers du 20e et de touttes autres, qui jusqu'à présent nous ont toujours été caché avec un soin extrême par M^r les officiers municipaux.

Nous ajouterions assurément ici d'autres demandes à cet égard, si nous connoissions les comptes du département et de cette ville en particulier.

18º Nous suplions Sa Majesté de ne point opérer l'union projettée de la Flandre Maritime avec la Flandre Wallonne, union que nous croions désavantageuse à cette partie de la province.

Finalement, nous prions nos délégués à Bailleul de s'unir le plus intimement possible avec ceux des autres châtellenies de cette province afin que tout se conclue au plus grand avantage et satisfaction de Sa Majesté notre Roy et le bonheur et tranquilité de son peuple...

Nota : A supplier Sa Majesté d'abolir et annuller tout droit d'issue, tant en matière de succession qu'en hypotecque et vente de biens, nul excepté, droit onéreux pour tous sujets français et surtout en Flandre où il se pratique presque de ville en ville.

De Baecker père, Pl. Christiaens, Loorius, M. Marhem, Coulier, D. De Maricaux, C. J. Stellamans, Deswarte, J.-B. Deblock.

Tailleurs

L'an mil sept cent quatre vingt neuf, le vingt troisième jour du mois de mars, en l'assemblée des Maitres Tailleurs de cette ville et châtellenie de Bergues, convoqués extraordinairement par billets, en la manière accoutumée, et tenu dans l'hôtele de St Sébastien où étoient : Charlemagne, Alexander Mallet, Pierre François Swartwager, P. Couderaere, P^e Jacques Colier, Pierre Bollart, Pierre Swartwager, Pierre Distelbecq, Jacques Carnon, Louis Crabbe, François Persevale, Jean-B^{te} Rouselle, Pierre Leroy, Jean Charlemaigne, Pierre Fretval, Benoit Portebois, Jacques Cattoen, Louis Croes, Jacques Marcotte, Jacques Copillie, Pierre Hottaris, Jacques Cappelle, D. Van Heger, Leonard Vandezande, Louis Bogaert, François Ballancier, Pierre Verhille, Pierre de

Clerck, François Becuwe, Louis Fautié, Louis Wickaert, Pierre Van Singel, Benoit Louchie, Adrien Pointaert, J.-Batiste Herrein, Joseph Verbrugge, Corpelet dit St Amour, L.J-Victor-Treze Ryckewaert, C. de Schodt, I. Laurie et J. Miroie, pour, en exécution des lettres du Roi, données à Versailles le 24 janvier 1789 et 19 février ensuivant, des réglemens y annexés et de l'ordonnance de M^r le Bailli du bailliage royal de Bailleul rendu en conséquence le... et conformément à l'avertissement donné à l'effet de la présente assemblée par MM. les officiers municipaux de cette ville en la personne de Fr. Jacque Cappelle le 17 du mois de mars, être procédé à la nomination de députés dans la proportion déterminée par l'art. 26 du réglement à l'assemblée du tiers Etat qui doit être tenue le 24 du même mois de mars en l'hôtel de ville, pour rédiger le cahier dont il est parlé dans la dite ordonnance et nommer des députés pour porter ledit cahier en l'assemblée qui doit être tenue par Messieurs le bailli dudit bailliage, dans la quelle assemblée lesdits sieurs susnommés, après en avoir délibéré et avoir recueilli les voix, ont, d'après la pluralité des suffrages, nommé et député par ces présentes la personne de Fr. Jacques Cauweraere à l'effet de représenter à l'assemblée du tiers état qui doit se tenir en l'hôtel de ville ou autres lieu ju[ri]dique dans les formes ordinaires, et là concourir, avec les autres membres de la dite assemblée, à la rédaction de leur cahier de doléances, plaintes et remontrances, et après la rédaction dudit cahier concourir pareillement à l'élection des députés qui seront chargés de porter ledit cahier à l'assemblée qui sera tenue par M. le... de... le..., donner aux dits députés tous pouvoirs généraux et suffisans de propager, remontrer, aviser et consentir tout ce qui peut concerner les besoins de l'état, la réforme des abus, l'établissement d'un ordre fixe et durable dans toutes les parties de l'administration, la prospérité du royaume, et le bien de tous et de chacun des sujet du Roi, promettant lesdits sieurs agréer et approuver tout ce que lesdits députés qui seront nommés auront fait, délibéré et signé en vertu des présentes de la manière que si lesdits sieurs comparans y avoient assisté en personne.

Mémoire pour les MAITRES TAILLEURS et FRIPPIERS de la ville et châtelenie de Bergues qui ont l'honneur de ce présenter au roi à l'assemblée du tiers Etat qui doit être tenue à Versailles le.... avril 1789.

Qu'on refuse pas de payer à Sa Majesté les impositions imposé à la charge de notre cordémétier, mais voudront bien que les deux premiers Etats contribueront comme nous ; et que personne seront exempt des droits de la ville sur la bierre, vin et autres boison dont ce jour d'hui sont exempt les officiers municipaux, états majors, ecclesiastiques et autres seigneurs.

Mandons que le Magistrat de notre ville ont le droit d'imposer depuis l'année 1762, au charge de peuples, une imposition qu'on nomme vilguriement en flamand *Vaertgelt* [1], dont on croit que cette taxation n'est pas connu de Sa Majesté, dont le Magistrat n'ont pas encore rendu com[p]te desdits impositions et le peuples e[s]t en dificultée avec eux. Prient, le même cordemétier, que Sa Majesté voudront nous donner la privilége ou le droit de vendre publiquement de nouveaux habillemens de toute sorte d'étoffes pour homme et femme, dont nos predécesseurs ont eu la privilège, et le Magistrat nous ont défendu de vendre tels habillemens, dont le même métier les exerce encore actuellement dans tous les villes du royaume de Sa Majesté.

Fait à Bergues, date que dessus. Etaient signé.

CHARLEMAGNE, Alexander MALLET, Pieter François SWARTWAGHER, COUWERAER, Philips Jacobus COULIER, Pieter BOLLAERT, P. SWARTVAGER, P. t. J. DESTERBECQ,

---

[1] Impôt pour la navigation.

J. Carnon, J.-B. Rossel, Pieter Le Roy, J. Charlemagne, P. Fretval, Benoit Portebois, L. Croes, Marcotte, Jacobus Coppillie, P. Hottaris, J. Capelle, D. Van Heeghe, Leonardus van de Zande, Louis Bogaert, Francis Ballanchier, Pieter A. Verhille, P. de Clerck, F. F. Becuwe, L. Vautier, L. Wyckaekt, P. Vanzynghel, B. Looschel, A. Poeintaert, J.-B. Herrein, J. Verbrugghe, Corpelet *dit* St Amour, L. J. Victor Therese Ryckewaert, C. de Schodt, Isabelle Laurie, J. Meeroe. Collationné concorde Vanrompay.

Maçons et Tailleurs de pierres

Cahier des demandes, plaintes et doléances du Corps des Maçons et Tailleurs de Pierre.

Messieurs.

Nous sommes assemblés pour délibérer sur les circonstances présentes. Notre bon Roi demande que nous ouvrions nos cœurs et exprimions nos souhaits et doléances ; songez que nous devons profiter du moment. Il s'agit de notre bonheur et de celui de nos enfans. Nous ne devons pas penser pour nous seuls encore, mais aussi pour nos concitoyens. S'ils souffrent d'une façon, nous devons nous en ressentir. Les propriétaires des maisons en ville, en campagne, accablés du poids des vingtièmes ne peuvent guère songer aux réparations, aux améliorations. Ils se plaignent, et leurs plaintes vont toujours en augmentant. Au moins, disent-ils, si nous sçavions l'employ qui se fait de notre argent. Il y a en France des assemblées établies sous le nom d'assemblées provinciales : elles repartissent les impositions demandées par le Souverain, administrent le bien des communes qui les nomment elles mêmes et qui vérifient tous les ans leur compte ; le gouverneur i parait seulement pour faire les demandes au nom du Roi. Les impositions sont reparties d'une façon moins onéreuse. Le Roi reçoit son argent. Ils payent moins, leurs chaussées sont entretenues, leurs communauté est améliorée, et ils ont encore la satisfaction de voir eux même l'employ qui a été fait de leur argent. Le Gouvernement nous présente le même avantage, il reconnoit la vérité, il autorise la publication de la vérité, que l'administration de nos communes doit être entre les mains de ceux que nous nommons, et que ces officiers, qui les représente ne peuvent représenter le peuple par ce que celui qui demande est autre que celui qui accorde.

Voilà, Messieurs, l'état de la question : pesons la mûrement et dans notre délibération, soyons sans partialité et sans faiblesse. Réglons ce qui peut être plus utile et pour nous et pour nos concitoyens.

Résultat de cette question, en délibération des membres desdits métiers soussigné.

1º De demander la corporation de leur métier, comme en d'autres villes.

2º Depuis nombre d'années il est perçu un droit sur la bierre indépendamment de l'impot ordinaire, et ce à titre de reconstruction des pavillons et cazernes, à raison de six patars pour chaque tonne de bierre. L'employ n'en étant pas fait nous désirerions sçavoir à quoi cette somme a été employé.

3º Depuis environ vingt huit années, il est perçu également un droit, à titre d'impot sur les propriétaires et locataires des maisons, et ce pour avoir fait agrandir le canal de cette ville à Dunkerque, à dessein d'établir une libre navigation à la mer ; on ne sçait pas non plus jusqu'à quel époque cet impôt e[s]t fixé, n'y à ce que monte le mémoire de dépenses et de recette.

4³ Les pavillons et les cazernes étant d'une contenance à pouvoir y loger aisément deux battaillons d'infanterie, nous désirerions que l'un et l'autre soit occupés, car que ce soit ou non, les réparations de ces batimens et l'entretien de ceux de M^rs les commandans et majors de la place sont à la charge des bourgeois ; or, un bataillon ou quelques compagnies en détachment de garnison ne peuvent pas indemniser de cette dépense.

5⁰ La libre navigation à la mer, parce que le canal de cette ville à Dunkerque est suffisamment large et profond pour y naviguer librement, et sans danger quelconque.

6⁰ La rédition de tous comptes par MM. les officiers municipaux et administrateurs des recettes et dépenses, afin de sçavoir si la communauté est en débet ou en avance ; et quand ces impots cesseront.

Fait à Bergues, le 23ᵉ mars 1789.

P. Deny.

Bateliers et Bélandriers

Mémoire des plaintes, doléances et remontrances du franc corps de métier des Bateliers et Belandriers de la ville de Bergues, à l'assemblée du tiers état du 24 mars 1789.

Le corps de métier se bornera à parler de ce qui les touche particulièrement, persuadé que les abus généraux de l'administration seront suffisamment articulés par des corporations plus considérables.

Les bélandriers observent donc qu'aïant été érigés en corps et communauté depuis le 5 X^bre 1566 ils ont constamment joui des priviléges suivants.

1º Qu'ils avaient seuls et exclusivement le droit de charger et de transporter les marchandises qu'on voulait faire charger à Bergues et transporter dans quelque lieu que ce fut, tellement que nul batelier étranger n'y pouvait rien enlever.

2º Que la barque de Bergue à St Omer ne pouvait journellement charger, outre les passans, qu'à concurrence d'un tonneau et demi, c'est-à-dire à concurrence de trois mille livres, pour ce qui regardait les marchandises. Ils ont joui de ce dernier privilège depuis un tems immémorial jusqu'en 1778, que les Magistrats de cette ville, conjointement avec celui de St Omer, leur ont oté le dit droit, apparemment pour faire valoir le prix annuel de la dite barque, malgré leurs très humbles représentations et supplications aux quelles ils n'ont pas daigné faire attention.

Quant à l'autre privilège [1], c'est-à-dire le droit exclusif de charger des marchandises en cette ville, sans le quel leur corps ne saurait se soutenir, il est devenu étrangement méconnu. Depuis la jonction de la rivière d'Aa à la Lys, les bateliers étrangers qu'on appelle *bacqueur* (?) viennent enlever les trois quarts des chargemens et les bateliers de la ville, privés d'ouvrages, ressentent de plus en plus que la misère, que l'indigence est à leur porte ; leurs bateaux dépérissent dans les canaux, qu'ils ne peuvent pas faire réparer faute de gain, et ils ne seront bientôt plus en état, ni d'entretenir leurs familles ni les impositions aux quelles ils sont taxés.

Ces bateliers étrangers, qui ne paient ni imposition, ni taxation du chef de leur trafic, leur sont tellement nuisibles, que

---

[1] Au sujet de ces privilèges, voir Archives de Bergues, DD, liasse 82, 83, 85.

plusieurs de leurs membres ne sont pas seulement dans la plus grande peine de se procurer la subsistance, qu'ils ne sont pas seulement dans l'impossibilité de faire les réparations nécessaires à leur bateaux, mais qu'il y en a qui ont été dans la dure nécessité de rompre leur dite bélandre et d'en vendre les débris pour se procurer du pain.

Cependant, ne jouissant plus de leurs privilèges, ils ne sont pas exemptés de leurs charges, ils ne sont pas moins tenus de subir tous les frais aux quels les corps de metier sont ordinairement sujets, tant à messes qu'anniversaires, etc.

Ils ne sont pas moins tenus d'entretenir à leurs frais et dépens certain nombre d'ustenciles destinés à arrêter le progrès des incendies.

Ils ne sont pas moins tenus de se tenir prêts à la première advertance de MM. du Magistrat, lorsqu'il s'agit de faire des voiages tant pour le transport des troupes que pour transporter des effets quelconques de la généralité, et cela au prix le plus modique, tellement qu'ils ne peuvent pas y trouver leur compte et vivre à ce prix.

Finalement, ils ne sont pas moins tenus de répondre en corps des négligences de leurs membres. La malheureuse histoire du transport des bagages du régiment de Brie en est un exemple funeste, la négligence du nommé Rogers leur aiant couté une somme de cent Louis.

Avant de finir, les bateliers et bélandriers ne peuvent se dispenser d'observer qu'ils sont d'autant plus lézés de ce que les bateliers étrangers viennent prendre des chargemens en cette ville qu'ils sont eux mêmes privés d'une facilité réciproque, puisqu'on pratique des saisies sur leurs bâteaux, en effet, quand ils s'avisent de charger dans une autre ville, ainsi que cela est arrivé en la ville de Lille, il y a quelques années, vis-à vis de Philippe de Weerdt qui a été obligé de païer de gros frais et de décharger même les marchandises qu'il avait déjà à bord de son navire. Ceci est sans doute la plus criante des injustices : ou les bateliers de Bergues doivent avoir la faculté de charger dans les autres villes, ou les bateliers de ces villes doivent être privés de la faculté de prendre des chargemens à cette ville de Bergues.

> F. Den Herden, la marque de Josse ✢ Dupuy qui dit ne savoir écrire ni signer; de ce interpellé, Carolus Jacobus Seghers, Joannes Seghers, Joannes Pralive, Philipues de Wert, Ja. De Wert.

Marchands Graissiers

Les membres de franc Corps de Métier dit Marchands Gressiers, sous le titre de St Jaque de la ville de Bergues St Vinocq, se pleignent qu'ils doivent payer trois livres sept sols neuf deniers par chaque tonne d'huile de graine qui se consomment dans le roiaume, et lorsqu'ils envoyent leurs graines grasse à l'étranger ils ne doivent payer sur cincq cent vingt deux livres pesant de ladite graine, qu'il faut emploier pour la fabrique d'une tonne d'huile, que deux livres six sols, ainsi de façon que les droits de domaines sur cette denrées sont plus forts pour la consommation que pour l'envoie à l'étranger, sur quoi nous demandons une réforme.

Audessus les droits des huilles que les domaines se païent, ils nous exigent de payer l'imposition de neuf mesures de terre au village de Bierne, à cinq livres douze sols six deniers de la mesure, pour remplacement du moulin. Nous souhaitons que ces impositions seront diminuer pour l'avantage de nous, ainsi que pour le public.

Ils se pleignent de ce que les habitans de Bergues payent pour la libre navigation de la mer, depuis 1762, et cela avec autant plus de raison que cette imposition n'aiant été accordé que pour dix à douze années, sans qu'ont eut encore jusqu'à présent peut absolument jouir de cette liberté.

Les officiers municipaux n'ont jamais fait aucune compte ni du produit de cette imposition, ni de la dépense faite pour la dite navigation ; les impositions doivent avoir produit plus que le quadruple de ladite dépense.

Les remontrans se pleignent de ce que les marchands et artisans de la ville de Bergues payent différents droits d'octrois très considérables sur toutes espèces de boissons, droits qui ont été permis de souslever pour les refections et entretiens de maisons et édifices militaire en cette ville, à l'usage de troupes de cette garnision, et cependant par les faits des officiers municipaux les habitans de cette ville ne jouissent pas, depuis plus que vingt ans, de l'avantage qui donne un garnison en cette ville, c'est aparamment que ces officiers municipaux, qui par état devroient agir comme père du peuple, non contant des autres émolumens et bénéfices dont ils jouissent et savaient multiplier suivant les circonstances, savent encore s'exempter de payer lesdits droits d'octrois. Quel droit ont-ils de s'exempter desdits octrois ?

Ils demendent la suppressions de commissaires de partie, la reugration de loix et statuts fondamentaux de cette ville et chatelenie, avec la liberté de la nomination des officiers municipaux par le public, en l'ordre établie pour la nomination des députés de trois classes pour l'assemblée des Etats de cette généralité, à la nommer des députés pour l'assemblé des états généraux.

E. Van Rompuy, Gruon, W. J. Paternelle, P. F. Testelin, V. Decoop, Drogerys fils, J. Vitse, Paulus de Graeve, J. de Vaecke, P. J. Deschodt, J. L. Verhaeghe, P. Flaeuvas (?), C. W. Devaecke, H. Coucke, C. Verroere, F. Nostyn, Huyche, G. Baseiles, Jacobus Goegers, N. J. Sapelier, J.-B. Ameloot, W. Vansteene, P. J. de Mey, Ja. de Wert, F. S. Lesoye, P. Vitse, M. Lafere, Jacobus Loorius, Judocus Pareyt, J. J. Blackaert, P. A. Cousyn, G.W. Hovine, Coetier, J.-B. Blanckaert, De Baecker, J. Vanpeene, P. Wilsoet, J. J. Hauspie, D. Galloo, J.-B. Robin, C. Vanhendeghem, J. Loorius, J. Bert, Joannes de Wedt, Maeckereel.

Membres du Tiers-Etat qui ne sont d'aucune corporation particulière

Points qui ont été lus et expliqués devant les Membres du Tiers Etat de cette ville qui ne sont d'aucune Corporation particulière, à l'assemblée qui a eu lieu le vingt du présent mois de mars et dont la récapitulation leur peut servir de mémoire et de doléances, plaintes et remontrances.

1° Erection d'écoles d'éducation et leur régie laissée aux Etats de la Province, que S. M. se propose d'établir.

2° Erection de bibliôteques publiques dans les principales villes de la province ou arrangement à prendre à cet effet avec les abbaïes ou monastères.

3° Navigation de Bergues à la mer, à solliciter une loi ferme et précise en vertu de laquelle on n'ait plus à essuier les désagremens et entraves à quoi nous sommes sujets maintenant.

4° Largeur des ponts et écluses fixée pour tous les canaux et rivières de la province, du moins pour ceux que l'on sera dans le cas de construire et pour ceux où on fera des réparations essentielles.

5° Abonnement à contracter par les Etats futurs de la province du droit de tonlieu, travers, vinages, *nattedeurwaert*, etc. avec les villes et seigneurs à qui ces droits appartiennent, ou rachat desdits droits.

6° Suppression du droit de pavé, *calchiegelt*.

7° Egalité des poids et mesures, du moins de cette province.

8° Emplois lucratifs à la disposition des Etats de la province, donnés à ceux là seulement qui sont de la province.

9° Publicité par l'impression du compte général de la province, chaque année.

10° Les médecins des pauvres gens, qui feront serment de n'avoir pas cent écus de capital, païés par la généralité.

11° Pour que le roi laisse à la discrétion des Etats provinciaux respectifs la permission ou la défense d'exporter les grains et les graines.

12° Abolition des droits de chasse et de pêche.

13° Le privilège de ce pays étoit d'être gouverné sur le même pied qu'il l'étoit avant de passer à la France. La capitulation étant claire sur ce point, les parties devront avoir l'obtion de plaider en Flamand, s'ils le jugeoient à propos et, par une conséquence de ceci, il ne devroit y avoir dans le Magistrat que des personnes à qui la langue flamande est familière ; de même dans tous les bureaux soit du domaine, des aides et des traites, les expéditions devroient se délivrer en flamand, surtout les acquits à caution, parce qu'il est essentiel aux personnes de scavoir à quoi ils s'engagent et ce à quoi ils doivent se conformer.

14° A charger nos députés à Versailles à solliciter vivement pour que les deux Etats de la Flandre wallonne et flammingante ne soient pas jointes ensemble, parce que l'organisation de ces Etats exigeant qu'il y ait des gens de la campagne dans lesdits Etats, les influences des nôtres y serait pour ainsi dire nulle, parce qu'en général ils ne sont pas bien au fait de la langue française, la seule que les wallons parlent et qu'il ne seroit d'ailleurs pas juste d'exclure de l'administration de leur propre pays des gens de bon jugement, par la seule raison qu'ils ne s'cavent pas parler une langue que nous sommes fondé de droit à regarder comme étrangère. Nous observons encore à ce sujet que l'administration des deux Flandres n'étoient pas jointes ensemble au moment que nous passames à la France.

15° Multiplier les chambres consulaires, à moins que par le nouveau code civil cela ne devienne inutile : mais surtout que dans ce pays les juges et consuls sçavent tous le flamand.

16° Pour qu'on ne loue plus le prétendu droit de porte sacs, pindre etc., le travail est l'apanage des pauvres et le proffit doit leur en être abandonné en entier.

17° Pour que le maître d'école soit dorenavant à la nomination des Etats futurs de la province, qui en examineront la capacité.

18° Abolition du droit d'issue, tant pour les nationaux que pour les étrangers, qui prouveront que ce droit n'a pas lieu chez eux.

19° Qu'en faits de baux de maisons, rendu égal pour tous les lieux de la province l'époque d'entrée en jouissance.

20° La direction des monts de piété laissée aux dites provinces.

21 Commité à nommer pour travailler à une refonte de toutes nos coutumes de la Flandre maritime en une seule, à y faire les additions qui seront jugées nécessaires, puis en solliciter l'homologation du souverain.

22° Suppression du droit odieux que nos coutumes donnent

aux Magistrats d'emprisonner arbitrairement les citoyens pour des délits le plus souvent frivoles.

23° A solliciter un octroi du souverain à l'effet de vallider les dons de biens fonds faits aux tables des pauvres, écoles de charité et autres établissemens manifestement utiles au public.

24° Pour que toutes les entreprises, soit de la province en général, soit d'une généralité en particulier, soient adjugées publiq^t à celui qui offrira les conditions les plus avantageuses.

25° Accadémies de peinture, d'architecture et de dessein à établir dans les principales villes de la province.

26° Solliciter la liberté de commercer directement tant avec le Lévant qu'avec toutes les collonies françaises et la suppression de toutes privilèges exclusifs à ce sujet.

27° Point de curés dans la Flandre maritime qui ne sçavent pas la langue du pays.

28° Renouvellement chaque année de la moitié des Magistrats des villes, jamais de continuation sous quel prétexte que ce soit. Plus d'intendant et les Magistrats choisis par les communes — S. M. en sa qualité de haut justicier se reservant seulement le droit de recuser les élus.

29° Armes à feu — permis à tout le monde d'en avoir dans sa maison. Ces armes ne doivent pas être défendues à un peuple qui se dit libre. Le despotisme seul pourroit avoir des craintes à ce sujet.

30° Genièvre et autre eau de vie de grains — la distillation doit en être permise dans toute la province.

31° Abollition des fiefs roturiers ou du moins de ce qui en constitue la nature, par ce que le but et les motifs de ces fiefs sont pour ainsi dire cessés.

32° Portions congrues des curés portées à mille florins, celle des vicaires à six cent ; les curés donneront un état justifié par serment de leurs biens en prenant possession de la cure. L'excédent trouvé à leur mort, donné aux pauvres.

33° Gratuité des frais des mois d'école non-seul^t pour les enfans des pauvres, mais aussi pour ceux qui tout simple^t se déclareront être tels.

34° Les moëres laissés aux Etats de la province.

35° La philosophie enseignée dans chaque ville de la province.

36° Octroi de S. M. pour le remboursement successif des charges venales à fur et à mesure que la province sera en état de le faire, et ces charges rendues électives, S. M. s'en réservant la récusation des élus.

37° Qu'en tems de paix principalement, l'on puisse entrer à toute heure de la nuit dans les villes de guerre, moiennant une certaine rétribution, si on le juge à propos, au profit des pauvres et de la garnison, comme cela se pratique encore ailleurs, par ce qu'il n'est pas juste que ce qui est destiné pour la sureté des citoïens serve en même tems à les gêner innutile^t.

38° Que les villes auront une garnison proportionnée des charges que ces mêmes villes païent actuelle^t aux Etats-Majors, Gouverneurs de province ou autres Officiers militaires, ou bien qu'on diminue ces mêmes charges pour les rendre relatives à l'importance de la garnison qu'on lui donne : et si les circonstances exigent qu'on diminue les garnisons dans des certains tems, que dans ce cas les villes où ces garnisons sont envoyées dédommagent les villes d'où les troupes leur viennent.

39° Simplification de la procédure, surtout qu'on ne soit pas obligé d'avoir recours au ministère d'avocats et de procureurs, si l'on se sent capable de défendre sa cause soi-même. Liberté de plaider verballement les causes de moindre importance si l'une des parties l'exige.

40° Réforme du tarif des droits d'entrée et de sortie des traites, et plusieurs obscurités éclaircies : par exemple la toille ne paie rien à la sortie, aparemment par ce qu'on veut favoriser les fabriques. Cependant après avoir fait des sacs ou des ballots de cette même toille, ce qui est une main d'œuvre de plus, on nous fait paier alors cinq pour cent de la valeur et les dix sols par livre en sus. — On nous fait paier un droit sur les acquits à caution et ce droit on l'augmente injustement suivant le nombre des voitures sur lesquelles la marchandise est chargée. — On nous surcharge des frais de pasavans inutiles et on nous soumet à des formalités gênantes et même impraticables.

41° Restitution des droits sur les objets fabriqués lorsqu'on les exporte hors du Roïaume, et principalement sur les huiles de graine, l'amidon, les cuirs, les bierres, etc.

42° A renter les couvens[1] des religieux mendians, par ce qu'ils sont à charge au public et que d'ailleurs la mendicité n'est plus un mérite pour des religieux.

43° Plus d'argent à paier ni de preuve à faire pour entrer dans un corps de métier, sauf où la preuve est très essentielle, comme chès les apoticaires et peut être encore quelqu'autres, mais que ce soit sans autre frais qu'une légère rétribution pour paier la présence des maîtres du corps qui présideront à la preuve.

44° Plus d'exemptions dans les charges de la société à quelque titre que ce soit.

45° Encouragement de la pêche de la province et entrepot à Bergues, pour les sels étrangers qui sont propres à cet objet.

46° La Flandre a une constitution qu'elle a droit de réclamer. C'est celle qui lui est garranti par la capitulation de la Province ;

---

[1] Supprimer les couvents et donner des pensions aux moines.

si elle n'en a pas pu jouir jusqu'à présent, et si le ministère a éludé en tout tems ses engagemens à cet égard, c'est qu'il a agi dispotiquement et contre toutes les régles de la justice, nos droits ne sont pas restés pour cela moins prescrits, et imprescriptibles. Cependant, dans ce moment où le monarque veut établir un ordre commun pour le bien général, la province est bien éloignée de s'opposer à des vues aussi salutaires, et s'il faut des sacrifices et même quelques altérations à la constitution fondamentale, la province y consentira sans répugnance, mais elle se réserve bien expressément, dans le cas où contre son attente le peuple fut moins heureux sous le nouveau régime, fut-ce dans le tems le plus reculé, de pouvoir alors reprendre son ancienne constitution, et qu'à cet effet l'opinion publique sera seul juge si l'on est réellement plus ou moins heureux, parce qu'encore une fois le peuple flamand aime sa constitution, il est attaché à ses loix. S'il permet de les changer, ce n'est et ne peut être que dans l'intention d'être mieux qu'il a droit de l'être. — C'est cette maxime qui doit fonder la base du pouvoir à donner aux députés flamands, qui seront envoiés aux Etats Généraux.

Ledit jour vingt du présent mois de mars, je soussigné notaire roïal de la résidence de Bergues St Winnoc, aïant été présent lorsque les susdits points et maximes ont été lues et interprétées en flamand, par le Sr Jean Winnoc Loorius fils, certiffie que le tout a été approuvé sans réserve et que les Srs Martin Marhem et ledit Jean Winnoc Loorius, qui venoient d'être nommés députés d'une voix unanime, ont été chargés d'appuier les mêmes points et maximes et d'y insister le plus qu'il leur sera possible lorsqu'ils se trouveront mardi prochain à l'assemblée générale avec les députés des corporations, se référant au reste lesdits habitans à ce que leurs députés pourront dire et faire ultérieurement pour le bien commun. Les jour, mois et an que dessus.

COLLET Nre Rl.

Supplément

1° Suppression de l'Etat-Major des places, les commandans seuls exceptés.

2° Importation des charbons étrangers permise lorsque le prix du bois à brûler est excessif.

3° Liberté de la presse.

4° Canal de jonction du Bierdyk à l'Isère [1] et rendre navigable cette dernière rivière depuis Wormhout jusqu'aux frontières et rendre également navigable la Stenvoord beke qui se décharge dans l'Isère.

5° Pavés de Wormhout à Caestre par Steenvoorde.

6° Toute composition défendue avec les banqueroutiers.

7° Défendre les contracts de mariage, où la non-communauté des biens seroit stipulée, du moins entre roturiers.

8° Qu'en fait de lettres de change, la commodité des voyageurs exigeroit qu'elles auroient pour eux-mêmes les 10 jours de grace accordés aux payeurs et qu'ils choisiroient celui des 10 jours pour se faire payer qu'ils jugeroient à propos.

9° Impot unique territorial, et suppression de toutes les douanes.

10° Que dans le pays l'on ne donne pas à la noblesse des distinctions qu'elle n'a pas légalement suivant notre constitution actuelle.

11° Que l'ordonnance de 1781 soit révoquée et que dorénavant la moitié pour le moins des places d'officiers militaires soit remplie par des roturiers, aucun grade excepté [2].

---

[1] Bierendyck, au sud-ouest de Bergues. L'Yser passe à Esquelbecq, Bambecque, etc., mais ne passe pas à Wormhoudt qui est sur la Peeneberque.

[2] Ordonnance du 22 mai 1781 décidant qu'il faudrait prouver au moins quatre degrés de noblesse paternelle pour être nommé sous-lieutenant. Cette mesure rétrograde souleva le mécontentement général.

12° Suppression de la milice ; qu'en cas de besoin urgent tous les citoyens en remplissent la fonction.

13° La direction des écluses de cette province ôtée aux ingénieurs et rendue à nos Magistrats ou plutôt à nos Etats futurs.

14° Qu'en fait de collation d'évêchés le roi sera supplié de nommer alternativement un noble et un roturier.

15° Suppression des charges annoblissantes.

16° Suppression du droit de permis pour la diligence d'Ypres.

17° Un marché de toile à demander pour Bergues.

18° Les mandateurs de cette ville demandent d'être érigés en corps de métier.

Par les députés des habitans de cette ville qui ne sont d'aucune corporation, pour servir de supplément au mémoire consistant en 46 à 47 points.

Loorius.

Marchands Epiciers

Cahier des plaintes, doléances et remontrances pour le corps des Marchands Especiers sous le titre de St Nicolas s'exerçant dans la ville de Bergues St Winoc.

Les membres dudit corps de St-Nicolas se plaignent amèrement que les administrateurs de cette ville, depuis 7 à 8 ans, leurs ont privé de plusieurs articles des marchandises, que d'un tems immémorial avaient été vendu exclusivement à tous autres corporations et ce suivant réglement en date du..., lesquelles articles consistent en thé, caffé, azur (?) et amidon, qui sont actuellement vendu en commun avec ceux du corps de St Jacques sous les noms des gressiers au grand préjudice des plaignans, aprez avoir soutenu un long et frayeux procès indifini jusqu'à ce jour, surquoy les membres dudit corps de St Nicolas n'exigent uniquement qua être réintégrés dans leurs anciennes privilèges pour vendre les susdits articles exclusivement aux autres corporations de cette ville suivant leurs anciennes privilèges et réglemens tels qui existoient avant la difficulté survenue avec ceux du corps de St Jacques.

Les mêmes ont aussi à se plaindre sur ce que les bureaux de fermes chargent divers articles de marchandises de leur commerce par une double perception des droits, sous le titre de passavant sujet à droit[1] : pour montrer cet abus avec évidence il

---

[1] Les pièces suivantes relatives à ces droits étaient jointes au cahier des Marchands épiciers : (A) *Lettre de Dejumné.* — A Monsieur Roussel, Subdelégé de la Flandre Maritime, à Bergues St Winnocq.

Supplie très humblement le soussigné Philip Dejumné fils, rafineur de sucre dans la ville de Bergues St W. et représente que le bureau de traites de cette ville m'exigent pour mes sucres en grains que je fait expédier pour la Flandre, l'Artois et l'Heneau, des passavants sujet aux droits, comme si ma rafinerie seroit fabrique étrangère ; nonobstant les payements de droits que je paye pour les sucres bruts, sortant de l'entrepôt, dont je paye en surplus des droits de Sa Majesté cinq sols pour chaque valeure pour les droits d'acquit que je peut faire voire par les acquits de payement qu'on me delivre au bureau de Dunkerque ; par conséquent je crois que pour la circulation de paye que le bureau de Bergues est obligé de me délivré des passavans gratis ; comme cela est pratiqué du temps passé deux, trois et plusieurs année, veu que l'art. XVI du titre commun pour toutes les fermes, dit ce qui suit : Les Commis délivreront gratis les congez, acquits, passavants, certificats, billets d'envoy, veu de lettres de voteures, et les autres actes de pareille qualité, leur défendons de rien exiger ni recevoir pour ce qui leur est permis par nos réglements, à peine de concussion ; pourront néanmoins se faire rembourser des frais pour le timbre du papier.

Art. XVII du titre commun. Les marques et démarques seront faites sans fraits, sur les vaisseaux et futalles par les commis, sur les **peines** portés par l'art. précédent.

Je perois vous encore esciter d'autres articles, me crois que ceux

faut supposer qu'un marchand détaillieur tirant 100¹ de caffée des magasins de l'entrepot paye pour droit d'entrer en France une somme par suposition de 15¹ tournois ; ce détaillieurs ven-

sont suffisantes, et vous prie, Monsieur, que par de telles passavants sujet aux droits, et les marchandises que je suis obligé de faire mener au bureau pour avoir un cachet dessus de cire me gene extrement dans mon commerce, veu que du passé on nous demander point tout cela ; ce pourquoi que je me retire dans vous, Monsieur, pour qu'il vous plaise considéré, tel quon me traitte comme si je serois manufacture étrangère ou que feroits de la fraude, nonobstant tant de droits que je paye et acquits pour chaque voteure, ne demandent rien plus que des passavants gratis et la marque sur chaque futallie dans mon magazin ; si elle doit être marqué pour la circulation du paye, ce faisant je ne cesserois point de faire des vœux pour la conservation et prosperité de vous.

Monsieur, votre très humble et très obbeisant serviteur

P. Dejumné, fils.

Bergeus S¹ W. 29 mars 1771.

(B) *Mémoires des raffineurs.*

Monseigneur

Les raffineurs de sucre de la Basseville de Dunkerque et de Bergues ont l'honneur de représenter très humblement à votre Grandeur que leurs manufactures, ainsi que toutes celles du royaume, sont à la veille de succomber, si le ministère ne daigne venir à leur secours. Les colons se sont si fort attaché à rafiner leurs sucres et ils en envoyent en Europe une si grande quantité, qu'il y est devenu d'un usage journalier ; et en effet il ne diffère de celui des rafineries d'Europe que par ce qu'il est grossièrement concassé, et c'est ce qu'on appelle sucre terré. Pour mériter la protection que nous réclamons de votre Grandeur, nous prenon la liberté de remettre sous ses yeux que lors de l'établissement de nos colonies les colons étoient dans l'obligation d'envoyer leurs sucres en brut à la métropole.

Il en resultoit pour la mer patrie deux avantages considérables ; le premier en ce que ces matières grossières fournissaient à une navigation beaucoup plus étendue, puisqu'il faut deux barriques et un quart de sucre brut pour en faire une de sucre rafiné ; le second, en ce que cette maindœuvre étoit reservée à la métropole. Ces dispositions étoient l'effet de la sagesse et de la justice du conseil. Les colonies n'ont été établie à si grands frais que pour le bien et l'avantage de la mère patrie ; elle trouvoit dans le premier de ces avantages une aug-

dant souvent 10 de caffé à la fois, et quelques fois moins, à des petits marchands de la campagne, pour être une second fois re-débité, sont obligé de ses transporter au bureau, où ils sont assu-

mentation de navigation, une formation de gens de mer et par conséquent un accroisement de puissance maritime. Le second fournissoit de l'emploi à un nombre très considérable d'ouvrier ; pour en juger on observera que la seule ville d'Orléan a une vingtaine de rafineries dans chacune desquelles 40 à 45 ouvriers sont employés, ce qui fait pour cette ville seule 800 hommes.

Les différentes guerres survenue tant sur la fin du dernier siècle que pendant celuici ont servi de prétexte aux colons pour rafiner leurs sucres parce que, la guerre diminuant le nombre des armements pour les colonies, ils ont prétendu qu'il n'y en arrivoit pas assez pour enlever tous leurs sucres brutes et ils en ont pour cette raison reduit le volume en le rafinant.

Le commerce fit des représentations ; les circonstances ne permirent vraisemblablement pas qu'on y eut égard alors, mais il semble qua la paix on auraît du rétablir les choses dans leur premier état.

La métropole y auroit trouvé son avantage comme ont a dit ci dessus et les colonies n'y auroient rien perdu ; car un plus grand nombre de navires auroit été expédié de France, leur auroit porté une plus grande quantité de denrée d'Europe, des vivres, etc. et la maindœuvre aux colonies étant beaucoup plus chère qu'en Europe ils auroient employé à une culture beaucoup plus avantageux pour la métropole et procuré les bras de leurs négres occupés à terrer leur sucre brut : l'exemple des Anglais et des Hollandais dont les colonies sont florisantes et où il n'y a aucune rafinerie établie prouve que ces rafineries sont très préjudiciables à la métropole et même aux colons.

Les rafineurs ont encore à se plaindre d'une fraude qui se commet aux colonies et qui provient du rafinage. Les habitans de St Domingue rafinent et terrent les deux tiers de leurs sucres bruts ; ils font recuire les sirops qui proviennent du rafinage, leur donnent une certaine consistance et le mêlent avec leurs sucres bruts. Lorsque nos rafineurs mettent à la chaudiére ces matières recuites, elles gâtent et altèrent les bonnes et rendent une quantité de sirops dont on a peine à se défaire à vil prix, lesquels sirops tiennent lieu de bon sucres qu'ils devroient rendre ; ce qui est autant contraire à la bonne foi du commerce que destructif à nos rafineries.

Mais l'abus et l'usage de terrer s'étant invétéré depuis si longtemps à St Domingue, s'il n'est pas possible de parvenir à la réformer, nous

jettis à chacque pareille expédition, à un passavant de sept sols
et demy : et qu'en supposant que ces 100¹ de caffé soyent ainsi
débité par 10 à la fois, chaque 100¹ de caffé après avoir acquitté

supplions votre Grandeur de vouloir bien prendre en considération la
proposition suivante.

La trop grande consommation de sucre terré nuisant à celle du sucre
brut qui sert d'aliment aux rafineries du royaume, il seroit nécessaire
de trouver un tempérament pour rétablir l'équilibre, lequel seroit de
suprimer les droits sur le sucre brut et les reverser sur le sucre terré.

Par exemple, le sucre brut paye : de droit principal 2 10 le quintal
                                  Les 8ˢ p. livre   1 00
                                                      ─────
                                                      3 10
                                  Le sucre terré paye 8 00
                                  Les 8ˢ p. liv.   3 04
                                                      ─────
                                                      11 04

ainsi en suprimant les droits sur les sucres bruts et le reversant sur
le sucre terré, celui-ci s'éleveroit à 14¹ 14ˢ le quintal....

Au moyen de ce contrepoids le sucre terré revenant presque aussi
cher que le sucre rafiné en France, les consommateurs reviendraient à
l'usage du sucre en pain, les rafineries reprendroient vigueur ; il re-
viendroit de nos colonies pour la consommation du royaume une plus
grande quantité de sucre brut et tous les désavantages que la métropole éprouve disparoitroient.

Il est question maintenant d'examiner si personne ne seroit lézé dans
cet arrangement. 1° les sucres provenant du commerce de Guinée sont
affranchis de moitié des droits ; c'est à dire de 35ˢ sur les sucres bruts
et de 5¹ 12ˢ sur les sucres terrés Dans l'hypotèse présente, ils seroient
affranchis de tout droit sur le brut ; ainsi les armateurs de Guinée y
gagneroient un demi droit et pour leur conserver leur avantage sur le
sucre terré ils devroient être affranchis de 5¹ par quintal à déduire du
droit qui seroit alors de 14 — 14, de manière qu'en acquit de traite
le sucre terré ne payeroit que 9¹ 14ˢ au lieu de 14¹ 14ˢ, ce qui remplace-
roit à peu près le demi droit dont il est exempt aujourd'hui.

2° Le fermier n'y perdroit vraisemblablement rien, parce que s'il
se consommoit moins de sucre terré, ce droit en étant plus grand, il
en compenseroit la moindre consommation ; et comme le sucre terré
seroit encore à meilleur marché que le sucre en pain, bien des particuliers continueroient d'en faire usage, malgré l'augmentation du

ses droits en sortant de l'entrepot augmentera ses droits principaux d'environ 25 per °/₀.

Le commerce des espèceries, au grand préjudice des membres droit. Ainsi cette augmentation n'en suprimeroit pas l'usage et ne feroit que le ralentir. D'ailleurs le fermier ne perdroit que le demi droit sur tout le sucre brut qui vient par acquit de Guinée et on sçait que la plus grande partie...

3° Outre la consommation dans l'intérieur du royaume, les étrangers continueroient à enlever nos sucres terrés pour leurs rafineries concurremment avec nos sucres bruts, moyennant quoi la chose deviendroit indifférente pour les colons; et comme ces étrangers enlèvent les uns et les autres en exemption de tous droits, ils ont plus d'avantage à employer les sucres terrés parce qu'il y a moins de maindœuvre, moins de déchets et moins de frets à payer, ce qui leur a donné jusque à présent l'avantage sur nos rafineurs qui doivent payer des droits sur ces matières.

4° Les consommateurs se trouveront à la vérité chargés d'une augmentation de droit, mais c'est un droit presque commun à tous les objets de consommation et dont il résulte de grands avantages pour l'Etat.

C'est en faveur de ces considérations que nous supplions votre Grandeur de vouloir bien écouter favorablement les très humbles représentations des suppliants qui ne cesseront de réitérer leurs vœux pour la conservation des précieux jours de votre Grandeur.

(C) *Réponse du Directeur des fermes.*

Lille le 5 avril 1771.

La difficulté qu'a élevée, Monsieur, le Sʳ Déjumné rafineur de sucre à Bergues, n'est pas fondée. Le receveur des fermes à Bergues a raison d'exiger le payement du droit de passavant sur les sucres rafinés qui sont destinés pour un lieu qui n'est point dépandant de la châtelenie de Bergues, cela est expressément ordonné par l'arrêt du Conseil du 1ʳ mars 1712 servant de réglement pour le pays conquis ; l'art. 8 du réglement le porte expressément et veut que les tonneaux, boucaux, futaille, etc. soient représentées au Bureau et cachetés du cachet de la ferme, dont l'empreinte doit être apposée à l'expédition : Ces règles et formalités doivent être observées, Monsieur, pour toutes les marchandises qui, par leur nature, ne peuvent être soumises à la marque ni aux plombs de fabrique, telles sont les drogueries et épiceries, au nombre desquelles est le sucre, la mercerie, la quincaillerie, etc. Que le même réglement porte article 7 : Que les manufactures et

du corps de S¹ Nicolas, doit infailliblement diminuer de jour en jour à cause que depuis nombre d'année la ville de Bergues est sans garnison, ou souvent avec un détachement, tandis que cette même ville est continuellement chargée avec un état major qu'on estime leur couter au moins 80.000 par an [1].

L'administration ayant obtenu un octroy dans l'année... pour construire un pavillon de caserne, ont jugé à propos pour y subvenir d'imposer sur chacque tonne de biere consommé en cette ville un droit de 30 pattars, et cela pour un nombre d'années déterminé par l'octroy. Ce nombre d'années écoulés depuis plus de 40 ans, on perçoit encore toujour cet impot, au préjudice, au détriment des habitans qui par la suite des circonstances malheureuses, par la chereté des vivres en général seront à la fin réduit à boire de l'eau.

L'abonnement que Sa Majesté a bien voulu accorder aux habi-

---

fabrique du pays conquis, telles que les draps et étoffes de laine, poil, fil et coton, toile, etc., doivent être expédiés par passavans gratis ; mais il faut qu'elles soient revêtues du plomb de la manufacture ; or le sucre ne peut-être assimilé aux marchandises, parce qu'il n'est susceptible ni de marques ni de plomb de fabrique. D'après ces principes vous jugerez, Monsieur, que la prétention du S¹ Déjumné est mal fondée, et que le receveur de Bergues est fondé a exiger le droit de passavant : s'il est vray qu'il ne l'ait pas cy-devant perçu, c'est une inatention de sa part ; et si je l'avois trouvé en défaut sur ce point, je l'aurois forcé en recette ; mais cette non-perception, si elle est réelle, ne peut aucunement fonder la prétention du S¹ Déjumné. Comme l'arrêt du Conseil du 1ᵉʳ mars 1712, est annexé, Monsieur, à tous les registres de passavants envoyé dans les bureaux, les marchands peuvent en demander communication sans déplacer et les receveurs ne peuvent le refuser.

J'ay l'honneur d'être avec l'attachement le plus sincère et respectueux, Monsieur, votre trés humble et trés obéissant serviteur

MOREL.

[1] Ce chiffre est fortement exagéré. En 1787, les dépenses pour le service militaire montaient à la somme de 48.883¹ 9ˢ 10ᵈ, d'après le compte rendu le 2 octobre 1788.

tans de cette ville dans l'année 1756, pour la perception des vingtièmes, fut établi sur les baux de locataires qu'on eu grand soin de faire apporter à la maison de ville pour être examiné et asseoir la taxe ; les maisons des propriétaires furent évalués et estimés par les officiers municipaux ; les rolles ayant été arrettés, compris toute les dépence pour en faire la collection ; la perception se fit d'année en année par la suite[1]. Mais comme la population de cette ville étois considérablement augmenté depuis cette époque — nombre des maisons se trouvent rebati ; nombre d'autres maisons nouvellement construis qui n'existoient pas alors en grand nombre, et pour ainsi dire tous sont augmenté de prix — et néanmoins on perçoit également les vingtièmes : on fait même payer cet impôt à quelques particuliers arbitrairement.

Aux termes de l'union en date[2]..., le compte de la commune doit se faire après avoir fait sonner la cloche publiquement et être lû à haute et intelligible voix.

Il est de toute nécessité de suprimer l'influence de M. l'intendant, qui dans toute les occasions a montrée son adversion pour protéger les intérest de cette ville, ainsi que son représentant sous le nom de subdélégué, place laquelle depuis longues années est attachés au premier conseiller pentionaire, laquelle place est incompatible avec la magistrature, qui généralement sont bridés par sa présence dans leur délibérations, et pour réformer ces abus nuisibles aux habitans de cette ville demander l'exécution des édits de 1764 et 1765.

Nous avons à nous plaindre particulièrement de nos officiers municipaux, qui ont négligé si manifestement de protéger les

[1] Cf. aux Archives de Bergues CC. 71 les rôles de l'abonnement de deux vingtièmé et de la taxe de navigation, auxquels impôts doivent contribuer tous les propriétaires et occupeurs d'immeubles selon leur valeur locative.

[2] Décret d'Union de la ville et de la châtellenie du mois de novembre 1586.

privilèges précieuses de notre ville pour la libre navigation de laquelle nous eussions dû jouir depuis plus de cinq années et sauf la constance de quelques braves citoyens qui n'ont pas discontinué pendant tout ce temps leur solicitation jusqu'au moment que leurs doléances sont parvenues au pied du trone. C'est alors que leur démarches ont été courronné d'un succès complet, d'autant que S. M. ordonna de suite de rétablir tous les ouvrages à ce nécessaire, mais depuis l'ouverture de cette navigation on a seu mettre tant d'entraves que cette navigation cessera elle-même si la bienfaisance du Roy ne tend son bras puissant pour secourir les habitans de cette ville de Bergues dans leur commerce naissante. Cy joint [1] quelques représentations et réponses de la ferme du roy, lettres cerculaire, Mémoire à la cour et au ministre, et trois observations de quelques particuliers de notre corps.

J. J. Vandaele, march. épecier, députté du corps de St Nicolas ; P. Dejumné, rafineur de sucre, députté du corps de St Nicolas.

Maîtres Bouchers

Doléances et Remontrances pour le corps ou communauté des Maitres Bouchers de cette ville de Bergues St Winnoc.

Pour concourir aux vues de Sa Majesté et coopérer au bien général, les Maitres de la communauté susdite ont à se plaindre et à remontrer comme suit.

1° De la surcharge des octrois en ville, et des exemptions dont en jouissent principalement tous ceux qui sont le plus en état de païer.

---

[1] Ces pièces sont imprimées p. 60, note 1.

2° De la régie et administration clandestine des finances de Sa Majesté, desquelles ils sont en partie les aveugles paieurs.

3° Que pour y obvier, il conviendrait que le traité d'union entre la ville et la chatellenie fut strictement exécuté ou bien cassé et annulé, comme s'il n'avait jamais existé.

4° Les maîtres susdits réclament en leur faveur l'exemption du droit de tuage, seulement pour les livraisons qu'ils sont obligés de faire aux troupes de Sa Majesté et non autrement, faveur qu'ils sont d'autant plus en droit de demander que les troupes jouissent ordinairement de toutes exemptions quelconques, et que la viande leur est fournie sur un taux fort modique et peu favorable aux maîtres susdits.

Brasseurs

Les Brasseurs ont à se plaindre que les droits d'octroys sur les bierres sont exhorbitans, puisque dans les années communes ils égalent le prix de la denrée, c'est à dire ce qu'il en coute pour les ingrediens et la fabrication[1].

2° Qu'on croit que le petit octroy sur lesd[es] bierres est expiré[2].

3° Que depuis plusieurs années la ville n'a presque pas de garnison, que l'année dernière il n'y avoit que la moitié d'un bataillon, tandis qu'anciennement il y avoit toujours au moins deux bataillons, quelques fois trois, et qu'ainsi lorsqu'il n'y a

---

[1] Cette plainte n'est pas nouvelle. Déjà en 1708, ils avaient adressé dans ce sens une requête au Magistrat. Arch. de Bergues CC. liasse 113.

[2] Le petit octroi sur la bière avait été établi pour fournir à l'entretien des casernes.

point de troupes en ville, il y a très peu de consommation en boisson.

4° Que dès qu'il n'y a point de consommation chez les cabaretiers ceux ci ne peuvent paier ni leur loier, ni leur brasseur, et partant ils sont dans le cas de faire faillite : qu'aussi c'est par cette raison que l'on voit diminuer le nombre des cabarets et que pour la plus part le commerce des brasseurs devient à rien.

5° Qu'il y a une autre cause de la ruine des cabarets et des cabaretiers qui est la grande quantité des maisons particulières où on débite de l'eau de vie, abus contre lequel on a inutilement réclamé tant de la part des cabaretiers et des propriétaires des cabarets qui sont des maisons privilégiées pour la vente de la boisson, que de la part des administrateurs des pauvres qui ont dit avec raison que c'était de là que provenoit la très grande quantité des pauvres dont la ville est surchargée, qu'en effet c'est dans ces maisons particulières, dans les caves et les chambres où on vend de l'eau de vie, que les ouvriers, leurs femmes, les servantes et en général les pauvres gens vont porter leur argent, tandis qu'ils n'oseroient pas se faire voir entrant et sortant des cabarets, que c'est là où les servantes se retirent journellement pour se régaler l'une et l'autre, en y dépensant l'argent de leurs maîtres et maîtresses, quils y contractent l'habitude de boire de l'eau de vie, laquelle ensuite elles conservent quand elles sont mariées, donnent alors à leurs maris l'occasion d'en boire de même et se trouvent plongés dans la plus affreuse misère.

Les brasseurs croient donc pouvoir demander 1° que les droits d'octrois sur les bierres soient diminuées : ce qui peut se faire aisément par la supression de tous les exempts d'octroys, 2° qu'il soit défendu de vendre de l'eau de vie ailleurs que dans les cabarets privilégiés, 3° que par tous les moiens possibles on tache d'obtenir une plus grande garnison, rien n'étant plus juste, attendu que la ville se trouve chargée d'un Etat Major de la première classe, qui coûte des sommes immenses, outre l'entretien des casernes, des pavillons, fournitures, chauffages, etc. etc. Les brasseurs demandent enfin que la libre navigation à la mer soit protégée et le commerce en général favorisé comme il devroit l'être pour le bien commun de tous les habitans.

Cabaretiers

Points et articles des plaintes doléances à proposer pour le corps des CABARETIERS en l'assemblée du 24 mars prochain.

1º Du logement que nous sommes obligé de loger la troupe qui passe gratis, et le logement des écuries pour les chevaux gratis, tandis que Messieurs les Magistrat loue les écuries à leurs profits, et que dans le département ils sont paiés.

2º Pourquoi Messieurs le Magistrat tolère le détailleur non cabaretiers de vendre d'eau de vie, bierre et vin en nuist, en pots, et logé pendant tout la nuit, que nous cabaretiers, sujets au gros droit et logement, ne la pouvons pas le défendre, faute de soutient du Magistrat par les présentations que nous avons faites, ces endroits privés et pour la plus part où on vend d'eau vie ne font seulement tort au corps des cabaretiers, mais c'est un désordre considérable pour toutes les domestiques qui dépensent plus quelles ne peuvent gagner. Or quelles oseroit faire s'ils devaient entrer dans les cabarets où elles craindraient d'être vues et suspectés.

3º Pourquoi ses Messieurs ne défendent-il pas de vendre de la bierre et du vin aux ordres mendians et que toute les lundi, jour de notre marché, ils se trouvent par foule des paysans à boire pour le prix de quinze sols la bouttelle par aport à l'exemption de droit de cette ville qui fait un considérable tort à notre corps.

4° Qui se trouve quatre confréries et plusieurs sociétés, ainsi que l'Etat major et l'ecclésiastique, qui sont exempts des droits, et que nous paions le gros droits et que notre débit déminue par les exemptions dont il y en a plusieurs non connues.

5° Détail d'un grand droit concernant la tonne de bierre contenant entre cinquante huit et soixante pots et monte à la somme de dix livres sept sols neuf deniers de France pour le droit d'une tonne dont les bourgeois ne le paient qu'à raison de cinq livres cinq sols de France et que tous les couvents sont exempts de toutes les droits et pour nous mêmes, nous cabaretiers, nous n'avons aucun exemption des droits comme ils ont dans d'autres lieux.

6° Nous paions pour une pièce de vin de cent pots à raison de quatre vingt cinq livres quinze sols de France, dont le bourgeois et la campagne ne paient amotié, droit exorbitant qui doit être modérée, puisque. c'est cette hauteur qui est cause que nous ne vendons rien ou peu de chose, malgré les charges considérables que nous devons supporter.

7° Demandons aussi que la libre navigation sera fortement sollicités, enfin que les ouvriers qui sont sans pain puissent trouver de l'ouvrage et gagner honnètement la vie.

8° Aussi que le compte des octrois et autres impots dans la ville, ainsi que de l'abbonnement des vingtièmes imposés sur les maisons, sera rendu publicquement et en présence de tous les intéressés duement avertis par publication et affiches.

9° Demandons aussi que les officiers municipaux de la ville seront tous les ans librement choisis par les habitans ou notables de ladite ville.

10° Que le petit octroi sur la bierre qui se perçoit depuis nombre d'années sera aboulie par ce que il a été accordé pour l'entretien des casernes et qu'ainsi Messieurs les Magistrats laïssent tomber les casernes en ruines, comme il conste par l'état où se trouve la caserne à haut de St Pierre, ce qui nous oblige, à tous les passages ou arrivés des troupes pour la garnison, de loger Messieurs les officiers sans aucun retribution.

Négociants et Armateurs

Points de plaintes, demandes et doléances à proposer par M[rs] les députés au nom de M[rs] les Négocians et Armateurs de la ville de Bergues St Winnoc en Flandre.

Sa Majesté Louis XVI notre bon, notre juste roi, l'émule et suivant les traces des bons, justes et magnanimes rois Louis XII et Henri IV, demande et réclame l'assistance de ses fidèles sujets et veut qu'ils luy fassent connoître tous les abus quelconques qui leur sont à charge. C'est un père tendre qui appelle autour de lui tous ses enfans chéris pour les rendre heureux.

Après cet appel d'un si bon roi, le silence serait ici un crime et si nous avions la faiblesse et la bassesse de rester dans l'avilissement où on nous a plongé et où on nous tient depuis trop longtemps, nous tromperions et le roi, et l'état, et nous mêmes ; et la restauration de l'Etat et le bien que Sa Majesté veut faire à tout son peuple seroit imposible, nos chaînes deviendroient de plus dures en plus dures et éternelles.

Nos fondés de pouvoir demanderont avant tout une loi constitutive fondamentale où les droits respectifs du Souverain et de la Nation soient clairement et solidement établis.

2º Que les Etats généraux seront assemblés tous les trois ans à des époques fixes.

3º Ils s'opposeront à l'établissement de toute Commission ou Conseil intermédiaire pendant leurs vacances.

4º Que la personne du Roi sera reconnue sacrée et qu'un respect inviolable luy sera voué dans tout le tems et dans toutes les circonstances.

5º Que les ministres qui voudroient sous le nom de Sa Majesté altérer la constitution et porter atteinte aux droits de la nation seront comptables de leur conduite devant ces représentans et soumis à un tribunal établi pour connoître de leur délits.

6º Que les Etats particuliers ou assemblées provinciales seront établies dans la Flandre Maritime à l'instar de celle établie dans le Dauphiné.

7º Que les Edits de 1764 et 1765, de municipalité, seront envoiés et exécutés dans la Flandre Maritime, qu'en conséquence les officiers municipaux de la ville de Bergues seront tous les ans librement choisis de tous les citoyens de la ville et chatellenie, dont un tiers sera renouvellé tous les ans, de sorte qu'ils ne pourront servir que trois ans consécutifs, sans pouvoir être continués plus longtems, afin que tous les citoyens soient jugés par leurs concitoyens, par leurs pairs.

8º Que ces officiers municipaux ne pourront jamais disposer d'aucuns deniers publics sans le sû et consentement des nottables députés de la commune de la ville et chatellenie.

9º Que les comptes du revenu des biens, octrois et impositions de la ville et châtellenie sera rendu tous les ans publiquement, porte ouverte, dans cette ville de Bergues, en présence des notables et députés choisis par la commune et de tous les intéressés, qui voudront s'y rendre, les jours et heure ayant été indiqués par proclamation et affichés comme contradicteur légitime, et les comptes ainsi rendus clos et arrêtés seront ensuitte déposés dans un dépôt public où tous les habitans pourront avoir accès et en tout tems pour les examiner lorsqu'il le trouveront à propos et convenir.

10° Que toutes les dépenses de bouche dans l'échevinage faites aux dépens des citoyens seront supprimés.

11° Qu'il sera rendu compte aux citoyens de la recette de l'impôt établi sur les maisons dans la ville et sur les terres dans la châtellenie perçu depuis plus de vingt huit ans, au sujet de la libre navigation pour que l'emploi en soit constaté et connu, ainsi que de la recette de l'abonnement de XXme et de celle de Wateringues [1].

12° Que la justice civile et criminelle sera corrigée et réformée.

Que dans le civil il n'y aura que deux instances, que tous les procès où il n'y aura point d'admission à preuve seront jugés dans les six mois, à peine que, ce tems écoulé, le juge sera tenu d'envoier toute l'instruction faite avec toutes les pièces au juge d'appel pour les juger par arrêt, que tous ceux où il y aura une admission à preuve seront jugés dans le courant d'une année, sous la même peine de renvoi.

Que toutes les affaires pourront être jugées en première instance par arbitre, sur la seule demande d'une des parties sans que les juges puissent s'y opposer ou le refuser quoiqu'ils seroient déjà saisis de l'affaire.

Que toutes les affaires ou contestations concernant le commerce, trafic et négoce seront jugées sommairement et consulairement par le juge de l'endroit.

Quant à la justice criminelle, que la liberté individuelle et personnelle sera garantie ; que le respect le plus absolu pour toute lettre confiée à la poste sera ordonné et qu'on prendra les

---

[1] Voir les comptes des wateringues, Arch. de Bergues, DD. liasses 61 et 63.

moïens les plus sûrs d'empêcher qu'il n'y soit porté atteinte.

Que les jugemens par jurés seront établis, que les crimes et délits seront déclarés personnels sans en tacher les innocents de toute une famille.

Que les accusés auront un conseil ;

Que l'instruction sera publique ;

Qu'ils pouront présenter leurs faits justificatifs en tout état de la cause et en tout tems ;

Que les peines seront proportionnées aux délits ;

Que le code sera clair et précis sans que rien soit laissé à l'arbitrage du juge ;

Que les mêmes peines seront également infligées pour les mêmes crimes, sans distinction ni de rang ni de personne ;

Que nul arrêt de mort ne sera exécuté sans le vû du Roi.

13° Que chaque année, quinze jours avant la reddition du compte du département, il sera envoié aux officiers municipaux de cette ville une copie du projet et apperçu dudit compte à rendre, ainsi que des objets à proposer dans l'assemblée du département pour être examinées en présence et conjointement avec les notables députés des citoyens.

14° Que généralement toutes les exemptions des octrois de la ville, en faveur de qui cela peut être, même pour les maisons religieuses, soit d'hommes, soit de filles, puisqu'elles paient les droits des Domaines, seront supprimées et abolies.

15° Que l'impôt des XXmes sera également paié par les maisons religieuses, proportion gardée de leurs emplacements, comme tous les autres propriétaires.

16° Que le logement de M. le commandant officier major, les ingénieurs et d'artillerie seront payés en argent,

17º Qu'il sera fortement sollicité pour avoir habituellement une plus forte garnison.

18º Que la présence de M^{rs} les subdélégués des commissaires départis dans les assemblées municipales, comme étant contraire à la liberté, sera prohibée ainsi que leurs influences dans l'administration municipale, à cause qu'ils s'emparent de toute les places lucratives pour eux et leur famille.

19º Que le droit de libre navigation à la mer de cette ville, confirmé par arrêt du Conseil d'Etat du Roi, contradictoirement rendu le vingt un juillet 1716, qui a été presque absolument négligé, souvent même contrarié par M^{rs} les subdélégués et plusieure officiers municipaux, sera suivi et fortement sollicité par tous les moiens justes et possibles pour que toutes les entraves opposés, tant à Dunkerque qu'ailleurs depuis 1716, à ce droit et nottamment l'ordonnance du premier août 1788, rendue par M. l'intendant Esmangart, soient levés [1].

20º Que l'entrepôt pour les sels nattionnaux et toutes autres marchandises sera établie dans cette ville, ainsi que pour le sel étranger pour la quantité qui pourra être nécessaire et propre pour la pêche de cette dite ville.

21º Qu'il sera construit en cette dite ville une halle aux grains.

22º Que la Pinderie ou ferme de travail des marchandises sera donné gratuitement à plusieurs ouvriers sous la conduite d'un Doien qui donnera une caution valable pour répondre des dommages, un sallaire juste et raisonnable qui sera fixé par des commissaires du Magistrat, avec le concours des députés de négocians suivant qu'il se fait à Dunkerque.

---

[1] Ordonnance de l'intendant du 1er août 1788 bornant, par provision et pour cause de travaux au port de Dunkerque, la navigation sur le canal de Bergues à 7 pieds de cale. Arch. de Bergues, CC. liasse 39.

23° Que les portefaix pour le travail des grains, sels etc. seront établis sur le même pied et en nombre suffisant pour que jamais aucuns grains ou graines restent exposés pendant la nuit aux injures de l'air, mais soient travaillés le jour même du marché.

24° Que la chasse, droit sauvage et barbare, reste de la tyrannie féodale, sera abolie, que les propriétaires et les fermiers de biens de la compagnes et chacun sur son terrein seulement, auront le droit, à l'exclusion de tous autres, de quelque état ou condition ils soient, de tuer les bêtes fauves et le gibier qu'il trouveront détruire ou endommager leurs biens et récoltes.

Quelles gênes tyranniques, quels maux, quelle injustice n'a pas occasionné ce prétendu droit barbare, n'occasionne-t-il pas tous les jours, de voir des citoyens emprisonner, de lettre de cachet surprises et obtenues pour les bannir du royaume ou enlever ? on enlève tous les fusils des habitans de la campagne, armes nécessaire dans les maisons de villages, qui sont isolées et éloignées les unes des autres, pour se défendre contre les gens sans aveu, les mendiants insolens, les malfaiteurs, les voleurs qui courent dans les villages sachant que personne n'y est armé, contre les loups et autres bêtes fauves et des animaux enragés ; de là, ordonnance de tenir tous les chiens des bascours et autres enchaînés nuit et jour, de là les gardes qui roulent les campagnes, et qui, s'ils en trouvent, fussent même sur leur propre terrein, dans les bassecours, les tûent et font paier des amendes par les propriétaires ou leur font des procès. Quelquefois on en-enlève même les chiens enchénés et en font des longs et ruineux procès au propriétaire. Il est même arrivé dans cette châtellenie, qu'un de ces gardes à tiré et blessé un habitant qui travaillait dans une haie, et sur la plainte ce garde répondit qu'il avoit cru que c'étoit un chien qu'il avoit vu remuer.

Aussi, tous les ans, les propriétaires de biens et leurs fermiers voient détruire et endommager les arbres de pépigniéres, ravager leur grains et leurs légumes des gardins potagers, par des lièvres et autre gibier, aussi des personnes prétendent avoir droit à ce barbare exercice, et roulent tous les ans dans les campagnes, entrent, vont et viennent dans les pièces de fèves, avoines, trèfles, blé, sarrasin, tabac qui sont encore sur pied dans ce tems ; et dans les jardinages, ils font entrer leurs chiens, ils commettent infiniment de dégats et dommages ; de là ouvrent les barrières, entrent dans les patûres, épouvantent les bestiaux qui paturent tranquillement, quelque fois en blessent, d'autre fois même en tuent ; de là coupent, brisent et ouvrent les haies, pour se faire des passages, et il faut que les propriétaires et fermiers voient et souffrent patiemment toutes ces indignités et injustices criantes, et si quelqu'un veut empêcher ces coupables chasseurs de gâter ainsi ces biens, il y en a qui ont l'effronterie et la barbarie de leur montrer le bout de leur fusils, avec menace de les maltraiter, même de les tuer, et si qu'elqu'un de ces malheureux habitans de la campagne avoit la témérité ou l'imprudence de tuer du gibier, ou qu'on trouva des lacets dans les haies, on les condamneroit à des grosses amendes, dussent même leurs familles en souffrir.

D'autre fois pour soutenir ce prétendu droit si étrange et si cruel, on intente et on soutient des procès longs et fraieux, et dont on porte les frais à la charge de la commune pour le seul intérêt et plaisir de quelques individus.

Nos députés demanderont donc et insisteront expressément pour que ce droit odieux, destructeur et barbare soit aboli et que les fusils et autres armes nécessaires à la défense des habitans des campagnes leurs soient restituées et permises.

25º Que, suivant les placards de Charles Quint publiés en la ville de Bergues à la bretèque au son de la cloche, est ordonné la réunion à la table commune des pauvres de la ville le revenu de tous les biens des différentes administrations de pauvreté soit hôpitaux ou autres. Nos députés demanderont qu'il soit fait des recherches à ce sujet.

26° Ils demanderont aussi que les bourgeois qui logeront des officiers dans cette ville seront payés par la commune.

27° Qu'il y a différentes petites fermes dans la châtelenie qu'on a laissé tomber en ruine, nos députés demanderont que ces petites fermes, ruinées depuis dix ans, seront rétablies, ce qui ne peut servir qu'à encourager et augmenter la population et que défenses seront faites d'en laisser tomber en ruines à l'avenir.

BERGUES *

24 mars, en l'assemblée du corps municipal de la ville et châtellenie de Bergues.... par devant nous bourgmaître, échevins et ceurhers de la ville et châtellenie de Bergues,

Sont comparus en l'hôtel de ville, Sieurs et Mes François Joseph Bouchette et Gaspard Louis Ricard avocats, S^{rs} et Mes Alexandre de Clercq et Benoit Lefère, médecins, Sr Philippe Arnould, chirurgien, Srs Jean-Baptiste Winnoc Carpentier, et Jean-Baptiste Winnocq Legier partageurs, Srs Martin Marhem et Jean Winnocq Lorius, au nom du Tiers-Etat non compris dans aucun corps, communauté en assemblée autorisée ; Sr Philibert Deny, m^e maçon, Sr Charles Barbé, aubergiste, Sr Claude Hyolet perruquier, Sr Patrice Cousyn pour le corps des chaircutiers, Sr Pierre Drogheris père pour le corps de métier des gressiers, Sr Jacques Emmanuel Cuvelier apothicaire, Sr Charles Van den Bussche pour le corps de métier de St Roch, Sr Charles Louis De Baecker et Dominique Demaricaux pour les marchands de vin, Srs Antoine Mouton et Pierre Decaerne négocians, Srs Philippe de Jumné et Jacques Winnocq Vandaele pour le corps de métier de St Nicolas, Srs Philippe Olive et Benjamin Modewyck notaires, Sr Jean-Jacques Mouton m^d orfèvre, Sr Charles Louis Vercaemer tanneur, Sr Laurent Orengie boucher,

---

* Sur les élections à Bergues et la rédaction du cahier du tiers état de la ville, voir Introduction, t. I, p. LII, et *Bulletin du Comité flamand*, année 1905, 2e fascicule, une communication de M. le chan. Looten.

Sʳ Jacques Couweraere tailleur d'habits, Sʳ François Denherder batelier, Sʳ Pierre Outters savetier, Sʳ Pierre Christiaens tonnelier, Sʳ Antoine Croisol charpentier, Sʳ Jacn Vandenbilcke cordier, Sʳ Jean Brisbois boulanger, Sʳ Pierre Timmerman porte beurre, Sʳ Jean Vasseur portefaix, Sʳ Henry Seuts pour le corps de métier de Sᵗ Eloi, Sʳ Louis Vandezande cordonnier, Sʳ Jean Petit l'ainé marchand brasseur, *De post*, le Sʳ Jean Hamilton, en place de Louis Vandezande cordonnier, tous représentans des différentes corporations, corps et communautés de cette ville et des bourgeois et habitans [1].

[Manque le nombre de feux]

Députés [2] : François Joseph BOUCHETTE, Gaspard Louis RICARD, Pierre DECAERNE, Dominique DEMARICAUX, Antoine MOUTON, Martin MARHEM, Jean-Baptiste Winnocq LEGIER, Charles de BAECKER, Jacques Winnocq VANDAELE, Philippe de JUMNÉ, Charles VANDENBUSSCHE, Jean Winnoc LORIUS.

Et comme suppléants : Patrice COUSYN, Pierre DROGERYS et Jacques CUVELIER.

C'est le Cahier des Plaintes, Doléances, Demandes et Réclamations pour les habitants de la ville de BERGUES-Sᵗ-WINNOC, en date du 24 du mois de mars 1789 et jours suivans.

---

[1] D'après le *Procès-verbal de ce qui s'est passé à l'assemblée du Tiers-Etat de Bergues* (Arch. nat., B. III, 20 p. 401), les conseillers municipaux, qui avaient cru pouvoir voter en corps, ne s'étaient pas présentés dans leurs corporations respectives. De ce fait, ils ont été, disent-ils, « privés de toute espèce de suffrages, même de celui commun à tous les citoyens et se sont trouvés réduits au role de spectateurs muets de l'assemblée du tiers-état ».

[2] D'après le même *Procès-verbal*, l'élection des 12 députés se fit d'après les indications de Bouchette, et, sauf pour deux, suivant une liste qui avait été arrêtée dès le 23 mars, au soir.

Recevant avec une reconnoissance vraiment filiale l'invitation que fait le Roy à tous ses fidèles sujets, répondons à une bonté si grande et si généreuse, en offrant courageusement le sacrifice de nos corps et biens et disons qu'il seroit encore possible de venir au secours de l'Etat ; mais que ce n'est qu'aux moyenx des économies, des retranchemens et des réformations, qu'il conviendroit de faire, soit dans l'administration de l'Etat, soit dans celle de la province, soit dans celle de cette ville et châtellenie.

Qu'il y ait des abus et des abus sans nombre ici, dans notre administration, personne n'en sauroit disconvenir ; mais il faut en connoître la source : hâtons-nous de la développer.

L'administration dans son principe est arbitraire.

Dans sa forme elle est illégale.

Dans son effet elle est injuste, pernicieuse, destructive de tous les droits : elle attaque la liberté et les propriétés des citoyens.

Aux termes de l'Union, qui est la loi fondamentale pour l'administration de la généralité de cette ville et châtellenie, les interêts communs doivent être régis, dirigés et administrés, comme il se fait dans une société bien entendue, c'est à dire par l'intervention, en raison égale et proportionnelle, des parties intéressées.

En un mot, d'après l'Union, il doit y avoir un conseil des notables choisis dans la ville et le plat pays, lesquels doivent être convoqués, ainsi que les députés des vassaux pour délibérer sur toutes les affaires importantes ; et ces notables et députés sont les contradicteurs légitimes des comptes : telle a été très longtems la manière d'administrer. Il n'en est pas ainsi à présent : notre administration actuelle est conduite par l'autorité d'un seul homme : c'est le commissaire départi, M. l'Intendant, qui est le chef-administrateur ; c'est ce commissaire départi, ses co-administrateurs, les magistrats, tels qu'il croit convenir pour porter ce nom, mais qui, en effet, n'en ont que le nom ; car il a sous lui son subdélégué qui le représente, et qui assiste à toutes les délibérations du corps de l'administration. Dès lors, les délibérations ne sont pas libres ; elles sont genées par l'influence de l'autorité supérieure. Il faut que tout se passe au gré de cette autorité ; personne n'oserait manifester un avis différent du sien : on craint de l'indisposer, d'encourir sa disgrace, et de perdre la faveur et la protection de M. l'Intendant. C'est donc l'arbitraire, la volonté d'un seul, qui est le principe de l'administration actuelle.

La forme de cette administration est illégale, contraire aux lois ; elle est anti-constitutionnelle, puisqu'elle est directement opposée à l'ordre qui est établi par l'Union. Cet ordre étoit juste et raisonnable, en ce qu'il établissoit une mesure et un équilibre entre les différens intérêts, tandis que le mode actuel ne présente qu'un désordre complet. Jamais il n'a été dit dans aucune société que le total des affaires seroit conduit et dirigé par la volonté d'un seul ; que ce seul disposeroit des intérêts de tous, et qu'il ne rendroit compte qu'à soi-même ; ce seroit une société mal entendue qui adopteroit un régime monstrueux, telle qu'est ici l'administration qui nous fait gémir.

Enfin cette administration est essentiellement injuste, par cela même qu'elle prive les citoyens de l'exercice de leurs droits les plus précieux, tel que celui d'intervenir dans la direction de leurs propres affaires et intérêts.

Elle est pernicieuse, parce qu'elle ouvre la porte aux abus de toute espèce, abus d'autorité, abus de confiance, abus de justice, abus de direction particulière et générale, abus dans tout ce qui est à portée d'une personne qui pourroit ne se faire d'autre règle de conduite que ses intérêts et caprices particuliers.

Elle est destructive de tous les droits ; tout, jusqu'à la raison même, dans les magistrats, les co-opérateurs de cette étrange administration, tout est détruit. Leur jugement est captivé par la présence du substitué de l'intendant. Ils consentent ce qu'il désire ; ils rejettent ce qu'il désapprouve. De là très souvent le bien qui devroit se faire ne se fait point ; la protection qui devroit être accordée est refusée ; et de là aussi le mal qui devroit être empêché est toléré, quelquefois favorisé et protégé.

Cette administration attaque la liberté et les propriétés des citoyens. La liberté se trouve attaquée par les loix particulières qu'on s'avise de faire sous l'autorité du Magistrat. Ces loix particulières sont une multitude d'ordonnances de police, trés impolitiques, puisqu'elles n'ont aucun rapport avec l'utilité publique, avec le profit et l'avantage commun des citoyens, et l'on n'en peut point faire d'autres.

Le Magistrat doit savoir que, suivant le traité d'Union, et par la disposition expresse de la coutume homologuée [1], il ne peut être fait aucune ordonnance de police que par l'intervention des notables, qui doivent y être consultés et donner leur avis sur leur utilité et nécessité : salus populi suprema lex. Ainsi, toutes les fois qu'on entreprend de faire des ordonnances de police sans l'intervention des notables, on pêche contre la Loi, on usurpe une autorité injuste, on exerce la tyrannie en s'élevant sur ses concitoyens, dont on opprime la liberté.

Enfin ce genre d'administration attaque les propriétés.

[a] 1º Parce que l'administrateur supérieur avec ses co-administrateurs taillent et imposent, augmentent les impositions sur les biens des citoyens, sans leur aveu ni consentement.

[b] 2º Ils font des dépenses sans aucune utilité, ils construisent des ouvrages non nécessaires ; ils contractent des dettes sur

---

[1] Les coutumes et lois de la ville, etc., de Bergues, homologuées le 29 mai 1617 se trouvent au t. II des *Coutumes du Comté de Flandre*, par Legrand et Vanden Hane.

la généralité ; ce sont des rentes perpétuelles, dont nos terres et nos propriétés, pour nous et nos descendants, demeureront chargées.

[c] 3° On prête l'argent de la généralité pour en aider une autre avec laquelle Bergues n'a rien de commun qu'une rivalité déclarée, si ancienne et si invétérée, qu'elle ne s'effacera jamais, tant que les deux villes existeront. Il est aisé de voir que c'est à la ville de Dunkerque. C'est en vertu d'un arrêt du Conseil sollicité par l'intendant où il est dit que Dunkerque devra rembourser lorsqu'il sera en état. Or l'intendant dira toujours pour les Dunkerquois, qu'ils ne sont point en état ; et nos administrateurs ici devront le croire et se taire.

[d] 4° On entreprend des procès pour des objets parfaitement indifférens pour l'intérêt public et général des citoyens : par exemple, le procès concernant les corroyeurs et tanneurs ; celui contre un coutre de village, un autre pour la chasse, etc., etc.

[e] 5° On rachette des offices tels que ceux, en dernier lieu, des jurés-priseurs vendeurs de meubles [1].

Pourquoi fait-on ces rachats ? On a allégué au Conseil du Roy la constitution de la province de la Flandre maritime, et les prétendus droits des seigneurs haut-justiciers. C'étoient les ammans [2] qui étoient accoutumés de percevoir les 4 deniers pour livre à leur profit. Dans le fait, il y a des subdélégués qui sont propriétaires d'ammanies : et il y en a un qui acquiert, de jour en jour, des seigneuries qui ont droit de haute justice. Qu'en est-il arrivé ? C'est que l'amman continue de percevoir les 4 deniers pour livre à son profit et qu'il les perçoit une seconde fois pour en compter

---

[1] Voir A. DE SAINT-LÉGER, *La Flandre Maritime*, p. 203.
[2] Amman : officier de justice, inférieur au bailli. Dans le plat-pays, les ammans remplissaient les fonctions de sergent et d'huissier.

et fournir au payement et remboursement des rentes créées pour ce rachat.

Et cependant l'édit de 1771 supprimoit les 4 deniers pour livre, et les créoit de nouveau pour être perçus et en être comptés au profit du Roy. Ainsi le droit ne pouvoit jamais être perçu qu'une fois, soit au profit de S. M., soit au profit des ammans, et aujourd'hui il se trouve doublé.

Pour prouver la justice de cette réclamation, on observe que les offices d'ammans sont de la même nature que sont les sergenteries royales qui existent dans la Normandie[1]. Les seigneurs propriétaires de ces offices fieffés ont toujours, et à chaque fois, été obligés de racheter les créations des offices de priseurs-vendeurs des meubles et de les payer de leurs propres deniers.

6° On a de même et par différentes fois racheté les créations d'offices et charges de magistrature municipale[2]; ce qui, en dernier lieu, s'est fait en 1771 et a coûté, à ce que l'on assure, plus de 60,000 livres[3]: ce qui a été payé avec les effets de la communauté, nonobstant qu'elle n'en tire aucune utilité, puisque c'est M. l'Intendant qui continue toujours de disposer et de nommer à toutes les places, sans que, jusqu'à présent, on ait pensé à réclamer contre cette injustice. Seroit-il permis de penser qu'on aime moins d'être librement élu par la confiance et le suffrage de ses concitoyens, que de tenir sa place, ou par la protection, ou par l'intrigue auprès du commissaire départi, protection tou-

---

[1] On donnait ce nom de sergenteries à des fiefs nobles, patrimoniaux et héréditaires, pour lesquels les possesseurs devaient foi et hommage, mais non relief. Les propriétaires de sergenteries ou leurs fermiers remplissaient, à la fin de l'ancien régime, les fonctions d'huissier. V. le règlement du Parlement de Normandie revêtu de lettres patentes du 18 juin 1769.

[2] Voir A. DE SAINT-LÉGER, p. 208 et suiv.

[3] Le rachat monta à 100.000 l. pour toute la province. Arrêt du conseil du 20 avril 1773.

jours suspecte, intrigue très souvent dispendieuse par l'argent qu'il en coûte, mais toujours basse et honteuse lorsqu'on est dans le cas d'en essuyer des humiliations.

Mais les offices mêmes des subdélégués [1] et de leurs greffiers ont été rachettés avec les deniers de la communauté de la province. Cela se voit par l'édit de la suppression donné au mois d'avril [2] 1713, et l'on y remarque que le Législateur en donne pour motif « qu'il est important, pour le bien de notre service, que les fonctions attribuées à ces offices (des subdélégués) soient exercées dans ce département par des personnes... choisies dans les corps de villes et d'Etats. » Il est aisé de voir que c'est encore là l'ouvrage des intendans et des subdélégués de ce tems là, qui, au lieu de fournir par eux-mêmes l'augmentation de finance qui leur avoit été demandé par l'édit du mois d'août 1712, se firent totalement rembourser et jettèrent ainsi tout le fardeau sur les villes et communautés. On doit dire que cette loi est véritablement la chaîne qui attache nos magistrats aux subdélégués.

De sorte que personne ne sauroit disconvenir qu'il est positivement vrai que l'administration actuelle porte tous les caractères d'injustice et de dépravations ; que, dans ces circonstances, il y a lieu de dire que son règne a trop duré et que l'on doit souhaiter qu'il finisse. Mais comme cette réforme ne pourroit jamais se faire qu'au moyen d'une loi générale, propre à rétablir le citoyen dans tous ces droits, il convient de supplier le Roy qu'il plaise à Sa Majesté d'y pourvoir par les dispositions qui suivent, savoir :

1 — Que dorénavant, et à perpétuité, les Etats Généraux seront tenus et convoqués au moins une fois tous les 3 ans, et plus souvent, si la nécessité ou la situation des affaires l'exige.

---

[1] Voir A. DE SAINT-LÉGER, p. 161.
[2] L'édit de suppression est du mois d'octobre et non du mois d'avril.

2 — Que dans toutes les provinces du royaume et nommément dans la province de Flandres Wallone et Maritime, l'administration sera faite par les assemblées des trois Etats, composé à l'instar de ceux du Dauphiné ; sauf à faire, relativement à chaque province ou district, tels changemens ou règlemens particuliers qui conviendront à la situation ou nature particulière des lieux.

Que, surtout, la partie des finances entre les Flandre maritime et Flandre wallone restera séparée, n'ayant rien de commun ensemble.

3 — Que les villes et corps d'administrations, nommément dans la province de Flandre, seront restituées et rétablies dans tous leurs anciens droits, libertés et propriétés.

Que leur régime sera fait par l'intervention d'un conseil des notables librement choisi par les communes, le tout sans l'intervention d'aucune autorité supérieure des commissaires départis, de leurs subdélégués ou autres, sous quelque titre ou dénomination que ce soit ;

Qu'à cet effet les édits de 1764 et 1765, concernant les municipalités[1] seront exécutés dans cette province.

4 — Que tous privilèges d'exemptions en matière d'impôt, tant sur les terres et biens-fonds que sur les boissons et consommations soient supprimés.

5 — Que toutes pensions quelconques attribuées aux intendans, leurs secrétaires et subdélégués, de même que tous présens et fournissemens faits à la charge de la province, des villes, communautés et administrations, comme aussi les logements et fournitures à l'Etat Major de la garnison et tout ce qui en dépend, ainsi que de tous autres officiers employés du gouvernement, soyent aussi supprimés.

---

[1] Voir au *Glossaire*.

6 — Que la vénalité des offices et charges de judicature soit abrogée.

Que la justice soit administrée gratis et sans épices.

Que dans tout procès quelconque l'une des parties pourra toujours provoquer un arbitrage ; à quoi l'autre partie sera tenue d'accéder et consentir. Le nombre d'arbitres pas au delà de cinq.

On observe que ce dernier article étoit une loi qui a durée tant que la République romaine a subsistée, et que c'est de là qu'est pris l'usage chez les juges et consuls [1] de renvoyer à des arbitres.

7 — Que les juges seront obligés de motiver leurs jugemens tant interlocutoires qu'en définitif : étant le seul et unique moyen de réduire et d'abréger les procès.

8 — Qu'il en soit de même pour le criminel; que l'instruction soit publique ; que les accusés pourront avoir des conseils ; et que les condamnés ne pourront être exécutés à mort qu'après que leur sentence aura été signée par le Roy.

9 — Que la liberté et la sécurité personnelles des citoyens soient assurées par l'abolition des lettres de cachet.

10 — Que la liberté de la presse soit accordée, sauf aux auteurs à répondre de leurs ouvrages,

11 — Que, dans les jugemens, la lettre de la loi soit toujours suivie, sans pouvoir être interprêtée par les juges.

12 — Que, dans les garnisons des villes, le pouvoir militaire soit subordonné au pouvoir civil, soit en matière civil, soit en fait de délit.

13 — Qu'il n'y ait plus désormais des douanes intérieures, des droits, des barrières entre les provinces, ny aucune autre entrave qui puisse fatiguer l'agriculture, l'industrie et le commerce.

---

[1] Tribunaux de commerce.

Et finalement que les ministres du Roy soient responsables de leur conduite aux représentans de la nation, et qu'ils puissent être cités devant le tribunal des pairs du royaume.

Telles sont les loix fondamentales que l'on estime devoir être établies pour donner une constitution convenable, et pour rendre aux peuples la vigueur nécessaire pour pouvoir soutenir les charges de l'Etat, et venir à son secours par une augmentation quelconque de subsides.

A quoi il a été ajouté, de la part de l'ordre des avocats, de réformer plusieurs articles dans les coutumes homologuées de cette ville et châtellenie.

[a] 1° Qu'il seroit convenable de rétablir l'usage d'une prison civile, dite gyselhuys, et ce, afin que les citoyens arrêtés pour dettes purement civiles, ou pour fait de querelles et de rixes des particuliers en particulier, soient traittés différemment de ceux qui sont arrêtés pour délits publics.

[b] 2° Qu'il seroit aussi de l'intérêt du commerce que les fiefs d'acquêt ou conquêt pussent être partagés comme héritages, moyennant que cela fût ainsi déclaré dans l'adhéritance de l'acquéreur pour lui et sa postérité, sauf aux seigneurs leurs droits ordinaires aux mutations, et aussi sauf à devoir toujours établir homme servant et mourant pour le service du seigneur.

[c] 3° Qu'il conviendroit aussi d'établir que les rentes foncières ou dites foncières, appartenantes aux communautés ou maisons ecclésiastiques, pussent être remboursées au fur du denier trente; et ce, par la raison que, dans l'origine, toutes ces rentes ont été créées à prix d'argent pour être payées en nature de denrées.

[d] 4° Que dorénavant le droit de lods et ventes, non plus que le droit d'issue, ne seront dus pour constitution des rentes

hypothéquées sur fiefs et héritages, conformément à l'avis de Dumoulin [1] et à la coutume réformée de Paris.

[e] 5° Qu'il ne soit plus fait de différence de biens adventifs [2] relativement au droit de garde, appartenant aux pères et mères, sur les biens de leurs enfans.

[f] Enfin corriger et rectifier tels autres articles qui seront à corriger par avis de la commune.

De la part de toutes les communautés et corporations de cette ville, est demandé, relativement au droit de libre navigation à la mer, sans rompre charge à Dunkerque, qui a été, depuis 5 années, si injustement et cruellement traversée par M. l'intendant, conjointement avec ses inférieurs, en faveur de la ville de Dunkerque, que la libre jouissance de ce droit continuera d'être poursuivie et sollicitée par tous moyens justes et possibles, afin que toutes entraves, mises tant à Dunkerque qu'ailleurs depuis 1716, à ce droit précieux pour cette ville, et notamment que l'ordonnance de M. Esmangart, du 1er août 1788, soient levées.

Que le pont établi dans le port de Dunkerque vis à vis de la citadelle, dans sa partie mobile, soit établi à usage de pont-levis ou pont tournant. Que toutes les dépenses faites jusqu'à ce jour, et qui seront encore faites cy-après par les négocians de cette ville pour effectuer la manœuvre dudit pont de la citadelle, seront remboursées aux dits négocians, à la charge de cette généralité, ou de qui il pourroit appartenir d'ailleurs.

Et que, pour l'effet le plus sûr de la jouissance de cette libre navigation, comme aussi pour que l'évacuation des eaux du pays puissent aller de pair avec la navigation, sans que l'une puisse

---

[1] Dumoulin, célèbre jurisconsulte du XVIe siècle. Le Commentaire de Dumoulin sur la coutume de Paris a eu plusieurs éditions.

[2] Biens acquis autrement que par successions directes.

aire obstacle à l'autre, qu'il soit fait tous les devoirs possibles pour obtenir qu'en tems de paix la direction des écluses soit remise, comme autrefois, et confiée aux magistrats municipaux.

Qu'il convient aussi qu'il soit établi et construit une halle à bled.

De la part des brasseurs et cabaretiers [1], est demandé : diminution des octroys ; suppression du petit octroy qui est expiré depuis longtems ; plus grande garnison ; défense de débiter de l'eau de vie autre part que dans les cabarets ; que les cabaretiers seront payés pour les logemens des troupes.

De la part de charpentiers [2], menuisiers, maçons, tailleurs de pierre [3] et de manneliers, est demandé qu'ils soyent établis et érigés en corps de métiers.

De la part des bateliers, bélandriers [4], est demandé : défenses de charger en cette ville, par les bacquets étrangers, sinon de pouvoir aussi, par eux, charger partout, et qu'il n'y ait plus de privilège.

De la part des tanneurs [5], est dit qu'ils désirent suppression des droits sur les cuirs.

De la part des marchands gressiers [6] sous le nom de St Jacques, est demandée suppression de tous droits sur les huiles, et en tout cas, restitution des droits lors de la sortie à l'étranger ; lesdits de St Jacques et ceux de St Nicolas [7] demandent égalité des poids et mesures, tant pour le débit que pour le payement des droits.

---

[1] Voir *supra* p. 68 et 70.
[2] Voir *supra* p. 15.
[3] Voir *supra* p. 44.
[4] Voir *supra* p. 46.
[5] Voir *supra* p. 11.
[6] Voir *supra* p. 49.
[7] Voir *supra* p. 59.

Les non-corporés [1] demandent l'établissement d'une école de dessin, d'architecture, etc., une juridiction consulaire.

Et tous, en général, s'accordent à réclamer et à dire unanimement que puisque, en vertu de l'Union, MM. du Magistrat reçoivent et perçoivent annuellement pour droits de robe et buvettes, chacun la somme de 6 livres de gros, et MM. le grand Bailli et Bourgmaître le double, qu'il n'est pas juste qu'il passe encore en compte, annuellement, et par dessus ce, des sommes considérables pour dépenses de bouche, des vins et autres de pareille nature, et qu'ils pensent que tout cela doit être supprimé ; enfin déclarent tous les comparans qu'ils seroient à même de pouvoir indiquer plusieurs autres objets de plaintes et de réclamations, s'ils étoient à portée de connoître tout ce qui se passe dans les comptes, [tant] de cette généralité que du département, et de tout ce qui y est relatif ; mais que tout cela, ainsi que le résultat de l'administration et régie des droits de quatre membres est secret, et qu'il n'est pas possible d'avoir connoissance de rien, pour en articuler quoi que ce soit de certain.

Et de plus, les maîtres cordonniers [2] demandent, en leur particulier, que les étrangers ne puissent plus livrer ouvertement des souliers en ville, en concurrence des francs-maîtres qui ont été obligé de payer les droits de maîtrise, et tandis qu'ils sont ici obligés de contribuer ès charges de la ville ; en un mot, que lorsque la communauté fait saisir des souliers qui sont frauduleusement importés dans la ville, ce sont eux, francs-maîtres du corps de métier, qui seuls sont obligés d'en soutenir le procès.

Qu'ils se plaignent aussi de la cherté des cuirs provenant de ce qu'une grande partie en est achettée, et continuellement exportée

---

[1] Voir *supra* p. 51.
[2] Voir *supra* p. 7.

pour l'étranger ; qu'à cette occasion les fabricans de cuir font entre eux un monopole, en achettant tout le cuir qu'ils trouvent chez les marchands voisins.

Que pour toutes ces raisons, les maîtres du corps du métier sont obligés de vendre leurs souliers à un prix beaucoup plus haut qu'à l'ordinaire, ce qui contribue essentiellement à rendre la vente et la consommation des souliers considérablement plus petite, attendu qu'une grande partie du menu bourgois prend l'usage de porter des sabots.

Le surplus du cahier portant sur les plaintes générales cy-dessus transcrites, il seroit superflu d'en entrer en plus grand détail.

Requérant que sur tous les susdits points et articles, en général et en particulier, il plaise à Sa Majesté d'écouter favorablement les plaignans, en leur faisant bon droit et justice, ainsi qu'il leur appartient ; et ils continueront de servir S. M. en bons et fidèles sujets, suivant le pouvoir qui est en eux pour le bonheur de l'Etat et la prospérité du royaume.

Ainsi fait et arrêté à l'assemblée des députés des corporations de la ville de Bergues St Winnoc, des 24e et 25e jours de mars 1789.

BOUCHETTE, L. RICARD, DECLERCK médecin, B. LEFÈRE, P. J. ARNOULD, J. W. LÉGIER, J.-B. W. CARPENTIER, M. MARHEM, LOORIUS, P. DENY, C. BARBEY, Claude HIOLET, P. DROGERYS, J. E. CUVELIER apothicaire, P. A. COUSYN, DEBAECKER père, DEMARICAUX, C. VANDENBUSSCHE, MOUTTON, DECARREN, P. DEJUMNÉ, MODEWYCK, J. F. VANDAELE, OLIVE, C. L. VERCAMER, MOUTTON, L. F. ORENGIE, J. COUWERAERE,

Pieter Woutters, F. Denherder, A. Croisol, P. L. Christiaens, J. Bryseboo, J. Fasseur, Pieter Timmerman, J. Seuts, J. F. Hamilton, Vandenbilcke, S. David comme président de l'assemblée[1].

---

[1] C'était le bourgmestre.

II

COMMUNAUTÉS QUI DÉPENDENT DU MAGISTRAT DE BERGUES

au point de vue de la justice et de l'administration

WORMHOUDT * paroisse

21 mars, en l'église de ce lieu, par devant Jacques Blavoet, hoofman de la paroisse de Wormhout, président de cette assemblée.

313 feux.

Députés : Jean-Baptiste Coudeville, Pierre Jacque Morael, Ignace de Smyttère, Martin Lammens.

Cahier des plaintes, doléances et remontrances des habitans nés françois, âgés de 25 ans, compris dans les rôles d'imposition, de la PAROISSE DE WORMHOUT, châtelenie de Bergues S^t W^c, à ce duement assemblés, en exécution des lettres de convocation aux états généraux, et de l'ordonnance de M. le grand bailli d'épée au Baillage roïal et siège présidial de Flandres à Bailleul, du 7 mars 1789, pour être remis aux députés que nous avons élus et choisis par notre procès-verbal de ce jour, afin de le porter à l'assemblée qui se tiendra le 30 de ce mois devant ledit grand bailli, comme suit.

---

* Chef-lieu de canton, à 20 kil. de Dunkerque.

[1] — Par lettres patentes données à Bruxelles au mois de novembre 1586, Philippe II, roi d'Espagne, souverain de ce pays, a réuni la ville de Bergues St Winnoc à la châtelenie. Cette union s'est faite par la médiation du duc de Parme et de celle des présidens et gens du Conseil privé, à l'intervention des notables des communautés de la ville et châtelenie respectivement, sur certaines conditions et articles par eux arrettés[1].

[2] — Par le premier de ces articles il est statué que les bourgeois de la ville renonceront à leurs franchises de bourgeoisie et deviendront keurfrères de la châtelenie et pays de Bergambacht. Ils sont donc devenus frères, ils sont tous sujets aux mêmes honneurs, aux mêmes privilèges, aux mêmes charges, sans distinction, sans prédilection, et sans faveur : ainsi comme il n'y a point d'exemption des tailles, aides, subsides et impositions pour les habitans de la campagne, de même les habitans de la ville ne doivent en être exempts ; cependant il n'y contribuent point ; cet abus doit être redressé ; des frères doivent supporter également les charges de la communauté entière.

Cet abus s'est même glissé, on ne sçait quand ni comment, entre les habitans de la ville ; le Roi a accordé audit commun corps des droits sur les boissons consommés dans la ville ; il a consenti que ces droits seraient imposés par ledit corps et perçu à son proffit, pour le soulagement des fraix de l'administration de la ville et du pays ; cependant les magistrats et le clergé sont parvenus, on ne sçait pas bien quand et comment, à s'en décharger ; ils ont même étendu cette décharge aux anciens magistrats dès qu'ils ont servi pendant 12 ans, et même à leurs veuves, tandis que tous les autres, et même de la noblesse, les paient. C'est un abus, une injustice, on ne peut point faire des **enfants**

---

[1] Ce cahier est un commentaire de l'acte d'union de 1586. **Les articles indiqués sont traduits mot à mot du flamand.**

chéris, c'est la loy[1], c'est la justice qui le veulent, ainsi cet abus doit être redressé.

[3] — L'article 2 porte : (a) et pour dorénavant régir la susdite ville et châtelenie de Bergues comme un corps, il sera annuellement par nos commissaires créé pour une commune loy dix huit échevins et keurheers, tous keurfrères natifs, ou aiant été bourgois et étant devenus keurfrères par cette union, ou autres aiant accepté la confraternité un an avant leur promotion, des plus notables, plus qualifiés et plus fidèles à notre service et à tous égards capables pour, suivant droit écrit, lois, coutumes et anciennes manières d'agir, asséoir en loi, sans pouvoir y promouvoir aucuns d'autre civilité que de cette jurisdiction, ou des trafiquans des fermes d'impôts, assises, moyens généraux[2] et semblables, ensemble aussi de commerce de grains crus dans le païs de pardeça.

(b) On en a réduit le nombre de ces échevins à 15 ; on a bien fait, c'est une épargne pour la généralité ; le nombre de 15 est plus que suffisant : les 2/3 de ce nombre doivent être pris d'entre les keurfrères habitans dans la châtelenie et le tiers seulement parmi les keurfrères habitans dans la ville. Rien n'est suivi à cet égard : tous sont pris de la ville, aucun de la châtelenie. On pourroit encore diminuer ce corps, 3 échevins de la ville et 6 de la campagne *des plus notables, des plus qualifiés et plus fidèles au service du Roi et à tous égards capables pour, suivant droit écrit, lois et coutumes, asséoir en Loi.*

[4] — Pour s'assurer de cette capacité et obvier qu'on y place des individus qui n'ont aucune propriété dans la ville ou châtelenie, d'autres qui ne sont pas keurfrères, ou qui ne se le font

---

[1] *Faire enfant chéri* c'était avantager un enfant au détriment des autres.

[2] Impôts généraux.

qu'au moment de leur promotion, d'autres qui ne sçavent ni n'entendent pas le langage du pays, où presque tous les comptes, les contrats et actes se font en cette langue, et d'autres, en un mot, à tous égards incapables pour, suivant droit écrit, lois et coutumes asseoir en loi et rendre le service que le Roi et le public doivent en attendre, comme on fait et pratique à présent et depuis longtems, ou par faveur, ou par protection, ou par commisération, ou parce que leur capacité et qualités ne sont pas connues au commissaire ; on pourrait établir que quatre de ces 9 devraient être jurisconsultes qui ont exercé avec honneur et réputation pendant 12 ans leur profession, qui en même tems desserviraient les 4 greffes, dont les émolumens serviraient à salariser tout le corps, sans autres pensions ou journées fixes ; le plaisir d'être utile à son roi et à ses frères devant être le titre le plus glorieux et le salaire le plus suffisant et, au moïens de ce, on pourrait supprimer les conseillers pensionnaires qui tirent les plus gros émoulumens.

[5] — L'article 3 porte : Desquels échevins et keurheers nos susdits commissaires seront tenus à perpétuité de créer et élire seulement six des habitans de la ville, et tenant leur résidence dans l'enclos et murs d'icelle, et les douze autres résidens actuellement et ordinairement au plat pays.

Tellement, dit l'article 4e, que, lorsque le premier sous le nom de bourgmaître est pris et créé d'entre les murs de la ville, les deux suivans échevins et keurheers seront pris du plat pays et le quatrième d'entre les murs, et ensuitte à la discrétion des commissaires.

[6] — Au contraire dit l'article 5 : En cas que le bourgmaître est créé du plat pays, le suivant échevin et keurheere sera pris dans la ville, le troisième et quatrième du pays....

[7] — Les dispositifs de ces articles ayant pour objets la justice distributive et proportionnée, soit pour l'honneur, soit pour

les intérêts des habitans du pays et de la ville, ne s'observe plus depuis longtems ; on la méprise cette justice. Il n'y a présentement aucun échevin et keurheere du plat pays ; tous sont pris d'entre les murs de la ville, et pour la pluspart d'une même famille[1], ainsi que les conseillers pensionnaires qui sont en même tems greffiers, sauf un cinquième qu'on prend lorsqu'on voit le vent bon[2], et qu'on craint que plus tard il n'y parviendrait pas ; on y place des pères, leurs fils, beaux fils, des frères et beaux frères de cousins germains ou autres alliés par affinité, dans les degrès prohibés ; on n'a point d'égard pour la capacité ; le mieu protégé est celuy qu'on nomme, qu'on y soutient pendant 10, 12 et plus d'années ; on n'a point d'égard pour l'âge ; très souvent on surprend la religion du commissaire : on lui dérobe la parenté et surtout l'affinité ; il ne connait pas les sujets qu'on luy présente, qu'il y place arbitrairement, bien souvent par des égards personnels des recommandans.

[8] — Pour remédier à ces abus et en même tems pour économiser les intérêts des habitans contribuables aux frais qui en résultent, les soussignés croient fermement qu'il conviendrait que seulement neuf magistrats formeraient la Loi ; que ces magistrats seraient choisis, élus et créés par la généralité des habitans de la ville et châtelenie, dans la proportion susdite, en cette manière :

Sçavoir tous les habitans de la ville et de la châtelenie seraient convoqués dans la ville et paroisses respectivement ; dans la ville par le grand bailli de la ville et châtelenie, qu'y persiderait pour le bon ordre sans autre influence, et dans les paroisses par les hoofmans respectivement qui presiderait.

[1] Cf. Socx (9 b).

[2] C'est-à-dire quand on voit l'occasion favorable. Il s'agit probablement ici de Dehau de Staplande fils.

Ceux de la ville ainsi assemblés éliraient et créeraient huit preudhommes qu'on appelle notables ; ceux des paroisses qui ne contiennent que 3000 mesures de terre et au dessous éliraient et créeraient 2 notables ; ceux de paroisses contenant au delà de 3000 mesures en éliraient et créeraient 3 notables ; ces élections se feraient par scrutin, après prestation de serment de n'élire que les personnes le plus intègres, le plus capables et reconnus pour les plus fidèles pour le service du Roi, pour l'Etat et bien être des habitans de la ville et châtelenie.

Tous ces notables seraient ensuitte convoqués par le grand bailli à l'hôtel de ville et châtelenie à certain jour et heure ; ils y représenteraient leurs commettans et auraient la qualité [de] députés et autorisés ; ils en feraient conster par la production des duplicata des procès-verbaux de leur élection et création qui seraient déposés au greffe de la ville et châtelenie et l'original aux archives de chaque paroisse.

[9] — Ces notables élus et ceux aïant cette qualité de droit, qui sont les anciens échevins et keurheers, étant ainsi assemblés, fixeraient d'abord le jour auquel le renouvellement annuel [des] dits magistrats se devrait faire, puis celuy de l'audition des comptes de l'année de l'administration générale de la ville et châtelenie.

Le grand bailli convoquerait tous les ans pour ce jour tous lesdits notables ; ils examineraient avec la Loi et les députés des vassaux à ce également convoqués par icelle lesdits comptes d'administration, les pièces justificatives devant servir à leur appui ; les débatraient, les épureraient et les arretteraient et cloraient.

Lesquels comptes et justificatives seraient incontinent déposés au greffe pour y avoir recours par chacque intéressés au besoin.

[10] — Ces comptes ainsi arrettées, lesdits notables éliraient par scrutin comme dessus les personnes qui doivent remplacer

les échevins qui doivent être remerciés de leur service pendant l'année précédente, observant cependant que 3 de l'année précédente continueraient pour éclaircir les nouveaux entrans.

[11] — Ce fait, il serait arretté par ceux de la nouvelle Loi et lesdits notables que, pendant l'année, ceux de la Loi ne pourront faire de nouvelles impositions, lever des fonds à rente [1], faire les répartitions des tailles, aides et autres impositions, sans leur intervention, donner aucune approbation aux comptes du département, avant que la copie ne soit vue, examinée et approuvée par la Loi et les notables, que dans tous les cas on leur présentera un cahier des réparations, entretient et renouvellement des édifices, ponts, écluses et autres qui sont à la charge de la généralité ; que les octrois de la ville, les droits sur les écluses, les barques et généralement tout ce qui se donne en bail ou en entreprise ne pourrait se faire qu'en leur présence, intervention et consentement, sauf quelques raparations urgentes qui n'excédent les 200 livres tournois une fois paiée.

[12] — De plus, il y serait arretté que ceux de la Loi donnassent un état ou cahier de tous les biens et émolumens actifs de la généralité, ainsi que de droits des quatre membres de Flandres, que le roy a accordés à la Flandre Maritime [2], de la régie d'iceux et des régisseurs, du prix d'achat, ou fermes de ces droits, des pensions de chacque employé, du bénéfice ou perte qui en résultent, et qu'enfin dans cette régie comme dans toute autre, rien ne [se] fasse sans leur concours et consentement, même pour la disposition des places de directeurs, receveurs et autres et encore qu'on leur donnerait connaissance telle qu'ils désirent sur tout ce que cette generalité [3] a de commun avec les

---

[1] C'est-à-dire faire des emprunts.

[2] Voir au *Glossaire*.

[3] La généralité, c.-à-d. l'ensemble de la ville et des villages du plat-pays.

autres généralités de la Flandre maritime, et que de même il ne serait rien fait ni traité avec elles sans leur intervention et consentement, non plus que faire des statuts.

[13] — Si aucun des dits notables, soit de la ville, soit des paroisses, respectivement, venait à décéder, s'absenter, ou à être remercié de son service il serait fait élection d'un autre pour le remplacer dans la forme et manière que dessus.

[14] Cet arrangement est assez conforme à l'esprit et intention de l'article 32 dudit pacte d'union portant : Le collège de la Loi retiendra son ancienne autorité et prééminence, de faire *par avis des notables* toutes sortes de statuts et reglemens tant au fait de la justice, stile de procédure et manières de procéder, police, qu'autrement, les redresser, corriger ou changer cy-après, et généralement faire, statuer et ordonner ce qu'en raison leur bon semblera et *sera utile et profitable à la ville et pays*, selon l'occurence et exigence des affaires d'icelle, ensemble la sçituation du tems comme ils ont fait d'ancienneté.

[15] — Quelque sage, quelque util, quelque nécessaire que soit le dispositif de cet article, pour empêcher tout despotisme, néanmoins il n'est plus observé : le despotisme a gagné tous les cœurs des magistrats ; ils n'adorent que l'idole et ses subalternes, ils en sont les esclaves, et le public l'est des uns et des autres ; on ne convoque plus des notables ; il y [a] plus ; on n'en crée plus ; le vice aime les ténèbres, le jour est son tyran ; et néanmoins on fait des statuts, on fait des règlemens, on vend des édifices appartenans à la généralité, on en démolit d'autres, les matériaux sont faux comme le prix ; on dispose des propriétés et [de] la liberté des sujets du Roi à volonté, s'il ne peut se défendre.

[16] — L'article 13 dit : Et comme à ceux de la ville **appartient** l'ancien droit d'issus et qu'à nous (comte des Flandres) **appar-**

tient la moitié dans la châtelenie et le tout à la ville, cet usage continuera.

[17] — L'article 14 porte : Et il en sera usé de même des successions venant des bâtards et de ceux décédés sans hoirs dont nous avions droit dans la ville et *point dans la châtelenie*, lequel droit nous retiendrons dans la ville et limites d'icelle. Cependant les magistrats négligent ce droit de la châtelenie : les fermiers des droits actuels s'emparent des successions des bâtards et de déshérences échéantes dans la châtelenie ; on ne sçait pas pourquoi, à moins qu'on l'attribue au peu de cas qu'ils font [des] droits et privilèges des habitans, dès qu'ils se trouvent à leur aise.

[18] — Il serait à désirer qu'on aboulisse ce droit d'issue, il est odieux et empêche les alliances entre des personnes de différentes châtelenies ; il est nuisible aux étrangers de la châtelenie qui deviennent héritiers dans le mortuaire d'un keurfrère ; il est nuisible aux keurfrères qui se trouvent dans le cas de vendre leurs biens fonds ; il en retire moins parce que les étrangers n'en veulent pas. Il est nécessaire de continuer et de maintenir la châtelenie dans ses droits dans les successions des bâtards et de déshérences : quæ sunt Cæsaris, Cæsari ; quæ sunt Dei, Deo.

[19] — L'article 18 porte : bien entendu, au cas qu'il survenait à la ville quelques autres fraix et charges considérables, qu'alors, pour les trouver, on pourra, *par avis des notables*, imposer et pratiquer, dans la même ville, tels moyens qu'on trouvera convenir.

[20] — On a éclairé la ville par quantités de reverbères, cecy occasionne de fortes dépenses ; on donne des pensions aux sages femmes, à des accoucheurs, à des chirurgiens, à des médecins, des aumôniers du Magistrat [1] ; on paie des prêcheurs de l'Avent

---

[1] D'après le compte du 2 octobre 1788 : à une sage-femme, 250¹ ; à une autre, 175¹ ; au chirurgien accoucheur, 300¹ ; au chirurgien, 200¹ ; au médecin des pauvres, 250¹ ; au chapelain du Magistrat, 62¹ 10⁰.

et Carême dans les deux paroisses de Bergues [1]. On leur fournit bois et chandelles ; on les exempte de droits des octrois, comme les autres ecclésiastiques de la ville ; les magistrats leur donnent des repas à l'hôtel de ville ; il faut croire que le bon vin et les santés ny sont point oubliés ; on fournit du bois, de la cire, du vin, de la mourue aux révérends pères capucins ; on paie des carillonneurs ; on solde des guêts de nuit et de jour... le tout despotiquement ; on n'impose point ces fraix locaux sur les habitans de la ville, et le plat pays le paie tout, et la cave des magistrats abonde toujours de meilleurs vins, liqueurs, etc.

On rachette les places des magistrats [malgré] la prééminence de l'intendant qui en dispose, et en tire du bénéfice ; on rachette des seigneuries pour les annexer à celle du Roi, [ce] qui ne peut avoir d'autre but que les émolumens qui en résultent pour les magistrats ; on construit des maisons, on en répare et embellit ; on donne des fonds pendant 4, 5 et plus d'années à ceux qui veulent bâtir dans la ville, sans intérêts [2] ; on boise la chambre échevinale, la chapelle, en bois d'Hainaut ; on les orne de sculpture dans le goût ; on la dore en différentes couleurs ; on y place de vase qu'on fait venir à grands fraix de Paris ; on fait de sale de redoute ; on l'embellit proprement ; on y place des poufs ; on déplace la foire ; on la place au dessus de ladite sale et pour y arriver on construit un bel et solide escailler ; on l'orne d'une balustrade en fer qu'on peint proprement.

[21] — Cependant point de convocation des nobles, point de convocation des no[ta]bles, point des grands propriétaires ; la ville n'en paye pas le sol, les habitans des paroisses [3] supportent tout ; on augmente les impositions à proportion de besoin

---

[1] Au prédicateur, 225¹.
[2] Cf. Socx (10).
[3] Des paroisses rurales.

imaginaire des magistrats, nos despotes, qui se comportent comme un cavalier égoïste qui se trouve sur un beau cheval, qui ne luy appartient pas. On accorde des gratifications, des indemnités à des entrepreneurs, à des fermiers des écluses, des barques etc., sans participation de personne ; et cependant on accable les collecteurs des villages, on les presse, on les somme, on les emprisonne, on leur fait paier des amendes, s'ils sont tant soit peu en retard de porter leurs fonds, en un mot il n'y a point de quartier. Eh ! comment ne seraient ils point en défaut quelquefois ? Les impositions sont immenses, le laboureur succombe sous le poid ; on se plaint des ministres des finances, on se plaint des demandes du Roi ; peut être a-t-on raison ; mais dès qu'on voit que ces demandes ne font que la moitié de ce qu'on fait paier, que l'administration municipale[1] emporte l'autre moitié et au delà ; quelle raison n'a-t-on pas de chercher de soulagement, des remèdes à nos maux envers notre bon Roi, notre bon père.

[22] — Et lorsqu'on voit les magistrats encaver du vin blanc, du vin rouge, du vin de Bourgogne, du vin de Champagne mousseux...., tenir des fêtes, tenir des repas assez somptueux et délicats, des buvettes grandes et petites, et le tout au dépens du pauvre campagnard, qui les nourrit, les paie à la sueur de son corps, qui mange du lard et boit de la petite bierre et même de l'eau, peut-on tenir le silence ?

[23] — Lorsqu'on voit qu'une même famille emporte presque toutes les [places les] plus distinguées et les plus lucratives, lorsqu'on voit qu'au receveur des deniers des paroisses on paie jusqu'à 2,500 livres, [ce] qui ne coûterait pas 600 livres, si on donnerait cette recette par adjudication au moins disant, comme on fait dans les paroisses à l'égard de la collecte des impositions;

---

[1] De la ville et de la châtellenie.

et qu'en outre on crée encore d'autres receveurs particulier pour la recette des vingtièmes, issue, etc., qui sont de même gracieusement salariés ; lorsqu'on voit que tel ou tel greffe rapporte de 3000 livres par an, où est l'homme qui n'éleverait la voix, qui ne demanderait une régie plus juste et plus économique.

[24] — Lorsqu'on voit un intendant se faire salarier largement[1], lorsqu'on voit qu'il augmente ces salaires[2] et que les magistrats pusillanimes y donnent la main, soit parce que cela ne coûte rien, soit parce qu'ils craignent de perdre leurs places, à quelques uns aussi nécessaires que les tables des pauvres aux veillards et autres infirmes et pauvres, et à d'autres qui essuient de revers de la fortune.

[25] — Lorsqu'on voit un subdélégué, toujours siégeant au magistrat, gêner la liberté des délibérations ; lorsqu'on le voit pensionné et païé par le public, lorsqu'en outre on luy paie encore de pension particulière pour sa qualité d'inspecteur des chaussées, qui ne réclamerait pas contre cet abus, contre des charges abusives et, à tous égards, sinon nuisibles, tout au moins inutiles ? Qui est-ce qui pourrait se dispenser d'en demander non seulement son exclusion du magistrat, mais même la suppression de ces places, ou au moins une deffense de les païer ?

[26] — Lorsqu'on voit un subdélégué général[3] de la Flandre Maritime qui est paié comme un subdélégué particulier de la châtelenie, et puis encore pour la province, comme subdélégué général ; lorsqu'on voit qu'en outre il l'est encore comme ins-

---

[1] Sommes payées à l'intendant, à ses secrétaires et à ses domestiques, par la châtellenie, en 1787, 2309¹ 5ˢ 6ᵈ.

[2] A la demande de l'intendant de Calonne.

[3] Lenglé de Schoebèque. Ses charges produisaient 13996¹ˢ. Outre ses appointements, le département lui paya, en 9 ans, la somme de 113.763¹ pour vacations, déboursés, etc.

pecteur particulier des chaussées et puis encore comme inspecteur général, et puis encore comme directeur général des droits de quatre membres, et puis encore comme député-né pour la Flandre à Paris, dont le public et même la plupart des magistrats ne connoissent pas sa besogne, ni ce qu'on lui alloue ; lorsqu'on entend que cet homme soutient des régisseurs qui prévariquent dans leurs emplois, qu'ils s'enrichissent rapidement par ces moïens injustes et qu'on les tolère, où est l'homme qui ne demanderait pas la suppression de ces charges, pouvant être remplies par les magistrats de chacque ville et châtelenie ?

[27] — Lorsqu'on voit que chacque châtelenie — les villes n'y contribuant pas,— porte un certain contingent considérable dans les fraix qu'on appelle communs de département et qu'on ne sçait jamais à quoi cet argent est emploïé et qu'il y a encore un receveur particulier pour ce département, de manière que nos fonds paient trois droits de recette, une fois aux collecteurs des villages, une fois au receveur de la généralité, une fois au receveur de département, peut-on, à la vue de ces abus, s'empêcher de demander qu'on en rende compte à tous les nobles et notables et autres qui voudront s'y trouver, à ce duement convoqués, et qu'on leur en délivre un duplicata ?

[28] — Lorsqu'on voit que par ladite Union — art. 20 — que le salaire pour les bourgmaître, échevins et keurheers pour leurs assemblées ordinaires étant fixé à 10 patars par jour et cependant qu'on le porte pour chacque assemblée à 24 patars et pour les assemblées extraordinaires à 48 patars, qui ne demanderait pas pourquoi cette augmentation ? pourquoi ce surcroit de charge sur le peuple ? qui n'en demanderait pas la réduction ? qui ne demanderait pas pourquoi on brave la loi, le pacte de famille ?

[29] — Lorsqu'on voit que cy-devant ces Messieurs se firent payer 4 florins par jour lorsqu'ils allèrent en commission, ils ne

se contentent plus de ce salaire, ils se font payer à présent 6 florins, qui peut se dispenser de murmurer contre ce salaire arbitraire? qui peut s'empêcher de demander qui le leur a octroié et d'en demander la réduction ?

[30] — L'article 21 de ladite Union portant que les magistrats s'assembleraient seulement que 3 jours de la semaine, et que maintenant et depuis longtemps ils s'assemblent quatre fois, peut-on s'empêcher de demander si ce changement a été fait par résolution de la commune ou s'ils ont introduit ce changement à cette dépense, de leur autorité, contre la loy, pour leur avantage, ou pour leur amusement, étant d'ailleurs désœuvrés, ne doit-on pas en demander la suppression de cet abus ?

[31] — L'article 32 porte : Le collège de la Loy retiendrat le droit de faire *par avis des nobles et notables* toutes sortes de statuts.

[32] — Comme on a déjà observé, ils ne peuvent donc en faire sans avis *des nobles et notables* ; cependant ils en font de leur autorité privée, ils en font entr'autres, par lesquels ils s'attribuent le droit exclusif de la chasse ; ils font des ordonnances et, quoique illégales et nulles, ils les font éxécuter à la rigeur : on empêche de bons citoyens de prendre ce plaisir, on enlève leurs fusils, on tue leurs chiens, seuls instruments très indispensables pour se mettre en garde contre les voleurs, les assassins, les mandians importuns, les coureurs du pays, les bêtes sauvages, chiens enragés, loups etc..... On fait payer des grosses amendes pour mieux soutenir leurs officiers et les faire subsister avec quelque appareil ; ils font chasser à leur profit ; on empêche l'importation du gibier au marché, au préjudice et détriment de ceux qui en ont besoin. C'est une vexation ; elle doit être réformé ; la chasse doit être commune ; elle a été accordée au corps commun et à chacque individu qui le compose et pour lors on ne ravagerat pas les avatures des champs ; chacun en aura soin.

[33] — L'article 36 porte « Lesquels points et articles, du moins ceux concernant la constitution de la Loi, seront annuellement, avant le renouvellement de la Loy, par un pensionnaire ou greffier, en présence de nos commissaire et à l'entende de chacun, à ce convoqué, lus publiquement à haute et intelligible voix, à ce qu'il soit notoire à chacun, à quelles conditions cette union s'est faite, et comment les commissaires devront se comporter au renouvellement de la susdite Loi ; et en outre il en sera aux commissaires présenté copie autentique, *afin qu'en aucune façon ils n'excèdent lesdits points*.

Le dispositif de cet article est clair ; on ne peut s'y méprendre. Cependant depuis très longtems on [ne] l'observe plus et comment l'observerait-on ? Ceux qui sont tenus par état et par l'ordonnance du Souverain portant expressément : « Mandons au surplus auxdits de Bergues St Winoc que les points et articles cydessus et chacun d'eux en particulier ils entretiennent et observent sans aucune contradiction ou difficulté », sont les premiers à les transgresser, à refuser l'exécution quand on la leur demande ; sans doute ils craignent que le public connaitrait son droit ! ils connaissent la vue de manière dont on use présentement ; ils craignent de le manifester ; ils craignent la censure qui, à tous égards, serait juste.

Au reste, ce pacte d'Union n'empêche en rien une nouvelle constitution, une nouvelle régie, pour la remplacer par une meilleure, comme par exemple celle qu'on a présentée cy devant ; en outre l'établissement d'une assemblée provinciale et des assemblées intermédiaires, semblables à la délibération de la province du Dauphiné : elle paraît la plus saine et la plus utile au public, la moins susceptible de l'arbitraire et d'autres vues.

[34] — Un autre abus se présente encore ; il mérite attention : Nous croïons devoir nous en plaindre ; messieurs les gros décimateurs de nos paroisses ne se contentent pas d'en enlever pour

des sommes immenses, mais quelques uns ne rougissent pas d'en enlever les pailles, si nécessaires pour l'amélioration des terres qui doivent reproduire les dîmes. Cette dernière matière est deffendue par des ordonnances : elles sont nécessaires, elles sont utiles, on doit les faire observer dans ce pays et il serait encore très utile à l'humanité indigente qu'on obligea les décimateurs de remettre le 1/4 du prix qui retirent de la dîme de telle ou telle paroisse, à la table des pauvres de cette paroisse, pour être distribué aux indigens d'icelle. Ils sont par état tenus de secourir leurs frères en Dieu, et il est étonnant que déjà ils n'aient encore exercé cet acte d'humanité de leur propre mouvement, envers ceux qui ont coopéré par leur travail à la production de ces dîmes. N'aïant point fait cet acte d'eux mêmes on doit les y obliger comme on doit les obliger à payer les vicaires et coutres des paroisses.

[35] — L'abbaye prend juridiction sur environ 500 mesures de terre dans notre paroisse de Wormhout ; ces terres sont situées proche de l'Eglise. Elles sont très amasées, on leur donne le titre de comté[1] et M. l'abbé prend de ce chef le titre de comte de Wormhout. Cette terre paie beaucoup moins dans les impositions et autres charges que les autres terres de la paroisse, qui est une de plus fortes de la châtelenie. Le désir du Roi est que chacque occupeur, chacque individu paie également : il ne veut point d'enfant chéri ; ils luy sont tous également chers. Ainsi on ose se flatter qu'il aura la bonté d'ordonner ainsi ; autrement ce serait autoriser en partie les exemptions qu'il entend devoir être bannies.

[36] — Toutes et chacune des paroisses rendent annuellement un compte de leur administration : les magistrats le font rendre devant leurs commissaires. Ces commissaires ne se rendent pas

---

[1] Voir ci-après le cahier du tiers du Comté de Wormhoudt.

sur les lieux, où tous les habitans seraient apportés (*sic*) d'être présens et à même de faire ses observations sans fraix et sans s'éloigner de leur ménage et travaux. Les magistrats obligent le comptable, les hoofmans, asséeurs et collecteurs de se rendre à leur hôtel de ville avec leurs comptes. Si les autres habitans souhaittent d'y être présens comme leurs intérêts le demandent, il faut qu'ils s'y transportent ; on paie à tous leurs journées aux fraix de la paroisse ; on fait un original de ce compte qui reste au greffe qu'outre cela on enregistre et on en fait deux copies : l'une pour le comptable et l'autre pour la paroisse ; ces comptes et ces copies sont faits par greffier ou plutôt par son commis ; ils sont fait en gros caractères, en lignes courtes et éloignées les unes des autres, de manière que ces comptes forment des volumes, et tout cela est paié par la paroisse ; on croit que c'est un abus : il serait bon de le proscrire. Comme on a dit cy dessus, qu'on établirait des notables dans chacque paroisse ; ces comptes pourraient en conséquence se rendre sur le lieu, devant les notables et autres paroissiens ; le comptable les dresserait luy-même et il en délivrerait un double aux régisseurs de la paroisse ; les oians ne seraient point salariés et par conséquent les fraix seraient presque nuls.

[37] — Ces notables seraient encore d'ailleurs très utiles, car ils veilleraient à ce que la régie interne de la paroisse se fasse en règle ; si des difficultés de procès se préparent entre les habitans ils appaiseraient les parties, ils applaniraient leurs difficultés par la voie de douceur ; ils veilleraient en un mot à prévenir et calmer les désordres.

[38] — S'agirait-il de reddition des comptes de l'église, des chapelles, de la table des pauvres ? deux commissaires du magistrat, un greffier, un officier public et un sergent de chambre se rendent sur le lieu ; on coule ces comptes, on les arreste ; un député du décimateur s'y trouve qui critique sur tout, parce

qu'il désire de rien contribuer pour l'entretient de l'église, rien pour le soulagement des pauvres. On ne tire rien en ligne de compte pour les journées desdits sieurs : on fait entendre qu'ils n'en sont pas paiés : les curés et les habitans le croient tout bonnement. Cependant leurs journées sont de six florins par jour et ils en sont paiés par le receveur de la généralité des ville et châtelenie. Au moyen de ce, l'église ne paie rien ; le décimateur y trouve son bénéfice et les habitans supportent le fardeau. C'est un abus, on peut y remédier, on peut rendre ces comptes par devant des notables et paroissiens. Ils sont sur le lieu ; ils n'en seraient point salariés, ou au moins leur sallaire serait fort modique ; il serait paié par la fabrique ; d'ailleurs ceci épargnerait une forte besoigne pour les magistrats et ne les distrairait point de leurs autres occupations.

[39] — Tous les ans, deux commissaires échevins, un greffier du Magistrat avec le sergeant de chambre, le bailli ou vicomte, parcourent toute la châtelenie, ils font les visites des ruës ; ils parcourent de même toute la châtelenie. Ils écouent les ruës, ils écouent toutes les piedcentes et sentiers. Ils y emploient au moins 50 jours ; ils en sont paiés à raison de 6 florins par jours et leur sergeant à 3 florins. On ne regarde aucune époque fixe pour ces opérations ; on les fait en toute saison. On décerne des amendes et en outre le bailli fait réparer ces chemins à doubles fraix quand il lui plait : c'est à dire que luy en tire double journée et s'il paie aux ouvriers qu'il emploie et qui sont ordinairement des gens de la ville, qui n'ont jamais tenu ou manié ni pele ni louchet, qui travaillent trois heures par jour, qui rançonnent encore le paysan : [pour] un florin par jour, il faut que le défaillant luy en paie deux ; et pour que ces brigandages ne lui échappe pas, il sçait saisir le moment qu'il a plu, quand les habitans sont occupés à couper leurs avetures, à en faire la récolte que certainement ils ne peuvent quitter ; c'est un abus, une vexation ; ils doivent être abolis. Le moien est très facile, la ressource est à la main : il y a des

hoofman, il y a des notables dans chaque paroisse. On leur peut abandonner les soins de faire les visites de ruës et sentiers de leur paroisse, et en faire faire les réparations ; ils sont sur le lieu ; ils en connaissent la nécessité et leurs journées seraient paiés à un prix médiocre et le public ne serait jamais rançonné.

[40] — Enfin si ce que dessus et le redressement de bien d'autres abus trop multipliés, comme la levée des fonds à interêts, tant par les Magistrats que par le département, sans participation des intéressés qu'il mènent, et dont on ne connaît pas l'emploi, ne peuvent avoir lieu, les habitans de Wormhout se joignent au désir des autres habitans de la châtelenie et demandent au Roy la désunion de la châtelenie. Ils en ont le droit. Cette faculté leur est accordée par l'article 35 portant : « *et au cas qu'il arriverait qu'il se ferait séparation de la commune loi et qu'il s'en fît derechef deux différens collèges de loix et jurisdiction, en ce cas, chacun de ces mêmes collèges et communautés sera restitué dans leurs anciens privilèges, droits et franchises qu'ils avaient avant de recevoir cette union* » et pour lors la règle de la régie de la châtelenie sur celle qui est prescrite par l'ordonnance appellée de Monteray[1], que le Roy a adoptée en 1733 et en a ordonné l'exécution[2].

[41] — Il y a un gouverneur de la ville de Bergues ; il en tire une bonne somme d'argent tous les ans ; il ne réside jamais ; il arrive ordinairement qu'il ne voit pas [la] ville pendant sa vie. L'argent sort du pays. Cette place étant donc à tous égards inutile, on souhaitterait qu'il plut au Roi de la supprimer.

[42] — Il y a aussi un état major à Bergues : il consiste en un lieutenant du Roi, un major et deux aides majors. On paie à ces

---

[1] L'ordonnance ou placard du 30 juillet 1672.
[2] Arrêt du Conseil du 22 août 1733. Voir A. DE SAINT-LÉGER, *La Flandre Maritime,* p. 125.

Messieurs des pensions, des étrennes à leurs domestiques. On les loge : ils occupent de plus belles maisons ; ces maisons sont à la généralité. L'entretient en coûte beaucoup. Nous croions qu'il serait très possible de ne plus remplacer les deux derniers à leur décès, vu que nous n'y avons ordinairement qu'un bataillon des troupes ; ce serait aussi un bien s'il plût au Roi de nous ordonner de ne rien paier aux deux premiers, car déjà leurs autres émolumens sont assez honnettes et le deviendraient bien plus par la suppression de deux dernières places, par leurs émolumens casuels.

[43] — En l'année 1634, convention aurait été faite entre la seigneurie qu'on appelle présentement comté de Wormhout et les habitans de la partie de la paroisse ressortissant sous juridiction de Bergues. Dans ce tems là, il y avait très peu d'habitations sous ladite seigneurie : Par cette convention il serait convenu que ladite seigneurie paierait seulement trois dans quarante pour leur quôte part dans tous les frais de l'administration de la table des pauvres et autres charges quelconques, qu'on nomme charges internes. Il faut croire que cette contribution fut proportionnée aux nombre des habitans respectivement. Maintenant que par l'établissement d'une chaussée qui traverse laditte seigneurie la population est tellement accrue que maintenant elle fait le tiers de toute la population, de manière que de même le tiers des pauvres qui doivent être secourus par le commun corps, d'où il résulte que ledit accord par les circonstances du tems deviendrait à tous égards injuste et contraire à la justice distributive, et qui, partant, mérite être annéanti et réparé par une nouvelle convention plus juste et plus égale, à moins que l'on trouvait à propos d'ordonner que ladite prévôté supporte lesdites charges à proportion de la population de deux jurisdictions.

[44] — Un autre abus est encore celuy qui résulte de ce que

les députés de M. l'abbé, comte de ladite seigneurie, et d'ailleurs décimateur de la paroisse, s'émancipe de se faire présenter les comptes de l'église et de la table des pauvres de la paroisse ; et même de celle qui ressortit de la châtelenie de Bergues, dont les habitans n'ont aucun dire ni contredire ; et ledit sieur abbé est le maître de passer et allouer tout ce qu'il luy plaît, et de favoriser sadite comté ; c'est pourquoi les soussignés demandent qu'il plût au roi que cette partie de l'administration fussent confiée à chaque seigneurie, de manière que ceux de la partie resortissante sous le Roy administrat sa partie, et celle de ladite comté, la sienne, dont chacun rendît ses comptes : en un mot que les deux branches, n'aiant plus rien de commun entr'eux, n'aurait aucun comptes à rendre à l'un l'autre.

[45] — Il y a aussi dans cette paroisse environ 40 mesures de terre bois, qui ne paient qu'une mesure pour trois, dans les impositions. Cette contribution pouvait être juste dans les tems reculés que le bois ne rendit presque rien, mais cela devient injuste pour le présent que le bois est devenu le meilleur bien et le plus lucratif[1].

[46] — Dans cette paroisse comme dans les autres, plusieurs fermiers s'émancipent d'occuper deux, trois et quelquefois quatre fermes. Cette manie est très préjudiciable au public, dont la population est immense, en ce que plusieurs jeunes gens se marieraient s'il trouvait de petites fermes pour s'y placer ; d'autres ne devraient pas travailler à la journée et manger les fonds qu'il a hérités de ses pères ; et enfin ces fermes seraient mieux exploitées. Nous demandons donc qu'il soit deffendu à tous fermiers d'exploiter plus d'une ferme à la fois.

[47] — Les partageurs de la châtelenie et ville de Bergues ont leurs places gratis. C'est le Magistrat qui en dispose de leur chef

---

[1] Cf. Merris (9).

sans participation de personne : c'est un abus. Ces partageurs qui cy-devant n'avaient que le salaire statué par la coutume, ce salaire augmente tous les jours, leurs journées sont de 6 florins et leur littanie des accessoires surpasse quelquefois la valeur des biens des mortuaires[1]. Il conviendrait de fixer leurs salaires à ceux fixés par la coutume, ou autre raisonnable.

[48] — Il conviendrait aussi que le curé de la paroisse fit un petit service pour ceux qui sont alimentés de la table des pauvres et les inhumat par charité.

Ainsi fait et arretté, en l'assemblée dans l'église de Wormhout, ce 21 mars 1789.

J. F. Blaevoet, J. Sceppman, Pierre Martin du Bois, W. F. Van Peene, J. Desmyttere, Pieter Jacobus Claeyman, Ludovicus De Sitter, J.-B. Liévin, A. F. Fauverghe, Carel Maulays (?), Pieter Fever, P. J. Neut, Pieter Berteloot, M. Blondé, Francis Terlinck, Félix Markey, Pieter David, M. J. Martein, Francus Mormentyn, G. Fauverghe, Jacobus Ghys, M. J. Légier, J. W. Becuwe, Alexander Cuvelier, J. Declerck, Pieter Coene, Benedictus Haynau, C. B. Labaeye, P. J. Cailliau, C. F. W. Staelen, W. Vercoutter, Joannes Hondermarck, Ignaes Derudder, Vercoutter, Pieter Ledein, G. J. Dubois, Mattheus Mersseman, Franciscus Mahieus, P. A. Scheers, J. G. Galle, J.-B. De Breyne, Y. Frans Denys, J.-B. Vandermersch, L. Marant,

---

[1] Des maisons mortuaires, c.-à-d. la valeur des héritages.

Andries Mortier, J.-B. De Bruyne, C. R. Herrein, Pieter Collein, J. Laforce, Joannes Damman, Jacobus Quenson, Ignatius Bernard, Y. Denys, Maurice Coudeville, P. F. Blaevoet, Jacobus Haynau, Pieter Mortier, J. Nas, Guiliaeme Borgois, J. M. Deschoot, Pieter Coudeville, Jos. Marant, Ignatius Denys, Michiel Mahieus, P. J. Cavry, Pieter Planckeel, Joannes Bap^{te} Denys, M. Ravel, Joannes Bap^{te} Coudeville, P. J. De Bil, Joannes Bap^{te} De Breyne, Pieter Cornette, Alexander Bauden, Joseph Bourez, M. Lammens, G. J. Baeteman, Benedictus Coire, Joannes Woutters, Franciscus Denys, Michiel Berteloot, Pr J. Bauden.

WORMHOUDT Comté [*]

21 mars, en l'auditoire du Comté de Wormhoudt, enclavé dans la paroisse de Wormhoudt, par devant Charles Quatreel, bailli.

292 feux.

Députés : Henry Haeghens, Adrien Beyaert, Jean de Cuyper.

Cahier de doléances, plaintes et remontrances pour les habitans du Comté de Wormhout en la paroisse de Wormhout, châtelenie de Bergues.

1 — Les habitans requièrent qu'il plaise à S. M. statuer que dores en avant il ne soit introduit aucun nouvel impôt sous quelque nom, qualification ou nature qu'il puisse être, s'il n'a été consenti par les Etats Généraux convoqués en la manière qu'il a plû à la bonté du Roi de les convoquer dans la présente circonstance.

2 — Qu'il plairoit également à S. M. de supprimer l'assemblée connue sous le nom de Département de la Flandre maritime, pour ladite assemblée, où les affaires se traitent secrètement et

---

[*] Seigneurie ou prévôté de St Winoc dans Wormhoudt, s'étendant sur 500 mesures de terre environ, Cf. Wormhoudt-paroisse (35). Voir aussi aux archives de Bergues AA. liasse 57, une carte figurative des terres formant le domaine de la seigneurie (1719) et un arrêt du Conseil privé, de 1750, portant que la prévôté de St Winoc dans Wormhoudt ne forme pas une communauté divisée ni séparée de la communauté générale, qu'il appartient aux hofmans et assécurs de la convoquer, et que les délibérations prises aux assemblées de la communauté générale pour les intérêts communs obligent la prévôté.

entre quelques particuliers qui ont tous les mêmes intérêts, être remplacée par des états provinciaux, sur le modèle qu'ils sont déjà en vigueur dans la province du Dauphiné.

3 — Qu'il plairoit au roi statuer que, dans toutes les villes de la Flandre maritime et particulièrement dans la ville de Bergues, il seroit établi des nobles et notables conformément à l'esprit des lettres patentes de l'Union de laditte ville et châtelenie et des coutumes desdites ville et châtelenie, en double nombre des échevins aïant voix, qui concoureront avec lesdits échevins dans toutes les affaires et qui rempliront les devoirs de leur charge gratuitement.

4 — Qu'il plairoit encore à S. M., en se départissant des droits de nommer les échevins de la dite ville par elle-même ou par ses commissaires, statuer qu'ils seront dores en avant nommés par lesdits nobles et notables, de manière néanmoins qu'un particulier ne sera destitué de sa place avant d'avoir été trois ans en service, sinon pour des causes importantes ; et si ce vœu des habitans paroissoit de nature à ne pouvoir être rempli, ils supplient au moins très humblement S. M. de déclarer les fonctions de commissaire départi, ses représentans ou subélégués absolument incompatibles avec celles de la Municipalité.

5 — Les habitans supplient également S. M. qu'il lui plaise statuer que dans toutes les Loix seigneuriales ou subalternes de la Flandre maritime, et notamment sous la jurisdiction dont ils ressortissent, il seroit nommé, par la commune de la dite jurisdiction, des notables par forme de renfort de conseil en égal nombre d'échevins aïant voix, qui seront convoqué dans toutes les délibérations concernant des affaires importantes, concoureront aux délibérations, aïant voix comme les échevins et qui rempliront leurs fonctions gratuitement, et sur le pied des nobles et notables pour la ville et châtelenie de Bergues.

6 — Les habitans requiérent que les honoraires ou appointe-

mens de la Loy dont ils ressortissent soient réduits sur le pied qu'ils étoient en 1770 : et qu'ils ne soient pas augmentés sans le consentement exprès de tous les notables.

7 — Les habitans supplient aussi S. M. de vouloir supprimer l'impôt connu sous le nom de quatre membres de Flandres, pour ledit impôt être remplacé par un équivalent en produit et dont la levée cependant sera infiniment plus simple, plus facile et moins onéreuse, tel qu'il sera trouvé convenir aux interêts de la province et à déterminer par les Etats provinciaux.

8 — Que le droit de chasse seroit egalement supprimé, comme ne tendant qu'à opprimer et à vexer la commune, sauf à indemniser par les paroisses, où ce droit appartiendroit à des particuliers, le seigneur ou celui qui en sera privé, et pour autant qu'une pareille disposition ne pourroit se concilier avec les interêts de S. M., qu'il lui plairoit au moins statuer que ce droit seroit à l'avenir loué annuellement dans chaque paroisse au plus offrant, au proffit de ses domaines, pour la commune qui pourra s'en rendre adjudicataire, en jouir, soit en corps, soit par des particuliers, ainsy qu'il sera trouvé convenir aux interêts differens des paroisses.

9 — Qu'il plairoit encore à S. M. abolir la vénalité des charges, sauf aux provinces respectives du royaume d'en faire le remboursement au moindre interêt de la province, de statuer en conséquence que les tribunaux supérieurs seront formés par les Etats provinciaux qui présenteront trois sujets dont S. M. en nommera un, à charge que ces tribunaux rendent la justice gratuitement.

10 — Qu'il plairoit à S. M. pou[r]voir à ce qu'il soit fait des réglemens à abrévier la procédure civile et à la rendre infiniment moins fraieuse.

11 — Qu'il plairoit à S. M. abolir le droit d'issue ou d'écart dans toutes les jurisdictions de la Flandre soumises à sa domina-

tion, comme le plus odieux qui a jamais pu s'introduire, et convertissent le droit de bourgeoisie si favorable dans son origine dans une chaîne présente sous laquelle plusieurs particuliers succombent.

12 — Qu'il plairoit à S. M. statuer que personne dans toute l'étendue de la Flandre ne jouira d'aucune exemption d'impôt ou de droit à quelque titre que ce puisse être.

13 — Que dores en avant les bois sous la jurisdiction dont les habitans ressortissent, seroient cotisés et imposés sur le pied des meilleures terres de la jurisdiction comme étant d'un produit plus considérable et plus assuré que celui de toutes les autres terres de quelques qualités qu'elles soient [1].

14 — Et finalement les habitans supplient S. M. de défendre de supprimer ou abolir dores en avant, en faveur de la population, les fermes, sous la jurisdiction dont ils ressortissent, pour en réunir ou consolider les exploitations [2].

Fait et arrêté à l'assemblée du 21 mars 1789.

J. P. de CUYPER, HAEGHINS, A. B. BEYAERT, J. W. CARPENTIER, Louis COUDEVILLE, P. J. LEP, Carel Jacobus BRUWAERT, P. DUROUCHEZ, Antonius DERAM, Franciscus DEBRIL, Joannes B. MORTIER, F. DE RAM, Franciscus JOURDEIN, Benedictus VERLYNDE, Francis CARTON, Carel BERTEN, P. VANDEWALLE, J. LEJOUNE, Pieter DEBRIL, P. DE BLOCK, A. BECUWE, F. VERCOLME, G. FAUVERGHE, Josephus W. HOENRAET, G. L. HEUGHEBAERDT,

---

[1] Cf. Wormhoudt paroisse (45).
[2] Défense de démolir des fermes ou d'en réunir plusieurs en une seule.

Joseph Van Heulen, J. W. Quenson, P. De Clerck, J. Hœnradt, P. Fx. Arnout, C.L. Bakeroot, P. J. Martein, A. Schacht, Pieter Waeles, Jacobus Rickebusch, Pieter Lafere, Erasmus Courant, Pr Chaerle, Pieter Depape, Carel Sansen, C. Quatereel.

WYLDER[*]

26 mars, en l'église, par devant Jacques Ryckeboor, hoofman de cette paroisse de Wylder.

[Manque le nombre de feux].

Députés : Jean Verhille, Jean Salé.

Copie textuelle de Wormhoudt-paroisse et à la suite :

Ainsi fait et arrêté à l'assemblée dans l'église de Wylder, ce 26 mars 1789.

De post — [1] — Les dits paroissiens croient qu'il conviendrait que le vicaire et le coutre de cette paroisse fussent paiés par les décimateurs.

[2] — Les domaines[1] étant augmentés depuis 40 ans d'un tiers, ils désirent que cet impôt soit réduit audit tems.

[3] — *Analogue à Houtkerque (6 b).*

[4] —   »   *Bierne (7).*

[5] — Ils désirent aussi que les curés et vicaires des paroisses enterrent, baptisent et fassent les relevailles sans récompense, sauf à eux de faire augmenter leurs portions congrües envers les décimateurs.

[6] — *Analogue à Brouckerque (18).*

[7] — Ils observent aussi qu'il est défendu de planter du bois sur les parties de terre cottoiant les ruës, à l'exception des ar-

---

[*] Canton de Bergues, à 9 kil.
[1] Les droits domaniaux.

bres montans ; ils croient qu'il doit également être permis aux occupeurs de planter du bois taillis.

Ainsi fait date que dessus.

De post — [8] — Quelques paroissiens se plaignent qu'ils paient, au delà de leur occupation, des impositions sur leur négoce, qu'ils appellent cortgeseten[1], ils désireraient que cette imposition serait supprimée.

Date que dessus.

J. Goetgeluck, P.J. Ryckboor, J. Verriele,
F. Deman, J. Sailly, W. Butterdrooghe,
J. C. Laforce, P. Devos, A. Schapman,
Cornelius Delmot, J. Hauw.

---

[1] Cf. Quaëdypre (20), Hoymille (16).

HERZEELE*

20 mars, en l'église paroissiale, par devant Mathieu Courtois, hoofman.

365 feux.

Députés : Liévin Cornil Debruyne, Pierre Cavry, Cornil Coudeville, Jean Frans Blawoet.

Cahier de doléances, plaintes et remontrances faites par les soussignés habitants de la paroisse d'Herzeele, châtelenie de Bergues S^t W.

1 — Le Magistrat de Bergues consistera en douze personnes, dont quatre de la ville et huit de la châtelenie, conformément au Concordat d'Union faite entre la ditte ville et châtelenie. Par dessus trois conseillers pensionnaires.

2 — Le Magistrat ayant le maniement des deniers de la ville et châtelenie en rendra compte tous les ans publiquement et sera tenu de livrer autant de copies autentiques dudit compte qu'il y a des paroisses sous la châtelenie et les envoira à chaccun de ces, pour y voir allors l'emploi de notre argent, puisce que en dix-huit ans de tems l'augmentation est d'un quart.

3 — Le Magistrat sera responsable en son propre et privé nom de l'emploi de deniers public.

4 — Leurs repas et chauffage pour leur chambre d'assemblée restra à leur charge, leur vacations étant païés grasement d'ailleurs.

---

* Canton de Wormhoudt, à 5 kil.

5 — Le chauffage pour les comptoirs [1] appartenants audit Magistrat restra à la charge de ceux qui les occupent et en retirent le profit.

6 — Les commissaires du Magistrat envoiés pour les comptes de l'église, table des pauvres, etc. ne seront plus paié hors de la bourse de la châtelenie, mais il assisteront gratis comme toutes autres.

7 — Le Magistrat ne fera plus d'ordonnances politiques que de l'avis des notables.

8 — Le Magistrat n'envoira plus des commissaires pour les ponts situées dans la châtelenie, mais la réparation d'iceux sera faite par le mayeur de la paroisse, où les ponts défectueux seront situées, pour éviter par ce moïen ces dépenses inutiles.

9 — Le bailli de la ville et châtelenie fera les écouages des grands chemins entre le quinze mai et le quinze juin et *non ultra*; par ce moïen on ne sera plus dans le cas de paier six livres parisis par jour un à homme qui travaille jusqu'à dans le mois d'août et qui [ne] mérite pas le quart [2].

10 — Dans toutes les paroisses de la châtelenie il y aura un bailli ou un substitut pour veiller à la police.

11 — La retraite hors des cabarets sera à 8 heures du soir en hyver et à 9 heures en été, pour éviter les batements et les ivrogneries.

12 — Les convocations des paroisses du plat païs ne consisteront d'or en avant qu'en ceux qui sont actuèlement en service ou qui ont été en service pour la paroisse, l'église, table des pauvres ou chapelles : ceux-là étants les plus respectables et

---

[1] Bureaux du Magistrat, Cf. Killem (7).

[2] Il s'agit ici de l'ouvrier qui avait été chargé de réparer les chemins, d'office et aux frais des riverains. Cf. Socx (13).

judicieux d'entre les paroissiens, et pour éviter par ce moïen les tumultes et fréquants trionphes des mal intentionés au grand préjudice de la paroisse.

13 — Les dites assemblées des paroisses auront droit d'élections de leurs mayeurs, assieurs, sous l'aprobation du Magistrat.

14 — Quand le mayeur et assieurs vaceront aux affaires de la paroisse, les dépenses qui feront resteront à leur charge, et auront leur journée, pour par ce moien éviter la prodigalité de denniers de la paroisse.

15 — Les chevaux de carosses et autres de comodité seront taxés plus haut que ceux de laboureurs.

16 — Toute exemption sera abolie, tant celle qui regarde la domaine du roi [1] que celle qui regarde les octrois des villes. Cette abolition aura lieu dans toute la Flandre et regardera tout et chaqu'un, dont éclésiastiques, maisons religieuses, magistrats, officiers militaires domeciliés dans les villes, officiers emploiés dans les fermes du roi ; et généralement tous ceux qui ont joui de quelque exemption en seront depouillés et taxés, porteront les charges publiques unanimement et universelement et à proportion, et toute exemption étant un fardeau pour le pauvre peuple qui, par ce moïen, doit être en partie déchargé.

17 — Les décimateurs et quodécimateurs paieront et contribueront à proportion de taxation pour l'entretien des pauvres de la paroisse.

18 — Que les cavaliers maréchaussées n'auront plus le droit d'enlever les coutres de charues, même jusqu'à il vont voir dans les remises au chariots et font paié une amende de dix livres tournois.

---

[1] C'est-à-dire les droits domaniaux.

19 — Chaque fermier se contentera d'occuper une ferme seulement, sans plus.

20 — Les ménagés ne paieront d'or en avant aucune imposition qu'à concurance de leur occupation [1].

21 — Les bois paieront impositions autant qu'une autre mesure de terre à labour, en place d'un tiers.

22 — Une mesure de terre à labour paie dix livres et deux sols parisis, y compris quatre livres et deux sols parisis pour l'entretien des pauvres et autres frais.

23 — On paie [2] pour un cheval par an sept livres quatre sols parisis, une vache cinq livres deux sols pars., un mouton neuf sols neuf denniers pars.

Fait à Herzeele ce 20 mars 1789.

C. L. Van Batten, Pieter Cavro, Pieter Fockenberghe, Ch. Blaevoet, Martinus Blondeel, Jacobus Foort, Franciscus Fockenberghe, Jacobus Teneur, Pieter Markan, Pieter J. Baert, J. Blaevoet, Joes Blaevoet, V. Sackebandt, Pieter Teneur, J. F. Koninck, Jacobus Van Noorenberghe, Charles Dekoster, Baptiste Van Nobel, Jacobus Boogaert, Ja[bs] Cornelis Coudeville, Joannes Baptiste Anneele, Jacobus Debril, F. Deniele, P. Wullens, Joannes de Clerk, Antonius Waeles, Franciscus Pruym, A. Fossaert, Felix Depape, Joseph Vangeluwe, Franciscus Joannes

---

[1] C'est-à-dire : à concurrence des terres que ces ménagers occupent.
[2] Droit de vaclage.

Seize, F. Beiert, Jacobus Lagatce, Pieter Couttenier, Jacobus Bogaert, Jean-Bap^{te} Olyve, P. Vertegans, Frans Lieven, Pieter Marcant, Pieter Deschuttelaere, L. C. De Bruyne, J. F. Blavoet.

SOCX*

24 mars, en l'église paroissiale, par devant Pierre Dousselaere, hoofman.

148 feux.

Députés : Pierre Gailliaert, Jean Matthias de Cocq.

Cahier contenant les remontrances, plaintes et doléances que forment les notables, hooftman, asséeurs et communs paroissiens de la paroisse de Socx châtelenie de Bergues S^t W^q — Flandre maritime.

[1] — La première remontrance qu'ils ont l'honneur de faire à S. M. avec toute la soumission qu'ils lui doivent, consiste dans le désir sincère, dont ils sont animés, d'obtenir une séparation de la commune Loi et qu'il s'en fit derechef deux différents collèges[1] de Loix et Jurisdictions, et qu'en ce cas chachun des mêmes collèges et communautés seroit restituées dans ces anciens privilèges, droits et franchises qu'ils avoient avant de recevoir cette union.

[2] — (a) Si cependant S. M. ne trouvat pas nos désirs conformes à ses intentions et qu'il jugeroit l'union des deux corps pour l'utilité de son service, et notre bien être à préférer, nous la suplions de toutes l'étendue de notre cœur pour apporter le plus promptement possible un remède efficace aux maux du plat païs et pour réformer les abus en tout genre et prévenir,

---

* Canton de Bergues, à 4 kil.
[1] C'est-à-dire un Magistrat pour la ville, un Chef-collège pour les villages de la châtellenie.

par des bons et solides moïens qui assurent la félicité publique et qui nous rendent notre ancien bonheur dont nous ont privés depuis longtems, M^{rs} nos intendans de la continuer suivant les lettres patentes de Philippe II, roi d'Espagne, de glorieuse mémoire, portant union de la ville et châtelenie de Bergues S^t W^q, données à Bruxelles au mois de novembre 1586, dont nous joignons ici les lettres patentes : (b) Il y est dit article 2 :

La suite identique à Wormhoudt paroisse 3 (a).

(c) Article 3 : *Identique à Wormhoudt paroisse (5).*

(d) Ce que dessus a été très religieusement observé pendant longues années, mais depuis quelque tems ceux de la ville ont tant fait sur l'esprit de M^{rs} les Commissaires qu'il n'en nomme ordinairement qu'un du plat païs et souvent pas ; ainsi que notre Magistrat [1] est tout-à-fait composé des habitans de la ville, et pour ainsi dire d'une seule famille, car la plus part sont tous proches parens, ce qui est défendu par toutes lois et coutumes. Les respects pour nos anciens usages et la nécessité de les concilier avec les circonstances présentes nous font espérer d'obtenir notre demande.

[3] — A chaque année nous voïons augmenter les frais de la régie, impositions et autres à des sommes immenses ; qu'en fait-on ? Nous ne le savons pas ; c'est un secret pour les gens du plat païs ; et MM. du Magistrat en gardent scrupuleusement le silence. S'il nous étoit permis de prendre inspection des cahiers de comptes, pour lors le mistère se développeroit, et il en arriveroit un bien être pour la ville et plat païs.

[4] — Tous les ans, MM. du Magistrat ont plusieurs repas de corps où ils invitent leurs parens et fidels amis, ce qui occasionne une dépence sans fin, cependant cela se trouve expressément défendu par les lettres patentes sur arrêt du 22 août 1733 ;

---

[1] Notre Magistrat, c'est à dire le Magistrat de Bergues.

portant que les placards des 16 mai et 30 juillet 1672 seront observez et exécutez dans la châtelenie de Bergues, où il est dit — article 45 — concernant les frais, que généralement sont défendues toutes sortes de dépences à la charge de la communauté, sous quelque prétexte ce pût être.

[5] — Il y a présentement cinq conseillers pensionnés et souvent un sixième surnuméraire[1], et il n'y a que quatre greffes, par conséquant le nombre de quatre suffiroit pour en rendre le service et diminueroit nos impositions.

[6] — La place de subdélégué paroit inutile ; les gages annexés n'étoient que de 200 livres (sauf erreur), Messieurs les intendans leur accordent aujourd'hui aux uns 1000 livres, aux autres 1200 livres.

[7] — Les commissions de ces Messieurs s'augmentent annuellement.

[8] — Messieurs les Commissaires depuis quelque tems se font apporter les comptes de la généralité à Dunckerque, les entendent et les arrettent, sans la présence de tout le corps du Magistrat, ainsi que des six nobles vasseaux, ni aucun noble notable ; et puis la renvoient à Bergues avec la liste du renouvellement du Magistrat, avec ordre de la faire lire en plein corps, sans y être présent. La commission de ceux qui vont porter à M{{r}} l'Intendant les comptes est une charge dont nous nous plaignons. A qui faire nos observations, nos plaintes et doléances, tandis que les comptes sont arrestés de quelques jours ? nous espérons pour éviter tous ces grands frais qu'il sera ordonné de lire les comptes et les arrester par celui à qui il appartiendra dans les formes et manières cy devant usitées et dans notre chambre échevinale et conformément à notre union, car réellement tous ces manéges nous surchargent. Toutes les fois qu'il y a justice

---

[1] Cf. Wormhoudt-paroisse (7).

crimenelle ces Messieurs s'assemblent la presdiné et boivent aux dépens du pauvre crimenel et du plat païs autant de vin qu'ils désirent ; et tirent encore double mandée, ce qui révolte au bon sens.

[9] — (a) Il est défendu par l'article 7 des Lettres patentes sur arrêt du 22ᵉ août 1733 portant que les placards des 16ᵉ mai et 30ᵉ juilliet¹ seront observez et exécutés dans la châtelenie de Bergues, de créer ou d'admettre père et fils, beau-père et beau-fils, deux frères ou beau-frères, l'un pour bailli et l'autre pour greffier, ou de les mettre ensemble dans la Loi, déclarant telle collation nulle et de nulle valeur, à tel effet que l'un d'eux restera seul en service.

(b) Messieurs les intendans qui ont certainement connoissance de ces Lettres patentes, et qui ne doivent ignorer le contenu de notre Union, puisqu'il est ordonné à chaque renouvellement de la Loi et dit — article 36 de notre union — lesquels points et articles, du moins ceux concernant la constitution de la Loi, seront annuellement, avant le renouvellement d'icelle, par un pensionaire ou greffier, en présence de nos commissaires, et à l'entendre de chacun à ce convoquée, lus publiquement à haute et intelligible voix, à ce qu'il soit notoire à chacun à quelle condition cette union s'est faite et comment les commissaires devront se comporter au renouvellement de la susdite Loi ; et en outre il en sera aux mêmes nos commissaires présenté copie autentique, afin qu'en aucune façon ils n'excèdent les susdits points. Le contraire s'observe cependant actuellement et on y voit des pères et fils, beau-père et beau-fils, oncles et neveux par alliance, cousins germains, issus germains, et tout presque les autres créatures de cette famille, et au lieu de dix il ni a qu'un seul pour tout le plat païs ; ce n'est pas faute des su-

---

¹ Placards de l'année 1672.

jets ni gens bien méritans, car il s'en trouve assez au plat païs ; ceci mérite une attention très sérieuse. Il est certain que si la Loi seroit renouvellé suivant l'esprit de notre union, qu'il en résulteroit un grand bénéfice pour le plat païs, car nos représentans soutiendroient nos interest.

[10] — Il y a plusieurs moiens pour soulager les gens du plat païs, en diminuant le nombre des échevins, le réduisant à huit pour le plat païs, et quatre pour la ville, nombre suffisant pour faire le service, ne choisir que quatre pensionnaires, défendre tous ces vins d'honneurs, les repas du corps, ces buvettes fréquentes, réduire les pentions et commissions suivant les lettres patentes sur arrest du 22ᵉ aoust 1733, ordonner que les frais de l'illumination de lanternes en ville soit une charge pour la ville en son particulier, défence de faire contribuer le plat païs dans la distribution de bois aux pauvres de la ville, attendu que chaque communauté doit entretenir les pauvres de son district et que la ville ne contribue en rien au plat païs ; défendre à la ville de faire contribuer le plat païs dans les sommes exorbitantes qu'ils en donnent en prêt à leurs bourgois pour 3, 4 et 5 années sans intérêts pour les aider à bâtir des maisons dans leur ville ; tout cela à juste raison ne devroit être qu'une charge pour la ville.

[11] — La chasse dans toute l'étendue de la châtelenie appartient pour les trois quarts au gouvernement et au Magistrat ; la partie qui est au gouverneur, qu'on ne voit jamais dans son gouvernement, et dont le Lieutenant du Roi s'en empare, est toujours par ces messieurs cédé à des particuliers moiennant 2 lièvres, 2 couples de perdrix ou 2 couples de volaille, par semaine pour chaque paroisse (cette partie du Lieutenant du Roi est de cinq paroisses); le major de la place a la plus grande paroisse de notre châtelenie qui lui rapporte près de cent écus, par an ; les particuliers qui tiennent ces chasses de ces messieurs, pour en faire leur proffit, changrinent le pauvre habitant du plat

païs, lui font enlever son fusil, et païer une amende, de sorte que le fermier, sans armes en cas de voleurs, ne se peut faire craindre, ni préserver la perte de ses bestiaux occasionnés par les loups, chiens enragés et autres accidens ; on ne voit que de partis hollandois ou anglois et autres parcourir nos champs sans respecter les grains sur pied, laissant nos barrières ouvertes et faire des ouvertures dans nos hayes vives, ce qui est un tort considérable : ils tuent nos vaches, blessent nos chevaux et les laboureurs ; ce qu'on peut prouver ; de sorte que le pauvre fermier tremble étant à labourer ses terres à l'arrivée de tous ces chasseurs étrangers ; ils tuent et font tuer tous les chiens, mêmes ceux qui sont à l'entrée de la maison et à la porte et se font païer une amende. Messieurs du Magistrat ont toute l'autre partie de la châtelenie pour leur chasse, nous causent les mêmes chagrins, dommages et vexations, envoient chasser pour eux plusieurs gens du néant, qui feroient mieux de s'occuper à leur travail à quoi ils sont nés : tous ce que dessus considéré, comme les chasses de notre châtelenie vous appartiennent, Sire, nous vous suplions de les céder à châque communauté, enjoignant aux directeurs de châque communauté de les passer au plus offrant au proffit de la table des pauvres de châque paroisse ; il en résultera un grand profit pour les pauvres et une tranquilité et bien être pour les habitans de la campagne, qui se trouvent surchargés et changrinés de toute façon ; enfin, pour surcroit, nous n'avons rien à dire, il faut satisfaire à ce que dessus ou choisir la prison.

[12] — Le droit d'issuwe ou d'écart, étant un droit extrêmement odieux, nous suplions S. M. de l'abolir dans toute la Flandre et de permettre que nous vivions ensemble en cœurfraternité ainsi que nous vivons présentement avec ceux de Bourbourg et châtelenie, Furnes et châtelenie, ainsi qu'avec le Francq [1] de Bruges.

[1] Plat-pays et villes dépendant de la ville de Bruges.

[13] — Nous nous plaignons des écouages de sentiers et ruës qui se font dans des tems indus, quand les fermiers se trouvent accablés d'ouvrages à receuillir les moissons et que loin d'y mettre des ouvriers capables, messieurs les officiers de police père et fils (contre l'ordre), sans se trouver sur le lieu ou leurs substituts, y emploient ordinairement une bande de fainéans, sous la direction d'un sergeant qui loin d'y avoir l'œil, ne s'occupe qu'à vexer et changriner les fermiers, à qui ils font païer, pour chaque fainéant emploié, par jour, 3 livres 2 sols 6 deniers, ce qui est exorbitant, puisque les fermiers ne paient que 10 sols à leurs ouvriers par jour et la nourriture; il seroit à désirer, que les chefs de châque paroisse auroient la direction et l'entretien des chemins et ruës dans leur district pour les faire entretenir par ceux qui sont entretenus de la table des pauvres et autres, au salaire ordinaire.

[14] — Nous demandons que vu la charge excessive dont notre paroisse est accablé par les taxes et impositions, il soit pourvü à ce que les décimateurs contribuent également comme nous dans toutes les taxes et impositions ; et vu qu'ils sont actuellement chargés de la pension et du logis du curé, ils le soient aussi de la pension et logis du vicaire et clerc laïc, personne nécessaire au curé pour remplir ses fonctions.

[15] — Tous les ans les jeunes gens du plat-païs sont taxés pour l'entretien de la melice ; ce qu'on fait de l'argent provenant de lad[te] taxe, Dieu le sçait[1] ; jamais on ne leur en a rendu compte. Il seroit cependant juste que ces Messieurs leur en rendroient, car nulle recette sans compte, suivant les usages.

[16] — Dans notre province de Flandre, par un ancien usage, les vieux bois taillis ne sont cottisés qu'à raison de trois mesures pour une, et plusieurs à cinq mesures pour une ; nous deman-

---

[1] Cf. Quaedypre (27).

dons qu'elles soient cottisées également comme les autres terres, vu que les revenus sont plus considérables.

[17] — La paroisse de Socx étant scituée sur une hauteur, par conséquant pas sujette aux inondations, est taxé annuellement de Messieurs de la Waetringue[1] par mesure, pour le canton de Sud-Over, à la somme de, portant 415 livres parisis, et pour le canton de Nord-Over par mesure, à la somme de 212 livres parisis. Total : 627 livres parisis. — Les autres paroisses sujettes aux inondations y sont aussi taxés, mais on a de l'indulgence plutôt pour eux que pour nous, car tout s'y est fait aux dépens de la Waetringue, au lieu depuis quelque tems on nous oblige à payer notre quote part et on nous oblige à nettoier et recurer notre petit coulant d'eau qui est toujours sans eau, hormis dans le tems de plus forte pluies ; si non, on le fait faire à nos dépens, ce qui crie vengeance, il y a beaucoup de plaintes à faire à la charge de cette administration, mais le tems si court ne le permet pas.

[18] — Nous demandons que la recette générale de la ville et chatelenie soit publiquement affermée au moins offrant, vu que cela se pratique au plat païs ; il en résulteroit un bénéfice pour le moins de 2000 livres tournois par an.

[19] — Comme il y a plusieurs particuliers qui occupent deux ou plusieurs fermes ensemble au grand détriment de plusieurs familles, nous demandons pour un bien général qu'elles soient séparées.

[20] — Chaque année on augmente les droits que nous païons pour le vaclage, tuage et autres droits damaniaux, sans que nous savons ce qu'on fait de ce deniers, ou de cette augmentation.

[21] — Comme la forme des procédures est ruineuse pour la

---

[1] L'administration chargée de protéger le pays dit à wateringues contre l'inondation.

Flandre Maritime, nous suplions S. M. pour qu'il ait la bonté de faire dresser pour notre païs un code pour l'abréger.

[22] — Si l'intention de S. M. s'accorderoit avec la nôtre, ce seroit de suprimer généralement tous les Etats Majors de son Royaume, ce qui causeroit un revenu considérable sans charger ses fidèles sujets.

[23] — Enfin, Sire, daigner jetter un œil de commisération sur nos remontrances, peines et doléances, et faite par votre pleine puissance et bonté parternelle arrêter toutes nos vexations et surcharges iniques et injustes ; les suplians et leur postérité ne cesseront d'addresser leurs vœux au Tout Puissant pour votre prétieuse conservation.

Gailliaert, G. F. Gheeraert, P. J. Lefebvre, Jen De Cocq, J. C. Baert, F. Hannon, J. J. Debroeder, W. Gaeyemaey, G. Van Damme, P. Gokelaere, M. Van Appelghem, M. De Maerten, P. J. Ryssael, Ignatius Claeyman, A[dre] De Coninck, M. Waelpoel, L. F. Massemin, J. Vitse, C. F. Bogaert, J. Dewalle, F. Defever, Carel Cocx (?) C. Lacaes, W. Blaevoet, P. J. Delay, Joannes Bap[te] Quinson, D. F. Vaduret, H. Piedvin, J. F. Baudens. — Fait et passé audit Socx, le jour, mois et an que dessus.

P. W. Dousselaere.

QUAEDYPRE*

26 mars, en l'église paroissiale par devant François de Queker, tenant l'assemblée.

362 feux.

Députés : Marc Labaye, Mathieu Vosteel, Benoit de Cerf, Joseph Straesseel.

Cahier de la remontrance et doléance qui représente les paroissiens de la paroisse de QUAETYPRE à Sa Majesté Très Chrétienne et Très Illustre Louis XVI, Roi de France et de Navarre, etc.

Nous, habitans de la paroisse de Quaetypre, châtellenie de Bergues St Winoc en Flandre maritime, après avoir très humblement remercié Sa Majesté avec un amour les plus respectueux du monde, tandis que Sa Majesté a la bonté de nous faire naître ses ordonnances à l'égard du soûlagement de son peuple, dans les tems qu'ils sont remplies des plusieurs amertumes facheuse et qui sont dans le cas d'être interessées par les charges et impositions depuis longtems par la violance de leurs supérieurs et administrateurs de la dite châtellenie, mais puisque S. M. nous invite et ordonne de faire une véritable remontrance des nos peine dans ses ordonnances, nous prendrons la liberté tous, comme si nous étoient agenouillié devant S. M., pour rendre une parfaite connoissance de tous les charges dans quoi nous sommes chargé, par les articles suivant.

1 — Etant remplies des pleurs, nous retournons encore à S. M.

* Canton de Bergues, à 5 kil.

disant que les impositions haugmentent des jours en jours, qui nous sont donnée par les Messieurs du Magistrat de la ville et châtellenie de Bergues, car aux environs de plusieurs années d'ici, il nous portent la moitié de plus; c'est pour cela que nous désirons volontièrement d'avoir la connoissance de ce qu'on en fait, pour que nos âmes eussoient plus de réjouissance, pour rendre une plus parfaite témoignage à Sa Majesté ; mais si nous pourions, par acte de désirations pour obtenir de S. M. les lettres de l'imposition hors des mains de Monsr l'Intendant ou autres qui serons formé pour les dites, cela causerai à S. M. une revenue plus profitable et aussi à son peuple.

2 — Nos terres sebject au watringe paioient argent de watringe par les fermiers, et lesdits fermiers sont obligé, par l'ordonnance du vicomte de cette châtellenie, de netoyer leurs fossées et ruisseaux, même de donner pente de l'eau où ils sont, à leurs dépens, lesquels nous paroit d'être inconvenable ; nous prions S. M. qu'il plaira donner à nous le pouvoir de choisir le vicomte, par ceux qui sont interessé par ladite watringe.

3 — Nous plaignons à S. M. d'haugmentation de salaires que les Messieurs commissaires prétandent, laquelle sont haugmenté d'un tiers, qu'ils ont secrètement obtenu de M[r] l'intendant de cette province, sans la connoissance de nos habitans ; prions d'ordonner de rendre compte à ceux qui sont intéressé.

4 — Prions très humblement de ne laissé faire les écouages des ruë et sentier sinon dans les saisons de l'année convenable, car on voit souvent lesdits écouages fait dans les saisons inconvenable, asavoir dans le mois d'aoust et plusieurs autres saisons inconvenable.

5 — Nous ne devons pas se taire à S. M. la quelle mortification que nous souffrons à cause de la chasse, car nous somme désarmées, et quand les voleurs et malfaiteurs, aussi des animeaux sauvages, nous viennent actaquer, on a rien pour les dé-

fendre. C'est aussi la cause qu'ils tuent nos chiens aussi bien en étant sur nos font que dans la campagne, et en chassant dans nos patures et vergers pendant que nos bestiaux ses mangent tranquilement, [il] arive quelquefois en tirant qu'ils ont peur et même viennent-ils à tué.

6 — O Majesté Miséricordieuse, voyez ici la plainte que nous font à l'égard de longuer de procédure, les gémissements de veuves et orphelins et autres innocens, qui sont souvent de fois dans l'occasions de faloir procéder qui est la cause de leur ruine.

7 — Nous plaignons à S. M. des haugmentations ingrats des greffiers, lesquels sont augmenté d'un tiers depuis quelques années passé.

8 — Plaignons à S. M. de frais inutiles de banquets fait par les administrateurs de la justice dans l'hôtel de ville ; prions S.M. de donner à nous le pouvoir de choisir nos échevins par les habitans de cette châtelenie, car la multiplication des Mes[rs] pensionaires, greffiers, est trop grande et même encore ils sont presque tous d'une famille.

9 — Plaignons S. M. qu'on doivent donner les dixmes de tous nos fruits aux dixsimateurs de notre paroisse. laquelle fait la plus favorable partie de tous nos revenues, de quoi ils ne laissent jamais aucune part aux pauvres de notre paroisse ; même on est obligé d'imposer une somme considérable pour leurs assisté et les nombre des pauvres multipliée de jour en jours ; si plaira S. M. d'ordonner aux dites dixsimateurs de donner quelque chose de leurs dixmes pour assister des pauvres.

10 — Nous fairons plainte à S. M. que les dixsimateurs font si mal d'apporter à leurs devoirs que par longeur de procédeure, car notre paroisse a dû procéder aux environ de 40 ans pour obtenir la réparations de notre église ; il semble encore de plusieurs autres procés intenté par quelques autres paroisse de cette châtellenie pour refuser les dixmes de pomme de terre et autres

légumes, par cette paroisse devant dit, obtenu, et par celle-ci, non pas obtenu, de quoi nous étonne que l'une paroisse, située sous la même châtellenie et même aboutté l'un à l'autre, a obtenu le droit et que l'autre ne peut obtenir ses droit. Lesdits Messieurs ont enjoindré plusieurs fermes consister en environ 200 mesures de terres située dans notre paroisse, de quoi qu'il y a aux environ 50 mesures servant pour leurs promenade, aussi parcs et petite bois, à plaisirs embelli avec beaucoup et considérable fossées, réservoirs à poissons et obettes, lesquels plaisirs à présent ne valent rien, car lesdites fermes pouront servir à présent à vivre quatres ou cinq ménages des occupeurs ou laboureurs, car le bled est si cher que la plupart des bourgeois ne peuvent manger de bled pure, mais mangent du seigle et plusieurs autre pain incommun qui servoit autrefois pour les animeaux. Nous sommes fort intéressé par manquement de notre moison, lequel n'a pas joui au quatrième part, suivant la coutûme de nos dit paye ; le lins est tout à fait manqué. Lorsque les fermiers doivent loüer leurs fermes, la moitié trop chère, on dit : vous vendez une razière de bled autant que vous doit loyer une mesure de terre ; lesquels désordres, selon nous, semblent qui vient par faute de déligence, grande imprécautions, par mépriser les pauvres, mauvais usage de terrins et campagne, mauvais usages de commerce en grains et d'être si foible d'éxécuter les ordonnances de S. M. Royale, en vous priant très infiniment s'il est possible de donner une partie de lesdite dixmes pour l'entretient de notre pauvre Eglise et Clergé, car pour ce que regarde notre église elle est très pauvre.

11 — Nous nous plaignons à l'égard de Messieurs du Chapitre de Bergues S^t W^q qu'ils demandent les concours des rentes en forçant les propriétaires pour leurs faire paier les dit concours qu'ils étoit concouru des plusieurs années sans que ce propriétaire savant si c'est à eux ou point, et à peine de ne pas paié seront réclamé.

12 — Nous plaignons de droit de l'état du major (*sic*) de la ville de Bergues et prions pour la diminuations de se droit.

13 — Nous prions que nos pauvres habitans qui n'occupent aucun terre sont taxé de deux tiers d'une mesure, qu'ils ne paierons plus dès qu'ils n'ont pas eu occupation.

14 — Nous prions S. M. comme il y en a plusieurs bois en cette province qu'il ne païons que 3 à 5 mesures pour un, qu'il seront taxé suivant ou comme les terres dépouillante, car sa donnera un grand profyt à Sa Majesté.

15 — Nous prions que les cheveaux du clergé et que celles des seigneurs payerons vaclages comme les autre et que lesdits seigneurs payerons droit de bierre et vin comme les autres habitans, comme aussi les clo[i]tre.

16 — Nous plaignons aussi à S. M. que nous voyons plusieurs propriétaires joindre leurs petite censellette avec la grande, qui cause une perte considérable à Sa M^{té}, et de plusieurs habitans.

17 — Nous plaignons aussi également des payemens que nous avons falu payer pendant plusieurs années d'achever le canal de Bergues à Dunquerque, laquelle sert pour la navigations.

18 — Pour remontrer à S. M. qu'il y a beaucoup de tromperies fait par les commis au consigne[1] de la ville : ils forcent quelque personne d'avoir acquit de leurs marchandise, savoir pour les grains de lins, beure et bestiaux et laissent quelque autre sans acquit, en paiant quelque argent.

19 — Nous plaignons aussi à S. M. de la chereté du bled, qui est la cause que nos petites peuples doivent manger des fèves et du seigles.

20 — Nous prions S. M. pour les gens de métiers, soit char-

---

[1] Commis d'octroi.

pentiers, maçons, fourgerons, bousticquelliers et surtout les cordonniers, puisque ne sâchent plus acheter les cuirs à cause qu'il n'y a presque rien dans la tannerie, lesquels métiers doivent païer l'impositions d'une mesure de terres et les meuniers cinq mesures pour l'exercise de leurs métié et n'occupent seulement une mesure de terre.

21 — Les meniers plaignent encore à cause qu'ils doivent payer annuellement une grande somme d'argent à l'égard du vent[1] sans pouvoir prétendre une place spacieuse ou une vaste campagne autour de leurs moulins.

22 — Les susdits meuniers plaignent encore comme étant obligé par l'ordonnance de transporter leurs moulins qui ne peuvent pas avoir aucun terrin autrement que par bail emphitéotique impayable et quelquefois que la terre est appartenante au clôtre et abaye qu'ils ne veulent point donner aucun bail sinon que sur condition, après le bail les moulins tirent sous leurs mains morte.

23 — Nous plaignons encore de l'entretient que nous sommes ordonné de réparer les bermes et fossé du pavé de notre châtellenie, nous prions S. M. de faire entretenir d'y ceux qu'ils ont la coupillie des têtards et arbres.

24 — Nous plaignons encore que par l'ordonnance des Messieurs du Magistrat que nos coutres des charues sont pris par les maréchaussée pendant les jours et nuit, quand les cartons[2] quittent leurs traveaux sans défaire les susdites coutres, sont aussitôt pris et encore doit-on payer une amende considérable.

25 — (a) Nous déclarons que les tuages et vaclages haugmente de jour en jour. (b) Nous prions très humblement S. M. qu'il lui plaira de souvenir tous les dites articles et si on savoit

[1] Droit de vent.
[2] Conducteurs.

tous les secrets de nos supérieurs, nous pouront S. M. plus informer.

26 — Prions S. M. que tous les rues seront également grandir.

27 — Les jeunes hommes plaignent ici de païer tous les ans argent de milice disant qu'ils semblent que cette demande ne vient pas de S. M., que ce Messieurs du Magistrat auroit plus grand soins de cette affaire susdits pour que leur receveur de même ne banqueroutera plus, comme il est arivé depuis peu de tems.

28 — Nous plaignons à S. M. à l'égard d'isue, car, quand il y a quelques personnes viennent à jouisser sous la châtellenie de Baillieul et Cassel, ils doivent payer une somme considérable ; prions S. M. cela de diminuer d'un part ou tout à fait.

29 — Plaignons aussi des partageurs de l'haugmentations de leurs droits et présence.

30 — Déclarons qu'il y a 360 feux[1] dans l'étandu de notre paroisse.

31 — Nous plaignons à S. M. de peu de devoirs des ecclésiastique envers leurs paroissiens regardant la maladie innaturel.

Les députés sont choisis par les paroissiens communs avec de nom suivante : Sr Benoit de Cherf. Mathieu Wasteel, Marc Labaye, et Joseph Straesseel.

Marc LABAEYE, Benoit de CHERF, Joseph STRAESSEL, MM. WASTEEL, Pieter CALLIAU, P. B. AUDIOEN, Char. DOUSSELAERE, Eugenius VAN BATTEN, Pieter DU MEZ, F. DE CUYPER, Constantinus DEPAUW, Pieter CLARISSE, Mattheus LAVERY, Pieter RYCKEBUSCH, Joannes Cornelis

---

[1] 362 feux d'a près le procès-verbal.

De Cuyper, Jean Carton, Pieter De Cuyper, Jacobus Dewaele, Cornelis Dyser, P. Delmotte, P. A. De Cherf, M. Coppens, Ludovicus Ghys.

Fait et arté le 26 du mois de mars 1789.

Frs Dequeker.

HOYMILLE[*]

24 mars, en l'auditoire de ce lieu, par devant Benoit Wiels, hoofman.

110 feux.

Députés : Jacques de Baecque, avocat, Louis Duhaud. Winoc Coppens, au défaut de l'un des premiers.

Doléances, plaintes et remontrances des habitans de la paroisse d'Hoymille, châtelenie de la ville de Bergues.

1 — Les habitans se plaignent de ce que les subsides et droits sont extrêmement augmentés depuis quelques années et ils supplient S. M. de pourvoir à ce qu'ils ne la soient plus par la suite, en statuant qu'à l'avenir aucun nouvel impôt ne soit introduit, s'il n'a été consenti par les Etats Généraux assemblés dans la forme et manière qu'il a plu à S. M. de les convoquer dans la présente circonstance [1].

2 — *Analogue à Wormhoudt-comté (2)*.

3 — » » *(3)*.

4 — Qu'il plairoit à S.M. de statuer que les Loix[2] des lieux ou villes respectives de la Flandres seront annuellement renouvellées par lesdits nobles et notables, qui ne pourront néanmoins en aucun cas remplacer les officiers sortans, dont les fonctions seront fixés à trois ans pour le moins et à 6 ans au plus, à moins

---

[*] Canton de Bergues, à 2 kil.
[1] Cf. Wormhoudt-Comté (1).
[2] C'est-à-dire les Magistrats.

que pour des raisons supérieures il faudroit en faire sortir quelques individus avant le terme fixé, ou qu'il conviendroit de les y conserver au delà de ce terme ; et si ce vœu des habitans pouvoit paroitre de nature à ne pouvoir se remplir, ils supplieroient en ce cas S. M., pour autant que la nomination des officiers municipaux resta à ses commissaires[1], ou qu'ils y conservassent quelqu'influence, de vouloir déclarer les fonctions desdits commissaires, leurs représentans ou subdélégués, absolument incompatibles avec les fonctions de la Municipalité[2].

5 — Ils supplient S. M. de vouloir statuer qu'à l'avenir les comptes des villes respectives de la province ne soient plus arrêtés par ses commissaires avant d'avoir été communiqués aux notables aiant droit d'audition, et ne le seroient plus secrètement dans l'appartement du commissaire, mais qu'il se rendroit à l'assemblée de la Loi pour y être présent à la reddition des comptes conjointement avec les notables aiant droit d'audition, recevoir leurs observations ou remontrances sur ces comptes et les arrêter en leur présence.

6 — Ils supplient S. M. de vouloir statuer que les paroisses respectives de la châtelenie de Bergues, auroient la faculté de nommer annuellement les chefs qui doivent les régir[3] à charge que personne ne pourra être démis de ses fonctions avant d'avoir été trois ans en fonction ; à moins que, pour des raisons supérieures, il conviendroit de statuer autrement dans quelques cas particuliers.

7 — Qu'à l'avenir les chemins et rues, ainsi que les fossés, coulans d'eau et autres ruisseaux ne soient plus réparés d'office[4],

[1] Les intendants.
[2] Cf. Wormoudt-comté (4).
[3] Les hoofman, qui étaient nommés par le Magistrat de Bergues.
[4] Voir aux Archives de Bergues DD. liasse 88 les procès-verbaux de la visite des rues et chemins dans la châtellenie, faite par des com-

au centuple quelques fois de ce qu'il doit en coûter, mais qu'après la visite ils seroient réparés, par adjudication au rabais, aux frais du défaillant et à la diligence d'un commissaire de la Loi, à charge néanmoins que ni le défaillant, ni aucun de ses parents, alliés ou domestiques ne pourroit se rendre adjudicataire.

8 — Que le droit de chasse seroit supprimé dans toute l'étendue du Royaume comme contraire à l'agriculture et à la prospérité du Royaume, pour ce droit être exercé par chacun en particulier sur sa propriété, à charge d'indemniser par les paroisses, où ce droit appartiendroit à quelque seigneur, celui à qui il appartient, de la manière qui sera trouvé la moins onéreuse pour la communauté[1].

9 — Qu'il seroit statué également au sujet de la pêche[2].

10 — *Analogue à Wormhoudt-comté (9).*

11 — » » *(11).*

12 — Qu'il plairoit aussi à S. M. supprimer le droit connu sous le nom de quatre membres de Flandres[3] pour ce droit être représenté à jamais par l'abonnement tel qu'il subsiste aujourd'hui, sauf aux Etats provinciaux de la Flandres à déterminer la manière dont les contributions seront levées pour la représentation de ce droit.

---

missaires spéciaux désignés par le Magistrat, et le montant des amendes pour contraventions aux ordonnances relatives à l'entretien de ces chemins par les riverains.

[1] Voir aux Archives de Bergues DD. liasse 58, les pièces relatives aux difficultés entre le vicomte héréditaire de Bergues et le Magistrat au sujet du droit de chasse, que le vicomte prétendait seul avoir dans la châtellenie (1780-1786).

[2] Lettre de Taverne (7 août 1773) portant que le droit de pêche existe dans la châtellenie seulement dans les eaux depuis le Clytgat jusqu'à l'Haveeckete et du Mullegracht à la Corte-Sleepe, de là au pont des porcs et jusqu'au pont de Steendam. Arch. Bergues DD. 58.

[3] Voir au *Glossaire*.

13 — Que la dime éclésiastique seroit supprimée, comme n'aïant jamais pû se lever que par usurpation, à charge que les paroisses respectives seroient chargées de la fabrique des églises et de l'entretien et pensions des écclésiastiques, faisant le service sous la paroisse.

14 — Que les Etats-Majors seront également supprimés dans les villes, comme ne servant qu'à vexer le peuple, et absolument inutils, les chefs des régimens pouvant facilement en faire le service.

15 — Qu'il seroit ordonné que toutes les fermes démolies depuis l'année 1740 seroient rétablies, et qu'un particulier ne puisse occuper qu'une ferme [1].

16 — Que personne ne seroit imposé que relativement aux terres qu'il exploite et que doresenavant tous les particuliers qui font quelque trafic, négoce ou métier, ne seroient plus imposés sur l'apparent profit qu'ils peuvent faire par leur industrie, négoce ou travail [2]. (Les paroissiens n'aiant aucune exploitation paient 11 livres parisis, le vingtième, le wateryngue [3], etc., y compris).

17 — *Analogue à Wormhoudt-comté (12).*

Fait et arrêté à l'assemblée du 24 mars 1789.

W. Coppens, J.-B. Meunynck, Pier Beudaert, P. C. Meunynck, Pieter Lafère, François Dutoict, Antonius Nauw, J. De Bruyne, Jacobus van Dorynne, J. Boudeweel, Pieter Carbon, Pieter Cuigniet, Pieter de Quiker, L. Ackein, P. Lavez, Louis Ponsel, Mattheus Collewet, M.

---

[1] Cf. Zermezeele (12), etc.
[2] Cf. Zeggers-Cappel (14), Bollezeele (9), Wylder (8), etc.
[3] Le droit pour l'entretien des wateringues.

Berteloot, Albertus Leroo, L. Ducroquet, P. J. Dutoict, Pieter Sansen, J. Caboche, Carolus De Keyser, ? Westerlynck, J.-B. van der Steegen, Pieter Nooreule, Pieter Drapié, C. Baerdt, Carolus Derny, Joannes Cys, Joannes Bap^te Billiet, L. Duhaud, J. De Baecque, Benoît Wiel.

UXEM[*]

26 mars, en l'auditoire, par devant Pierre Compagnie, hoofman.

92 feux.

Députés : Pierre Minne, Théodore Ricourt.

Doléances, plaintes et remontrances des habitans de la paroisse d'Uxem, châtelenie de Bergues.

1-5 — *Copie d'Hoymille (1-5)*.

6 — *Copie d'Hoymille (6) avec cette addition :* les chefs qui les régissent, qui ne pourront être choisis s'ils n'ont une exploitation telle qu'il plaira à Sa Majesté de la déterminer.... *Le reste copie d'Hoymille (6)*.

7 — *Copie d'Hoymille (10) et en plus :* à charge qu'ils rendront la justice gratuitement et qu'aucun procès ne pourra y rester plus de trois mois en avis sans recevoir droit, sauf à se former en autant de chambres et d'assumer autant de gradués que les circonstances pourront le requérir, laissant aux Etats provinciaux de chaque province la faculté de fixer les honoraires ou pensions dans chacun des cours ou tribunaux de son district.

8 — *Copie d'Hoymille (12)*.

9 — » » (7).

10 — » » (8) *et en plus :* sur le pied à fixer par les Etats provinciaux : et si cette disposition pouvoit paroitre inconciliable avec les interêts de l'Etat, les habitans supplieroient

---

[*] Canton (est) de Dunkerque, à 10 kil.

en ce cas S. M. de statuer que dans tous les endroits ou ce droit lui appartient, il serait loué annuellement à la haulche[1], sur les lieux mêmes et une seule paroisse à la fois, pour le prix de l'adjudication en être versé dans les mains des receveurs de ses domaines ; sauf aux communautés de chaque paroisse qui pourront s'en rendre adjudicataires, jouir de ce droit en corps ou par sous location, ainsi qu'elles le trouveront convenir à leurs interêts.

11 — *Copie d'Hoymille (11) et en plus :* dont on ne s'affranchit souvent que moiennant des sommes immenses ; portant atteinte à la propriété en ce qu'il met des entraves à la libre faculté de disposer de ses biens ; et tendant à empêcher les mariages entre les sujets soumis à sa domination qui ne sont pas bourgeois de la même juridiction.

12 — Les habitans supplient S. M. de daigner pourvoir à ce qu'il soit fait des nouveaux réglemens sur le fait de la procédure civile, qui tendent à l'abbrévier et à la rendre moins frayeuse.

13 — Ils supplient également S. M. de daigner pourvoir à ce que leurs champs ne soient pas inondés, leurs récoltes perdues et leurs foins endommagés par les eaux des Moëres, soit en ordonnant la suppression des machines construites pour les dessècher[2] ; soit en pourvoiant à ce que les Moëres aient un écoulement directe vers la mer, par lequel elles puissent décharger leurs eaux, soit en disposant de telle autre manière que la justice, l'avantage du pays et les circonstances le comporteront. (*En marge*) Les habitans ont constamment fait des plaintes sur ce point, tant aux officiers municipaux de la ville de Bergues qu'au subdélégué, à M. Lenglé, ingénieur en chef ; ils ont eu des belles promesses mais elles n'ont pas été exécutées.

---

[1] A la hausse.

[2] Ces machines d'épuisement rejetaient les eaux dans le canal de ceinture ou *ringsloot*, qui débordait quelquefois.

14 — *Analogue à Hoymille (14).*

15 — Les habitans supplient S. M. de supprimer la dîme ecclésastique comme n'aiant jamais pû se lever que par usurpation [1] ; et si cette suppression ne pouvoit avoir lieu, ils supplieroient en ce cas S. M. de pourvoir à ce qu'ils aient un vicaire, les paroisses circonvoisines n'aïant non plus qu'un curé, qui disent la messe tous à la même heure, de manière que les habitans de la paroisse doivent sortir tous à la fois et abandonner leurs maisons ou renoncer de pouvoir assister au service divin.

16 — Les habitans supplient également S. M. de daigner pourvoir à ce que les ponts, fossés et coulans d'eau sous leur paroisse, qui sont à la charge de la wateringue [2], soient entretenus de la manière qu'il convient et qu'il y ait des nouveaux ponts établis dans les endroits où ils sont nécessaires.

17 — *Analogue à Hoymille (15).*

18 —   »   »   *(16).*

19 —   »   »   *(17).*

Fait et arrêté à l'assemblée du 26 du mois de mars 1789.

Jean WATTEZ, J. LEYS, Pieter MINNE, P. VINCENT, P MESTDAGH, J. V. RYCKEWAERT, C. VANACKER, Frans. GILLES, J. F. CLAEYS, Theodoor RICOUR, Judocus PICKAERT, H. JANSSEN, J. VANDERHEYDE, J. HAELERDYCK, Jean-Baptiste WATTEZ, Pierre JANSSEN, Anthoone VANACKER, J. BEEKANDT, J. DE CLERCK, Pieter LE CLEIRE, Joannes VINCENT. — P. CAMPAGNIE.

---

[1] Cf. Hoymille (13).
[2] De l'administration des wateringues.

Les couvreurs de paille se plaignent de ce qu'on leur fait faire des voyages gratuitement[1], pour aller tous les ans renouveller leur serment en ville, et prient qu'il leur soit décerné des journées comme d'ancienneté.

[1] Sans les indemniser.

BAMBECQUE*

24 mars, en l'église, par devant Jaques Lootvoet, hoofman.

183 feux.

Députés : Laurent de Prey ancien collecteur, François Romain Verschaeve, bailli d'Ingelshof (en ladite paroisse).

C'est le cahier de plaintes et doléances pour la paroisse de Bambeke[1].

1 — (a) Ils déclarent se plaindre d'être surchargés d'impositions ordinaires et extraordinaires sur leurs terres, et que cela augmente tous les ans sans en connaître les causes ; (b) comme aussi d'être surchargés par une grande quantité de pauvres tant ceux de leur paroisse que de ceux d'autres paroisses voisines et surtout de ceux venant journellement pour demander du pain, de l'argent, du bled et autres nécessités de la vie.

2 — Qu'ils sont aussi chargés de l'entretien d'un coutre pour l'assistance dans le service divin et de devoir lui fournir une pension et son habitation.

3 — (a) Qu'ils sont foulés et accablés de la part des officiers principaux, bailli et vicomte, relativement aux chemins et sentiers ; que ces officiers non contens des amendes qui leur sont

---

* Canton d'Hondschoote, à 10 kil.

[1] Les cahiers des communautés voisines de Bambecque, West-Cappel, Oost-Cappel et Rexpoëde sont identiques, à quelques articles près.

adjugées aux écouages qui se font dans les tems ordinaires, mais qu'aussi depuis quelque tems ils entreprennent d'aller de leur chef faire des travaux dans les rues et fossés durant le tems de la moisson, dans les mois d'aout et de septembre, comme il est arrivé l'année dernière, et cela sans en avoir obtenu ni requis ordonnance de la Loi ; que, pour ce faire, ils emploient grand nombre de gens qu'ils ramassent de toute part et même de la ville, de toutes espèces de métiers, et qui n'ont jamais travaillé à la terre ni manié le louchet ; des fainéans qui ne travaillent pas le tiers de la journée, de sorte qu'en faisant du mauvais ouvrage, ils font leur compte, qu'il en coute dix fois et vingt fois plus qu'il n'en couteroit s'il étoit fait par des ouvriers ordinaires, ce que les dits officiers font exprès, parce qu'ils prétendent avoir droit de faire exécuter ces travaux à double frais des défaillans.

(*b*) Ce n'est pas tout : les sergens et employés desdits officiers font encore une infinité d'exactions, mettent les gens à contribution et les rançonnent de toute manière en se faisant donner à manger et à boire et à leur compter de l'argent ou, à faute de ce, qu'ils leur feroient encore beaucoup plus de frais, cela ne dépendant que d'eux.

(*c*) Qu'encore cet hiver dernier, la visite ou l'écouage des sentiers a été fait dans le courant du mois de février, et ainsi hors de saison, tandis que l'usage constant est de faire cet écouage au commencement de l'hyver, dans les premiers jours de décembre.

(*d*) De façon qu'il paroit clairement que la police sur les chemins ne s'exerce plus que pour faire prononcer des amendes au profit des officiers, à la charge et au détriment du cultivateur.

4 — (*a*) Qu'ils ont aussi beaucoup à souffrir par rapport à la chasse, que non seulement on leur enlève leurs armes, fusils et pistolets, dont ils ont besoin pour se défendre des chiens enragés, contre les loups et autres bêtes et animaux mal faisants, et contre

les voleurs et assassins, quand ce ne seroit à l'égard de ces derniers que pour leur inspirer la crainte et la peur. Que, sous prétexte de la conservation du gibier, on tue leurs chiens sur la cour ou dans l'enclos des censes, pour quoi on les fait encore paier un écu pour chaque chien, qui est le gardien de leur maison. Que les chasseurs font beaucoup de dégât dans les fruits, par eux et par leurs chiens [1]. Que les chasseurs viennent chasser même dans le tems defendu, rompent les haïes et les défenses, pour se faire des passages.

(*b*) Qu'en outre les lièvres et les perdrix font un très grand dégat aux fruits des cultivateurs.

(*c*) Que s'il arrivoit qu'un habitant tueroit une pièce de gibier, on le condamneroit à des très grosses amendes et on le traineroit dans les prisons.

(*d*) Que les habitans sont aussi fortement gênés par les ordonnances dites politiques en tout genre qui paroissent uniquement faites pour procurer des amendes pour des contraventions en faveur des officiers.

5 — (*a*) Déclarant aussi les habitans qu'ils ont beaucoup à se plaindre au sujet de l'exploitation des dîmes ; qu'au lieu de louer les dîmes publiquement et au plus offrant, ainsi qu'il est d'usage généralement observé, les décimateurs de cette paroisse, ainsi que des trois paroisses voisines [2], se sont depuis 6 ou 7 années, mis dans l'usage de louer leurs dîmes en tas et bloc, les quatre paroisses ensemble, à deux particuliers associés par bail à longues années.

(*b*) Que ces fermiers de dîmes en enlèvent la totalité et la transportent hors de la paroisse sans en laisser aucun fourage et di-

---

[1] Cf. Socx (1).
[2] Oost-Cappel, West-Cappel et Rexpoëde.

minuent ainsi la masse des fumiers nécessaires pour la reproduction des fruits.

(*c*) Que, par un acharnement aussi injuste que déplacé, lesdits décimateurs se sont avisés de conditionner par leur bail que leurs dits fermiers ne peuvent souslouer aucune partie des dîmes desdites quatre paroisses.

(*d*) Que lesdits fermiers associés mettent une rigueur extraordinaire en percevant et collectant leurs dîmes, qu'ils font même beaucoup de dégât en prenant leur passage sur des terres labourées ou aveties, où ils n'ont pas droit de passer.

(*e*) Que par une malice presque incroïable lesdits fermiers négligent d'enlever leurs dîmes et les laissent trois, quatre à cinq semaines, sur les champs où elles se gâtent par la pluie et le mauvais tems, qu'alors aïant observé que leurs gerbes se trouvent entamées par les bestiaux, soit vaches, cochons ou autres, ils viennent réclamer, faire des menaces d'intenter des gros procès et, en intimidant les gens, les obligent alors de donner d'autres gerbes au lieu de celles qui sont gâtées, que même ces fermiers de dimes s'enhardissent quelquefois jusqu'à entrer dans les granges et prennent eux-mêmes le nombre de gerbes qu'ils prétendent leur être dues ; que par dessus cela ils obligent encore les cultivateurs de leur paier par forme d'amende et en argent la valeur de la dîme qu'ils ont ainsi échangée.

(*f*) Que les plaignans se croient être fondés à supposer que ces fermiers des dîmes ne seroient jamais aussi hardis et entreprennans, s'ils ne se sentoient une autorité en main, puisque le principal de ces personnages est un des conseillers pensionnaires greffiers de la ville et châtelenie de Bergues, et par conséquent dans le cas de leur faire encore une multitude d'autres persécutions, au cas qu'ils refusassent d'en passer partout où il veut les mener.

(*g*) Que lesdits fermiers s'avisent encore d'exiger et se mettre en possession de dîmes insollites, tels qu'haricots, qu'ils enlèvent malgré et à l'insçu des habitans; qu'ils demandent aussi la **dîme du colzat**, quoiqu'ils sachent très bien que les habitans en sont affranchis en vertu d'un arrêt contradictoirement rendu au Parlement de Flandres[1].

(*b*) Enfin, pour tout dire, les mêmes fermiers des dîmes prétendent se tenir comme abonnés avec la paroisse et ne contribuent aux tailles, impositions et vingtièmes que sur le pied du prix de leur prétendu bail, lequel encore ils refusent de faire voir aux habitans et d'où il semble qu'on est en droit de conclure que leurdit bail est frauduleux et fait en préjudice de ce qui est dû aux paroisses.

6 — Finalement, se plaignent aussi les paroissiens de la longueur des procédures, de l'augmentation outrée des droits aux greffes sur toutes sortes d'actes et expéditions, comme aussi des frais de rédaction et audition des comptes de leur paroisse, tous lesquels augmentent outre raison et mesure.

[7] — Et au surplus, les habitans font observer d'après ce qui vient d'être déclaré ci dessus à l'égard des décimateurs et de leursdits fermiers qu'il en résulte assez qu'ils ne laissent pas la moindre chose pour le secours des pauvres de cette paroisse, ce qui est manifestement la plus grande des injustices, tandis que, suivant droit et aux termes des anciennes loix et ordonnances du roïaume, le tiers des dimes de chaque paroisse appartenoit aux pauvres et étoit destiné pour leur entretien et secours, ce qui devroit avoir encore lieu actuellement.

[8] — Requérant que sur tous les susdits points et autres allégués ou à alléguer par les habitans des paroisses voisines, ainsi que par les habitans de la ville concernant le chef de l'ad-

---

[1] On ne devait pas la dîme pour le colza, si la terre qui le produisait n'avait jamais encore été assujettie à la dîme.

ministration générale, au sujet des exemptions et abus particuliers et généraux contre lesquels on pourra réclamer, il soit pourvu par les remèdes et réformes convenables; à tout quoi est référé par les présentes.

Fait et arrêté à l'assemblée de ce jour, 21 du mois de mars 1789, dans la nef de l'église paroissiale de Bambeke, et ont signé :

> L. Deprey, J. Lootvoet, P. J. Leceuche, Frans Verschave, J. A. Circlaeys, M. J. Desmidt, H. Berquein, E. J. Crebouw, J. F. Claeyman, Joannes Lips, Albertus Vandenbilcke.

OOST-CAPPEL*

24 mars, en l'église, par devant Ferdinand Woutters, hoofman.

105 feux.

Députés : Jacques Dehau, Ferdinand Woutters.

C'est le cahier des plaintes et doléances des habitans de la paroisse d'Oostcappel.

1-2 — *Identique à Bambecque (1 et 3).*

3-4 —   »   »   (4-5).

5 —   »   »   (6-7).

6 — *(a) Analogue à Rexpoëde (9) et en plus (b)* : que quelques particuliers, faisant trafic et commerce, et autres se plaignent d'être surchargés d'impositions autres que les vingtièmes et moulages.

7 — *Identique à Bambecque (8).*

Fait et arrêté en double en l'assemblée des habitans de la paroisse d'Oostcappel tenue en l'église de ce lieu ce jourd'hui 24 du mois de mars 1789, et ont signé :

F. J. Woutters, J. C. Vermersch, J. F. Bruneel, J. J. Goolen, L. Boogaert, Laurens Vermersch, J.-B. Van Damme, Cornelius Darras, N. Decodts, A. Frussaert, Ignatius Plovyts, Franciscus

* Canton d'Hondschoote, à 7 kil.

Tuyghe, J. F. Fossaert, Jacobus Desmidt, Joannes De Coo, W. Geeraert, Franchys De Mersseman, J. Bruneel, P. J. de Keyser, Franciscus de Coo, Jacobus de Meunynck, J. F. de Meunynck, Franciscus Hacke, R. J. De Hau, J. F. Geerebaert, F. Carlus, Joannes Caron, P. M. Coorenaert, Albertus Vandromme.

REXPOËDE*

21 mars, en l'église, par devant Jean François De Waele, hoofman.

326 feux.

Députés : Cornil Verscheure, Jean François De Waele, Pierre Jaques Van Bockstael, Jean Louis Vercoutter.

C'est le cahier des plaintes et doléances de la paroisse de REXPOEDE.

1 — *Identique à Bambecque (1).*
2 — » » *(3).*
3-4 — » » *(4).*
5 — » » *(5) moins l'alinéa b et à la suite (7).*

[6] — Et attendu que c'est sur cette paroisse que les susdits fermiers des dîmes ont fait leur établissement pour l'exploitation des dîmes tant de cette paroisse que de celle d'Oostcappel, Bambeke et Westcappel et qu'au moïen de ce, ils attirent sur cette paroisse une grande quantité d'ouvriers étrangers, tant mariés que non mariés, lesquels aquièrent domicile et dès lors le droit d'être assistés, eux et leurs familles, de la table des pauvres de ce lieu, il s'ensuit que c'est un tort et un dommage inestimables qu'ils causent à cette communauté et qu'il n'y a que la justice suprême du Roi qui puisse y remédier.

[7] — *Identique à Bambecque (6).*

* Canton d'Hondschoote, à 6 kil.

[8] Et au surplus, les habitans font observer qu'il y auroit une infinité d'autres objets dont ils pourroient faire des plaintes, chacun en leur particulier, mais que pour abréger, ils déclarent leur intention être de s'en référer aux plaintes, doléances et remontrances qui seront faites ou qui sont déjà faites par les habitans des paroisses voisines qui sont dans le même cas, ainsi que par celles faites ou à faire par les habitans de la ville ou de la part de leurs députés, concernant le chef de l'administration générale, au sujet des exemptions et abus particuliers et généraux, contre lesquels on pourra réclamer, afin que sur le tout il soit pourvu par les remèdes convenables, à tout quoi est référé par les présentes [1].

[9] — Et en outre plusieurs particuliers ont déclaré réclamer contre l'incorporation des petites censes et leur accumulation pour en faire des grandes, estimant que c'est encore une des causes de l'augmentation des pauvres et de la surcharge de la paroisse.

[10] — Déclarent encore les plaignans qu'ils réclament sur ce que quelqus-uns d'eux observent qu'en général les gens de tous métiers sont imposés à raison de leur trafic et gain journalier [2], tandis que les partageurs jurés, officiers admis par les Magistrats de la ville et châtelenie, ne sont point imposés sur le même pied que le sont les plaignans.

Fait et arrêté en l'assemblée de ce jour 21 du mois de mars 1789 dans la nef de l'Eglise paroissiale de ce lieu, et ont signé :

J. F. Dewaele, C. De Dryver, F. Dewaele, J. A. Van Veuren, B. V. Chille, J. P. Schotte, B. Soulliaert, Cornelis Maes, J.-B. Goemaere, J. Sieux, J. Ign. Vermersch, P. Swynghedauw, P.J. Masselis,

---

[1] Cf. Bambecque (8).
[2] Cf. Tétoghem (8 c).

P. De Poorter, J. C. Isenbrandt, J. L. Vercoutter, Martinus Westeel, A. De Brie, F. Verriele, G. Van Damme, J. Allaeys, Pr Verbeke, P. Vandermersch, C. De Gomme, Simphorian Maidue (?), T. Bollengier, P. Bertein, Pr J^{bus} Verriele, M. C. Bollengier, M. C. Van Bockstael, J.-B. Van Bockstael, Jacobus Halloo, J. Verscheure, A. C. Verscheure, J. C. Verriele, P. J. Van Bockstael, J. J. Dewaele.

WEST-CAPPEL*

28 mars, en la chambre d'assemblée ordinaire, par devant Jean-Baptiste Lammins, hoofman.

72 feux.

Députés : Jean-Baptiste de Meuninck, Pierre Kiecken.

C'est le cahier des plaintes et doléances des habitans de la paroisse de WESTCAPPEL.

1-4 — *Identique à Bambecque (1-4).*

5 — » » *(6).*

6 — » » *(5).*

[7] — » » *(7) et en plus (b)* Lesdits habitans se plaignent aussi de l'augmentation outrée des droits des partageurs dans les maisons mortuaires.

[8] — *Analogue à Armbouts-Cappel (5).*

[9] — » *Rexpoëde (9).*

[10] — » » *(10)*

[11] — En outre les habitans de cette paroisse sous la seigneurie de Cappel se plaignent des abus qui se font dans la regie et administration de ladite seigneurie.

[12] — Les habitans se plaignent aussi des frais et droits exorbitans dans l'Eglise, et des sieurs curé et vicaire, qui augmentent de jour en jour et se font même payer pour recommander les morts et malades au prône.

* Canton de Bergues, à 8 kil.

Requérans que sur tous lesdits points et autres allégués par les paroisses voisines et par les habitans de la ville il soit pourvu par les remèdes et réformes convenables ; à tout quoi est référé par les présentes.

Ainsi fait et arrêté à l'assemblée des habitans de Westcappel tenue ce jourd'hui 28 mars 1789.

J. David, Pieter Devre, J. H. Terry, J. W. Lagatu, B. C. Le Grand, J. C. Masselis, B. Levou, Victor Steven, F. J. Dekyndt, J.-B. de Meunynck, P. L. Kiecken, J. C. Walrave, Winnocus Ley, L. Desesmyttere, Franciscus Billiouw, V. B. De Sover, Winocq Verleene, E C. Decocq, J.-B. Lammins, Pieter Drapie, Joannes Baptiste Schabaillie lieutenant, Pieter F. Wattez, P. Voet, J. Bollengier, J. Vivey, Jan-Bap^te Claeyman.

ARMBOUTS-CAPPEL*

27 mars, en la chambre d'assemblée ordinaire de ce lieu, par devant François Sassegheer, hoofman.

81 feux.

Députés : Pierre de Bil, Francois Sassegheer.

C'est le cahier des plaintes et doléances des habitans de la paroisse d'ARMBOUTS-CAPPEL[1].

1 — *Identique à Bambecque (1), et en plus dans l'alinéa (b), après les mots* : venant journellement, *cette addition* : de la basse ville de Dunkerque.

2 — *Identique à Bambecque (2).*

3 — De ce que l'imposition de la Wateringue vient aussi d'être augmentée d'un quart et que malgré cela, les watergraves ne faisant pas travailler aux fossés, ils sont obligés d'en faire l'entretien, en grande partie à leurs frais[2].

4 — *Identique à Bambecque (3), et en plus, à la fin* : sans qu'il en résulte le moindre avantage pour le public.

5 — Ils éprouvent également une surcharge de la part des cavaliers de la maréchaussée qui se font donner à manger et à boire et la nourriture pour leurs chevaux ; que ces officiers, après avoir examiné et observé pendant le jour tout ce qui se trouve

---

* Canton de Bergues, à 7 kil.

[1] Remarquer le nombre des articles empruntés par Armbouts-Cappel, Cappelle et Téteghem aux cahiers du groupe précédent.

[2] Cf. Quaedypre (2) et Socx (17).

dans les censes et sur les terres, reviennent souvent dans la soirée ou la nuit et enlèvent les coutres de la charrue et se font ensuite paier une amende arbitraire de dix livres et plus.

6 — *Identique à Bambecque (4), et en plus, après l'alinéa (a) les additions suivantes :* (*a* 1) Que les chasseurs viennent chasser même dans le tems défendu, qu'ils ouvrent les barrières, rompent les haies et les défenses pour se faire des passages et les laissent ouvertes aux bestiaux qui sortent des pâtures et vont paitre sur les champs et dans les fruits ; que lorsqu'on va aux chasseurs pour leur reprocher les torts qu'ils font, ils présentent leur fusil et menacent de tirer.

(*a* 2) Que même tout récemment un homme a reçu un coup de fusil d'un garde qui croioit tirer un chien, à ce qu'il dit depuis, et qu'un autre chasseur a tué une vache, dans le voisinage de cette paroisse.

7 — (*a*) Que, non obstant les défenses portées par les placards et ordonnances, les décimateurs continuent de mettre dans leurs cahiers de relocation des dîmes, beaucoup de fruits dont ils ne sont pas en possession d'avoir la dîme, tels que pommes de terre, haricots, choux, carottes et autres légumes et fruits.

(*b*) Que ce décimateur tirant annuellement des grandes sommes d'argent des dîmes de la paroisse, sans y laisser la moindre chose au secours des pauvres, pas même les deniers à Dieu [1] qu'autrefois ils y distribuèrent, tandis que suivant les anciennes loix et capitulaires ou ordonnances du Roiaume, le tiers des dîmes appartenoit aux pauvres et devroit encore leur appartenir actuellement.

8 — *Identique à Bambecque (6).*

[9] — Requérant que sur tous lesdits points et autres allégués

---

[1] Cf. Killem (21).

par les paroisses voisines et par les habitans de la ville il soit pourvu par les remèdes convenables ; à tout quoi, est référé.

Ainsi fait et arrêté en l'assemblée des habitans de la paroisse d'Armboutscappel, tenue le vingt septième jour du mois de mars mil-sept-cent-quatre-vingt-neuf, et ont signé :

P. M. Hocquet, W. J. Boutene, B. Leurs, Paulus Caudaele, Joseph Legrand, D. B. Lenankeur, J. W. Van Hondeghem, J. J. Couvreur, Massue, H. F. De Labaere, J. Van der Haeghe, J. De Rycke, P. J. Coudevylle, Pieter Lips, J. W. Trystram, P. J. De Coop, Pieter Franciscus Lasseye, Jacobus De Smidt, Debil, S. Sassegheer.

CAPPELLE*

27 mars, en la chambre d'assemblée ordinaire de cette paroisse, par devant Jaques de Bruyne, hoofman.

30 feux.

Députés : Jacques de Bruyne, Josse Petyt.

C'est le cahier des plaintes et doléances des habitans de la paroisse d'ARMBOUTSCAPPEL-CAPPELLE.

Identique au cahier d'Armbouts-Cappel.

Signatures :

J. PETYT, J. FALESVEC (?), Pieter JACOBS, Ch. BAILLIEU, Joannes BAES, P. LOOSEN, J. MARQUIS, Joannes CAILLIAU, J. OUTTERS, J. VAN PEPERSTRAETE, G. DE BLEU, J. V. VAN PEPERSTRAETE, P. C. VERMEESCH, J. J. DE BRUYNE.

* Canton (ouest) de Dunkerque, à 5 kil.

TÉTEGHEM*

26 mars, en l'église de ce lieu, par devant Nicolas Lenns, hoofman de cette paroisse.

112 feux.

Députés : Jacques de Mey, Pierre Jacques Vollayes.

C'est le cahier des plaintes et doléances des habitans de la paroisse de TETEGHEM.

1 — *Identique à Armbouts-Cappel (1) et en plus après l'alinéa (a)* : montantes pour cette année à six livres douze sols tournois de la mesure.

2-3 — *Identique à Armbouts-Cappel (2-3)*.

4 — » » *(4) manque l'alinéa (b)*.

5 — » » *(5)*.

6 — » » *(6) et en plus :* que sous prétexte de la conservation du gibier, on a enlevé sur cette paroisse, il y a trois ou quatre ans, un chien attaché à la chaîne au sujet duquel il y a deux gros procès. — *Et en moins ; l'alinéa (a 2)*.

7 — *Identique à Armbouts-Cappel (7) et en plus, après (a)* : ce que toute fois ils ne font que pour la partie de la paroisse qui se trouve sous la châtelenie de Bergues, tandis qu'ils n'en oseroient agir de même pour la partie qui est sous le territoire de Dunkerque, à cause que cela leur y est défendu par une ordonnance très sévère rendue par le Magistrat de Dunkerque, où ils ne se

* Canton (est) de Dunkerque, à 7 kil.

hazardent point de lever ni exiger de dîmes insollites, non plus que sur la partie du territoire paroisse de Coudekerque. Qu'en même tems qu'ils tachent toujours d'étendre leur droit de dîme, ils font tout ce qui est possible pour diminuer ce qu'ils sont tenus de paier pour vingtièmes sur leurs dîmes et que de fait ils n'en paient que la moitié. *La suite identique à Armbouts-Cappel (b).*

(*b*) Se plaignent en outre les paroissiens au sujet de ce qu'ils sont obligés de plaider contre les décimateurs pour obtenir la reconstruction de leur église paroissiale[1], afin de l'avoir fait sur la même dimension comme elle étoit avant qu'elle fut ruinée durant les guerres du siècle précédent, depuis quoi on n'en a mis en réparation qu'environ la quatrième partie, laquelle ne met pas encore les habitans à l'abri des injures de l'air ; qu'il y a au moins deux années que ce procès dure ; que par toutes sortes de moïens les décimateurs font prolonger ledit procès, nonobstant que, suivant le procès-verbal dressé par experts, il soit vérifié que la partie de l'église actuellement existante ne peut contenir qu'entre trois à quatre cent personnes, tandis que le nombre des communians se monte à onze cent ; qu'en outre elle doit encore être assez spacieuse pour y pouvoir recevoir en même tems la moitié de ce nombre qui sont les enfans âgés au dessus de 7 ans, qui doivent être conduits au service divin, ce que les décimateurs savent encore très bien, et ce nonobstant ils paraissent décidés à ne pas cesser leurs oppositions de quelque importance que ce soit pour la Morale et la Religion, ainsi que l'Education des enfans, dont apparemment ces Messieurs se soucient fort peu, dès qu'ils peuvent garder leur argent.

(*c*) Les habitans déclarent aussi de réclamer contre l'incorporation de petites censes et accumulation pour en faire des grandes, estimant que c'est une des causes de l'augmentation des pauvres.

---

[1] Cf. Steene (9), Quaedypre (10).

8 — (a) *Identique à Armbouts-Cappel (8) et en plus :* se plaignant en outre que la table des pauvres est chargée des frais d'enterrement de leurs pauvres, ce que le sieur curé, qui tire sa portion congrue, devroit faire gratis.

(b) Demandent l'exécution de l'Union de cette ville et châtelenie[1].

(c) Finalement, les ouvriers journaliers et gens de métiers dits Kortgeseten se plaignent à cause qu'ils sont taillés et imposés non obstant qu'ils n'ont aucunes terres qu'ils font valoir à leur profit.

(d) *Identique à Armbouts-Cappel (9)*.

Ainsi fait et arrêté en l'assemblée des habitans de la paroisse de Tetegem tenue ce jourd'hui 26 mars 1789, et ont signé :

S. NEUT, P. J. FLEURYNCK, J. HERREMAN, P. J. BONDUEL, Pieter BEYAERT, F. J. DEKEE, J. W. VERCOUTTRE, J. H. L. PACOOU, Pieter LALOU, Pieter CONSTANT, Pieter GEERAERT, P. J. BERTEIN, J. W. DEBRUYNE, J. DE SWARTE, M. BAECKEROOT, L. DELATTRE, J. DE MEY, N. J. LENNS, P. J. VOLLAEYS.

---

[1] Suivant les clauses de l'acte.

BIERNE[*]

27 mars, en l'église de ce lieu, par devant Antoine Bourgeois, hoofman, en l'absence du S^r lieutenant bailli de la ville et châtellenie de Bergues ainsi que de l'Amman de ce village.

85 feux.

Députés : Louis Clayes, Pierre Christiaens.

Cahier de plaintes, doléances et remontrances de la paroisse de BIERNE, châtelenie de Bergues St Winnoc.

1 — *Analogue à Armbouts-Cappel (1).*

2 —   »   »   (2).

3 — Que l'imposition des wateringues n'est point également répartie entre tous les habitans de la châtelenie.

4 — Que les réparations des chemins se font d'office, aux frais des riverains, dans les saisons indues, aux doubles frais des défaillans, même quelques fois d'une manière arbitraire, par les officiers fiscaux, sans aucune ordonnance des commissaires, comme il est arrivé l'année dernière, ce qui les expose à beaucoup de vexations de la part des sergents.

5 — *Analogue à Armbouts-Cappel* (5).

6 —   »   »   (6 a).

7 —   »   »   (7 a).

[8] — Enfin ils se plaignent d'une infinité d'autres abus en tout genre dont ils suplient Sa Majesté d'accorder le redressement.

[*] Bierne, canton de Bergues, à 2 kil

1º En ordonnant que les Etats Généraux seront tenus tous les ans.

2º Que les lettres patentes d'Union de la ville et châtelenie de Bergues de l'année 1586 seront éxécutées, et la Flandre maritime et wallonne resteront séparées, n'aiant rien de commun.

3º Que l'administration de la ville et châtelenie de Bergues sera faite de l'intervention des nottables, conformément à la coutume, lesquels seront au nombre de trente, dont dix pour la ville et vingt pour la châtelenie, sans l'intervention des intendans ou de leurs subdélégués.

4º Que l'office de subdélégué soit déclaré incompatible avec l'échevinage ou toute autre place dans la municipalité.

5º Que toute exemption d'impôt sera supprimée.

6º Que toute pension ou faveur des intendans ou de leurs subdélégués seront supprimés.

7º Que la procédure civile soit abrégée et simplifiée ainsi que la procédure criminelle.

8º Qu'il soit fait défenses aux décimateurs de rien changer ni innover dans les procès verbaux de location de leurs dîmes.

9º Que les mêmes décimateurs resteront chargés de l'entretien du coutre ainsi que de suppléer au déficit des biens de la table des pauvres, sans qu'il soit besoin d'imposer les terres de la paroisse pour l'entretien desdits pauvres.

10º Que les réparations des chemins soient faits d'orsenavant aux frais de la communauté.

11º Qu'aucune amende ne sera décernée, en vertu de procès-verbal de ceux qui y sont intéressés [1].

12º Que le droit de chasse sera généralement aboli, et que

---

[1] Intéressés dans la perception des amendes.

chacun ait la liberté de détruire sur ses terres le gibier qui y est nuisible.

13° Que l'imposition pour l'entretien des wateringues sera répartie pour l'avenir sur toutes les terres de la châtelenie de Bergues.

14° Que le droit d'issue sera généralement supprimé, sauf par forme de représailles seulement contre ceux d'une domination étrangère.

15° Qu'il soit accordé des pensions à quelques médecins, chirurgiens et accoucheurs de la châtelenie, comme à ceux de la ville.

16° Que toutes les rentes foncières seront remboursables.

17° Qu'à l'avenir il ne sera établi aucune charge nouvelle sans la convocation des Etats généraux.

18° Que conformément à la disposition de la coutume il ne sera permis de laisser tomber aucune ferme en ruine.

19° Qu'un seul fermier ne pourra occuper deux ou plusieurs fermes.

20° Que les bâtimens et les terres ne pouront être louées séparément.

21° Et, attendu que la ville et châtelenie de Bergues a contribué des sommes immenses dans les travaux qui ont été faits pour approfondir le canal de Dunkerque à Zuydcoote[1], celui pour la jonction de la Lys avec la rivière d'Aa[2], pour la construction d'un pavé de Cassel à Arcques[3], d'un autre pavé de Dunkerque à Calais, et que la châtelenie de Bergues a supporté seule les frais qui ont été occasionnés pour l'approfondissement du canal de

---

[1] Canal de Furnes.
[2] Canal de Neufossé.
[3] Arques, canton (sud) de Saint-Omer.

Bergues à Dunkerque en 1761 et 1762, qui a coûté plus de 130,000 livres, ainsi que la reconstruction du Pont Rouge[1], en 1788, et le pont levi à l'écluse de Bergues[2], ils demandent qu'il soit ordonné aux autres villes, châtelenies et territoires du département, de restituer à la châtelenie de Bergues leur part et portion dans les dites dépenses.

22° Qu'il ne sera plus perçu de droits de ville, ni dans les cabarets, ni dans les maisons des particuliers, hors des murs de la ville.

Sur tous les quels points et articles susdits, les habitans de la paroisse et communauté de Bierne supplient Sa Majesté d'écouter favorablement leurs représentations et ils ne cesseront jamais de sacrifier leurs biens et leurs vies pour la splendeur du Trône et la prospérité du Royaume.

Nota. — Que la paroisse de Bierne a été imposée l'année dernière à la somme de 13.486 l. 18 s. tournois, quoiqu'elle ne soit que de la contenance de 2.408 mesures.

Ainsi fait et arrêté à l'assemblée de ce jour 27 mars 1789 en double, et ont lesdits habitans au dit Bierne signé après lecture à haute et intelligible voix et interprétation en flamand pour ceux qui ne comprennent pas le français.

N. W. Bourgois, P. Hilet pointer, Nicolaus Baert, C. J. Deblock, Alexander De Cool, V. Goemaere, Js van Hondeghem, Judocus Lips, G. van Berten, Joannes Visstock, Carolus Duhocquet, Pauwels Depape, Francys Quelderic, Jacobus Dewaele, Franciscus Pouchez, P. Lyaer,

---

[1] A Dunkerque, sur le canal de Bergues.
[2] Egalement à Dunkerque. Voir Durin, *Dunkerque à travers les siècles. Album*, pl. 360.

Laurentius MAECKEREEL, L. H. DECOCQ, V. W. LE WINTRE, Pierre THÉROUANNE, Cornelus GULLEMAN, Philippus VANDERHAEGHE, Cornelus DAVID, Theodorus DE CLADDT, Pieter COUSSAERT, Pieter BAERT, Jacobus VANDEVELDE, M. P. VERPLAETRE, W. VANJOORENHUCKEN, P. J. BODDAERT, Thomas MAHIEUX, Philippus VANDERMEERSCH, Joseph BENTUX, Winnocus BASTAERT, R. ROELS, Benedict DE BACK, P. DE CODTS, L. B. CLAEYS, V. J. CHRISTIAENS.

STEENE*

27 mars, en la chambre d'assemblée ordinaire, par devant Pierre Orengier, hoofman.

142 feux.

Députés : Pierre Hilst, Pierre Wemaere.

C'est le cahier des plaintes et doléances de la paroisse de Steene.

1 — *Identique à Armbouts-Cappel (1) avec cette variante :* pauvres venant journellement de la ville de Bergues.

2-8 — *Identique à Armbouts-Cappel (2-8).*

9 — Que les paroissiens oublioient de dire à l'égard des décimateurs qu'ils ne s'acquittent pas de leur obligation d'entretenir l'église[1] dans un état convenable de réparation, qu'il y pleut et neige et qu'alors le pavé est inondé sans que les habitans trouvent moïen ou place pour se mettre dans le cas de ne pas être mouillés pendant le service divin : qu'à cet égard les marguilliers anciens et nouveaux ici comparants attestent qu'ils en ont averti les décimateurs à différentes reprises, tant que Dom Tacquet, religieux et receveur de l'abbaie de St Winoc en ait souvenu, disant qu'il le savoit bien et que l'église de Steene étoit celle qui se trouve la moins en état convenable, promit de la faire réparer ; qu'effectivement depuis ce tems là, il a envoié quelques ouvriers et fait amener des vieilles thuilles à couvrir, qu'ils ont emploiées sur le

---

* Canton de Bergues, à 6 kil.
[1] Cf. Téteghem (7 b).

toit de l'Eglise et n'ont pas fait autre chose, que depuis lors il pleut dans l'Eglise comme à l'ordinaire et que l'on y est inondé comme auparavant.

Qu'au surplus, un nommé Pierre Delys est venu déclarer à l'Assemblée qu'en mil-sept-cent quatre vingt-six il avoit loué un canton de dîmes pour en avoir les fourages nécessaires à la nourriture de ses trois vaches qu'il avoit alors, que dans le mois de novembre de la même année le feu prit à la grange, pendant que lui comparant, ouvrier brasseur, se trouvoit à la brasserie à Bierne où il travailloit, que la grange avec toute la récolte de la dîme, ainsi que sa maison, furent consommées par les flammes; qu'alors, pour se procurer un nouveau logement il lui fut accordé permission de MM. les Magistrats de la ville de Bergues de faire une quête ; que l'année suivante le comparant se trouva en état de bâtir une petite maison sur un quartier de terre qu'il prit à bail pour longues années, faisont partie de la pature qu'il occupoit, que se croiant, au moien de ce, pour jamais assuré d'avoir une habitation à lui propre, il est néanmoins que les susdits décimateurs de l'abbaie de Bergues ont commencé l'année dernière, avant l'hiver, de lui faire vendre tous ses meubles et qu'aujourd'hui non contens encore de cela, ils font vendre sadite maison, dont la première enchère a été faite hier dans l'après dînée par un huissier du Bailliage de Bailleul qui a déclaré que le surplus de l'adjudication se feroit à l'audience du siège, à l'expiration du terme suivant l'ordonnance.

Fait et arrêté en l'assemblée des habitans de la paroisse de Steene susdite, tenue le 27ᵉ jour du mois de mars 1789 et ont signé :

C. Carton, P. Hilst, P. Wemaere, P. F. Ocquet, X. Blaevoet, J. Pouché, B. Carton, J. Diers, Vanpeene, Gillis Carton, J. Schœmaeckeer, C. Staevoet, Jacques

Evrard, W. Fontenaere, Louis Rickaert,
Pieter Fornet, P. J. Orengie.

10 — Depuis l'année 1762 combien n'a pas payé la châteleny pour la libre navigation de la mer, et qu'il paye encore sans voire aucun profit au succes. Sy plairoit au Roy d'ordonné au Magistrat d'en rendre compte de la distribution de ces payement faite par ceux de la châteleny à leurs députés, que Sa Majesté plairoit de nommer.

11 — La châteleny contribue dans l'entretien de l'Etat Major dans la ville, qui ne rend aucuns proffyt et nécessité à la châteleny. Cet entretien devroit être une charge de la ville et pas de la châtelenie.

12 — Suivant l'union de la ville et châtelenie le Magistrat doit être composé de 18 échevins et keurheers (article 3 de l'Union), desquels 18 échevins et keurheers nos susdits commissaires seront tenus à perpétuité de créer et élire seulement six des habitans de la ville et tenant leur résidence dans l'enclos des meurs d'icelle et les 12 autres resident actuellement et ordinnairement aux plas pays : présentement tous ceux du Magistrat sont manans de la ville. Ce premier avril 1789 : Pr Hils, P. Wemaere.

CROCHTE *

27 mars, en l'église de ce lieu, par devant Jean Cooren, sindic de la paroisse.

130 feux.

Députés : Pierre Brigo, Charles Galloo.

C'est le cahier des plaintes et doléances pour la paroisse de Crochte, châtelenie de Bergues St Winoc.

1-8 — *Identique à Steene (1-8).*

9 — Se plaignent aussi des droits des domaines qui augmentent d'année en année, en ceux de tuage, vaclage, etc., etc.

10 — Se plaignent aussi qu'il y a plusieurs petites fermes dans la paroisse, qu'on a laissé tomber en ruine. Nos députés demanderont que ces petites fermes ruinées depuis 10 ans seront rétablis ; ce qui ne peut servir qu'à encourager et augmenter la population, et que deffenses seront faites d'en laisser tomber en ruine à l'avenir.

11 — (*a*) Que personne ne serait admis à occuper deux ou trois fermes dans la paroisse (*b*) et que les petites fermes ruinés depuis 60 ans soient rétablis, au lieu de 10 ans qu'on a demandé à l'article précédent, que par ces contraventions beaucoup d'habitans sont réduit à la mendicité avec leur famille et par conséquent à la charge de la table des pauvres de la paroisse.

Requérant que sur tous les susdits point et autres allégués par

---

* Canton de Bergues, à 6 kil.

les paroisses voisines et par les habitans de la ville il soit pourvu par les remèdes convenables, à quoi on se refère.

Fait et arrêté à notre assemblée de toute la paroisse dans l'Eglise le 27ᵉ jour du mois de mars 1789.

Philip DEGRAND, Joannes Baptiste VAN DENTERGEM, Winnocus DE QUEKER, Ignatius VANTORRE, Frans MARTEN, Andries MASSIET, J.C. SCHOTTEY, Pieter NORREEL, Pierre CANDAELE, Joseph BOUDENOOT, Carel L. GALLOO, Ignatius VAN POPERINGHE, Pieter ACHTE, Carolus CARPENTIER, Pieter Mattheus GYSEL, Jacque Philippe GODART, Winnocq PLANCKEEL, Jacobus SCHOTTEY, Pieter MOUCHIE, P. J. BRYGO, Joris GEERAERT, Joseph DEMOL, J. DE GOMME, Jacobus VANDOEYSEN, P. PARESIS, P. BERTEN, J. BERTELOOTE, W. MARCANT, Jacobus DERUE, Ludovicus VENANT, Jean COOREN, président de l'assemblée.

KILLEM *

21 mars, en l'église, par devant Pierre Pinson, boofdman.

220 feux.

Députés : François Moeneclaey, Cornil Bruneel, Bonaventure Thiry.

Nous, habitans de la paroisse de KILLEM, châtellenie de Bergues S^t W^y, en vertu de l'ordonnance du Roi, avons assemblé en la manière prescrites par laditte ordonnance pour faire connoitre nos plaintes et doléances aux députés qu'ils ont été choisis à cet effet par les dits habitans, lesquels plaintes et doléances augmentent de jour en jour par l'augmentation des impôts en tout sorte de genre, dont nous sommes déjà surchargé; à cet effet nous avons donné et donnons plein pouvoir aux dits députées de présenter ce présent cahier contenant les plaintes, doléances et remontrances suivantes.

[1] — La demande du Roi ordinaire[1] suivant notre connoyssance est de la somme de trois mille dix livres, argent de France,
3.010 l. 0 s. 0 d.

[2] — Outre cela, on nous fait paier pour la capitation une somme de 786 l. 18 s. 9 deniers sans savoir où, à quoi cela est emploié, 786 l. 18 s. 9 d.

[3] L'on nous fait paier pour le subside extraordinaire, pour l'abonnement de la controlle avec les dix pattars par florins, pour

---

* Canton d'Hondschoote, à 4 kil.
[1] Ce qu'on appelait les aides ordinaires.

l'abonnement des courtiers jeaugiers, avec les dix pattars par florins, pour les quatre pattars par *bunder*[1], pour les gages de la maréchaussée, ceux des maîtres des postes, pour l'indemnité des huissiers d'état[2], pour l'habillement des milices, pour la garde et l'assurance des limites[3], pour les frais de la mendicité, pour subvenir aux paiements, rentes et émoluments de l'état-major, pour l'entretien des casernes, pour l'entretien et frais du Département, ainsi que pour les frais et entretien de la régie[4], ainsi que pour l'entretien des ponts, chaussées et toutes autres frais tant ordinaires qu'extraordinaires qui sont dans le cas d'arriver, l'on nous demande la somme de 9.110 l. 10 s.

[4] — L'on nous demande de plus les deux vingtièmes deniers, sur quoi nous avons attendu depuis longtemps une diminution, lequels vingtièmes deniers Sa Majesté ne les demande qu'aux propriétaires, lesquels à présent l'on fait payer aux locateurs par différents intrigues qu'on est dans le cas d'user actuellement; l'on fait payer aussi les vingtièmes deniers aux négocians, taillieurs, cordonniers, charpentiers, et mêmes jusqu'aux journalliers et pauvres travailleurs, ce que nous pensons être taxé sans droit et contre la bonne raison, ce qui épuise le peuple et porte annuellement la somme de 2.199 l. 11 s. 3 d.

[5] — Par conséquant nous trouvons une augmentation sur les articles spécifiés ci-dessus, depuis les années 1767 et 1768, de la somme de 4.375 l. 0 s. 0 d.

[6] — Les particuliers se plaignent comme aussi les gens de métiers et journalliers qu'on les taxe et qu'on les fait payer jusqu'à 2 et 3 mesures, sans qu'ils occupent aucune terre, en y comprenant aussi le vingtième denier.

---

[1] Mesure agraire de 240 pieds sur 120.
[2] L'indemnité des huissiers au Conseil.
[3] Défense et sûreté des côtes.
[4] Frais de l'administration de Bergues.

[7] — L'on fait annuellement une consommation de bois considérable sur[1] les maisons de villes et aux comptoirs à l'usage de Messieurs du Magistrat, aux dépens du peuple, ce qui nous semble être un abus, puisque lesdits messieurs et autres clerqs de comptoir ont des pensions assez considérable pour acheter et pour faire leur provisions de bois, s'il en ont besoin, puisqu'il nous sont assez à charge.

[8] — De plus, nous sommes obliglé de payer dans tous les pavés et chaussées dont nous n'avons aucune commodité, puisque dans l'hiver, quand le receveur nous demande et même force pour avoir de l'argent, il nous est impossible de lui en donner, à cause des chemins difficile qui nous empêchent d'aller au marché pour vendre nos grains et autres marchandises. Pour quel sujet, le peuple souhaiteroit, pour prévenir à l'avenir de tels inconvéniens, d'avoir un pavé ou chaussée de Bergues à Hontschote, qui sont nos plus proche marchées. En outre on nous traite envers lesdits chemins d'une manière tout à fait déraisonnable, parce que après fait un écouage ordinaire, et après avoir fait notre devoir pour le mettre en bon état dans l'avant saison, nos régents avec le Bailli et d'autres gens de leur sorte, nous accablent pendant tous les saisons de l'année, même pendant le mois d'aoust, en envoiant une partie de pionniers, ou tellement[2] appellé, au frais et dépens du publicq, lesquels coupent et piochent dans nos terres et bois, avec des frais tout à fait excessives pour le peuple ; même dans des choses à nous connues et arrivé, d'où on pouvoit le faire avec 10 à 12 florins, l'on en fait donner jusqu'à 50 et 60, ce qui ruine et détruit le peuple et ce qu'on peut appeler du bien mal emploié.

[9] — Pour ce qui regarde la chasse, on nous défend de chas-

---

[1] Dans.
[2] Ou *ainsi* appelés.

ser, nonobstant que nous devons soufrir les intérêts du gibier et des chasseurs qui viennent en grand nombre de la ville avec des troupes des chiens, sans prendre aucune attention aux intérêts qui sont dans le cas d'occasionner, tant eux que leurs chiens; de plus pour la conservation de la chasse, ainsi que de leur gibier, l'on prend et l'on cherche nos fusils, l'on tue nos chiens, et non content de tout cela on nous fait paier des amendes consi[dé]rables pour tout cela ; de même pour les nids de corbeau et de pie on nous fait paier une grosse amende ; en outre l'on coupe les couronnes des arbre[1], sans considérer les intérêts que cela nous occasionne.

[10] — Enfin nous ne voions que des sergeants et des gens qui nous chagrinent des années entières ; enfin, aussitôt l'une amende paié, on nous envoie une sommation pour une autre. Ce pour cet effet que nous demandons la liberté de la chasse pour les habitans de chaque paroisse, savoir chacun sur ses terres.

[11] — Pour ce qui regarde le receveur général de la susdite châtellenie, nous ne savons, ni on nous donne jamais aucun avis du salaire qui est dans le cas d'avoir ; cependant puisque nous sommes dans le cas de contribuer audit salaire, et dans le cas que cela couteroit trop nous pourrions le faire adresser[2], dans le lieu indiqué, par le recevoir (sic) de notre paroisse, pour les moindres frais du peuple ; ce qu'il nous semble très aisé à faire, et c'est une chose qui est certainement fort à charge pour le peuple.

[12] Nous nous trouvons interressé par l'obligation que nous avons actuellement de faire écrire nos comptes, tant de l'église que des chapelles ainsi que de la table des pauvres, en deux

---

[1] Le sommet des saules têtards.
[2] Ils proposent d'envoyer leurs impositions à la recette générale de la châtellenie.

langues, c'est à dire en flamand et en françois; en outre, on nous oblige de les faire tous les ans, ou lieu qu'autrefois on ne les faisoit que tous les deux ans, ce qu'il nous semble être des frais et dépences inutiles et uniquement profitable pour lesdits messieurs du Magistrat qu'il trouvent à propos d'i être nécessairement présent, mais que nous trouvons être une charge pour le peuple, puisque la même personne doit toujours faire l'administration desdits biens pendant deux années de suite.

L'on nous taxe à raison de huit pattars par mesure pour faire les réparations des petits ponts, ainsi que de coulants d'eau publics; cependant on ne fait aucun devoir, ce qui nous interresse bien souvent, faute de leur dit devoir ; et cependant ils font toujours leur compte sans nous en donner connoissance et nous ne sommes jamais informé de l'emploi de notre argent.

[13] — Nous ne savons pour quel raisons que, quand on fait le compte de cette paroisse devant Messieurs du Magistrat, que l'on n'arrête jamais ledit compte le même jour et en notre présence ; ce pourquoi nous demandons qu'à l'avenir ledit compte sera arrêté le même jour et en notre présence ainsi que tout autres affaires qui nous regardent ; nous demandons de plus d'avoir connoissance quand on fera le compte général de cette châtellenie, puisque nous contribuons aux frais et dépences dudit compte.

[14] — La jeunesse de notre paroisse depuis 18 jusqu'à 40 ans doivent annuellement payer sous prétexte d'argent de milice, ce qu'il nous parait inutile.

[15] — Que, quand le receveur général fait banqueroute avec une somme assez considérable, l'année suivante il n'y a aucune augmentation ; cependant si c'est une demande de Sa Majesté, nous paierons toujours volontiers.

[16] — L'on nous défend de laisser nos coutres dans nos charues et l'on nous oblige de l'otter chaque fois que nous quittons

nos dites charues, à peine d'une amende de douze florins chaque fois, et cela sous prétexte que c'est un instrument propre à faire des fractions, ce qui nous occasionne beaucoup de ruse et de chagrin, puisque nous devons employer beaucoup de tems chaque fois pour les remettre en état pour pouvoir travailler; et celui qui a envie de faire des fractions peut trouver aisément des autres instruments pour cela, puisque tous nos coutres sont attaché avec des chênes ou des autres instruments, et qu'on doit être dans le cas de forcer lesdittes chênes ou autres instruments dont ils sont attaché pour pouvoir les enlever; ce qu'il nous semble une chose inutile et déraisonnable, mais simplement pour nous prendre en défaut, et pour trouver un moien d'attraper notre argent.

[17] — L'on nous défend de planter aucune taille ou bois sur nos terres qui aboutissent à des rües; par lequel empêchement on est dans le cas de couper annuellement beaucoup moins de bois que si on nous permettoit de planter du bois dans lesdittes places, ce qui occasionne une cherté pour le peuple, et nous oblige d'aller acheter nos provisions de bois et autres choses pour brûler, sur des terres étrangères, ce qu'il fait sortir beaucoup d'argent hors du Roiaume.

[18] — L'on trouveroit fort à propos l'établissement des petites fermes, qui sont actuellement occupé avec les grandes fermes, où un petit ou moien compagnon pourroit gagner son pain et entretenir honnêtement sa famille, comme c'étoit autrefois, mais il semble que c'est une chose décidé que le pauvre doit rester pauvre.

[19] — L'on fait de grandes plaintes à l'égard des partageurs jurés, lesquels exigent des salaires considérables pour séparer les maisons mortuaires, où ils sont ordinairement les mellieurs héritiers, aussi bien que dans les autres partages qui passent entre leurs mains, en prenant toujours leur bonne part, sans honte et peur, sachant bien que personne ne les attaquera.

[20] — Pour les droits des domaines, ils augmentent d'année en année, tant pour le moulage, tuage, vaclage, les droits de bierre, vin, etc., sans que nous en savons aucun sujet, mais tous ceux qui consomment les plus fortes et la plus grande quantité des boissons sont exempt des droits, et nous, en paiant, nous sommes quitte, sans aucune connoissance de tout ce qu'il passe.

[21] — Les décimateurs, tant abayes que d'autres particuliers, emportent annuellement des sommes considérables qui sont dans le cas de faire[1] de nos dismes en le louant très cher, nous laissant tous les impôts et l'entretien des pauvres, ce qu'il nous surcharge très fort; nous demandons s'il ne devroit pas assister pour entretenir lesdits pauvres ; autresfois il laissoit encore quelque chose comme les deniers à Dieu, qu'ils recevoit dans la location desdites dîmes[2], mais à présent il s'en vont et emportent tout ; aussi d'où l'on étoit autrefois accoutumé de ne donner disme que des gerbées, l'on nous fait présentement de tout paier, comme de pommes de terre, tabacq et de toutes autres légumes de cette nature ; et s'ils ne sont pas assez louéz à leur mode, ils font faire des bâtimens et les cultivent eux-mêmes[3], et nous laissent avec tout l'entretien du pauvre qu'il nous coute, une somme annuellement de   2037 l. o s. o d.

[22] — Nous nous trouvons fort intéressé par la longeur et la multitude des procès qui sont toujours de plus en plus favorisez, au grand tort et au grand dépit de ceux qui tombent dans les

---

[1] Qu'ils peuvent retirer.

[2] Les adjudicataires donnent une petite somme en signe de l'engagement qu'ils contractent. On l'appelle denier à Dieu « parce que l'intention des parties n'est pas que celui qui la reçoit la garde, mais qu'elle soit convertie en quelque usage pieux, comme pour être donnée aux pauvres. »

[3] S'ils ne retirent pas un bon prix pour la location, les décimateurs lèvent eux-mêmes les dîmes.

pièges des procureurs et avocats, qui sont dans le cas seul de profiter de tels abus et désordres.

Nous, habitans de laditte paroisse de Killem, châtellenie de Bergues S^t W^q, déclarons les doléances, plaintes et remontrances contenus en ce présent cahier vrai et véritables, en foi de quoi nous avons signé le présent cahier le 21 mars 1789.

> Pieter PINSON hoofman, Pieter VERSCHEURE pointer, Pieter VAN LANDEGEM pointer, J.-B. VERLEENE, Jacobus BEYAERT, H. LAUTER, M. RABAT, J. DE COUSTER, C. MAHIEU, C. DE BLONDE, L. LANAEL, J. INGELAERE ontfaneger [1], J.-B. SWYGEDAUW, W. VESTOK, M. CALOONE, F. P. VERYEPE, François MOENECLAEY député, Cornil BRUNEEL député, B. L. THIRY député.

[1] Receveur.

WARHEM *

21 mars, en l'église, par devant Jean Desaunois, lieutenant bailly de la ville et châtellenie de Bergues.

305 feux.

Députés : François Wallet, Pierre Van Daele, Jacques Galle, Louis Tanghe.

Cahier des pétitions, plaintes et doléances pour la communauté des habitans de la paroisse de WARHEM dit Warhem-Brée.

1 — *Analogue à Armbouts-Cappel (1 a).*

2 — *Analogue à Armbouts-Cappel (4).*

3 — *Analogue à Armbouts-Cappel (6 a).*

4 — Les habitans de la communauté susdite ont à se plaindre de même contre les décimateurs de la paroisse :

(1°) Parce que les dixmes ne sont pas louées à la hausse, librement et suivant qu'il convient de le faire, mais par la raison que les décimateurs dans la location font renchérir sur eux-mêmes par leurs agents, et qu'ils louent ainsi les dixmes outre valeur et par rigueur à un taux plus fort qu'elles ne valent effectivement, à cause qu'ils connoissent que les particuliers qui y aspirent ne peuvent s'en passer, faute d'autres fourages pour leurs bestiaux.

(2°) *Analogue à Armbouts-Cappel (7 a) et en plus :* le tout contre la prohibition expresse du placcard de 1520.

(3°) Parce qu'ils ne cessent d'inserrer dans lesdits cahiers de location les espèces de fruits, du paiement de la dixme desquels

* Canton d'Hondschoote, à 9 kil.

les habitans susdits sont exempts, comme sont les haricots dit *Cruypers*[1], ainsi qu'il a été décidé au procès soutenu à cet effet contre eux.

(4°) *Analogue à Armbouts-Cappel* (7 *b*).

(5°)   »   »   » *et en plus* :

4° Parce que, suivant droit, les décimateurs devraient abandonner un tiers de leurs dixmes pour l'entretien des pauvres de la paroisse, ou d'entretenir eux-mêmes ces pauvres, suivant les capitulaires sur l'institution de la dixme, etc.

5° Parce qu'ils en emportent de la paroisse l'entier et effectif revenu, sans en rien laisser, pas même les deniers à Dieu, destinés et stipulés pour les pauvres[2], dont autrefois ils faisaient la distribution dans la paroisse et

[6°] Au surplus, outre les dixmes, la plus grande partie des terres de la paroisse sont outre chargées envers l'abbaïe de St Winnoc, dont les moines sont décimateurs, de rentes foncières, qui ne laissent pas de faire une charge séparée et déjà fort considérable pour les habitans de ladite paroisse, qu'aux propriétaires, ne laissant presque rien à ces derniers pour supporter la charge des 20mes et des réparations.

[7°] (*a*) Requérant que dans la suitte les dits décimateurs aient à entretenir les pauvres de la paroisse ou à abandonner pour cet effet le tiers de leurs dites dixmes, (*b*) qu'il leur soit défendu d'inserrer dans les cahiers de location des dixmes d'autres fruits que ceux dont ils sont en possession de percevoir (*c*) et qu'ils aient à se conformer aux loix et aux ordonnances pour l'entretien des églises et pour la sustentation des pasteurs et desservants.

5 — Par toutes les charges et surcharges susdites, et pour en

---

[1] Grimpants.
[2] Cf. Killem (21).

espérer la diminution, les habitans susdits ont à se plaindre des exemptions des droits, dont jouissent tous les magistrats en fonction et ceux qui ont servi pendant 12 ans, leurs veuves et famille, que les autres régisseurs, les décimateurs, et nombre de personnes, au préjudice des finances de Sa Majesté et au détriment des habitans de la campagne.

Requérant à cet effet qu'il n'existe plus en ville aucune exemption des octroys, que ces octrois soient diminués en ville, tant en faveur de ceux de la campagne qu'en celui de ceux de la ville même, et que tous indifféremment puissent jouir d'une diminution générale d'impositions et de droits par une meilleure administration.

6 — [a] Pour ce dernier effet, les habitans de la communauté susdite ont à se plaindre grièvement de la régie et de l'administration des finances, dont pour la plus grande partie ils sont les aveugles païeurs :

(1°) Parce qu'ils n'ont aucune connoissance ni communication de cette administration.

(2°) Parce qu'elle se fait entièrement sans la participation de qui que ce soit, pas même de celle des vassaux de cette châtelenie et

(3°) Parce qu'il est fortement à présumer, que si elle étoit dirigée publiquement et avec connoissance de ceux qui y sont intéressés, elle seroit moins désastreuse pour eux, plus avantageuse en toutes sortes de manières pour toute la communauté de la ville et châtelenie, et à tous égards plus favorable aux vues de Sa Majesté qui ne respire que le bien et l'avantage de ses sujets.

[b] C'est pourquoi et pour y obvier, les habitans susdits requiérent l'exécution du Règlement du 30 juillet 1672, concernant le plat païs de la Flandre, fol. 353, nottamment aux articles 35

et 76[1], et en conséquence de pouvoir se choisir eux-mêmes leurs chefs et directeur de la paroisse, comme hooftman, asséeurs, marguillier et pauvrisseur, etc. Ils réclament pareillement l'éxécution du traité d'union entre la ville et la châtelenie, sauf quelques articles qui pourroient en être changés et améliorés, ou au défaut d'icelle qu'elle seroit cassée et annullée comme si elle n'avoit jamais existée.

7 — *Analogue à Armbouts-Cappel (8)*.

8 — *Analogue à Téteghem (8 c)*.

9 — Un grand nombre de ladite communauté et nottanment les petits cultivateurs se plaignent de l'abolition, depuis l'année 1736, et de l'incorporation des petites censelettes dans les grandes fermes et en demandent le rétablissement, parce qu'à ce moien plusieurs familles pourroient s'établir pour lors, dans le tems que, faute d'emplacement, elles ne le peuvent pas présentement, disant que faute d'établissement ils parviennent à la mendicité ; et que même cela porte préjudice au domaine de Sa Majesté.

10 — Les habitans susdits remontrent que les réparations des chemins et sentiers sont plus à charge aux uns qu'aux autres, parce que toutes terres n'aboutissent pas à des chemins ; c'est pourquoi ils requièrent que lesdites réparations soient une charge commune de la ville et châtelenie, parce que tous et chacun d'eux en jouissent indifférenment.

Ainsi fait et arrêté en double, après lecture et explication en flamand, faite à haute et intelligible voix à tous les paroissiens,

---

[1] Le Règlement du 30 juillet 1672, se trouve au 3ᵉ vol. f⁰ 353, des Placards de Flandre. — L'article 35 concerne les abus dans les frais paroissiaux. Il ordonne que dorénavant l'imposition des frais paroissiaux soit établie par résolution des Bailli, échevins, deux principaux propriétaires et cinq notables. — L'article 70 concerne la publicité à donner, les annonces à faire, les convocations à envoyer, avant qu'on puisse procéder à l'audition des comptes.

mentionnés au procès-verbal, tenu ce jour, lesquels y ont acquiescé et donné leur approbation, en l'auditoire, tenu dans l'église de la paroisse, ce 21 mars 1789.

F. VERMERSCH, Fl. WERYEPE, F. WALLET, J. DESAUNOIS, B. C. RYCKELYNCK, J. VAN DAELE, Victor VANDERRIELE, B. VERYEPE, F.J. MOUCHIE, François MOUCHIE, Jacobus LEY, Baptiste LEY, P.J. DE CLERCK, Pieter DE COO, Joannes Bap^{te} DE BIL, M. G. BEUDAERT, J. MAERTEN, J. H. L. MONTEYNE, J. F. WICKE, Chaerles SCHABAILLIE, P. J. TIMMERMANN, J.-B. WEXSTEEN, M. CAMPE, P. F. FLAMEZ, P. L. GHYSEL, M. J. DEVYS, Pieter LEROY, H. BUSENNE, P.J. MAERTEN, Jean-Baptiste HANONE, Joannes DEVOS, Franciscus VAN BATTEN, F. X. WEXSTEN, M. MAERTEN, J.-B. DEHAENE, J.W. DUVET, P. BISCHOP, J.-B. RYNGAERT, C. VAN BUCHHARDE, P. Cornelus HOEVENAGEL, B. L. VERYEPE, Jacobus VANHOVE, J. J. HAEUW, Pieter LELEU, J. HOVAERE, Carolus DESCHODT, P. VREYLLEMENS, Jacobus DUVET, Sebastiaen DEHEGER, Ignatius VALCKE, Marc CAMPE, L. C. TANGHE, Pieter HILLE, J. L. VANHOOVE, Alexander LEYS, W. CLERCK, J. VAN DE WALLE, A. J. FINAERT, Thomas C. BECK, J. W. HENNEBOS, F. ANNAERT, J. WEXSTEEN, Frans DE SMEDT, Ignatius COLLET, D. J. WEXSTEEN, F. J. COLOOS, Philippus CHIEUX, J. DE LOBEAU, Pieter LOBBEDEY, Pieter VANHEEMS, J. W. GALLE.

Supplément

Aprez avoir fait nottre plinte et dolyentie à Sa Magesteyt, que nous pryon de mettre le sieux[1] sur.

Nous povon pas manquer de donner nottre avis suyvent la demende de Sa Magesteyt, den l'arest donner a Vercaly le vincqcatre janvier 1789.

1 — Que le dixsemateurs ont optenu une modderatyon de la moitié de vingtième denier, inposé sur lur dymme et biens, deven Sa Magesteyt ou dans un trybuno[2] que nous conneçon pas, et en ca que Sa Magesteyt fera peier le surditte dixsematurs et tous suis que en souiste des exemtyons, ça ceret un verytable moïens d'ochmenter le revenue de la fynance de Sa Magesteyt considérablement.

2 — Aprez avoir fait beaucoup d'entensyon sur le revenue des estas majors de toute la ville, que en jouist de grand'pensyons et benefisse lucratyf, comme le coupylié du foien sur le renpars, que loute au lurs profyt, ency comme la pesche au poisonnerie, lurs chasce que sont tous louez à une haute prys, est, en ca que Sa Magesteyt demynuera cette grand coutansce, ce ceret un vérytable moyen d'hochmenter sa revenue pour faeyre la resie de la royomme en toute duigneteys et gloore de Sa Magesteyt. Donner nottre advis et conclusyon a Warhem ce 21 mars 1789.

    F. VERMERSCH hooftman, J. DESAUNOIS,
      J. WALLET pointer, F. WERYEPE pointre,
    J.-B. C. RYCKELYNCK pointer.

---

[1] De jeter les yeux.
[2] Tribunal.

COUDEKERQUE*

26 mars, en l'auditoire tenu dans l'église de la paroisse de Coudekerque, par devant Pierre Janssen, premier asséeur, en l'absence du Sr Lieutenant bailli de la ville et châtellenie de Bergues, ainsi qu'en celle de l'amman de ce village, qui est à vaquer au même sujet dans une autre paroisse.

65 feux.

Députés ; Josse van Oudendycke, Charles Bon.

Cahier des doléances, plaintes et remontrances pour la communauté de la paroisse de Coudekerque, châtelenie de Bergues St Winnoc.

1 — En premier lieu, les habitans de ladite communauté se plaignent de la forte surcharge des impositions sur les terres de la dite paroisse[1] ; impositions qu'ils ont à payer sur la demande et tarif qu'ils en reçoivent de la part des Magistrats de Bergues St Winnoc, impositions qui d'année en année accroissent considérablement et qu'ils payent aveuglement sans pouvoir savoir ce que l'on en fait ou à quoi elles sont emploiées.

2 — Les habitans de la dite communauté se plaignent encore des ordonnances injustes du sieur intendant ou commissaire départi, des ordonnances politiques des Magistrats dudit Bergues St Winnoc et des règlements faits par l'un et par les autres en

---

* Canton (est) de Dunkerque, à 6 kil.

[1] Voir les comptes de la paroisse de Coudekerque de 1654 à 1789 aux archives de Bergues CC. 71.

préjudice non seulement des coutumes et usages du lie non seulement contre les dispositions du traité d'Union contracté entre ladite Ville et Châtellenie de Bergues St Winnoc, au mois de novembre 1586, mais aussi contre les privilèges de la Flandre qui leur ont été accordé par les princes et comtes de cette province ; et en effet telle ordonnance qui puisse être émanée de la part du susdit commissaire départi, lorsqu'elle se trouve en contrariété des privilèges que les habitans de la communauté susdite ont à réclamer en leur faveur, l'on a vu les Magistrats se taire et laisser les habitans dans l'embarras, de crainte de déplaire au sieur intendant, et par là de perdre leur places de magistrature. Une pareille ordonnance est celle en date du 16 Décembre 1787, laquelle au besoin pourra être produite : cette ordonnance force les habitans de la susdite communauté à abandonner 206 verges de terres appartenantes à la pauvreté de la paroisse en faveur de l'état-major du fort St François, situé audit village de Coudekerque ; elle leur enlève de même les impositions de 4 mesures 48 verges de terres en faveur dudit état-major, et le tout sans que ledit commissaire départi, qui a prononcé si décisivement à ce sujet, ait daigné entendre les habitans de la communauté susdite en leur opposition ou plaintes à ce sujet, de même sans laisser indemniser ou désintéresser ladite paroisse de ce chef par la généralité, comme au moins il auroit en bonne justice dû appartenir en pareille circonstance, et ainsi que S. M. le fait elle-même lorsque, pour un intérêt public, ou par des raisons de nécessité indispensable, elle se trouve dans le cas de devoir prendre le bien d'autrui : c'est donc en chef, et en chef au dessus du Roi même, que le sieur intendant doit avoir porté cette ordonnance injuste.

3 — *Identique à Warhem 6 [a] et à la suite :* et en effet, les Magistrats régisseurs, par les impositions et taxations qu'ils demandent et ordonnent de lever, il faut dire à volonté, menacent la province d'une ruine, si point totale, du moins fort dé-

sastreuse. Et ce n'est point sans raison que l'on dit que les impositions et taxations sont exigées par les Magistrats à volonté, car il paraît très clairement que depuis neuf ans les habitans de la communauté susdite paient une augmentation de 50.000 livres parisis, demandée uniquement pour trois ans, pour la rebatisse des quartiers propres à loger les troupes de la garnison, situés derrière l'église de St Pierre en la ville de Bergues, laquelle rebatisse néanmoins jusqu'à ce jour n'a pas eu lieu : et au surplus, deux ans après, les habitans susdits ont commencé à paier une pareille augmentation de 50.000 livres parisis, c'est à dire leur quote part dans cette somme, demandée pareillement aussi pour trois ans pour la rebatisse des prisons dudit Bergues ; et après des taxations si énormes, au lieu d'en voir la diminution, les habitans susdits furent contraints l'année dernière à une augmentation du 1/3 de ce qu'ils païoient précédemment. Par ces charges exhorbitantes, par ces impositions impérieusement taxées et aveuglement acquittées, n'est-il pas permis aux habitans de la communauté susdite de dire qu'ils sont régis et gouvernés en esclaves ? Et ne leur convient-il point aujourd'hui de se jetter aux pieds de S. M., pour implorer sa Miséricorde et aspirer à une nouvelle et meilleure administration ? — C'est pourquoi.... *Le reste identique à Warhem 6 [b].*

4 — Les habitans de la dite communauté ont à se plaindre particulièrement de la surcharge commune entre la ville et châtelenie relativement aux dépenses qu'occasionnent l'état-major de la ville ainsi que celui du fort St François ; ils remontrent en conséquence que, vu l'utilité de ses membres, qui pouroit être supplée par les commandans des troupes qui sont en garnison, S. M. pouroit en ordonner la suppression ou du moins la réduction à un seul major de place ou aide-major, lequel, en cas d'absence de la garnison, suffiroit pour ne pas laisser la ville sans chef et qui dans l'autre cas se joindroit aux dits commandans de la garnison pour faire le service. Une pareille réduction pro-

duiroit la plus grande économie et seroit un moïen certain de faire accroître les finances de S. M. si point dans le moment, parce qu'il ne seroit point juste de remercier tout de suitte les officiers actuels de ces états-majors, au moins dans la suitte. Par ce moïen, la ville et la châtelenie se trouveroient soulagés d'un fardeau énormes de dépenses qui reviennent annuellement à acquitter ; plusieurs maisons rentreroient dans leurs propriétés ; S. M. même rentreroit dans la propriété des terres qu'ils tiennent à titre d'émoluments et toutes les exemptions dont ils jouissent se trouveraient abolies et anéanties. Les habitans susdits ont d'autant plus de motifs fondés à se plaindre à cet égard qu'en l'année 1740 ou aux environs, on leur a pris 40 à 50 mesures de terres qui aujourd'hui font partie de l'émolument de l'état-major de Bergues et desquelles par conséquent ils ont perdu le recouvrement des impositions, non obstant qu'ils sont restés chargés sur l'ancien pied suivant le cadastre fait longtemps auparavant.

5 — Outre les 40 à 50 mesures cy dessus spécifiées, dont les habitans susdits ne peuvent actuellement recouvrer les impositions, il en est encore de même de 6 à 7 mesures prises pour le nouveau pavé conduisant vers la paroisse de Coudekerque, outre et par dessus les 4 mesures 48 verges dont a été fait mention en l'article 2 ci-dessus. Tous ces objets réunis et la propriété enlevée de 206 verges de terres appartenantes à la pauvreté de la paroisse, ne laissent point de porter un préjudice considérable aux habitans d'icelle et une plainte sincère à proposer de leur part. Ce sont tous des faits constants et, relativement à la propriété enlevée, les habitans peuvent faire voir, par des pièces très authentiques qu'ils en ont été en possession et qu'ils ont joui depuis environ l'année 1540 jusqu'au moment de l'enlèvement tracé par l'ordonnance du sieur intendant susdit.

6 — *Analogue à Warhem (2).*

7 —   »   »   *3 et en plus* : Remontrants les ha-

bitans susdits à cet égard qu'il seroit plus propice pour eux et plus profitable aux finances de Sa Majesté que les chasses seroient vendues ou louées, pour en retirer un revenu fixe et certain, puisque elles appartiennent au Roi, qu'aucuns princes, comtes ou autres gros seigneurs n'ont un intérêt réel à les conserver et qu'elles ne servent uniquement comme appartenantes aux Magistrats, que pour s'en rendre les seuls maîtres et par ainsi chagriner le peuple par des amendes et vexations.

8 — (1°) *Analogue à Warhem 4 (1°)*,

    (2°)   »   »   *» (2° et 3°)*.

    (3°)   »   »   *» (4°)*.

(4°) parce qu'en emportant de la paroisse l'entier et effectif revenu, sans en rien laisser, pas même les deniers à Dieu, destinés et stipulés pour les pauvres, ils n'en font point la distribution, comme ils faisoient autrefois dans la paroisse[1], observant en outre les habitans susdits relativement à ce sujet que, contre l'ordonnance de S. M. qui en demande les vingtièmes deniers, lesdits décimateurs ont obtenu, à l'assemblée du département, tenu le 12 novembre 1776 à Cassel, de ne paier que la moitié desdits vingtièmes, suivant l'abonnement fait par la province avec S. M. Telle ne peut donc pas être la volonté de ce Roi juste et bienfaisant : il ne peut être permis aux dits décimateurs qui ne sont pas seulement riches, mais opulents, de jouir d'une modération sur les vingtièmes deniers une fois plus forte que les habitans n'ont eux-mêmes, dans le temps même que, suivant les ordonnances émanées à ce sujet, ils ne satisfont point à ce qui leur est prescrit concernant l'entretien des églises et relativement à la sustentation du vicaire et du coutre, comme il leur a encore été récemment ordonné de la part de S. M.

[5°] *La suite analogue à Warhem. Art. 4* [6°].

---

[1] Cf. Warhem art. 4 (5°).

[6°] Requérant à ce sujet que dans la suite lesdits décimateurs aient en premier lieu à reconstruire une partie de l'église, parce qu'elle se trouve beaucoup trop petite, ainsi qu'il en a consté lors que M^r le Curé a fait jetter les bancs hors d'icelle pour vaquer au service des enterrements.... *Le reste analogue à Warhem, Art. 4* [7°].

9 — Les habitans de la communauté susdite ont à remontrer à S. M. que relativement à la suppression des membres de la Société Jésuitique, il est resté une masse de biens-fonds après cette suppresion ; que ces biens pourroient être employés dans les circonstances actuelles à un meilleur usage, qu'à celui auquel ils sont destinés présentement, savoir aux études de la jeunesse: car de fait ces études pouroient être mieux placées entre les mains des moines oisifs, et dont l'opulence pouroit suppléer pour le progrès de l'émulation des étudiants, tandis que pour lors S. M. pouroit s'emparer desdits biens et en faire l'emploi le plus propre et le plus convenable au redressement de ses finances. C'est là le motif qui a déterminé les habitans susdits de porter leur plainte sur l'administration actuelle de ces biens, et avec d'autant plus de raison que ces études ne florissent guères parce que d'un côté la moitié du temps s'évapore en jours de congé, et que d'un autre la longueur du tems qu'il faut y employer fait perdre les plus beaux jours de la jeunesse : c'est aussi pour cette raison qu'ils ont crû de devoir faire la présente remontrance.

10 — *Analogue à Warhem.* (5).

11 — *Analogue à Armbouts-Cappel* (8).

12 — Pour trouver un moien de soulagement aux fortes surcharges dont il est parlé ci-dessus, et pour concourir en ce point aux vûes de S. M. qui s'abaisse jusqu'à demander le conseil de son peuple, les habitans de la communauté susdite ont à remontrer que l'un des principaux points, qui occasionnent les plus

fortes dépenses, est le luxe. Et en effet, dans le tems de calamité ou de misère ou du moins de forte détresse, dans laquelle la France se trouve actuellement réduite, ce luxe est porté au plus haut degrès : c'est dans cette considération que S. M. ne pourait mieux réparer une partie de ses finances qu'en mettant un impôt, et même assez considérable, sur cet article, nottanment pour les objets qui concernent les plus riches et les plus opulents, comme sur carosses, chevaux, cabriolets, domestiques et laquais, chiens de chasse, etc., etc.

Les habitans susdits ont un motif d'autant plus fondé à faire cette demande que les chevaux de labour, dont ils ont indispensablement besoin pour gagner la vie, sont desjà sujets à un droit de vaclage de 4 livres 16 sols tournois par tête, tandis que ceux des seigneurs, riches et petits maitres sont exempts de touts droits.

13 — Les habitans susdits se plaignent encore fort amèrement de la navigation depuis le port de Dunkerque jusqu'à la ville de Bergues, parce que cette navigation empêche le libre écoulement des eaux qui, dans cette paroisse sont beaucoup inférieures à toutes les autres de la châtelenie : sujet pour lequel ils désirent qu'une écluse nouvelle seroit élevée au port de Dunkerque[1] (comme pouroit être celle anciennement élevée par le baron de Coebergher[2], pour le dessèchement des Moëres), ou bien que la susdite navigation seroit interdite ou abolie. Cette demande est d'autant plus fondée que cette navigation porte le plus grand préjudice aux terres de cette paroisse, tant par la filtération de l'eau salée, dont le canal de navigation doit être rempli que par

---

[1] Pour servir à l'écoulement des eaux de la paroisse.

[2] Wensel Cobergher, né à Anvers en 1561, à la fois peintre, architecte, poète et ingénieur, avait réussi à dessécher les Moëres. Le canal d'écoulement débouchait dans l'arrière port de Dunkerque, par l'écluse dite de Cobergher ou des Moëres.

la hauteur de cette eau qui empêche l'écoulement de l'inférieure.

Ainsi fait et arrêté en l'église susdite, après lecture et explication en flamand, pour ceux qui ne le comprennent pas, lesdits an et jour et ont signé :

J. RAHON, Pierre-Janssen BEUNYNCK, L. FONTEYNE, P. J. DEVEY, J.-B. VERNAELDE, M. FONTEYNE, J. VANOUDENDYCK, C. ROELS, P. VAN DEN BILCKE, Jan DE WAELE, C. J. BON, J. H. ORENGIE, P. J. FOCQUEUX, B. FOCQUEUX, J. L. CRÉPIN, L. B. VOLBOUDT, J. J.-B. MAROOTE, Ignatius HANRO, Pieter GHEERAERT (?), J. DEKEYSER, J. DE CLERCQ, J. CRAPPE, P. BOUGUÉ, Jacobus DUTOICT, W. VANOUDENDYCK.

GHYVELDE [*]

27 mars, au cabaret nommé le *Damier*, par devant Charles Cloderée, hofman.

165 feux.

Députés : Charles Adam, Jacques Fonteyne.

Doléances, pétitions et plaintes qu'ont à faire représenter aux Etats Généraux, les habitans de la paroisse de GHYVELDE [1], châtellenie de Bergues-St Winnoc.

[1] — Que l'abbaye de Bergues, qui a les dixmes de cette paroisse, qui peuvent valoir 8000 livres, l'une année parmi l'autre; pour ce droit ils ont à pensionner le curé et le vicaire, ce dernier depuis 6 ans seulement qu'ils l'ont obligée ; ils ont encore à entretenir l'église, mais elle n'a pas de mal pour ceci parce qu'elle le fait avec les revenus de ladite église ; les suppliants croyent que la pension du coutre est encore un objet qui regarde le clergé ou pour mieux dire l'abbaye de Bergues, puisqu'elle tire de cette paroisse un revenu si considérable qui paroit être distiné aux entretiens ci-dessus ; ils observent encore que l'église est très mal entretenue, et par la grande population de cette paroisse qu'elle est trop petite, elle ne peut pour ainsi dire contenir les 2/3 des habitans ; cette église qui est batie sans tour, très basse et, s'il étoit permis de dire, faite en forme de grange ; en général on ne peut dire que les abbé et religieux ne font ni

---

[*] Canton d'Hondschoote, à 10 kil.

[1] Les Cahiers de Ghyvelde et de Leffrinckoucke sont de la même main.

ne veulent faire autre chose que percevoir les revenus. Il y a trois ans qu'ils ont promis en présence de plusieurs commissaires de Bergues, lorsque les habitans entendoient le compte de la paroisse, de faire de réparations urgentes à l'église, ils n'en ont encore rien fait ; il faudroit bien toujours procéder avec ces Messieurs pour avoir quelque chose et la paroisse a assez des charges sans dépenser de l'argent pour ces sortes de choses. Il vaut mieux s'en plaindre à présent puisque S. M. le nous permet.

[2] — Les suppliants ont encore à se plaindre de la dépense criante que fait les Magistrats de Bergues pour la châtellenie[1], tellement que depuis l'année 1756 les dépenses pour cette paroisse qui montoient alors à 4.474 l de France sont actuellement à 8.522 l 10 s, et bien entendu pour les frais de châtellenie seulement, sans comprendre 2.613 l pour deniers royaux et pour capitation, et encore sans y comprendre 2.150 l ou environ que la paroisse doit payer pour les wateringues, ce qui est la ruine pour les habitans. En prenant que toute la châtellenie paye comme eux, comme il paroît naturel, ces wateringues doivent produire une somme immense ; il n'est guère présumable qu'elle soit bien employée ; pourquoi S. M. devroit y fixer ses regards bienfaisants et tous ces objets, surtout les dépenses de la châtellenie et des wateringues, feront que les habitants ne pourront plus longtemps soutenir, si S. M. n'y pourvoit par des moyens efficaces ; et malgré toutes ces dépenses énormes des régisseurs de la châtellenie, on ne peut pas dire que leur régie soit enmeillorée, mais bien empirée.

[3] — Les suppliants ont encore à se plaindre du tort considérable qu'ils souffrent des eaux de la Moëre, surtout ceux qui ont leurs terres attenantes. D'abord, sur des plaintes qui ont été

---

[1] Ils se plaignent de la lourdeur des charges imposées par le Magistrat de Bergues aux villages de la châtellenie en général, et au leur en particulier.

faites aux régisseurs de la Moëre et au Magistrat de Bergues, il y a eu des piquêts plantés, au delà desquels on ne pouvoit faire monter l'eau par les moyens des moulins ; ceci a été observé entre bien et mal pendant quelque temps, mais présentement que le canal dit Cattevaert est en partie rempli, l'eau ne peut plus y prendre son écoulement, ce qui fait que l'eau y déborde et inonde toutes les terres voisines, dont une partie de cette paroisse fait nombre ; cet inconvénient fait un tort trop sensible pour que les suppliants ne s'en plaignent pas.

[4] — Ils se plaignent encore de ce qu'il y a environ 300 mesures [de] dunes ou autrement dit Vague Velt qui ont été vendues par le Bureau des finances de Lille à M. Sta[1] et ses consorts de la dite ville, qui les louent à des personnes particuliers et qui y font bâtir des maisonnettes ; ces particuliers y vivent et ont des enfants qui sont baptisé à la paroisse ; il est à craindre que dans quelques années qu'il y aura de ces particuliers ou de leurs enfans qui devront être entretenus par la table des pauvres de cette dite paroisse. Voilà encore une charge qui se prépare pour les habitants et ce qu'il y a de plus sensible c'est que ces propriétaires refusent de payer aucune imposition ni même contribuer dans aucune charge de la paroisse, disant que ces terres lui ont été vendues exemptes de tout; cependant si les choses sont telles, il seroit à propos, que la paroisse n'auroit aucune charge des particuliers qui habitent les dites terres ; et comme cette paroisse a aussi des terres Dunes auprès ledit Vaguevelt, où il s'en faut d'environ neuf mesures qu'on trouve la contenance qu'il faut, et elles sont probablement incorporées dans lesdites terres, il auroit été à désirer que ledit sieur Sta auroit suivi l'usage observé en pareil cas, qui est d'appeler tous les propriétaires des **terres voisines pour faire en leur présence la séparation de son**

---

[1] Avocat à Lille.

terrein acquis d'avec celui de ceux y attenants et, pour que personne ne soit en apparence propriétaire d'une chose qu'il ne lui appartient point, S. M. n'auroit qu'à ordonner que les formalités dites soient observés avec la production des titres de chaque propriétaire.

[5] — Les habitans de la paroisse de Ghyvelde se plaignent que Messieurs des trois collèges de Bruges, Furnes et Dunkerque ne payent aux impositions que pour 26 mesures qu'ils disent être comprises dans le canal et la digue[1], quoique la vérité est qu'il y ait environ 60 mesures ; en outre que ledit canal n'est pas entretenu ni curré, de sorte que les eaux ne peuvent plus y prendre leur écoulement, ce qui fait que les terres voisines souffrent beaucoup, qu'elles sont même quelquesfois innondées. Il seroit à désirer que S. M. ordonneroit à MM. des trois collèges de payer les impositions des terres qui sont comprises dans ledit canal et sa digue et que le canal soit tenu en état pour les écoulements des eaux.

[6] — Les habitants désirent encore que S. M. ordonneroit à ses Magistrats ou autres, chargé de faire exécuter ses édits et déclarations, de ne point laisser tomber des fermes en ruine et de ne pas permettre qu'un fermier en occupe deux.

[7] — (a) Généralement toutes les personnes de métiers doivent payer aux impositions comme s'ils occupoient une mesure, quoiqu'il y en a d'entr'eux qui n'occupent que 15 à 20 verges[2], ce qui tombe fort dur à ces gens, qui ont très souvent du mal à

---

[1] Le canal de Furnes avait été creusé en 1638, du temps de la domination espagnole, par les trois administrations de Bruges, Furnes et Dunkerque. Il empiétait sur le territoire de la châtellenie de Bergues. De ce fait, l'administration du canal devait contribuer dans les impositions de la châtellenie de Bergues suivant l'étendue des terres prises par elle pour le canal et sa digue. Cf. même cahier (14).

[2] A Bergues et à Dunkerque, la mesure (44 ares) était de 300 verges carrées.

vivre, et en outre une mesure pour leur métier et, s'ils en exercent plusieurs, autant de mesures[1]. Pour quoi, et pour que S. M. auroit la bonté d'ordonner que chaque particulier qui paye pour une mesure et les personnes de métier, comme on l'a déjà dit, que chaqu'un ne payeroit que ce qu'il occupe, ils prennent la confiance de le supléer pour que cela seroit ainsi observé.

[b] Ordonner pareillement que ceux qui font des métiers ou état comme brasseurs, meuniers, etc., qui payent pour 4 ou 5 mesures, ne devroient payer que ce qu'ils occupent. En outre les personnes de métier et autres particuliers qui payent des impositions suplient S. M. d'ordonner qu'il leur sera permis de députer deux d'entr'eux pour être présent à toutes les assemblées de la paroisse comme pour les impositions, arrêtés de compte, etc., dont ils sont actuellement exclus.

[8] (a) Les habitans en général ont à se plaindre de ce qu'ils sont considérablement gênés par le bailli de Bergues[2] au sujet des écouages des rues et autres chemins. Pour un rien, ils sont à de grandes amendes, et pour mieux en profiter, il fixe très souvent ses écouages dans le mois d'août, lorsque tout le monde est de plus occupé pour la rentrée de leurs grains, qu'ils ont cultivés une année entière à la sueur de leur corps. Ces personnes, dans le moment de précipitation, ne peuvent quelque fois obéir assez promptement, crainte que, s'ils ne s'occupent à la rentrée de leurs grains, qu'un grand pluie ou autre mauvais temps détruira une grande partie de leur fruit. Ce bailli profite de ce temps pour surprendre les habitans et pour vivre avec des amendes que ces habitans doivent payer malgré eux. C'est en vain qu'ils s'en plaignent aux Magistrats ; ceux-ci ne donnent aucune réponse favorable. Autre intrigue au détriment des habitans : c'est que ce bailli fait de suite travailler à ce qu'il lui pa-

---

[1] Cf. Quaedypre (20), Wylder (8), Hoymille (16).

[2] C'était Coppens, seigneur d'Hondschoote.

roît nécessaire par des personnes qui employent trois jours où les suppliants, en même nombre, pourroient le faire en un demi-jour. En outre, ces gens sont payés hauts et chers aux dépens des suppliants. (*b*) Et ils font encore des menaces que, si on ne leur donne pas à boire et à manger, même quelque chose dans la poche, qu'ils resteront plusieurs jours, quoiqu'ils n'ont quelque fois que pour une heure de l'ouvrage. Et quoi faire à ces gens ? Ils sont soutenus par les supérieurs. En un mot, à voir les choses, on diroit que tout ceci se fait de conivence et pour la ruine des habitants.

[9] — Ce même bailli, conjointement le Magistrat de Bergues, se permettent bien pour eux et d'autres à qui ils donnent des permis de chasser sur les terres des remontrans, lorsque leurs grains sont déjà avancés, ils passent et courent au traver avec leurs chiens de chasse et ils font un tort considérable. A qui s'en plaindre ? Ce sont leurs supérieurs et par ce moyen, c'est eux qui doivent tout souffrir. Non content de tout cela, ce même bailli permet bien que ses sergents tuent leurs chiens dans les cours et il leur fait en outre payer une amende de 3 livres. Autre avanie : il fait bien aller lesdits sergents dans les maisons des remontrans où, s'ils y trouvent un fusil ou autres armes, ils les prennent et emportent, et si l'on veut faire quelque résistance, ils sont assez hardis de faire de ménaces de les maltraiter. Pour quoi, céder est le plus court. Cette justice criante ne se fait ainsi sur les chiens, gardiens de la sûreté des habitans que sur la seule prétexte que quelques uns sont présumés d'aller à la chasse. Tout ce qui fait un tort trop considérable, pour que les suppliants ne profitent pas de la permission qu'ils ont de se plaindre avec espoir d'être écoutés favorablement et ils s'en remettent bien à S. M. et aux Etats Généraux pour les moyens efficaces à les **délivrer de la tiranie**.

[10] — Les dits habitants n'oublieront pas d'observer comme

un point essentiel que les terres de Ghyvelde sont de très médiocre produit, en un mot de la moindre qualité, même une grande partie Dunes, et malgré cela on les fait taxer aux impositions autant que les bonnes de la châtellenie ; joint à ce que cette paroisse a beaucoup des pauvres, ce qui fait que les habitans payent plus que ceux des autres endroits où les terres produisent un tiers et la moitié même plus que celles de cette paroisse.

[11] — (a) D'après toutes ces raisons les remontrans supplient S. M. et les Etats Généraux de les aider par des moyens efficaces qui seroient :

(b) Qu'à l'égard des dixmes, qu'il soit deffendu d'en percevoir aucune, à moins que lesdits ecclésiastiques prouvent par des titres autentiques de leurs droits, et en ce cas qu'ils devront au moins supporter les dépenses des curé, vicaire et coutre, et de l'église, rien excepté.

[12] — A l'égard de la dépense de la châtellenie, il n'y auroit qu'à faire veiller qu'on n'en fait point de folle, comme entr'autre celle pour la navigation que la ville de Bergues prétend avoir des bâtiments de mer, ou du moins, puisque c'est pour la ville, qu'elle en paye les dépenses [1].

[13] — Pour, à l'égard de la Moëre, donner des ordres exprès aux régisseurs [2] ou à tout autre de faire en sorte que les terres ne soient point inondées par leurs eaux. Il eut mieux vallû qu'on auroit laissé la moëre comme elle étoit que d'exposer les terres voisines à des incovénients si ruinables.

[14] — Ordonner que Messieurs des trois Collèges payeront les impositions des terres qui sont réellement incorporées dans le canal et sa digue et qu'ils tiendront le canal en bon état pour les écoulements d'eaux, etc.

---

[1] Cf. *supra*, p. 91.

[2] Cf. *infra* le cahier de la seigneurie des Moëres.

[15] — Faire exécuter les édits et déclarations pour la ruine des fermes et la défense d'en occuper deux.

[16] — Ordonner que toutes les personnes de métiers et autres particuliers ne payeront que ce qu'ils occupent et leur permettre d'avoir deux d'entre eux pour être présents lorsque les chefs font la taxe, etc.

[17] — (a) Pour ce qui regarde les écouages, de défendre au grand bailli d'avoir part aux amendes ou mieux qu'il soit défendû d'en imposer pour pareil fait, y ayant tout plein de moyens de pourvoir à l'entretien des chemins, (b) comme de faire les écouages dans un temps convenable (c) et que les officiers commis à cet effet voyent les choses par eux-mêmes et non par les yeux avides de ceux qui profitent des amendes et de faire réparer les chemins défectueux au rabais, aux dépens toutefois de celui qui sera en faute.

[18] — Pour ce qui regarde la chasse, le meilleur seroit d'en abolir le droit.

[19] — De deffendre que l'on puisse tuer les chiens desdits habitans, n'y de pouvoir prendre leurs fusils et autres armes chez eux pour le seul prétexte de soutenir la chasse.

[20] — Qu'à l'égard de la taxe des terres, il y a des placards qui défendent si formellement à ce qu'elles soient taxées autrement qu'à proportion de leur produit, qu'il est étonnant qu'on ait ôsé adopter un usage contraire.

[21] — Qu'ils espèrent que les moyens déjà prévûs pour l'extirpation de la mendicité et la punition des vagabons, contrebandiers etc., seront mis en usage.

[22] — Les habitants de la paroisse de Ghyvelde désirent que S. M. leur fît connoître en la personne du chef de la paroisse, lorsqu'il leur demande des impositions, ses loix et taxes au lieu de les faire adresser aux Magistrats qui ne leur en donnent que

des extraits qui ne les instruisent pas. Il seroit bien que l'hofman ou chef de la paroisse ait un exemplaire de tout loix qui les intéresse.

[23] — Le canal dit Rinckslot de la Moëre[1] a été fait des terres de cette paroisse que les régisseurs de ladite Moëre ont pris pour cet effet ; les propriétaires de ces terres n'en ont point été payés ; il y a plus : les régisseurs de la Moëre en possession de ces terres n'en payent non plus aucune imposition. Toutes ces difficultés, petites en apparence, ne laissent pas que d'être réellement de conséquence, ne seroit ce que par la jalousie qu'elles excitent en occasionnant aux chefs de cette paroisse beaucoup de désagrément lors de l'assiette des taxés : les uns voulant qu'on les taxe pour trop de terres ; les autres refusent de payer sous prétexte que tels n'en payent pas.

[24] — Les dits suppliants prient S. M. et les Etats Généraux d'ordonner que toutes les terres de la paroisse de Ghyvelde payent imposition et de pourvoir par des moyens efficaces à toutes les difficultés proposées, tant pour nous que pour tous ceux quy ont signé le procès-verbal.

C. Adam, J. Charlemaegne, J. Fonteyne,
Charlus Cloderée hooftman.

---

[1] Cf. Uxem (13 et note) et le cahier de la seigneurie des Moëres.

LEFFRINKHOUCKE[*]

24 mars, dans le cabaret nommé le *St Hubert*, par devant Vincent Lemaire, pointer.

[Manque le nombre de feux].

Députés : Martin Jacques Bergh, Vincent Lemaire.

Les doléances et pétitions des habitants de la branche de la paroisse de LEFFERINCKHOUCKE[1] sous la châtellenie de Bergues St Winoc sont :

[1] *Identique à Ghyvelde (8 a).*
[2] »   »   *(9).*
[3] »   »   *(10).*

[4] Il seroit à désirer que les curés de Zucote, Uxem et Lefferinckhoucke, qui sont trois paroisses voisines, où il n'y a qu'un seul prêtre, voudroient dire leurs messes de façon que tous les habitans pourroient entendre messe les dimanches et fêtes, car de la manière que ces curés s'arrangent présentement en disant leur messe dans la même heure, il y a bien des habitans qui n'entendent pas de messe ; il y a impossibilité que tout le monde peut aller à la même messe, parce que le fermier ou autre ménager où il y a des petits enfans, ne peut abandonner sa maison, et il est même nécessaire qu'il y ait au moins deux personnes pour la garder et pour empecher les vols dont ils sont menacés. Ces inconvénients ont porté les habitants à le faire connoitre, il y a

---

[*] Canton (est) de Dunkerque, à 7 kil.
[1] Voir p.210 note 1.

deux ans passés, à Monseigneur l'évêque d'Ypres dans une requête qu'ils avoient été conseillés de lui présenter, mais les démarches n'ont encore rien produit.

[5] Pour toutes ces raisons les suppliants ne peuvent que supplier S. M. et les Etats généraux de venir à leurs secours par des moyens efficaces ; ils n'en peuvent proposer des plus efficaces :

1° *Identique à Ghyvelde (17)*.

2° »   »   *(18)*.

3° »   »   *(20)*.

4° »   »   *(21)*.

5° Rien de si facile aux sieurs curés de se concerter ensemble pour les heures de leur messe paroissiale afin que les habitants des trois paroisses puissent y aller successivement.

M. F. DE SWARTE als Disch Meester, H. VANSTEENBERGHE notabel, V. J. LEMAIRE pointer, M. J. BERGH hoofman.

SPYCKER *

24 mars, en l'auditoire ordinaire, par devant Pierre De Bruyne, hoofman.

83 feux.

Députés : Charles J. Godderis, Pierre Venant.

Je soussigné, hoofman de la paroisse de SPYCKER, châtelenie de Bergues St Winnoc, certifie avoir cotté par primier et dernier, et paraphé sur chacque feuillet, le présent cahier contenant deux feuillets pour y inscrire les doléances, plaintes et remontrances, faite par les habitans de la susdite paroisse dans leur assemblé du 24 mars faite en vertu de la lettre du Roy du 24 janvier 1789 et 19 février en suivent ; fait à Spycker le 24 mars 1789.

Pierre Jacque de BRUYNE.

Doléances, plaintes et remontrances [1].

1 — Que les procédures dans les tribunaux tant inférieures que supérieurs sont très nuisibles aux peuples, dont on ne peut avoir fin ; les avocats et procureurs travaillent des années entiers sans parler du principal, et les juges les laissent faire, au grand détriment et ruine des particuliers.

2 — Les impositions qu'à 1780 ont été augmenté considérablement et cette augmentation continue toujours sans que l'on sache ce que devient cet argent ; nous souhaitons fort une autre régie des deniers publicques.

---

* Canton de Bourbourg, à 10 kil.
[1] Le cahier est de la main de l'hoofman Pierre Debruyne.

3 — Que le Magistrat donne 1000 livres de gratification tous les ans à ceux qui ont les plus beaux étalons, sans les journées de cincq experts et de commissaires, et ce pendant on ne voit pas des plus beaux que du passé.

4 — Nous souhaitons que le décimateurs qui tirent le onzième partie de nos fruits soient contrains de contribuer à l'entretien des pauvres, dont nous somme acclablé.

5 — Que le droit d'issue soit généralement suprimé, sauf par forme de représaille seulement, contre ceux d'une domination étrangère.

6 — Que les compte de la paroisse seront rendus à la communauté sans frais et sans intervention des échevins et commissaires.

7 — Qu'il ne sera pas permis de laisser tomber aucune ferme en ruine, ni de les incorporer en d'autres ferme, et que personne ne pourra occuper deux fermes.

8 — Que les fermes ruiné seront rétablies ; qu'il ne sera également pas permis de louer séparément les terres et les bâtimens qu'y sont situés.

Ainsi fait les jour et an que dessus.

C. J. Godderis, P. Venant, J.-B. Verbeeke, G. Drieux, Pierre Vanhersel, P. C. Candaele, P. J. Crappe, J.-B. Massein, G. Van Lerberghe, B. Coudevylle, B. Besegher, W. Popieul, M. Becuwe, P. J. Faes, Pieter De Vos, Caerel Waeselynck, Pierre Jacque De Bruyne, hoofman.

BROUCKERQUE*

27 mars, en la chambre paroissiale, par devant Jean-Baptiste Francke, hoofman.

150 feux.

Députés : Jean-Baptiste Rollier, Pierre Jaques Delabaere.

Notification des doléances, plaintes et remontrances pour les habitans de la paroisse de BROUKERKE, châtellenie de Bergues St Winnoc.

[1] — La paroisse augmente journellement en impositions. En 1761 la châtellenie a paié pour la régie 175.000 livres de France, en augmentant d'année en année ; en 1780 cette somme s'est trouvé fixé à 250.000 [1].

[2] — Les habitans ont droit certainement d'être présens au coulement des comptes, du moins deux députés qui seraient par eux choisis et nommés à cet effet pour y reconnaitre le besoin et l'utilité d'une taxe, qui surcharge les paroissiens qui la paient, et dans lesquels comptes on y porte des sommes considérables pour frais d'administration, etc. etc. ; ces sommes se montent année commune à 150 l. ou environ pour cette paroisse seulement.

[3] — Les terres sont augmentées d'un quart sur la taxe des watringues : on n'instruit pas les fermiers du motif de cette augmentation ; et pourquoi cette rétissence ? Les fermiers paient tout ce qu'on leur exige, mais ne voudroit-il pas mieux pour leur

---

* Canton de Bourbourg, à 7 kil.

instruction que les collecteurs rendissent leurs comptes aux contribuables plutôt qu'aux Magistrats qui n'y ont aucun interêt et qui n'ont seulement que le pouvoir d'imposer à leur gré les terres des cultivateurs : il est interressant de remédier à un pareil abus.

[4] — La paroisse de Broukerke est chargée de pauvres ; les décimateurs, qui tirent et perçoivent des sommes considérables de leurs dîmes, ne peuvent point être taxés pour contribuer à leur subsistance. N'est-il point naturel que ces décimateurs fussent imposés annuellement pour contribuer à cet entretient ? On pense qu'oui, qu'une loi naturelle les y oblige et que la pitié même devrait les y porter, sans attendre un jugement que leur conscience aurait dû avoir prononcé depuis longtems.

[5] — Depuis 1762, la châtellenie de Bergues a payé des sommes immences pour la libre navigation de la mer. Quel avantage en résulte-t-il pour le païs ? Aucun. Car ce n'est vraiment que le caprice des bourgeois de Bergues qui ait pu motiver une pareille dépense : on prie MM. les députés d'argumenter à l'assemblée générale sur une pareille erreur et de vouloir faire ordonner la redition du compte à ce sujet par le Magistrat de Bergues [1].

[6] — Et pourquoi la châtellenie doit-elle contribuer à l'entretien de l'Etat-Major ; est-ce que cet Etat-Major est utile à la campagne ? non certainement. Par conséquent il parait que cette charge devrait être imposée sur les bourgeois et non pas sur les fermiers [2].

[7] — On a rendu des ordonnances relativement à la chasse ; on a désarmé les fermiers ; on a tué leurs chiens dans leurs basse-cours ; on exige des amendes ; on les fait paier. N'est-il pas naturel qu'un fermier soit muni d'un arme à feu pour la défense de

---

[1] Cf. Steene (10).
[2] Cf. Steene (11).

son habitation et pour écarter de sa demeure les bêtes féroces qui souvent viennent égorger leur bétail ? On ordonne de tuer et les corbeaux et les pies ; un fermier dépourvu de fusil peut-il exécuter l'ordonnance? non. On ose le dire : ce ne sont pas les fermiers qui détruisent la chasse, ce sont les bourgeois qui ne cessent de chasser dans le tems même que les aveties sont encore sur terre, qui font des grands dégats dans la récolte, qui tuent leurs volailles. Si le fermier se plaint, on le paie avec des insultes. La chasse est une commune en la paroisse de Broukerque et cependant on défend aux notables habitans d'y chasser, tandis que les bourgeois de Dunkerque et Bergues ne font qu'y braconner. Quelle absurdité ! Le Magistrat de Bergues doit justifier de leur titre de propriété de cette chasse, et, faute de justification à cet égard, cet exercice doit leur être interdit, et les fermiers doivent être autorisés à garder des fusils chez eux, pour détruire le bétail qui détruit leurs grains et se mettre en garde contre les vagabons, qui ne cessent d'atteindre à leur fortune et qui les troublent journalièrement dans leur habitation. On prie de prendre tous ces objets en considération.

[8] — On demande la raison pourquoi les magistrats de Bergues sont exempts à paier les droits sur les boissons, etc., qu'ils consomment chez eux ? Puisqu'ils se font paier de leurs vaccations, voiages etc., il parait bien naturel qu'ils paient les droits de domaines etc., sur les boissons, ainsi que tous autres habitans.

[9] — Les cultivateurs des paroisses d'Haerenbouts Cappel[1], Spycker[2] et Broukerque ont été persécutés par la mauvaise régie des Magistrats de Bergues et Bourbourg, l'espace de 5 à 6 années, pendant lequel tems ils n'ont pu se procurer en été des eaux fraiches, attendu la mésintelligence de ces deux Magistrats qui

---

[1] Armbouts-Cappel, voir le cahier, p. 171.
[2] Voir le cahier précédent.

n'ont cessé de faire des descentes sur les lieux, opérations qui ont motivé des frais immences que les fermiers ont dû supporter. Cela était-il juste? Non certainement.

[10] — *Analogue à Armbouts-Cappel (4)*.

[11] — Suivant l'Union de la ville et chatellenie de Bergues, le Magistrat doit être composé de 18 échevins et ceurheers. C'est la disposition de l'article 3, des quels 18 échevins et ceurheers, dit cet article, nos susdits commissaires seront tenus à perpétuité....

Au mépris de cette loi, on choisit presque tous les magistrats parmi les bourgeois et jamais parmi les habitans de la campagne[1], qui ont cependant une plus parfaite connaissance que les bourgeois des nécessités qu'exigent souvent l'attention d'un Magistrat éclairé, résident sur les lieux. On demande donc l'exécution de cette loi émanée de l'autorité du prince.

[12] — Quelques habitans soussignés se plaient de ce que les pointres et hoofman dépensent des sommes assez grandes lors de leurs assemblées de paroisse ; d'où est provenu la somme qui formait la cloture des comptes du moulage depuis cinq années ; pourquoi on n'a pas réparti les sommes destinées pour indemniser les fermiers lors du débordement de la Colme, l'année 1787. Une plainte sensible, et que les Députés sont priés de porter jusqu'aux pied du trône, est que dans la paroisse de Broukerque il se trouve actuellement plusieurs petits manoirs que les grands cultivateurs laissent tomber en ruine et qu'ils ont la manie de les incorporer dans les grandes fermes qu'ils exploitent ; que l'utilité du public exige que ces fermes petittes soient rétablis aux dépens des propriétaires ; que par ce moien, des personnes peu fortunées seraient à même de trouver des asyles ; qu'alors il ne se trouve-

---

[1] Le Magistrat de Bergues, en 1789, ne comprenait qu'un habitant de la campagne, l'échevin Michiels, du village de Quaedypre.

rait plus un si grand nombre de pauvres à qui on procurerait du travail pour pouvoir se substenter ; qu'il serait fait très expresses défenses à tous fermiers d'occupper plus d'une ferme ; que malgré les loix et ordonnances qui défendent une pareille entreprise, plusieurs habitans de cette paroisse de Broukerque y contreviennent.

[13] — Que les décimateurs prennent et prétendent la dime des pommes de terre, sainfoin, tabac, veches[1], colsat et autres menus grains, ainsi que des aricots, laquelle dime ne se prélève que depuis peu de tems, malgré les plaintes des pauvres et autres habitans qui souvent plantent des pommes de terre et des aricots dans une petite portion de terre, que quelques personnes charitables leur abandonnent à ce sujet pour cultiver, et gratuitement ; qu'il n'est pas possible que les pauvres soutiennent procès contre ces pretendus décimateurs, gens riches qui souvent ne se font qu'un plaisir de réduire à la dernière misère des personnes pauvres et qui n'ont que l'honnetteté en partage.

[14] — Que les droits de tuage et vaclage s'augmentent d'annéee en année et que les habitans se trouvent actuellement forcés à paier par chaque cheval 4 livres 10 sols pour vaclage, 3 livres 7 sols 6 deniers par chaque vache, ce qui est une taxe extraordinaire.

[15] — (a) Que les habitans et ouvriers qui n'exploitent aucunes terres paient et sont imposés pour une ou deux mesures et quelquefois plus ; (b) cette taxe se nomme industrie, que l'on prélève des boutiquiers, merciers et autres à raison de leur trafic, ajoutant que l'on paie même jusqu'aux impositions de six mesures[2].

[16] — Une ordonnance du Magistrat de Bergues oblige les

---

[1] Vesce, plante fourragère.
[2] Cf. Ghyvelde (7).

débitans de faire étaloner leurs poids et mesures chaque année, et le jaugeur sermenté se fait paier à son gré en détruisant leurs mesures et poids, ce qui est un abus auquel il convient de remédier.

[17] — La pension du vicaire se paie par la paroisse de Broukerque et se cottise sur les terres à raison de 400 livres ou environ. Il est cependant de règle que la pension du vicaire doit être paié par les gros décimateurs, en vertu des lettres du Prince du 13 avril 1773. Pourquoi donc peut on obliger les paroissiens au paiement de cette pension? on n'en conçoit pas la raison et on demande également la suppression d'un pareil abus.

[18] — Depuis l'année 1750 la jeunesse paie pour l'entretient de la milice des Flandres une somme quelconques, mais on ignore où ces sommes ont été emploiées, et les habitans demandent à ce que l'on rende compte de l'emploi de cet argent depuis ladite année 1750 jusqu'à ce jour.

[19] — Un fille de la paroisse aiant été condamnée à mort pour crime capital, sa peine fut commuée à une prison perpétuelle. M. l'Intendant a rendu une ordonnance qui l'a fait transférer à l'hôpital de Dunkerque, où les paroissiens sont obligés de paier annuellement 200 l. Les habitans demandent à être déchargé du paiement de cette pension, puisque cette fille aiant été transférée à Dunkerque, il est de toute justice qu'elle doit être entretenue par l'Etat et non pas aux dépens d'une paroisse qui depuis longtems devait être déchargée d'un pareil entretient.

[20] — Lesquelles plaintes et doléances MM. les députés généraux sont priés de prendre en considération et de les adresser et porter jusqu'aux pieds du Trône en espérant que le Monarque bienfaisant daignera remédier à tant de maux qui accablent les habitans de Broukerque qui ne cesseront d'addresser des

vœux au ciel pour la conservation des précieux jours de Sa Majesté.

Délibéré à Broukerque le 27 mars 1789.

J.-Baptiste BAILLIAERT, P. DE BLOCK, J. GHEERAERT, B. W. GHYSEL, M. J. VANDENBROUCQUE, P. VANDENABEELE pointer, J. L. VANDERLYNDE, Jean-Bap^{te} DE SWARTE pointer, J.-Bap^{te} FRANCKE.

III

LES VASSALERIES*

PITGAM**

26 mars, en l'auditoire de cette paroisse et seigneurie, par devant Jean-Baptiste Ryckelynck, bailly.

320 feux.

Députés : Louis Vanden Bavière, Guillaume Delabaere, Pierre de Coninck, Benoit Gars.

Memoire[1] contenant les plaintes et doléances de la communauté d'habitans et cultivateurs de la paroisse et seigneurie de Pitgam, composant le tiers état convoqué et assemblé ce jourd'huy 26 mars 1789, une heure de relevée, en la chambre de loi ordinaire, le tout en exécution des lettres du Roy de France, données à Versailles les 24 janvier 1789 et 19 février ensuivant, et du règlement y ensuivi, ainsi qu'en conséquence de l'ordonnance de M. le grand bailly du baillage royal à Bailleul, en date du sept de ce mois ; consistantes lesdittes plaintes en ce qui suit.

En observant : 1 — que le total des impositions ou frais locaux pour la châtellenie de Bergues St Winoc se règle depuis quel-

---

* Voir la Notice, en tête des cahiers de la châtellenie de Bergues.
** Canton de Bergues, à 9 kil.
[1] Le cahier a été rédigé en flamand, mais il est accompagné de la traduction ci-contre, qui précède le texte flamand.

ques années à une somme de 400.000 l., nous nous plaignons de ce que la paroisse de Pitgam doit y contribuer la dix-septième part et qu'on nous refuse toute communication des comptes de la châtellenie, quoiqu'à cet effet nous nous soions pourvus tant au Magistrat de la ville et châtellenie dudit Bergues que par devant M. l'intendant sans avoir en rien pu obtenir, même sans avoir pu obtenir la moindre appostille.

2 — De ce qu'on nous fait paier annuellement 570 l. pars. pour portions congrues des S^{rs} curé et vicaire et pour pension du coutre, et qu'on nous fait procurer un logement pour ce dernier, tandis que ces charges devroient être supportées par les gros décimateurs et par le seigneur de Pitgam, puisque les unes font une charge inhérente aux dîmes et que d'ailleurs c'est le seigneur qui dénomme et commet le coutre, à moins que ce seigneur ne voudroit renoncer à la nomination du coutre.

3 — Trouvant un grand abus en ce qu'il appartient au seigneur de Pitgam de créer les gens de Loi, nous requérons qu'il soit privé de ce droit et qu'il nous soit permis d'en nommer un tiers, audessus du nombre d'échevins nécessaires, desquels il seroit obligé d'en choisir ; et à propos de ce, nous observons qu'il arrive tant des abus jusques au point même que les gens de Loi font des grands sacrifices des deniers de la communauté.

4 — Nous nous plaignons de ce qu'on vient enlever nos fusils et tuer nos chiens tandis que ceux qui ont droit de chasse laissent courir les leurs, et par conséquent qu'on nous met hors de défense contre les malfaiteurs.

5 — Nous requérons qu'il soit fait un nouveau cadastre et répartition d'impôts pour la châtellenie de Bergues et que la taxe ou règlement d'impositions pour la paroisse de Pitgam soit changé, en sorte que les bois taillis soit taxés autant que les autres terres puisque leur produit est aussi fort.

6 — Nous réclamons contre les frais excessifs que fait la ville

et châtellenie de Bergues et entre autres parce que prétenduement pour favoriser la navigation sur Dunkerque ils se chargent de l'entretien de plusieurs ponts qui faisoient autrefois une charge du territoire de Dunkerque[1], tandis que cette navigation ne peut être que nuisible par les grands frais et par le grand tord qu'elle occasionne, car il doit coûter au moins 130 l. tournois par passage de chacque grand bâtiment, et l'on fait un tord considérable, tant à notre paroisse de Pitgam qu'à plusieurs autres, par les inondations que cause la retenue des eaux pour favoriser cette navigation qui ne peut procurer un avantage qu'à très peu de personnes[2].

7 — Nous nous plaignons de ce qu'on nous fait contribuer dans les prix ou gratifications accordées à ceux qui ont les plus beaux étalons[3] et en ce qu'on nous défend le transport de touttes sortes de grains de la ville de Bergues sans expédition du bureau des fermes[4] : et l'on commet des subdélégués qui sont juge et partie, tellement qu'on ne peut porter nulle part ses plaintes.

8 — Qu'on ne fait pas solder les comptes des collecteurs, si avant que des certains doivent 8 à 9000 l. et qu'ils en restent détenteurs, eux ou le greffier, sous des vains prétextes.

9 — L'on observe que les gros décimateurs emportent annuellement une forte somme de notre paroisse et communauté, et que l'on ne trouve pas que, pour raison d'icelles, ils contribuent dans les impôts.

10 — Nous requérons qu'il [soit] fait une taxe ou tarif pour les sallaires dus aux meuniers pour le moulage des différents grains.

---

[1] Cf. Bierne (21).
[2] Cf. Ghyvelde (12).
[3] Cf. Looberghe (4).
[4] Cf. Looberghe (3).

11 — Attendu que plusieurs tiennent deux ou trois fermes et lieux manoirs en louage, nous requérons que, suivant la disposition de la coutume, cet abus soit corrigé.

12 — Nous requérons que les biens de la paroisse, de l'Eglise et des pauvres, ne puissent être affermés que publicquement et au plus offrant.

13 — Nous requérons aussi que dorénavant il ne soit paié aucune pension au bailly ni au greffier, attendu qu'ils se font paier d'ailleurs de touttes leurs vaccations et autres devoirs.

14 — Nous requérons qu'il soit établi quatre pauvriseurs qui feront les devoirs gratis, chacun dans son canton.

15 — Nous requérons aussi la suppression du droit d'issüe, excepté pour les étrangers du royaume.

16 — Nous nous plaignons aussi de ce que les gardes de chasse ravagent touttes les aveties et les haies avant l'ouverture de la chasse, sans qu'on puisse leurs en empêcher ou contredire sans essuier des menaces grossières.

17 — Nous nous plaignons aussi de ce que les Magistrats de Bergues la commune, [paie] des loiers de plusieurs parties de terres pour servir de dépôt pour les fumiers et autres engrais, tandis que ces dépôts ne servent qu'à donner aisance au transport de ces engrais à l'étranger ; et nous plaignons aussi de l'interêt que nous cause la longueur des procédures par la multitude de délais qu'on accorde et par la négligence des avocats et procureurs.

Conforme en substance au cahier des doléances formé par les habitants de la d. paroisse de Pitgam, en langue flamende, et par eux souscrit à l'assemblée commune, leurs députés :

L. Vanden Bavière, G. De Labaere, P. De Coninck.

De Post - Attendu que la paroisse de Pitgam supporte seule touttes les charges locales, généralement quelconques sans que la châtellenie de Bergues en supporte la moindre chose, nous trouvons que cette ditte paroisse contribue de double chef, sçavoir : 1º touttes ses charges locales et — 2º sa part dans touttes les charges locales de la ville et châtellenie de Bergues, et trouvant ceci injuste, nous, députés de la dite paroisse pour l'assemblée provinciale, requérons que la susditte paroisse de Pitgam soit déclarée indépendante de la dite châtellenie en ce qui regarde les frais et impôts locaux.

L. Vanden Bavière, G. de Labaere, P. De Coninck.

Vient ensuite le texte flamand du cahier accompagné des signatures suivantes :

Joannes Baptiste Seeten, G. W. Tenon, P. F. Ponchez, D. De Bavelaere, J. Provost, Pieter Van Teene, Henricus Pouchet, W. Pouchele, Folquinus De Coninck, Battiste Erckelbout, Dominichs Schoemaecher, J. J. Canoen, Adriaen Pouchele, P. Ardaens, H. Couckercke, J. F. Minne, François Pouchele, Pieter Mamez, B. D. Degomme, Carolus Leys, Pieter Nivejans, Pieter Mockeyn, P. D. Smidt, P. Soetemont, M. Meire, J. N. Lautmeter, J.J. David, J.-B. Doeysok(?), Pieter Jacobus Terry, Piere Hanocq, Pieter Baert, M. Hiechen, Cornelis Leys, P. J. Hebbynck, J. Ardaens, F. J. De Bruyne, Piere Beyaert, Jacobus Baert, J. Erckelboudt, J.-B. Devynck, J.-B. Carpentier, Jean-Baptiste Deschepper, F. Baillieul, J. De Zeure, A. W. Arnouts, J. Van Oudendycke, P. J. Barten, P. Rommel, P. J. Smidt, O. Poidevin, Nicasius Poidevin, J. Van Batten, Louis Vandewalle, Judocus Van Lerberghe, Joannes Deschodt, M. Van Torre, Pieter Caeuwel, B. C. Maes, J. M. Milliot, Joannes Christelein, Pieter Decrose, J. Bourrat, P. Vanhersel, Pieter Jacobus Everaere, W. Decroocq, G. B. Pouchele, L. Vanden Bavière, J. J. De Bavelaere, L. A. Palmaert, Frans Christiaens, G. De Labaere, P. Meneboo, F. Decambron, A. Sonneville, J.-B. De Croocq, P. Bap[te] Dupond, J. A. Decroocq, J. Couvreur, F. Regent, P. Itsweire, C. F. Debeyer, P. Deconinck, Joannes Benedictus Gars, J.-B. Rollier fils, J.-B. Ryckelynck.

LOOBERGHE*

28 mars, à l'assemblée, au lieu ordinaire sur la place du village, par devant Jean Maes, asséeur dudit village, en l'absence de l'hofman.

196 feux.

Députés : George Debruyne, Pierre Hemelsdaele

L'an mil sept cent quatre vingt neuf le vingt huit de ce mois de Mars, deux heures de relevée, nous soussignés paroissiens et habitans de la paroisse de LOOBERGHE duement avertis et assemblés en la manière ordinaire et au son de la cloche pour former notre cahier de plaintes, doléances et remontrances, le tout en vertu d'un ordre supérieur et des significations qui nous ont été faittes de la part de Monsieur le grand bailli d'épée du Bailliage royal et siège présidial de Flandres à Bailleul, avons tous procédé à la rédaction dudit cahier[1] de la manière comme il suit :

1 — Ils suplient très respectueusement Sa Majesté de considérer les maux qu'ils souffrent, que l'indigence et la misère augmentent d'année en année dans leur paroisse par l'accroissement annuel des taxations et impositions que leurs habitans, gens de métiers, ne peuvent plus subsister honnestement ni sustenter

---

* Canton de Bourbourg, à 7 kil. Les villages de Looberghe et de Bissezeele et quelques enclaves d'autres villages dépendaient de la prévôté de Saint-Donat, qui était, par cette possession, une des six seigneuries vassales de la châtellenie de Bergues. La prévôté de St Donat appartenait à l'évêque de Bruges.

[1] Le cahier de Looberghe se trouve par erreur avec les procès-verbaux d'élection, *Archives départementales, registre 67.*

leur famille avec leurs travaux et leur industrie, à cause que leur taxe est trop haute et, qu'outre les impositions sur leurs terres, ils se trouvent encore obligés de payer pour vaclage et tuage et tous autres droits, qui accumulent annuellement.

[2] — Afin d'éviter la ruine de plusieurs petites familles et empêcher la mendicité, ils supplient respectueusement Sa Majesté de vouloir taxer et fixer le nombre des mesures de terres que chaque habitant pourra occuper ; par ce moyen le riche ne pourra plus envahir l'occupation du pauvre et les petites fermes subsisteront et procureront la nourriture à des familles moins riches.

[3] — Les mêmes habitans désireroient encore que leur seroit permis de sortir hors de la ville de Bergues avec les denrées, grains et bestiaux qu'ils auroient acheté au marché ou à la foire, sans que à ce sujet ils soient inquiété de la part des commis qui ne manquent jamais de leur escroquer arbitrairement quelque don ou somme d'argent pour les laisser passer librement les portes de la ville avec leurs bestiaux ou denrées.

[4] — Ils désireroient qu'il intervint un changement dans le réglement que Messieurs du Magistrat de Bergues et Bourbourg ont fait relativement aux étalons. Ces magistrats donnent annuellement des prix assez hauts à ceux qui ont les plus beaux étalons, le prix auquel les habitans en sont présentement servis est augmenté et les habitans sont moins bien servis qu'avant ledit réglement.

[5] — Les habitans se plaignent aussi que les petittes jurisdictions enclavées dans leur paroisse[1] leur sont fort à charge par rapport à la taxe.

[6] — Les plus nécessiteux de la paroisse ne peuvent se pourvoir suivant leurs facultés du bled au marché de Bergues, à cause

---

[1] Notamment la seigneurie de Locre en Looberghe.

que les riches occupeurs refusent de leur vendre en petite mesure.

[7] — Les habitans désirent d'avoir la liberté de laisser paître leurs bestiaux sur leurs terres, sans qu'à ce sujet ils puissent être molestés de la part d'aucun bailli ou officier de justice.

[8] — Les habitans suplient Sa Majesté de vouloir porter un règlement fixe relativement à la chasse. Présentement les chasseurs, de concert avec les baillis qui agissent à leur égard avec connivence, chassent pour ainsi dire en tout tems et occasionnent aux habitans des dommages considérables ; leurs chiens sortent et même chassent seuls impunément et ceux des habitans, qui par malheur se détachent, sont tués à l'instant et le maître en est mis à l'amande. A cause des chasseurs on ôte aux habitans leurs fusils qu'ils ont nécessairement besoin tant pour leur propre défense que pour tuer les chiens enragés qui annuellement causent des dommages dans leur paroisse. Ils désirent de pouvoir tenir dans leurs maisons des fusils et que la chasse fut libre à tous les habitans et au moins aux propriétaires, chacun sur ses propres terres.

[9] — Les habitans se plaignent aussi que les rentes foncières et seigneuriales s'augmentent d'année en année, même jusqu'au point que leur taxe porte jusqu'à neuf florins par mesure, par année.

[10] — Ils se plaignent encore de la régie des wateringue. Ils payent annuellement de grand droits sans aucun fruit pour leur paroisse. Si les canaux et la rivière d'Aa, nommé la Colme étoient plus profonds, beaucoup de leurs terres, qui aujourd'hui sont incultes pourroient être rendues fertiles. Aussi y a-t-il une différence entre des terres qui ne sont point incommodées des eaux et celles qui sont souvent inondées : ces derniers payent quinze pattars par mesure au lieu que celles, qui ne sont point

inondées et qui sont le plus fertiles, ne payent que cinq pattars. Cette différence forme une injuste criante.

[11] — Les habitans ont lieu de se plaindre des décimateurs qui enlèvent annuellement de grandes sommes de leur paroisse sans contribuer aux charges communes et sans laisser la moindre chose aux pauvres habitans du lieu ; ils désirent une décision à cet effet, car l'entretien des pauvres est une grande charge pour eux.

[12] — Il seroit à souhaiter que les rentes et autres petittes redevances perpétuelles payables à l'abaye ou d'autres communautés quelconques pourroient être remboursées à un denier à fixer. Par ce moyen on préviendroit mille contestations et procès.

[13] Qu'il plaise à Sa Majesté d'exempter les habitans du grand fardeau qui leur occasionne l'entretien de l'état major à Bergues : un lieutenant du Roi, trois majors résident, dans une si petite ville, tous exempts des droits, un gouverneur et un commandant général de la province et un autre commandant en second leur sont fort à charge[1]. Sans parler encore du fort François situé dans la châtellenie, qui a également ses officiers généraux et particuliers[2].

---

[1] Voici l'état militaire de la ville de Bergues en 1789 : gouverneur, le comte de Langeron, lieutenant général des armées du roi ; lieutenant du roi, de Salse ; major, de Villemontés de la Rode ; sous aide major, de St Cinnery ; commissaire des guerres, Verron ; trésorier des troupes, Martin. Ces deux derniers officiers habitaient Dunkerque. Pour l'artillerie, M. de Château-Chalons, capitaine en premier, employé à Bergues et au F[t] François, résidant à Dunkerque, et M. Digard de Chauvallon, garde. Pour le génie, Lenglé de Moriencourt, colonel employé à Bergues et à Gravelines ; le chevalier Du Portal, capitaine ; Taverne de St Antoine, lieutenant.

[2] Le fort Français, situé sur le canal de Bergues, avait un lieutenant de roi et un major.

[14] — Si Sa Majesté trouve à propos de laisser subsister l'état major qu'il daigne permettre de leur donner leur logement en argent et non en nature, car leur logement en nature coute considérablement aux habitans de la chatelenie [1].

[15] — Les habitans demandent aussi que l'arrêt ou règlement qui unit la ville de Bergues à la chatelenie seroit observé en tous ses points et resteroit d'orénavant en pleine vigeur.

[16] — Que d'orénavant il n'y auroient que des échevins natifs et qui savent parfaitement la langue du pays, qui seroient admis à servir audit Magistrat ; que nul ne seroit admis à être échevin avant l'âge de trente cinq ans.

[17] — Que le Magistrat seroient annuellement renouvellé et qu'il n'y auroit plus de continuation pour quelque sujet que ce puisse être ; que nul particulier ne seroit maintenu dans les fonctions d'échevins au dela de trois ans de service.

[18] — Que dans le Magistrat il n'y auroient plus de parents ou alliés jusqu'au degré fixé par les lois qui pourroient servir ensemble et que cette règle soit aussi commune avec les greffiers.

[19] — Les habitans désirent en outre pour le bien être général que tous les magistrats, tant le chef collège de Bergues que ceux des jurisdictions vassales seroient annuellement renouvellés par les habitans notables, choisis à cet effet dans chaque ressort. Par ce moyen le mérite sera couronné et la protection exclue.

[20] — Il seroit aussi à souhaiter qu'au cas que le changement tant désiré pour le bien public ait lieu, que dans le nouveau réglement à faire il ne soit accordé d'autre préséance que celle de l'âge et qu'un ancien échevin qui a servit avant le nouveau réglement n'eut le pas avant un nouveau plus âgé que lui.

[21] — Les habitans s'estimeroient très heureux si Sa Majesté

---

[1] A cause des réparations aux maisons, des ameublements, etc...

daignoit réformer la place d'intendant dans leur province. Ses émoluments leur sont fort à charge et sa personne leur paroit inutile, car c'est une vérité constante que depuis que Monseigneur Esmangard[1] est en charge, il ne s'est point encore daigné une seule fois de se trouver à Bergues pour renouveller le Magistrat, ouir en personne leur compte et recevoir les justes plaintes des habitans relativement à l'administration. Malgré encore que très souvent, au moment de la rédition dudit compte, il se trouvoit à Dunkerque, pour ainsi dire dans le voisinage de Bergues.

[22] — D'ailleurs des grands abus se commettent par un intendant. Il met plusieurs échevins dans le Magistrat, recommandés par l'état major, le lieutenant du Roi et d'autres officiers qui ont leur logement de la ville. Les demandes de ceux-ci, relativement à leur habitation, sont importunes. Les magistrats, plusieurs leurs créatures, souscrivent presque toujours à leurs demandes aux frais exorbitans de la ville et s'ils n'accordoient pas la pétition des officiers de l'état major, Monseigneur l'intendant à qui ces officiers ne manquent jamais de s'addresser, ordonne toujours de les satisfaire.

[23] — Un abus des plus criants et qui est très nuisible à l'agriculture, c'est que des baillis, après l'écouage des chemins, vient en tous tems, et très souvent dans le mois d'août, lorsque les bras manquent pour la récolte, faire la réparation des chemins accompagné d'un grand nombre de particuliers. Les habitans pour éviter des frais considérables doivent dans des moments si chers quitter la récolte pour travailler aux chemins, ou ils s'exposent à des frais exorbitants et arbitraires. Il seroit à désirer qu'il fut défendu aux baillis de réparer les chemins au mois d'août et que chaque fois que dans d'autre tems il vient y tra-

---

[1] Charles-Hyacinthe Esmangart, intendant de Flandres et Artois, de 1783 à 1790.

vailler, qu'un commissaire, nommé de la Loi, surveilleroit les travailleurs et regleroit lui-même les frais que le bailli ou officier public seroit en droit d'exiger des particuliers en défaut.

[24] — Les habitans désirent encore que la justice dans les Magistrats soit administrée gratis pour autant que des habitans notables et gens de mérite s'offrent volontairement, comme il est à espérer, à le faire.

[25] — Ils désirent encore que personne ne soit exempt de droits dans la ville et chatelenie et que les riches payent aussi bien que les pauvres.

[26] — Ils désirent en général encore que le droit d'issue ou d'écart soit généralement aboli, aussi que les procès entre les particuliers ne durent d'avantage qu'un an à peine de dommages et intérets contre ceux qu'il appartiendra.

[27] — Quant aux points que les habitans de Looberghe omettent pour abbrevier, ils se referent à ce sujet à tout ce qu'il sera représenté et demandé par les députés de Bergues.

Ainsi fait et clos le présent cahier de remontrances et doléances et remis es mains des députés pour s'en servir dans l'assemblée de Bailleul de la manière que dit est dans leur procuration, jour, mois et an que dessus et ont signé tous les habitans qui savent signer. En double.

[28] — Et avant de signer les habitans ont encore observé que les droits de la milice sont taxés sur les terres, ce qui est injuste et ils demandent le redressement de ce règlement.

Guilliame DUERMAEL, Pierre HEMELSDAEL,
Pr VAN DE WALE, Jooren de BRUYNE,
Charles VASSEUR, J. ANDRIES, P. J. PIDOU,
J. F. MARQUILLY, B. CARTON, Joannes
GALLOOS, A. DUVAEL, Antoine GEORGE,
J.-B. PIDOU, L. JONCKHEERE, J. F. DONCK,

J.-B. Spellemaecker, S. Boier, Pierre Simon, Jacobus Hullein, Francois Damman, P. Demol, G. Stevenoode, P. Herrewyn.

Paraphé par moi asséeur de Looberghe *ne varietur*,

Joannes Maes.

BISSEZEELE*

27 mars, par devant Jean Charles de Baecke, hoofman de la paroisse.

78 feux.

Députés : Jean-Bap^{te} Van Cappel, Winnoc Deketer.

Cahier des plaintes, doléances et remontrances des habitans, nés François, âgés de vingt un ans, compris dans les rôles des impositions de la paroisse de BISSEZEELE, prévôté de St Donat, à ce duement assemblés, en éxécution des lettres de convocation aux Etats Généraux et de l'ordonnance de M. le grand bailli d'épée au baillage roial et siège présidial des Flandres à Bailleul du 7 mars 1789, pour être remis aux députés que nous avons élus et choisis, par notre procès verbal de ce jour, afin de le porter à l'assemblée qui se tiendra le 30 de ce mois devant ledit M. Maloteau, grand bailli dudit siège, comme suit :

[1] — Thérèse Goolen, fille agée de 79 ans, borgne et infirme, se plaint que le directeur de la table des pauvres ne luy donnant que 2 florins par mois sans plus, que dans ce malheureux hyver elle a manqué de périr de froid, et de fain ; elle désire une assistance proportionnée à ses besoins.

[2] — (a) Lesdits habitans soussignés remontrent que, conformément à l'union faite de la ville et châtelenie de Bergues de l'an 1586 et confirmée par Philippe II roi d'Espagne, il y est statué que les 2/3 des Magistrats de la ville et châtelenie doivent être pris

---

* Canton de Bergues, à 7 kil. Voir Looberghe, p. 237.

et créés de la dite châtelenie et le 1/3 seulement de la [ville]; il y [a] très longtems qu'on n'observe point cette loy, tous les Magistrats sont de la ville [1] et malgré qu'on a sollicité l'éxécution de cette loy, et l'intendant et les magistras les refusent ; ainsi les habitans demandent l'exécution [de] cette loy. On demande la désunion de la dite ville et châtelenie et d'en réduire le nombre des Magistrats à neuf, dont six devront être pris de la châtelenie et deux seulement de la ville ; [b] ils demandent aussi la suppression des conseillers pensionnaires qui sont grassement paiés ; au moien [de ce], la dépense de l'administration ne coûtera plus tant et ce sera un avantage considérable pour le pauvre laboureur.

[3] — Lesdits Magistrats tiennent annuellement quelques repas, auxquels ils invitent leurs meilleurs amis, ce qui est expressément deffendu par les lettres patentes de S. M. du 22 aoust 1733, où il est statué que le placard du 30 juillet 1672 doit être observé et exécuté dans la châtelenie de Bergues [2], dans l'article 45 deffendant et ordonnant tous fraix et dépenses qui pourraient rejaillir à la charge des habitans [3].

[4] — Ces habitans croient fermement que les subdélégués de M. l'intendant sont forts inutiles et cependant coûtent beaucoup à la châtelenie ; leurs pensions n'étaient cy-devant que de 200 livres tournois, maintenant les intendants se sont émancipés d'accorder aux uns 1000 livres et à d'autres 1200 livres : ils demandent la suppression de ces places [4].

---

[1] Sauf un, Cf. Brouckerque (11 et note).

[2] Arrêt du Conseil d'Etat du roi et lettres patentes du 22 août 1733 qui prescrivent l'exécution des placards des 16 mai et 30 juillet 1672 dans la châtellenie de Bergues. RECUEIL DES EDITS... t. v. p. 572.

[3] Art 45. Et généralement sont défendues toutes sortes de dépenses à la charge de la communauté, sous quelque prétexte que ce puisse être.

[4] Les fonctions de subdélégué, d'abord gratuites, furent rétribuées à la suite de l'arrêt du 30 mars 1770.

BISSEZEELE

[5] — Ils se plaignent aussi de ce que les Magistrats augmentent continuellement le prix de leurs journées[1] lorsqu'ils vont en commission.

[6] — Depuis quelques années les intendans font porter les comptes de la généralité à Dunkerque pour les couler et arrester, où trois commissaires du Magistrat sont seulement présens, où aussi les six vassaux de la châtelenie ne sont point appellés ; puis on renvoie ces comptes, apostillés, clos et arrettés au Magistrats, ce qui cause des nouvelles dépenses ; on tient le tout secret, comme si l'administration devrait être un secret ; s'il nous était permis de voir ces comptes et les pièces justificatives, vraisemblablement pourrions nous présenter à [Sa] Majesté bien d'autres plaintes, bien d'autres abus.

[7] — Ceux du plat pays se plaignent encore fortement de toutes les grandes dépenses qu'on fait en faveur des habitans de la ville : on les éclaire par quantité de reverbères, on bâtit des maisons avec les fonds que les Magistrats avancent aux particuliers, pendant cinq, six et plus d'années, sans interêt[2].

[8] — Et comme suivant le concordat[3] fait entre les chefs collèges de la Flandre que chacque paroisse et chacque ville doit entretenir ses pauvres ; il est juste que le bois, que les Magistrats distribuent aux pauvres de la ville, soit une charge de la ville et non de la châtelenie, comme on pratique, conformément aux dittes lettres patentes de 1733.

---

[1] Vacations des magistrats.

[2] Cf. Wormhoudt (20), t. II, p. 106.

[3] Règlement fait à Ypres en 1750 pour l'entretien des pauvres. Le 12 sept. 1786, le Département prend la résolution de demander à l'intendant qu'il fasse exécuter le Concordat de 1750, en vertu duquel les gens « dans l'impossibilité de gagner leur vie et de subsister, devaient se retirer dans le lieu de leur naissance, pour y être entretenu ». Cf. Nieppe (6), t. I, p. 457.

[9] — Ces habitans désirent aussi que la recette des fonds de la généralité[1] qui coûte à présent une somme de 3000 livres, soit donné au rabais, leurs étant connu que quelques personnes de probité la feraient pour une somme de 600 livres.

[10] — La chasse est actuellement fort à charge aux cultivateurs de la châtelenie, puisque les Magistrats qui ont ce droit de chasse, le louent ou donnent permission même aux étrangers comme anglais, hollandais. *Le reste analogue à Armbouts-Cappel (6)*.

(11) — Et comme la chasse dans leur châtelenie appartient à vous, Sire, ils vous prient respectueusement, que la chasse de chacque paroisse soit louée à la haulche, au profit des pauvres, sans préjudicier cependant à la liberté des bons habitans d'y chasser.

[12] — Le droit d'issue étant très odieux ils supplient S. M. de le supprimer dans toute la Flandre.

[13] — Les habitans de la châtelenie se trouvent aussi fort chagrinés par l'écouage des rues et sentiers. Les officiers de police, bailli et vicomte, qui sont père et fils, contraire à l'ordre, forcent les laboureurs de travailler et réparer les chemin dans les tems de la récolte, dans le mois d'aout, et comme ces laboureurs ne peuvent pas abandonner leurs biens, c'est dans ce moment, ils amènent une bande d'ouvriers sous la conduitte d'un, qui au lieu de veiller sur les ouvriers, court par cy par là chagriner les habitans, pour les forcer de payer l'amende, demandant pour chacque ouvrier 62 sols par jour, tandis que les laboureurs ne paient leurs ouvriers qu'à raison de 20 sols. En conséquence les soussignés désirent très fort qu'on [trouve] un moyen pour leur exempter de cette espèce de brigandage.

---

[1] C'est-à-dire de l'ensemble de la ville de Bergues et des villages de la châtellenie.

[14] — Et comme notre paroisse est surchargée de taxations et impositions, les habitans désirent et demandent à ce qu'il plut au roi d'ɔbliger les décimateurs qui lèvent, pour ainsi dire, la cinquième partie des fruits décimables, vu qu'ils ne paient rien pour l'égrais, labours etc., et qu'ils contribueraient dans les charges, mesure par mesure, comme les autres terres ; et que, comme ils sont tenus à l'entretient des édifices de curé et vicaire, et à leur pension, ils seraient également chargés de loger et donner pension au coutre de l'église, vu qu'il est absolument nécessaire pour le service de l'église, du curé.

[15] — C'est un ancien usage que les bois ne paient dans les impositions qu'une mesure pour trois, quatre et quelquefois cincq mesures. Cette proportion était bonne pour [lors], parce que le bois ne rapportaient que peu de chose, mais présentement que ces bois sont devenus d'un produit aussi avantageux que les autres terres, les habitans demandent qu'il plut au roi d'ordonner que les bois sont taxés comme les autres terres.

[16] *Analogue à Téteghem (7 c).*

[17] — Il serait aussi bon constater combien le roi lève de droits domaniaux, afin de pouvoir alors constater la différence de ce que nous paions et [de] ce que le roi en profite et par conséquent de découvrir les fraudes.

[18] — Lesdits habitans [demandent] que non seulement un fermier ne pourroit occuper deux censes à la fois, mais qu'il serait encore ordonné aux propriétaires de reconstituer les édifices qu'ils ont laissé tomber en ruine.

[19] — Lesdits habitans désirent et demandent que les Magistrats soient tenus de rendre compte de la taxe pour la milice afin qu'on en connaisse l'emploi.

[20] — *Analogue à Téteghem (8 c).*

Un autre qui occupe deux mesures de terre, une maison, et il tient boutique, on luy fait païer des impositions à raison de 30 livres pars. par an ; ce paiement luy paraît excessif.

Ainsi ce cahier fait et arretté le 27 mars 1789.

C. J. Debaecke, B. Van Cappel, Winocus J. Deketer, J. F. Roos, P. W. Minne, P. F. Cerclayes, J.-B. Treutenaere, P. J. Galloo, Franciscus Cronie, W. Bocquet, F. Coevoet, P. J. Cerclaeys, J. Waselinck, J. Meens, Paul Dupuy, F. Caron, F. Verryser.

ESQUELBECQ[*]

26 mars, en l'hôtel de ville, par devant Louis Charles, bailli de la paroisse et baronie d'Esquelbecq.

267 feux.

Députés : Louis Charles, bailly, Jean Lammens, Jean Leroux.

Doléances des communes de la paroisse et baronie d'ESQUELBECQ[1], à présenter par leurs députés à l'assemblée des trois ordres qui doit se tenir en la ville de Bailleul lundi prochain trente du présent mois de mars et jours suivans en vertu des ordres du Roy, sur ce émanés.

[1] — Les comparans soussignés pour le corps de leur communauté chargent leurs députés à ladite assemblée en se référant aux doléances générales des autres corps et communautés de la province, ici non exprimées, d'observer que cette petite province qui contient à peine 120 villages, compte d'abord une régie générale nommée département, sous ce département huit régies principales ou chef collèges ; sous plusieurs de ces régies, d'autres régies secondaires comme la prévôté de St Donat, Hondschote, Pitgam, Houtkerke, Esquelbecq et Ledringem par rapport à la régie de Bergues, et sous ces régies secondaires encore d'autres régies.

[2] — Que les frais qui résultent de toutes ces régies en appoin-

---

[*] Canton de Wormhoudt, à 3 kil.

[1] La baronnie d'Esquelbecq et la seigneurie de Ledringhem ne formaient qu'un fief, mais possédaient chacune son échevinage.

temens des régisseurs et trésoriers, en pensions, en députations, en gratifications secrètes, en comptabilités, quoiqu'ils ne sont pas bien connus à cause du soin mistérieux de garder sur ce le plus grand secret, cependant à partir des notions que l'on a pu s'en procurer, on croit ne pas s'écarter de la vérité en les évaluant à 300.000 livres par an; on est effraïé en comparant cette masse énorme avec le peu d'étendue du païs qui doit la supporter.

[3] — Comme il n'est pas possible de surveiller avec exactitude cette foule de régies, il ne l'est pas non plus qu'il ne s'y soit glissé et qu'il ne s'y glisse journellement beaucoup d'abus.

[4] — Le régime de nos finances est donc indubitablement défectueux et oppressif et il faut le rectifier en le simplifiant.

[5] — Pour atteindre ce but, les comparans chargent leurs députés de demander que : (a) quant aux finances la ville de Bergues soit désunie de sa châtelenie, ainsi qu'elle a été ci-devant, et comme l'est encore la châtelenie de Bailleul[1], (b) que la commission intermédiaire des Etats, que S. M. sera supplié d'établir sur la meilleure forme, fera, seule et sous l'inspection desdits Etats, la régie et l'administration des finances de toutes les villes, chatelenies, territoires et plat-païs de la province dont elle rendra annuellement compte aux mêmes Etats.

[6] — Que pour la formation desdits Etats, les membres du tiers ordre continueront d'être librement choisis parmi les habitans regnicoles ou naturalisés des villes et châtelenies de la province, sur le pied que S. M. vient de l'ordonner ou tel autre qu'Elle et ses Etats Généraux jugeront a propos de prescrire ; et sera fixé le revenu que devront avoir les députés, tant aux Etats de la province qu'aux Etats Généraux.

---

[1] Voir les Notices en tête des cahiers de la châtellenie de Bergues et de celle de Bailleul.

[7] — Que la justice et la police continueront d'être administrées dans les villes et châtelenies par les officiers ou magistrats respectifs, mais comme il y a beaucoup de vices glissés, il sera insisté sur une réforme dans la justice tant civile que criminelle, afin qu'en simplifiant et abrégeant la forme, les abus en soient prévenus au soulagement du public.

[8] Que si, contre attente, S. M. ne voulut accorder la désunion de la ville et de la châtelenie de Bergues, en ce cas, il seroit absolument nécessaire d'ordonner que tant la ville que la châtelenie supportât ses charges sur le pied fixé par le règlement de tailles, dit le transport de Flandres[1] ce qui est depuis bien du tems négligé, ainsi que la formation du Magistrat dont les membres sont de la ville, tandis que suivant ladite union les 2/3 en doit être pris des habitans de la châtelenie, ce qui est la cause que ce Magistrat entièrement de la ville[2] en jette toutes les charges sur la châtelenie qui se trouve sans défenseurs.

[9] — Que la communauté d'Esquelbecq aïant son propre Magistrat qui se régit sans que, soit la ville de Bergues, soit les autres villages de la châtelenie y contribuent la moindre chose, tandis que ceux dudit Esquelbecq sont chargés des frais résultans de l'administration du Magistrat de Bergues, pensions de ses conseillers qui vont toujours en augmentant, frais de procédures criminelles, pavemens des rues dans la ville, l'entretien des lanternes et une infinité d'autres frais exorbitans, ce qui est une injustice criante. Pour n'y être plus assujettis à ces contributions injustes, les soussignés chargent leurs députés d'insister à ce que lesdits abus soient redressés, ainsi que tous autres, même d'en demander restitution et que, pour mieux les découvrir et reconnoitre, libre accès et inspection des comptes de la même ville et

---

[1] Ou cadastre, voir le mot **Transport** au *Glossaire*.
[2] Cf. Bissezeele (2).

châtelenie sera accordé à celui ou ceux que leur communauté trouvera bon de députer à ces fins.

[10] — Que le tabellion[1] créé pour ladite ville et châtelenie aïant été rachetté au moïen des deniers du public sans que jusqu'à présent il ait été rendu compte des émolumens, lesdits députés sont chargés d'en demander compte et renseing, de même que des sommes depuis longtems païées par cette communauté sous le nom de contribution pour la milice, des frais pour les différentes chaussées particulières, faites aux frais de la châtelenie, pendant que le pavé d'Esquelbecq a été fait aux frais de cette communauté seule. Ils feront de même à l'égard du canal de Bergues à Dunkerke qui a couté des sommes immenses sans aucune utilité et dont en tout cas ladite ville pouvoit seule s'en figurer l'idée.

[11] — Il en est de même du droit d'ensaisinement[2] qui ne pouvoit avoir lieu que sous les directes ou jurisdictions du roy ; cependant la communauté d'Esquelbecq a été chargée de païer dans le rachat qui en a été fait, pendant bien des années, sur le pied des impositions quelle païe dans la châtelenie ; il est donc juste que restitution lui en soit faite.

[12] — Il sera de plus observé que la communauté d'Esquelbecq est chargée de contribuer une part excessive à son étendue

---

[1] L'office de tabellion avait été réuni au greffe. Les conseillers pensionnaires en retiraient environ 8000¹, qu'ils se partageaient.

[2] L'ensaisinement était un acte par lequel le seigneur censier mettait en possession l'acquéreur d'un héritage et le reconnaissait pour son nouveau tenancier. Mais il s'agit ici d'une autre espèce d'ensaisinement, concernant les actes d'aliénation de biens domaniaux. Suivant l'édit du mois de décembre 1701 et l'arrêt du conseil du 7 août 1703, tous les contrats de vente, échanges, etc., des terres et héritages tenus en fief ou en roture, tant des domaines qui sont dans la main du roi que de ceux qui sont engagés, devaient être ensaisinés. Il n'était pas question des biens qui relèvent des seigneurs particuliers.

dans les demandes de S. M. sur la ville et châtelenie de Bergues, dont tous les autres villages sont mesure de Gand et les impositions s'y règlent sur ce pied ; Esquelbecq au contraire est mesure d'Artois qui est un cinqième moins[1] ; et quoique le sol n'y est pas des meilleurs, les impositions qui se règlent suivant ladite mesure sont cependant les plus hautes pour ainsi dire de toute la châtelenie et viendroient à peu près au double si la mesure étoit réduite au pied des autres villages ; il est donc juste qu'il y soit remédié par un nouveau cadastre à faire, sur quoi les députés insisteront.

[13] — Audit Esquelbecq, il y a 277 mesures d'anciens bois qui ne paiant que la 5ᵉ mesure par une ancienne possession, ce qui paraît injuste aux comparans qui estiment ces bois valoir autant que les autres terres ; leurs députés sont chargés de demander à ce qu'il soit permis de les imposer comme les autres terres.

[14] — Les décimateurs audit Esquelbecq, malgré l'arrêt du conseil, qui les assujetit à l'entretien de tout ce qui regarde les églises, l'office divin, le presbitère, et ce qui y est relatif, se fondant sur leurs richesses, se refusent à tout, et les comparans se voïant à coup sûr exposés à des procès fraïeux, si, pour prévenir la ruine de leur église, ils prenoient la voie du droit, pour ne pas y être exposé, leurs députés supplieront S. M. de vouloir y mettre ordre, et de charger aussi les mêmes décimateurs de laisser certaine part ou produit annuel de leurs dimes, qui est excessif, pour suppléer à la subsistance des pauvres de la paroisse dont le nombre s'accroit de jour en jour par la cherté des vivres.

---

[1] A Bergues, la mesure valait 44 ares 04 ; à Arras elle était de 42 ares 91 centiares ; de 39 ares 90 à Béthune; de 35 ares 46 à Aire, Sᵗ Omer, Sᵗ Venant, etc.

[15] — Que depuis quelques années, les cultivateurs ont été arrachés leurs fusils, ce qui les met hors de défense contre les malfaiteurs, dans leurs demeures éparses ; les députés aux Etats supplieront S. M. qu'il leur soit permis d'avoir pareilles armes pour leur défense, sans pouvoir être sur ce inquiétés.

[16] — Que le cultivateur souffre des grands dégats en ses champs par le nombreux gibier. Il est donc juste qu'il y soit remédié.

[17] — De même les nombreux marchands ambulans qui ne païent aucun impôt causent très grand tort aux marchands établis qui paient les impositions ; il convient qu'il y soit remédié pour prévenir la ruine de ceux-ci.

[18] — Les comparans trouvent aussi injuste qu'ils sont chargés de reparrer les rues, tandis que le seigneur y en a le planti ; de même plusieurs petites fermes ont été démolies et incorporées en d'autres, ce qui devroit être défendu. Les occupeurs privés trouvent injustes la taxe dit courtassis, ainsi que sur leurs métiers, débits, etc.

Ainsi fait le 26 mars 1789.

L. B. CHARLE, P. J. LAMMENS, J. VAN MACKEGHEM, F. BAETEMAN, Pieter DYCKE, W. J. CRONIE, G. SERPIETER, J. TOP, Pieter VANLÉE, E. DEMERSSEMAN, C. B. BON, C. F. MONSTERLEET, M. Fernand François CAMERLINCK, M. VAN MACKEGHEM, de STEIYNDER, P. DE LANGHE, Joseph VANHOVE, V. MOREEL, J. VAN DEN BERGHE, B. DENYS, P. N. DEKYNDT, L. J. DECREUS, P. VANDERSLUYS, P. BALLIE, J. DEIRE, A. CALLIEU, P. DE NAEYER, F. VAMME, F. KYUYT, Joannes VANDENBERGHE, B. DE LA HAYE, M. AUNAERT, Alexander ROBI-

TAILLIE, E. CUVELIEZ, Franciscus VAN DEN BUSSCHE, Pieter CAMPE, P. A. DEMOL, Jacobus BAILLIEUL, J. J. RYSSEN, Pieter DE RUE, DETERRE fils, J. LEROUX, J. J. LAMMENS, Joseph STAES, J.-B^{te} ITSWEIRT, Pieter PERSEVALLE, J, BRUISPELAERE, L. CHARLE.

LEDRINGHEM*

26 mars, en l'auditoire, par devant Pierre Anthoine Verborg, lieutenant bailly.

120 feux.

Députés : Jean Hondermarck, Alexandre Fauverge.

Les communs habitants du village de LEDRINGHEM, vassallerie de la châtellenie de Bergues St Winnocx, pénettrez de la solicitude paternelle du meilleur des Rois ont chargée les députées qu'ils ont nommée pour assister à l'assemblée général du bailliage, qui se tiendra à Baillieul le 30 du présent mois [de] mars, le présent cahier contenant leur plainte, leurs doléances et leurs observations, tant sur l'administration en général que sur le régime particulier et de la province et de la paroisse.

1 — En conséquence ils trouvent qu'il [est] essentiel de prier Sa Majestée de ne pas changer la constitution du pays, c'est à dire le régime municipal, enfin que les ecclésiastiques et les nobles soient comme du passé pour toujours esclus de l'administration.

2 — De prier le Roy de corriger le stile tant de la procédure criminelle que de la procédure civile, entre autre d'ordonner que les juges inférieurs pourront juger en dernier ressort jusqu'à concurence d'une certaine somme ; également d'ordonner que soit fait un nouveau règlement touchant les sallaires de tous avocats, procureurs, huissiers, greffiers et autres supaus de justices quelquonces, ainsi qu'un noveau règlement touchant

* Canton de Wormhoudt, à 4 kil.

les sallaires des notaires, partageurs et autres de cette classe, qui sera pour toujours stable et ferme.

3 — De prier S. M. de casser et d'annuler les traitée d'Union fait entre la ville et la châtellenie de Bergues confirmée par lettre patente de Philippe II roy d'Espagne du mois de novembre 1586, comme ayant été fait au désavantage et à la grandissime légion [1] de la châtellenie.

4 — De prier S. M. de permettre, en conséquence de cette cassation, que les députées des paroissses respectives puissent élire eux-mêmes leur Magistrat commun sans l'intervention de l'intendant, lequel Magistrat sera composée d'un Bourgmaître ou chef et de six échevins, dont trois aux moins devront être graduées avocat, afin d'éviter ainsy les frais d'entre[te]nir des conseillers pensionnaires.

5 — D'ordonner que ses Magistrats ne s'assemblera qu'une fois par mois aux frais de la généralité, les assemblées particulier, tant pour l'instruction que pour le jugement des procès et autres, devant être supportés par les parties qui les auront provoquées; d'ordonner de même qu'il sera établi un receveur particulier pour laditte châtellenie.

6 — De prier S. M. de vouloir abollir les jurisdictions subalternes comme n'étant qu'une suite de l'ancien régime féodal et comme étant à charge aux peuples.

7 — De prier S. M. de vouloir changer le transport de Flandres ou l'assiette des impositions, comme n'ayant plus une juste proportion avec la valeur de toutes les terres. Cette paroisse en particulier est d'autant plus lésez par ses transport que n'y est pas fait attention que la mesure des terres y est d'un cinquième à à peu près plus petitte que dans les autres villages de la châtelle-

---

[1] Lésion = Dommage.

nie, tellement que la petite mesure y est autant imposée que la grande mesure ailleurs¹.

8 — D'ordonner et de statuer que le département ou états de la province n'auront plus la facultée d'ordonner la construction de chaussées, cannaux et autres ouvrages majeures, sans y être autorisées par le consentement particulier des députées des communes, qui devront être extraordinairement convoqués à cet effet ; les charges de ces ouvrages devront être supportées par le seul propriétaire.

9 — De prier S. M. de vouloir ordonner, puisque le seigneur de Ledringhem prétend de jouir du droit de planties, contraire aux droits publique de la province, qui ne plante, en conséquence de ces droits, pas seulement sur les grands chemins, mais surtout les chemins du village quelconques, au point que dans cinquante ans les passages sera interrompue, qu'il soit tenue d'entre[te]nir lui-même lesdits chemins² ; c'est ainsy que les particuliers éviteront au moins les amendes que leur fait payer la surveillance fiscal que souvent fait ses visites dans des saisons indues.

10 — De prier S. M. d'abollir le barbare droit de chasse, sy contraire au privelège de l'homme et de la nature, source continuelle de vexations ; en outre de permettre à tous particuliers d'avoir des armes à feu, pour se défendre contre les malfaiteurs, que la jalousie de propriétaires des chasses a réussi à leur faire enlever.

11 — De prier S. M. de faire attention que les impositions sont augmentée d'un tiers, depuis quarante ans, au point qu'on paye actuellement de vaclage : pour une bête à corne trois livres 7 sols, quatre livres 10 sols pour un cheval et 7 sols 6 deniers pour chaque mouton ; que cependant ces sommes, loin d'entrer

---

¹ Cf. Esquelbecq (12).
Comparez avec Houtkerque (14 *l*).

dans les coffres du Roy, sont mangées et absorbées en grande partie par les frais imences de perception et de régie ; de prier en conséquence S. M de substituée à cette foulle d'impositions, dont la perception est difficile et entraîne des grand frais, des impôts d'une perception plus simple et plus facile.

12 — D'ordonner que personne ny ecclésiastiques ni nobles ne seront plus exempts de payer leur juste part dans les charges de l'Etat.

13 — De prier S. M., s'il est vray que le gouvernement, tant pendant les années 1744, 1745, 1746, que pendant les années 1770, 1771, a destiner à faire remettre quelques sommes pour subvenir à ceux que la maladie des bêtes à cornes avoit ruinée[1], à ceux qui ont étée dépositaires à rendre comptes.

14 — De prier S. M. de vouloir ordonner que ceux entre les mains desquels l'argent de la milice a étée versée d'en rendre un compte exacte depuis 1761.

15 — D'abollir le droit d'issüe.

16 — De prier S. M, de vouloir régler que chaque paroisse auroit droit de nommer deux députées pour visé tous les comptes généraux de la ville et châtellenie, ainsy que pour viser tous les comptes relatives tant aux affaires du département général que de la régie de droits, en particulier des quatre membres, tant pour les passée (auquel effet il sera ordonnée une convocation particulière en la ville de Cassel) que pour l'avenir.

17 — De prier S. M. d'abollir le droit qu'on exerce au marché de Bergues de prendre de chaque partie de bled qui s'y vende une escueille du bled.

18 — De prier S. M. de vouloir déminuer les pensions des intendants, des subdélégués et autres magistrats et conseiller pensionnaire.

[1] Cf. Hardifort (17), t. I, p. 18.

19 — De prier S. M. de vouloir ordonner que les archez à pied, comme étant moins utile pour la service de la généralité, soient supprimées et qu'ils soient remplacées par un sergent de justice dans chaque village, qui sera tenue d'obéir au chef du village et qui veillera à faire cesser tous troubles et querelles entre les peuples et auront l'œil sur les malfaiteurs ; que les messagers dont le nombre est trop grande soient également deminués et réduits à un.

20 — De prier S. M. de vouloir ordonner au cas qu'il ne lui plût pas de supprimer les juridictions subalternes que d'orenavant les Loix[1] ne seront plus composés par des personnes qui sont mutuellement liées entre eux par la lien du sang.

21 — De prier S. M. d'ordonner que le feu des assemblées de la Loy, quand ils seront assemblées pour l'instruction des procès ou pour autres affaires des particuliers, ne soit plus une charge de la communauté, mais que ce soit une charge à supporter par ceux à la requête de qui ses assemblées se feront.

22 — De prier S. M. d'ordonner qu'aucun office quelconques ne [sera] plus possédé par ceux qui ne sont pas régnecoles ou naturalisées.

23 — De prier S. M. d'ordonner que conformément à la disposition de la coutume de Bergues les anciennes fermes incorporée devront être rétablies.

24 — De prier très justement le Roi d'ordonner que tous les édits, déclarations et ordonnances quelconques seront publiées en langue flamande comme en langue françoise.

25 — De prier S. M. d'ordonner que, puisque les décimateurs jouissent de l'imence quotité de la onzième gerbe, cette quotité soit diminuée et restreinte ; qu'au moins qu'il soit ordonnée qu'ils

---

[1] C'est-à-dire les Magistrats.

soient chargée de l'entretient de vicaire de village avec d'autant plus de raison que, suivant la déclaration du 29 janvier et 26 juin 1786, il a été ordonnée aux décimateurs que dans les paroisses où il y avoit alors des vicaires de leur payer une portion congrüe : or la paroisse de Ledringhem avoit alors avant et a eux depuis constamment de vicaire.

[26] — Observent de plus les cordonniers que le cuir est sy excessivement chère qu'il n'est pas possible qu'il puisse subsister en faisant leur métier. Ils prient en conséquence S. M. de diminuer les droits excessif sur cette matière de première nécessitée ; observent également les journalier et artisans qu'ils sont chargé de payer l'imposition d'un demie mesure de terre qu'ils n'occupent pas, une chose qui paroit injuste, et ils prient en conséquence S. M. de les décharger de cette imposition.

[27] — Finalement, pour donner une idée à S. M. des charges imences de la paroisse, ils observent que leur paroisse n'est que de la grandeur de 1493 mesures, une line, 80 verges, mesures communes de la châtellenie de Bergues[1] et que les impositions, sous le nom d'ayde ordinaire, demandées à la charge de cette paroisse montent à la somme de 1348^l. 1^s. 0^d.

Que la capitation ou abonnement monte à la somme de
528^l. 10^s. 0^d.

Que le rolle d'imposition envoiée de la part du magistrat de Bergue monte à la somme de 6.121^l.

Que l'importance du vingtième denier monte à la somme de
1444^l. 2^s. 7^d.

Ensemble la somme de 9431^l. 13^s. 7^d.

---

[1] A Bergues, la mesure (44 ares 04) était de 300 verges carrées; elle se divisait en trois parties appelées lignes, valant chacune 100 verges carrées.

A quoi il faut ajouter la somme de 1250¹. 0ˢ. 0ᵈ. pour l'entretient de tables des pauvres, tellement que toutes les charges, non compris les frais particulier de la régie, l'entretient du vicaire et du clerq, montent à la somme de 10.681¹. 13ˢ 7ᵈ.

Ce qui repartit sur 1493 [mesures], une ligne et 80 verges de terre fait une somme de sept livres trois sols par mesure. Ajoutons encore à cela que le moulage qu'on doit payer à S. M. fait encore une somme annuelle de 481¹. 0ˢ. 0ᵈ.

[28] — Si on considère que les décimateurs emportent tous les ans la onzième partie du produit de toutes les propriétées, il est juste que S. M. les charge très expressément de laisser un tiers pour la table des pauvres, outre l'entretient des vicaires dont il est déjà parlée; outre qu'ils seront obligée, comme il est de droit, de les louer[1] publiquement dans le village tous les ans.

Ainsy le présent cahier close et arrêtée à l'assemblée des habitant du village de Ledringhem le 26 mars 1789.

> J.-B. HONDERMARCK, P. G. WINCKEL, Matt. L. GHEERAERT, Pi. VAN HALLEWINNE, Ignatius DENYS, H. COUSYN, Franciscus DEVEY, Pieter Antoine LEYS, Matt. DELATER, Joannes BARON, Joannes-Bᵗᵉ VELGHE, Pieter VAN DEN BERGHE, A. VAESKEN, J. C. MAEGHT, M. LECOCQ, Antonis HONDERMARCK, Nicolais Franciscus COPPIN, Pieter Jacobus LAFORCE, Pieter Cornelis BOBBEERT, — Paraphé *ne varietur* P. VERBORGH.

---

[1] Affermer la levée des dîmes.

HOUTKERQUE*

27 mars, en l'auditoire de cette paroisse et comté d'Houtkerke, par devant Jacques Antoine Verborgh, bailly.

270 feux.

Députés : Joseph François Devey, Philippes Willay, Pierre Jacques Masschelier.

Cahier des plaintes, doléances et remontrances des habitans de la paroisse et communauté d'HOUTKERCKE, une des vassaleries de la Chattelenie de Bergues St Winnocq dit Berg-ambacht. — Flandre Maritime.

Le désir vraiment royal de connoitre la vérité, de réparer les maux de l'Etat et de rétablir l'ordre dans touttes les parties de l'administration, en un mot, de regénérer la Monarchie, a suggéré [à] notre auguste souverain la paternelle résolution de s'environner aussi des lumières de ses enfants et de consulter l'opinion publicque par des voyes légales, sûres et durables. Aujourd'hui nos habitans et tous les membres de la communauté de Houtkercke, ses fidèles sujets, en suppliant Sa Majesté sacrée d'en agréer notre respectueux hommage, portons aux pieds du trône nos plaintes, doléances et remontrances suivantes avec un véritable amour et avec un vrai zèle et soumission.

[1] — Primo, nous supplions Sa Majesté d'une humilité bien profonde de daigner reconnoitre notre liberté et notre droit constitutionnel, principalement constaté par les lettres patentes de

---

* Canton de Steenvoorde (arrondiss^t d'Hazebrouck) à 5 kil. de Steenvoorde.

Philippe II, roi d'Espaigne, portant réunion de la chattelenie à la ville de Bergues¹, du mois de novembre 1586, par le décrètement de la coutume de ladite chattelenie et vassalleries² et par le placcard portant règlement général sur le fait de l'administration des villes ouvertes et du plat-pays de la province de Flandre³ de l'an 1672, dont l'éxécution a été ordonnée par lettres pattentes sur arrêt du 22 août 1733.

Ce règlement si sage, si nécessaire pour empêcher la ruine des communautés, a été adopté par les lois du royaume et nommément par la déclaration du 16 octobre 1703 [registrée] au parlement de Tournay le 7 décembre suivant⁴.

[2] — Nous ôsons en outre espérer que Sa Majesté daignera considérer les richesses considérables du haut clergé, le grand nombre des biens qu'ils possèdent, tant terres, seigneuries, justices, chasses et autres pareils qui ne conviennent pas à son état, par dessus ceux qui sont vraiement ecclésiastiques et de droit divin, produisants plus que le double de son besoin pour son entretien ; que Sa Majesté daignera également remarquer la distination et l'institution primitive de ces biens ecclésiastiques (dîmes). C'est sur l'exécution de ces maximes institutionneles et constitutionnelles que nos doléances sont particulièrement fondées.

[3] — Nous sommes taxés d'un nombre infinis des droits

---

¹ Cf. Wormhoudt-paroisse.
² Coutumes homologuées le 29 mai 1617. Cf. t. II, p. 84, note 1.
³ Cf. t. II, p. 246, note 2.
⁴ Déclaration du roi portant que les maires, échevins... ne pourront intenter aucune action, commencer aucun procès ni faire aucune députation au nom des communautés, sous quelque prétexte que ce soit, sans en avoir obtenu le consentement des habitants.... donnée à Fontainebleau le 16 octobre 1703, registrée au Parlement de Tournay le 7 décembre. Recueil d'édits, t. II, p. 315.

royaux, ce sont vingtièmes, d'aide ordinaire, capitation et augmentation d'icelle, des subsides extraordinaires, de controlle, de courtiers jaugeurs, pour les gages de la marchaussée, ceux des maîtres de poste, indemnité des huissiers de l'état, habillemens des melices, la garde et sûreté des cottes de la mer ; d'un autre cotté nous payons les droits de vacclage, tuage, moulage, les quatres deniers pour livres de la vente de nos meubles, des droits de lods et ventes de nos immeubles, droits d'ensaisinement, les droits à payer des sallaires et honoraires des officiers et juges royaux, les droits sur la consomption sur le vin ; les brasseurs se plaignent des droits considérables sur leurs brassins de la bonne et petite bierre. Ils doivent à cela ajouter les droits de calmage[1] et affourage[2] dues aux seigneurs. Les muniers se plaignent en même tems des reconnaissances qu'ils doivent à Sa Majesté à cause de leurs moulins[3], et enfin le tout tombe à la charge du Tiers Etat et les habitans de la campagne en partagent les plus forts de tous ces droits et charges.

Par dessus tout cela, les terres de cette paroisse et communauté sont particulièrement et considérablement chargées de rentes foncières envers Sa Majesté et envers le chapitre de St Pierre à Cassel.

[4] — Nous portons également à S. M. nos doléances que ses déclarations du mois de février 1731, du mois de mars 1780 et plusieurs ordonnances des gouverneurs qui ont survenu, touchant le port d'armes, nous privent des armes, des fusils, et qui nous sont nécessaires pour notre deffence, tant contre les chiens enragés, les loups et autres animaux dévorants, que contre les

---

[1] Cf. Watten (13), t. II, p. 315.

[2] Cf. Grand Robermetz (2), t. I. p. 465.

[3] Cf. Broxeele (22), t. I, page 118. Le droit de faire usage du vent pour le service d'un moulin.

voleurs, assassins, et contre tout autre malfaiteur qui pourroient survenir.

[5] — Idem, contre la rigueur de l'ordonnance touchant les avertissemens des maladies épizotiques des bestiaux[1], chevaux morveux, etc., à l'égard de la hauteur de l'amende et de son exécution qui, souvent et presque toujours, injuste par l'infidélité ou ignorance des rapports des experts maréchaux établis par les intendans, et les condamnations qui interviennent sans bonne connoissance de cause, comme on voit souvent des exemples au grand tort et ruine des habitans.

[6] — (a) Nous [ne] nous plaignons pas moins de la rigueur des exécutions des arrêts de la Cour du Parlement de Flandres, touchant les écouages et les réparations des chemins, rendus le 8 avril 1671, 20 décembre 1763 et 24 mars 1778 ; (b) comme aussi de celuy du 10 février 1779 touchant la saisie des couttres des charues non enfermées pendant la nuit, ce qui gêne beaucoup les cultivateurs de les rapporter le soir, et sous prétexte qu'ils sont propres à servir aux voleurs et assassins de commettre leurs crimes. Les contravenants encourrent une amende trop forte à proportion du délit, qui est de 10 livres de France, au profit de la maréchaussée ou autres officiers qui les saisissent.

Mais touttes ces plaintes ne sont pas encore les plus fortes causes de nos doléances.

[7] — (a) Les frais énormes de la Ville et Chattelenie, consistans en rentes, émolumens de l'état-major, entretien de cazernes, ponts, pavés, charges et frais communes du département que des frais de la régie et tout autre, tant ordinaires qu'extraordinaires, sans aucun autre détail ni spécification, surpassent, pour ainsi dire, le nombre des droits infinis, et l'assujettissement des gênes qu'on vient d'exprimer à l'entière oppression de la commune.

---

[1] Cf. Thiennes (6), t. I, p. 273.

(*b*) Ni de tous les frais, ni de tous les droits, ni de toutte charge quelconque qu'on nous impose, non plus que des comptes d'iceux, aucun détail, examen ou excès préalable ni postérieur [ne] nous est accordé ; et on prétend que, sur les ordres ou sur l'approbation de l'intendant, sans l'intervention des contribuables, tout est remplis ; et par l'entremise de son subdélégué qui est un membre permanent au Magistrat, dont la nommination ou le renouvellement dépendent absolument de luy, le commissaire départi est l'âme de touttes leurs délibérations que ses agents dérigent à son gré, sans la convocation et l'avis ni des notables, ni des vassaux, prescrite par la coutume, Rub. 4. Art. 2.

(*c*) De sorte que la commune est opprimé d'une foule d'abus et des taxations, parmy lesquels on trouve dans la ville les octrois sur la bierre qui se débite aux cabarets, qui tombent encore sur les habitans de campaigne, parce qu'ils la consomment nécessairement la pluspart, les jours de marchés.

(*d*) Un autre abus qui est que les magistrats et autres de la Ville sont exempts des octrois [1].

(*e*) Les vassaux de la chattelenie, en vertu d'une résolution du mois d'octobre 1784, ont fait des protestations contre les dépens énormes faites sans convocation des notables et vassaux et ils ont demandés la communication des comptes de la généralité sans que leurs démarches ont produit aucun effet, et dont les originaux de ces demandes, des réponses du Magistrat et de l'intendant sont encore entre les mains des officiers de la prévôté de St Donas, sur lesquels ils auront sans doute formé leurs doléances, auxquelles nous nous référons et nous adhérons à cet égard.

[8] — Par dessus tous ces frais énormes et un nombre infini de droits royaux qu'on nous impose, non seulement à notre insçu, **contre notre gré, mais contre notre droit légitime, nous sommes**

---

[1] Cf. Wormhoudt (2).

encore dans le cas de devoir supporter une infinité d'autres charges : l'entretien des pauvres de notre communauté, tandis qu'il y a des biens plus que suffisans qui, par la nature de leur institution primitive, sont destinés à cet œuvre pie et divin qui coutte à notre communauté, consistante en 270 feux. la somme de 4.622 livres de France par an.

Nous avons observé l'opulence des biens et revenues du haut clergé, mais nous nous plaignons encore que la pluspart de leurs membres sont inutil à l'Etat, indépendamment de ce que leurs revenues excèdent tant leur entretien total au service de l'autel et de l'administration des Sts Sacremens, auxquels ils ne se sont pas encore engagés totalement, puisqu'ils n'entretiennent pas les coutres des paroisses.

Le Concile de Mâcon — Can. 5 — déclare que les dîmes sont le droit divin [1], qu'elles ont toujours été payés dans les siècles passés de l'Eglise, qu'elles doivent être payés au clergé pour son entretien, afin qu'il puisse s'employer tout entier au divin ministère ; que tout ce qui reste après l'entretien frugal et modeste des ecclésiastiques doit être donné aux pauvres et aux captifs.

Cette réflexion combinée avec l'opulence des biens que possède le haut clergé, les habitans (le tiers-état) n'ont-ils pas le plus grand sujet de se plaindre de leur scituation misérable, de devoir essuyer touttes les gênes, de devoir travailler pour, par la sueur et les travaux pinibles, survenir aux taxations qui leurs sont imposées par l'usurpation de leur droit et de leurs volontés, et à leur soutien, et par dessus ce, devoir nourrir son pauvre citoyen, dans la place et lieu du clergé qui possèdent tant des biens à ce destiné.

---

[1] Le concile de Mâcon (fin du VIe siècle) est le premier qui prononça l'excommunication contre les personnes qui refuseraient de payer la dîme. A l'origine, les dîmes n'étaient que des offrandes et des aumônes volontaires.

[9] — Ils ont en outre un véritable sujet de plainte et de doléance que nous supplions S. M. de faire observer que le tiers-ordre, après touttes les peines, n'a aucune espérance de récompense, puisque la noblesse jouisse de toutes les restes des privilèges, principalement celuy exclusif d'aspirer aux charges et offices militaires.

[10] — Nous nous plaignons encore que les officiers municipaux de nos villes achettent avec les deniers publicque des offices, des seigneuries et autres droits qu'ils réunissent à leur corps municipal, et au lieu que la commune en auroit un avantage, c'est eux qui en profitent[1].

[11] — Que les terres en bois qui autrefois, par rapport à leur produit modique, ont été portés au tiers de ce que les autres terres paioient dans les impositions, sont négligés de les taxer comme les autres depuis leur augmentation, qui sont depuis longtems les biens de la plus grande production[2].

[12] — Nous nous plaignons encore que les vassaleries contribuent dans les frais de la régie et de l'administration de la justice de la ville et chattelenie, parce que nous supportons indépendament, tant par le seigneur que par la communauté, ces frais de la régie et de l'administration particulièrement qui nous regarde.

[13] — Nous sommes d'ailleurs dans une sçituation basse, souvent inondée et par des chemins impraticables, empêchés de sortir, pendant 8 mois par an, bien souvent, avec nos denrées aux marchés et pour amener des améliorations et des engrais pour nos terres, tandis que nous avons contribués dans tant des ouvrages et frais considérables pour des constructions des pavés, canaux et autres dans la province, desquels nous n'avons aucun avantage.

---

[1] Par exemple l'office de tabellion, à Bergues. Cf. Esquelbecq (11).
[2] Cf. Oudezeele (13) t. I, p. 197 et beaucoup d'autres cahiers.

[14] — Nous supplions Sa Majesté Sacrée d'écouter favorablement nos plaintes et doléances et qu'elle daigne en conséquence nous réintégrer dans nos anciens droits et dans l'exercice de notre liberté orriginèle :

[a] D'abolir ou modérer la rigueur de ses déclarations du mois de février 1731 et du mois de mars 1780 touchant le port d'armes, celles concernantes les avertissemens des maladies ipizotiques des bestiaux, la rigueur des arrêts du Parlement touchant les écouages des chemins rendus le 8 avril 1671, 20 X^{bre} 1763, 24 mars 1778 et celuy du 10 février 1779, touchant les saisies des couttres des charues pendant la nuit et les jours de dimanche.

[b] De retrancher touttes pensions quelconques donné à l'intendant, au secrétaire et au subdélégué.

D'ordonner que l'intendant, le secrétaire et le subdélégué n'interviendront plus dans l'administration et que leurs qualités seront incompatibles avec celles au Majestrat.

[c] D'ordonner que les lettres patentes de l'an 1586 cyté cy-dessus seront exécutés en rectifiant les articles de l'union et de la coutume, que les notables soient tous les ans élus par la commune dans les villes et au plat-pays sur la proportion portée par l'Union et que les majestrats seront choisies par les notables en y admettant chacque fois et par tour un des vassaleries pour que chacun puisse tant mieux connoître ses charges, droits et intérêts.

D'ordonner que le règlement de l'an 1672 cité cy-dessus soit exactement observé dans touttes les paroisses.

[d] Que les privilèges et exemptions sur les octrois dont jouissent les majestrats et autres de la ville seront supprimés ;

Que les octrois sur la bierre qui se débite dans les cabarets de la Ville soient diminués.

[e] Que les gros décimateurs ne pourvoiront pas seulement à l'entretien des curés et vicaires, mais aussi à celuy des couttres

également nécessaires pour l'administration des saints sacremens et aussi à l'entretien des pauvres des villages.

[*f*] Que S. M. daignera permettre au tiers-état d'aspirer aux dignités, charges et offices militaires en abrogeant les loix qui l'en excluent.

[*g*] Que les paroisses de la chattelenie [1] soient érigés en seigneuries et vendus au profit de la commune, ainsi que les offices achettées par le corps municipal.

[*h*] Que les bois et forêts seront taxés egalement et à la même hauteur que les autres terres dans les impositions.

[*i*] Que les emploiés et gardes des droits quelconques de S. M. seront condamnés aux dépens des procès qu'ils auront intentés mal à propos à la charge des habitans.

[*j*] Que les ordonnances sur le fait de l'ouverture de la chasse seront exactement observés, à cause que ceux qui les doivent exécuter pourroient les transgresser.

[*k*] Que les vassaleries ne contribueront plus dans les frais de la régie et de l'administration de la justice de la ville et chattelenie de Bergues, qui ne leurs regardent ni intéressent pas, puisque les frais, concernant cette régie et administration leur regardant, sont particulièrement supportés par les seigneurs et par les communautés.

[*l*] Qu'il plaise à S. M. d'ordonner que le planti sur le chemin verd cette paroisse, qui est d'une ample largeur, où le seigneur plante à son profit et où les frais de l'entretien dudit chemin sont supportés par les riverains seroit au profit de la communauté [2].

---

[1] C'est-à-dire celles qui dépendent directement du Magistrat de Bergues. Voir Notice, en tête des cahiers de la châtellenie de Bergues.

[2] Comparez avec Ledringhem (9).

[m] Les droits d'écart, de margueldt et de pontol[1] due au seigneur, à ce qu'on a jugé au Parlement et à ce qu'on a prétendu jusqu'à ce jour, étants des droits odieux et nullement appartenant audit seigneur, soit par la coutume décrettée du souverain, que par les rapports et dénombremens de sa seigneurie à l'égard du droit d'écart, on demande que lesdits droits soient abolis.

L'homme du seigneur ici présent observe le faux des derniers articles disant que ces droits sont connus par ses denombremens et la coutume et que le seigneur, après une ample contestation contre Mad[elle] de Briarde[2] et autres, ces droits ont été reconnus par plusieurs sentences et arrêts.

[n] Autre droit que le seigneur n'a introduit que depuis deux ans appellé le droit d'attelage qu'il lève des petits négociants de cette paroisse sur les denrées qu'ils vendent, n'étant une pire extorquerie et vexation, qu'il fait faire au petit peuple par son bailly, n'y aiant aucun droit soit par coutume décretée, dénombrement de sa seigneurie que possession suffisante ; lesdits négociants ne l'aiant payé depuis deux ans que pour ne pas avoir des procès.

L'homme du seigneur observe aussi le faux de cet article dernier, que est fondée sur une possession immémoriale reconnue par les débiteurs judiciellement.

[o] L'on fait aussi observer que les seigneurs haut justiciers et grand baillis, vendent les offices de Bailly, leurs enjoignant la faculté de placer des échevins et autres officiers à leur gré, lesquels pour la pluspart ne voient à la bonne vie et mœurs, ni à la

---

[1] Droit d'écart ou d'issue, droit de marque, droit de pontol ou de tonlieu.

[2] Sur la famille de Briarde ou de Bryaerde, voir un article de A. Bonvarlet, dans les *Annales du Comité Flamand de France*, t. IV, p. 53-78.

conduitte, mais aux présens qu'ils en recevoient au grand tort et préjudice des communautés.

[*p*] Nous supplions S. M. d'ordonner une rectification dans le stile de procédures dont les frais augmentent de jour en jour au grand préjudice des personnes qui se trouvent dans le cas d'en devoir user et s'en servir.

[*q*] D'ordonner que les petites censes démolies et annexés à des plus grandes, d'où provient que quantités des personnes soient privées d'occupation des terres et réduits à la pauvreté, soient louées particulièrement et rebatties.

[*r*] D'ordonner que les chemins publics qui se trouvent incorporées dans les terres riveraines, ce qui ôte tout accès à d'autres terres, seroient restituées.

Nous supplions, en conséquence de notre plainte touchant notre scituation basse et l'impratication de nos chemins, de considérer les frais considérables que nous avons contribuées dans d'autres endroits de la province, de daigner ordonner de construire un pavé de notre paroisse à Wormhout le plustôt possible, par laquelle les paroisses de Herseele, Wormhout, Bambèke et Winnezeele auroient le même avantage que nous.

[*s*] Comme par notre coutume locale il est statué d'user de poids et de mesurage de la ville de Poperinge [1] scituée sous la domination autrichienne, et que cet usage gêne beaucoup les habitans, on supplie S. M d'abroger cet article de la coutume en ordonnant de suivre la coutume de Bergues à cet égard.

[*t*] — Et comme les curés profitent le surplus de la cire des chandelles qu'on fait brûler dans les enterremens et autres services que les particuliers font faire dans les églises, tant à l'in-

---

[1] A Bergues, la mesure de terre valait 44 ares 04 ; à Steenvoorde, et probablement à Poperinghe, 35 ares 30. La livre pesait à Bergues 435 grammes ; à Steenvoorde, 423.

tention des defunts que tout autre, on supplie S. M. d'abroger aussi cet usage en ordonnant que le surplus de cette cire sera restituée ou appartiendra à ceux qui auront fait faire les services dans les églises.

[15] — Moiennant des regards favorables à nos doléances, une rectification de nos droits et privilèges et une subbrogation des abus dont nous nous plaignons, nous tacherons avec un vrai zèle, amour et soumission supporter l'impôt qui nous tombera en partage pour le rétablissement des maux des finances de l'Etat.

Ainsi fait à Houtkercke, à l'assemblée de la communauté du 27 mars 1789.

[16] — *De post :* Nous supplions encore S. M. d'ordonner que les chevaux des carosses et bidets à sel seront compris et devront payer au vacclage comme les chevaux de labour. — Date que dessus. En double.

C. WILLAY, P. DEHRIQUE, P. FASSEUR, H. CAMPE, Jacobus HIBBON, P. MANYNCK, J. VANBRUGGHE, Albertus ROELENS, P. J. LE ROY, C. H. HILST, P. C. KYON, V. J. MASSCHELIER, P. JOURDIN, D. VIRBORGH, J.-B. MAHIEU, M. W. DE ROOME, DEBACKER, VERSCHAVE, Baptieste VAN DEN BROUCKE, F. L. MANTEZ, A. CATTOEN, J. F. BLAEVOET, J. MAERLE, J. VERBEKE, P. MUYLLE, B. W. BLAWOET, J. BELLENZIER, P. J. VANDEWALLE, V. RYBREUW, P. J. RYBREUW, MOREEL, Anthone DE CLERCK, DEBACK, J.-B. CAMPE, J. F. VERMEILE, P. PATFOORTJAN (?) Bap[te] FERYNG, P. J. DUPONSELLE, Albert DURIÉ, W. BLAVOET, J. LAFORCE, P. J. LABAEYE, MONTHAYE, C. DEBRIL, WAGEMAECKER,

Joannes Carton, S. Ph. Marcant, P. F. Taut(?), Van Tielcke, J. Canes, Pieter Lavoye, J. Goossens, J. Ceulenaere, L. Verschaeve, L. Vermersch, V. Bruneel, Frans Mahieux, Cornelus Vandenberghe, Cornelis Van Straseele.

Vu par le soussigné Bailly de la paroisse et comté de Houtkercke le cahier cy dessus. Cotté et paraphé à Houtkercke en chambre de justice, à l'assemblée de la communauté, ce 27 mars 1789.

J. Verborgh.

HONDSCHOOTE*

24 mars[1], en l'assemblée générale des habitans de la ville et juridiction d'Honscoote, en l'église paroissiale de la ville, et devant les officiers municipaux.

[*Manque le nombre de feux*][2].

Députés : de Saint-Hilaire de Cruyninghe, Josse Lievin Debil, Pierre Joseph Floor et Pierre Antoine Herwyn.

[*Signatures du procès-verbal*].

de St Hilaire de Cruyninghe, V. M. Sapelier, J. F. Marcant, Depoorter, S. F. Delegher, E. van den Bavière, Coigniez, De Bril, P. S. De Laroière, L. Schadet, P. A. Herwyn, Taverne de la Bruyère.

Le cahier de la ville d'Hondschoote n'a pas été retrouvé[3].

---

* Chef lieu de canton, à 20 kil. de Dunkerque.

[1] L'assemblée n'avait pu avoir lieu précédemment, comme en témoigne la déclaration du 21 mars, faite par le bailli (Archives d'Hondschoote, AA. liasse 31). Cette pièce fait connaître « qu'il a été impossible de rédiger le cahier de doléances... à cause du grand concours de monde qui a occasionné des désordres, ainsi que de procéder au recueillement des voix. »

[2] Une pièce annexée, 13 avril 1789, indique le nombre de feux, « qui monte à 311, non compris 60 maisonnettes habitées par des pauvres de l'endroit ; à la campagne, dite juridiction, le nombre des habitations ou feux est de 162, sans également y comprendre trente maisonnettes ou chaumières habitées par des personnes assistées de la table des pauvres. »
Signé L. Schadet, [*conseiller, greffier*].

[3] C'est un des onze cahiers emportés à Versailles par les députés de la Flandre maritime. Cf. Avant-propos. t. I, p. vi. — Voir à l'Appendice des extraits d'un *Mémoire pour le seigneur de la ville et juridiction d'Hondschoote,* qui permet de saisir quelques-unes des doléances dudit cahier.

LES MOERES [*]

A Monseigneur

Monseigneur Necker,

Ministre d'Etat et Directeur Général des finances
de Sa Majesté Très Chrétienne, etc.

Supplient très humblement toutes les habitants de la Seigneurie du Chateau des Moëres [1], situés dans la Flandre maritime entre les villes de Bergues, Furnes et Dunkerque, sous la protection de Sa Majesté, consistant en deux lacs appelées grande et petite Moëres, dont le dessèchement n'est pas encore perfectionnée [2], remontrent avec toutes soumission les suppliants que ne formant qu'un petit corps en communauté composés de soixante-cinq feux selon le calcule, dont led[t] seigneurie a toujours, a été protégé

---

[*] Les Moëres, commune du canton d'Hondschoote, à 6 kil. de cette localité. — La seigneurie des Moëres, par suite de conditions spéciales d'existence, était au point de vue de la justice et de l'administration, dans une situation différente de celle des autres villages de la châtellenie de Bergues. Cette communauté n'était pas régie par le Magistrat de Bergues ; elle ne formait pas non plus une vassalerie de la châtellenie. C'était un territoire distinct, ayant sa Loi particulière.

[1] Comme on le voit, il ne s'agit pas ici d'un véritable cahier, mais d'une supplique adressée à Necker, qui dans l'esprit des habitants, est destinée à tenir lieu du cahier qu'ils n'ont pu rédiger en temps utile. Elle se trouve en copie aux *Archives nationales*, B^A 18, liasse 21, pièce 4.

[2] Sur le dessèchement des Moëres, voir : Ovigneur, *Mémoire pour l'administration des Moëres françaises contre la IVe section des Wateringues*. Lille, 1891, br. in-8°. — Quarré-Reybourbon, *Dessèchement des Wateringues et des Moëres*. Lille, 1892, broch. in-8°. — de Saint Léger, *La Flandre Maritime*, p. 348-351.

par Sa Majesté, selon les lettres patentes de Sa Majesté accordées à M. le Comte d'Herouville, ancien propriétaire, et au Sr Vandermey, nouveau concessionnaire desdites terres et seigneurie, où tous les habitans jouissent tous également les mêmes exemptions du droit d'aubène.

Nous supplions Votre Grandeur de prendre connaissance que nous avons été assemblé par ordre de Messieurs du Magistrat de notre seigneurie le 26 mars dernier après-midi pour satisfaire aux ordres de Sa Majesté, ou nous avons choisis un député par pluralité de voix, le nommé François Loonis [1]. Mais par interruption dans l'assemblé occasionné par un homme attaché à la régie, la Compagnie s'est séparé vers le soir, et n'ayant ni Eglise, ni sindics, ni commissaire à la tête de notre assemblé, nous n'avons pu reprendre qu'avec beaucoup de peine pour former notre cahier de doléances qui n'a pu avoir lieu le 29 et 30 mars. Et plusieurs habitans n'osait paraître sachant que les régisseurs disaient que cela n'était pas nécessaire ; l'huissier étant partie avec le règlement, nous étions privés de tous instruction nécessaire. Le 30 mars, nous devions être rendus à Bailleul, au présidial ; étant si éloigné il était impossible de venir entemps, cependant nous avons été à Bergues pour prendre un avis pour la rédaction du cahier. Etant arrivé à Bailleul, il était trop tard. Nous n'avons

---

[1] Ce Loonis — d'après une lettre adressée par lui à Necker (*Archives nationales* B^A 18, pièce 3) — aurait été placé par Vandermey comme garde magasin, à Casterhof. Dès 1783, l'argent ayant manqué, il n'a plus reçu que de petits acomptes sur ses gages. En 1786, Vandermey a envoyé aux Moëres de nouveaux régisseurs, qui se sont emparés des maisons, chevaux, chariots, foins, etc., et qui ont refusé de payer les dettes de Vandermey. Loonis a vainement offert d'abandonner 200 livres de son salaire pour obtenir le reste, afin de pouvoir payer ses dettes. Les régisseurs l'ont fait révoquer le 31 décembre 1787. Quelques mois après, le 3 mai 1788, son mobilier, sa femme et ses enfants avaient été mis dehors. — François Lienthout, meunier des Moëres se trouvait dans le même cas.

pas d'autre recours qu'à Votre Grandeur pour porter nos plaintes.

[1] — Nos suplians n'avons point d'église autre que celles des paroisses voisines dont la plus grande partie sont assez éloignés pour se rendre à leur devoir spirituelle. Pour les administrations[1], en cas de maladie nous avons besoin le secours des d^{ts} prêtres qui se plaignent d'être assez mal payés. Cependant tous les locataires, acquéreurs de fruits, foins, etc., payent au receveur des Moëres par mesure onze sols annuellement. Cette somme bien employée est par le nombre des mesures assez considérable pour payer les prêtres et même pour former une table de pauvres. — Les enfants né dans les Moëres sont baptisés comme des étrangers ou passans dans les églises des paroisses de Gyvelde, Uxem, Hontscôte, n'ayant ni maître de pauvres connu ni personne qui rend compte de cet argent. Les suplians se trouvent assez gênés.

[2] — Le Magistrat du d^t seigneurie est à la ville de Bergues. La plus grande partie de notre communauté sont éloigné de deux à trois lieues de là. Cependant il y a des maisons assez capable pour faire l'assemblé devant le d^t Moëres, ce qui ne s'assemble ordinairement tous les quinze jours. Le procès sont fort fréquent, ce qui ruine plusieurs habitans par la longue durée et la rigueur des frais. Il n'y a que peu de chemin publique, et dans l'hiver impraticable et inondé.

[3] — Les régisseurs ont causé un grand dommage l'été passé au locataires par l'ouverture d'une écluse de poldre dans l'intérieur des Moëres, dont les laboureurs ont perdu beaucoup de grain qui était dans la plus belle espérance, a été généralement inondé sans aucun indemnité faute d'attention des régisseurs.

[4] — Le d^{ts} régisseurs donnent aussi de terres à moitié pour labourer et ensemencer à des laboureurs éloignés, ce qui fait que terres ne sont pas amandé comme il doivent et incapable de pro-

---

[1] Pour administrer les sacrements.

duire leurs effets, et étant loués à des habitans par terme, pour un prix médiocre il produirait beaucoup plus pour la subsistance du peuple, satiendra plus d'ouvriers en œuvre et tous le monde profiterai de cet avantage.

[5] — Le cens pour un terme de trente ans pour bâtir sont à un prix excessif, ce qui est le cause que ces terres sont si peu habité parce que ceux qui occupent moins qu'une mesure de terre doivent payer à raison de soixante livres par mesure annuellement sans le conditions, onze sols pour curés et pauvres, etc. Aussi plusieurs réclament leurs papiers qui ont été demandés par le régisseurs sans le rendre pour mieux reprendre les terres quand ils veullent comme ils ont fait l'année courant, après que les laboureurs avaient commencé le labours, etc.

[6] — Comme il est à le connaissance de Sa Majesté qu'au nom du sieur Vandermay le régisseurs ont sollicité par un arrêt de surséance qu'il est déjà renouvellé pour le quatrième fois et qui ne finit qu'au 12 d'octobre prochain, l'intention de Sa Majesté a été pour payer les créanciers et conserver l'hypothèque, ce qu'ils ont abusé, par la vente de la machine pour 1600 livres[1] et par la poursuite de créanciers même criminellement ceux dont il pouvait attribuer la moindre chicane, etc.

Tous les supplians habitans des Moëres réclament la justice de Sa Majesté et se recommandent dans la bonne protection de Votre Grandeur, Le suppliant de vouloir écouter leurs plaintes pour prendre les mesures pour la correction des abus de la régie, dont ils sont préparé à sacrifier tous, même la vie, pour la conservation du royaume, faisant continuellement de vœux au Ciel pour la conservation des précieux jours de Votre Grandeur, etc.

[1] « **Machine à feu** » pour l'épuisement des eaux.

TERRITOIRE DE DUNKERQUE

NOTICE

Le territoire de Dunkerque comptait quelques villages qui avaient été enlevés par les Anglais à la châtellenie de Bergues, alors qu'ils étaient maîtres de Dunkerque et de Mardyck (1658-1662). Au moment du rachat de ces ports aux Anglais (1662), Louis XIV ordonna au gouverneur français, marquis de Montpesat, d'occuper également les villages annexés à Dunkerque par les Anglais et d'en empêcher le retour à la châtellenie de Bergues, encore sous la domination espagnole. De là, la formation de ce territoire qui comprenait, outre Dunkerque et Vieux-Mardyck, les localités de Petite Synthe, Grande-Synthe, Zuydcoote, et les branches ou dépendances de Ghyvelde, de Leffrinkhoucke, de Téteghem, d'Uxem et de Coudekerque.

Le Magistrat de Dunkerque exerçait toute justice dans ces endroits et dirigeait partout l'administration à l'aide d'hoofmans et de pointers, sauf à Zuydcoote. Ce dernier village avait un échevinage, nommé par le seigneur, dont les *gens de Loy* s'occupaient de la justice et de l'administration.

De là, le classement suivant :

I. Le cahier de la ville de Dunkerque.

II. Les cahiers des communautés sur lesquelles s'étendaient la juridiction et l'administration du Magistrat de Dunkerque.

III. Le cahier de Zuydcoote.

I

VILLE DE DUNKERQUE

24 mars, par devant nous Bourgmaître et échevins des ville et territoire de Dunkerque, sont comparus :

M⁰ Nicolas Omer Leys, conseiller de l'Amirauté, les Srs Pierre Joseph La Benne, juge consul et Joseph Hovelt, premier consul de la juridiction consulaire, Joseph Mazuel et N. Barthelemy Reynaud l'aîné, conseiller de la Chambre de Commerce, Mes Jean Philippes Vandercruce et Nicolas Etienne Douvillier, avocats, M. Philippes Sancay de Blaigny et Me Robert Verhulst, médecins, Me Célestin Castrique et Robert Sta, notaires, Me Philippes Joseph Castrique et Me Nicolas Cloquette, procureurs, les Srs Louis Lavabre, Georges Munster, chirurgiens, Jacques Merlin et Jacques Emery, apoticaires, Antoine Tresca, Athanase Masselin, Philippes Cailliez père et David Grégorie, négociants, Adrien Delille et Antoine Figoly, capitaines de navires, Jean Georges Pene, poulieur, et Pierre François Vaillant, controleur de la poste aux lettres [1], Pierre Bonvarlet et François Gernaert, marchands de draps ; Jean Charles Bustreel, Jean-Baptiste Janssoone, Joseph Bilays et Jean Josse Declercq, marchands du corps dudit de Ste Gertrude ; Balthazar Weins, imprimeur, et Mathias Pol, négociant, chevalier de la confrérie de St Georges ; Pierre Bernard de la Fontaine et Joseph François Regoot, chevalier de la confrérie de Ste Barbe ; Jean François Maeyeus et Nicolas Marie Joseph Blaisel, chevalier de la confrérie de St Sebastien ; Jean Schoutheer père, orphèvre ; Jean-

---

[1] Pene et Vaillant représentent les « non corporés » de la ville de Dunkerque.

Baptiste Baillieu, membre du corps de St Eloi ; P. Nanninck, maçon ; César Ruyssen, maître charpentier et menuisier; Jaques Denis, maître constructeur de navires ; Antoine Espanet, maître boucher ; Jacques Hollebeque, maître chaircuitier ; Jean-Baptiste Delaly, maître boulanger; Jean-Baptiste Henri Carlier, marchand brasseur; Pierre Dehaudt, maître meunier ; Pierre Le Sieu, maître charon ; Thomas Pinleville, cordier; Nicolas Boutté père et Guillaume Jean Schipman, perruquier ; Louis Godefroy père, tonnelier ; Jean-Baptiste Cousin, tourneur; Pierre Lhermitte et François Vanhaudt, voiliers ; Joseph Rimbaux et Antoine Seras, maîtres tailleurs ; François Le Roi, bélandrier ; Antoine Hermé, maître d'école ; Jean Durey père, maître cordonnier ; Jean-Baptiste Dhondt, cordonnier en vieux ; Jacques Weus et Antoine Schramain, pêcheurs; Martin Costenobel et Nicolas Boidin, charetiers ; Charles Lequieux, déchargeur; Gabriel Darte, mesureur; Jacques Everard et Pierre Antoine Gamblin, brouetteurs ; Jacques François Buquet et Jacques Dodanthun, travailleurs de vin ; Philippe Duhamé, travailleur de bière ; Alexis Toreille et Charles Février, porte-sacs ; Pierre François Emanuel Laurenz et Louis Engelbert, Jacques Joseph Letocart, imprimeurs, tous représentants des différentes corporations, corps et communautés de cette ville ou des bourgeois et habitants [1].

[Manque le nombre de feux].

Députés [2] Thiéry bourgmaître (69); Leys conseiller de

---

[1] A Dunkerque, comme dans les autres villes, les électeurs du Tiers-état devaient d'abord se réunir par corporation. Le jeudi 17 mars, toutes les corporations choisirent leurs délégués à l'assemblée de la ville et rédigèrent leurs cahiers que le Magistrat de Dunkerque fit disparaître. Cf. A. DE SAINT-LÉGER, p. 404-405. Sur les élections à Dunkerque et la rédaction du cahier, voir INTRODUCTION, t. I, p. XXXIX. Compléter avec les brochures indiquées dans A. DE SAINT-LÉGER, *La Flandre maritime et Dunkerque*, p. 31.

[2] A côté de chaque nom, nous avons placé entre parenthèses le nombre des suffrages obtenus. Il y eut 76 votants et non 72, comme il a été indiqué par erreur dans l'INTRODUCTION, p. XL.

l'Amirauté (45); La Benne (29); Grégorie, négociants (53); Douvillier, avocat (38); Gernaert, négociant (37); Delille, ancien cap^e de navires (51); Reynaud l'aîné, conseiller pensionnaire de la Chambre de Commerce (48); Vandercruce, avocat (64); Joseph Hovelt, négociant, consul (64); Mazuel, négociant, conseiller de la Chambre de Commerce (56); Edouard Cadet (49); Pierre Reynaud, négociant (35); Macyeux, procureur (53); Declercq, négociant (56); Blaisel, greffier de la juridiction consulaire (47); Stival (38); Cons^t Tresca (40); Louis De Baecque, négociant (48); Looten de Lenclos, échevin (36); Peychiers l'aîné, négociant (57); Carlier, brasseur (60); Deffossé, échevin (57); Castrique l'aîné, notaire (72).

Cahier de doléances, de pétitions et de mandats du tiers état de la ville de DUNKERQUE[1].

Du 24 mars 1789, à l'assemblée tenue à l'hôtel de ville, en la forme prescrite par le règlement du 24 janvier de la même année.

1 — Les députés que la Flandre maritime enverra à l'assemblée générale de la nation doivent être chargés de procurer à la France une heureuse constitution, qui assure d'une manière inviolable et sacrée, les droits du Roi et de ses sujets, à tous les citoyens la liberté et la sûreté individuelle, par l'abolition de toutes lettres de cachet, lettres d'exil, et autres espèces d'ordres arbitraires.

2 — De demander que l'Assemblée Nationale détermine quelles sont les loix fondamentales et constitutionnelles de la monarchie,

---

[1] Le cahier de Dunkerque a été imprimé à l'époque. Il a paru en brochure de 31 p. in-8° et en brochure de 16 p. in-4°. Il se trouve aussi dans MAVIDAL et LAURENT, *Archives parlementaires*, t. II, p. 182, mais la reproduction en est incomplète : elle s'arrête après l'article 57.

afin qu'on ne puisse y porter aucune atteinte, ni qu'on puisse en supposer ou établir qui n'aient pas ce caractère.

3 — De demander que la législation, l'imposition et la répartition des impôts soient faites par la nation assemblée.

4 — Que le retour successif des Etats Généraux soit fixé à un temps à limiter par lesdits Etats, passé lequel les impôts accordés cesseront.

5 — Qu'aucun impôt ne soit accordé par la nation assemblée, avant que ces objets n'aient été accordés et passés en loi.

6 — (a) Que des impôts à imposer, l'impôt territorial en nature sur tous biens ait la préférence, (b) sans aucune exemption quelconque, à charge que les jardins et enclos payeront les mêmes impôts, par évaluation.

7 — Demander l'abolition de la gabelle, de la taille, de la ferme du tabac, ainsi que de la corvée, pour leur être substitués, d'après le consentement des Etats Généraux, des subsides également supportés par les trois ordres, proportionnellement aux propriétés, soit mobiliaires, soit immobiliaires, de chaque contribuable.

8 — De demander l'abolition de tous impôts sur les grains, les bestiaux, les tonlieux, péages et autres impôts domaniaux semblables, sauf à les remplacer par d'autres impôts sur les objets de pur luxe, tels que les chevaux de selle, de cabriolet, de carrosses, le trop grand nombre de domestiques, les chiens de chasse, ou de pur agrément.

9 — Que le produit des impôts perçus par les provinces soit versé directement dans les coffres du Roi, sans frais.

10 — De demander que la mendicité soit supprimée par les meilleurs moyens possibles.

11 — De ne pas souffrir qu'un citoyen, tel qu'il soit, soit jugé par des commissaires autres que ses juges naturels ; en

conséquence, de demander l'abolition de toute commission particulière et évocation au Conseil[1].

12 — Demander que les jurisdictions consulaires du royaume aient la connoissance des affaires de faillite[2].

13 — Que les sentences consulaires pourront être exécutées dans tout le royaume, sans qu'il soit besoin de placets, visa ni pareatis[3], conformément à l'édit du mois de novembre 1563[4].

14 — Qu'en matière de commerce, les sentences ne portent hypothèque en aucune ville et lieu du royaume.

15 — Que les jours de grâce[5] pour toutes lettres de change, billets à ordre, et billets valeur en marchandises soient égaux et de rigueur par tout le royaume, afin d'éviter les procès que l'interprétation occasionne trop souvent.

16 — Qu'il soit fait une loi pour toute la France, touchant la revendication[6], afin que les négociants françois aient le même droit qu'ont sur eux les étrangers.

---

[1] En droit, les évocations et committimus ne pouvaient pas avoir lieu en Flandre. Voir arrêt du 31 mars 1664 pour Dunkerque, Gravelines et Bourbourg.

[2] La connaissance des faillites et banqueroutes et l'homologation des arrangements faits entre un débiteur et ses créanciers, quoique marchand, appartenait aux juges ordinaires, à l'exclusion des juges et consuls.

[3] On donnait le nom de *Pareatis* à des lettres expédiées en chancellerie pour faire exécuter les arrêts et les sentences hors du ressort des tribunaux où ils avaient été rendus.

[4] Edit par lequel Charles IX établit à Paris une juridiction consulaire, composée d'un juge et de quatre consuls qui devaient être choisis parmi les marchands.

[5] *Jours de grâce* ou *de faveur*, c'est-à-dire jours accordés par l'usage pour le payement d'une lettre de change, lorsque le temps pour lequel elle a été acceptée est expiré.

[6] Revendication de propriété, meuble ou immeuble.

17 — Que les juges consuls puissent juger en dernier ressort, jusqu'à la même somme des présidiaux, avec d'autant plus de raison que, lorsque ceux-ci étaient fixés au premier chef à 250 livres, les juges consuls jugeoient à 500 livres[1].

18 — De demander l'uniformité des poids et mesures dans tout le royaume.

19 — La suppression des droits de consulat de Cadix[2].

20 — Qu'il ne soit accordé aucune lettre de répit, surséance[3], ni sauf conduit[4].

21 — De demander le transit général par tout le royaume.

Arrêté à la séance de ce jour 24 mars 1789, sans préjudice

---

[1] Par l'article 7 de l'édit du mois de mars 1583 il était permis aux juges-consuls de juger en dernier ressort quand la demande et la condamnation n'excédaient pas 500 livres. L'édit de janvier 1551, par lequel Henri II ordonna que dans chacun des principaux bailliages et sénéchaussées, il y aurait un présidial, leur attribuait la connaissance de toutes matières civiles, en dernier ressort, jusqu'à la somme de 250 livres tournois en capital, ou 10 liv. de rente annuelle. A la fin de l'ancien régime, leur compétence en dernier ressort s'était élevée à 2000 livres, tant en principal qu'intérêts ou arrérages échus avant la demande On avait étendu la compétence des présidiaux, et on avait laissé telle qu'elle était au XVIe siècle celle des juges-consuls D'où la demande d'harmoniser un peu ces compétences.

[2] Voir les ordonnances du 24 mai 1728 et du 21 juillet 1731 relatives aux droits à payer au consul de France à Cadix pour les navires et les marchandises destinées à Cadix. On sait que Dunkerque faisait un grand commerce avec l'Espagne, notamment avec Cadix, entrepôt de marchandises pour la péninsule et l'Amérique espagnole.

[3] Lettres de *répit* ou de *surséance* : Lettres par lesquelles un débiteur obtient la surséance des poursuites de ses créanciers et un délai d'un certain temps pour payer ce qu'il doit. C'était une pratique fréquente avant 1789; les cahiers de tous les pays renferment une multitude de plaintes à cet égard.

[4] Lettres par lesquelles on permet à quelqu'un — ici à un débiteur — de se rendre en quelque endroit et d'y séjourner sans crainte d'être arrêté.

à la continuation dudit cahier à demain, 8 heures du matin.

LABENNE, LEYS, J. HOVELT, MAZUEL, REYNAUD l'aîné.— Nous protestons contre les prétentions des juges consuls portées en l'article douzieme ci-dessus : DOUVILLIER av., VANDERCRUCE, not.— SANCEY DE BLAIGNY médecin, VERHULST méd. doct.— A charge qu'après les levées des scellés les inventaires se fassent par les notaires de cette ville : CASTRIQUE, STA. — Avec protestations dudit DOUVILLIER soutenant que la prétention des juges et consuls est contraire à l'ord^{ce} et à la vindicte publique : P. CASTRIQUE.— Sous toutes protestations contre la demande des consuls : CLOQUETTE. — LAVABIE, TRESCA, MUNSTER, MASSELIN, C. DELILLE, David GRÉGORIE, JAILLIART, Pierre BONVARLET, Jean PERRE, Franc. GERNAERT, J. BUSTEREEL, JANSOONE, J. BICAYS, Math. POL, J. J. DELCEREKS, WEINS l'aîné. Sous protestations contre l'article 12 : MAEYEUS. — Persistant en l'avis donné : BLAISEL. — Sous protestation contre l'article 12 : RIGOOT. — DELEFONTAINE, Pierre NANNINCK, Cézar RUYSSEN, SCHOUTHER, père, Jai. DENYS, P. BAHEY, P. ESPANET, Jaque HOLLEBEKS, J.-B^{te} DELALY, J.-B. CARLIER, DU HAUDT, LESIEU, Ch. PINCEVILLE, G. F. SCHIPMAN, BOUTTÉ, Louis GOEDEFROY, J.-B. COUSIN, P. LHERMITE, F. VANHAU, GRINBAUX l'aîné, Antoine

Servaes, F. P. Leroy, Hermé, Durey père, Dhondt, Jacobus Veus, Charles Lequiens, marque de Scharman, Gabriel Dart, Gamblin, Martin Costenoble, J.-B. Buquet, N. Boudin, J. Everaert, Ph. Duhamez, Danthun, Henry Toreille, Charles Febvrier, L. Létocart ; *ne varietur* Thiéry.

Continuation des doléances, pétitions et mandats du Tiers Etat de la ville de Dunkerque.

Du 25 mars 1789, 9 heures du matin.

22 — Demander qu'en interprétant l'article 3 du titre 3 de l'ordonnance de 1673 il soit ordonné que les journaux et copies de lettres des banquiers, négociants et marchands, tant en gros qu'en détail, seront cotés et signés et paraphés par les juges consuls sur chaque feuillet [1].

23 — Demander la suppression de tous privilèges exclusifs en fait de manufactures, celle des droits réservés [2], des droits de marque sur les fers [3] et cuirs [4] ; de tous les règlements sur les manufactures, ainsi que des commissions des jeaugeurs, mar-

---

[1] Edit du roi servant de règlement pour le commerce des négociants et marchands, tant en gros qu'en détail, donné à Versailles, au mois de mars 1673. Voir au Recueil des édits, t. IV, p. 655.

[2] Droits qui ont été conservés en tout ou en partie, malgré suppression des offices qui y donnaient lieu, tels que ceux d'auneurs, contrôleurs et visiteurs, marqueurs de toiles et draps, contrôleurs et visiteurs des poids et mesures, etc

[3] Sur le droit de marque des fers, Cf. Répertoire de Jurisprudence de Guyot, t. XI, p. 395-403.

[4] Pour le tarif des droits sur le cuir. Cf. Répertoire Guyot, t. V. p. 182 — Ce droit sur les cuirs augmente le prix de la matière première : d'où multitude de plaintes des industriels et des consommateurs.

queurs, etc., qui ne servent qu'à enchaîner l'industrie et gêner l'activité des manufactures, ainsi que des courtiers jaugeurs.

24 — La révocation de l'arrêt du Conseil, du 30 août 1784 qui a ouvert les ports de nos colonies aux étrangers, sous prétexte de n'y pouvoir importer que de certaines marchandises limitées, et de n'en vouloir exporter que quelques autres, comme étant impolitique dans son principe et ruineux pour la métropole, dans ses effets, comme l'expérience le prouve journellement[1].

25 — Demander et solliciter vivement que les principales villes de commerce du royaume aient deux députés à la suite de la Cour et des Etats Généraux, à l'effet d'être admis dans l'assemblée du Tiers Etat, pour y être entendus et consultés, toutefois qu'il y sera question d'y délibérer sur les intérêts du commerce ; lesquels députés seront choisis et élus à la pluralité des voix dans une assemblée générale du commerce de chaque ville[2].

---

[1] Arrêt du Conseil 10 août 1784 (ISAMBERT, *Coll. des anc. lois*, t. 27, p. 459). Le Roi jugeant « nécessaire de tempérer successivement la rigueur primitive des lettres-patentes de octobre 1727 dont les dispositions écartent absolument l'étranger du commerce de ses colonies » ouvre par cet arrêt les colonies d'Amérique au commerce étranger (îles du Vent et sous le Vent). Il permet (art. 2) d'importer, sur des navires de 60 tonneaux au moins, des bois de toute espèce, des animaux et bestiaux vivants, des salaisons de bœuf, morue, etc. (pas de porc), du riz, des maïs, des légumes, des cuirs, pelleteries, résines du goudron, et d'aller dans les ports d'entrepôts établis par l'art. 1 qui les multipliait. Il permet (art. 3) d'exporter des sirops, des taffias, des marchandises venues de France. Cet arrêt du Conseil était favorable au commerce anglais, comme devait l'être le traité de commerce de 1786 avec ce pays. Dunkerque demandait le retour à l'ancien état de choses : la réserve exclusive du commerce des colonies à la métropole.

[2] Ici l'on demande une représentation des intérêts, avec voix consultative seulement. Les grandes villes de commerce furent représentées aux Etats Généraux (Lyon, Marseille, etc.) ; des règlements spéciaux avaient été faits en leur faveur ; ainsi Marseille eut 2 députés pris parmi les négociants. Dunkerque, craignant de n'avoir pas de députés

26 — Qu'à l'expiration ou à la rupture des traités de navigation, existant avec les puissances étrangères, tous vaisseaux étrangers soient exclus de la navigation de France en France.

27 — Demander que, pour conserver et encourager en France la main d'œuvre de la construction, il soit défendu à tous armateurs d'employer dorénavant aucun navire ou bâtiment de construction étrangère; bien entendu que cette défense n'aura aucun effet rétroactif, et qu'il sera libre aux nationaux de vendre leurs navires aux étrangers.

28 — Demander l'interdiction la plus absolue des arrêts de défense[1] des cours souveraines contre l'éxécution des sentences des juges inférieurs.

29 — Demander le rétablissement ou la formation des Etats particuliers pour les provinces, organisés sur le modèle des Etats Généraux, avec entr'autres différences cependant, que les premiers se tiendront chaque année ; qu'ils auront une commission intermédiaire toujours subsistante pendant le tems qu'ils ne seront pas assemblés, ainsi que des procureurs généraux sindics, chargés spécialement de veiller aux intérêts de leurs concitoyens, et de mettre opposition pardevant les cours à l'enregistrement des lois locales, promulguées dans les intervalles de l'Assemblée Nationale, lorsqu'elles pourront contenir des clauses contraires aux privilèges de leurs provinces.

---

aux Etats — et cette crainte n'était pas vaine — demandait une représentation consultative pour les principales places de commerce. Cette demande reposait sur des précédents : des députés des villes commerçantes sont appelés en 1701 à faire partie du Conseil de commerce ; — Dunkerque a eu des agents à la Cour pour défendre ses intérêts, en 1682 par exemple.

[1] L'arrêt de défense est celui qu'obtient un appelant, pour empêcher l'exécution d'un jugement, qui, sans cet arrêt, serait exécutoire, nonobstant appel.

30 — Qu'il y ait des Etats pour la Flandre maritime distincts et séparés de la Flandre wallonne.

31 — Demander que le droit imposé sur les armements pour l'Amérique, à titre de rachat des places d'engagés[1], soit supprimé comme onéreux au commerce.

32 — Que le code civil et criminel[2] soit réformé.

33 — Que le produit de la caisse des invalides de la marine soit employé au soulagement des pauvres marins, sans qu'il puisse en être diverti aucune somme, soit pour pension ou tout autre objet.

34 — Que la portion congrue des curés et vicaires, soit des villes, soit des campagnes, soit fixée, savoir : pour les premiers à 1200 livres, et pour les seconds à 900 livres, le casuel non compris. Que les curés des villes et campagnes soient toujours appelés dans les assemblées du clergé avec voix délibérative, et soient électeurs et éligibles, pour toutes les députations des corps[3].

---

[1] On donnait ce nom d'*Engagés* à ceux qui « allaient servir chez les habitans de nos colonies d'Amérique. » Par ordonnance du 19 février 1698, Louis XIV voulut qu'à l'avenir on n'expédiât pour les colonies d'Amérique aucun vaisseau qui n'y conduisit des Engagés. Chaque vaisseau de 60 tonneaux et au-dessous devait en conduire trois. Par ordonnance du 20 mai 1721, il fut ordonné aux armateurs auxquels le roi n'aurait pas fait remettre d'individus pour les colonies, de payer 60 livres au commis du trésor de la marine pour rachat des places des Engagés qu'ils auraient été tenus d'embarquer. Par arrêt du Conseil du 10 septembre 1774, il fut décidé que ce service serait destiné aux soldats et aux ouvriers devant être transportés aux colonies.

[2] Il s'agit des ordonnances de 1667 pour la procédure civile et de 1670 pour la procédure criminelle. Il en est de même dans beaucoup de cahiers de 1789 ; rarement demande-t-on la réforme, l'unité et la codification des lois civiles.

[3] En réclamant en faveur des curés et vicaires une portion congrue plus forte, en demandant la démocratisation des Assemblées du clergé, le tiers de Dunkerque essaie de rattacher au troisième ordre le clergé inférieur, son allié naturel contre les seigneurs laïques et ecclésiastiques.

Arrêté, sauf la continuation à ce jour, 3 heures de relevée.
[*Mêmes signatures que plus haut*].

Continuation des doléances, pétitions et mandats de la ville de Dunkerque.

Du 25 mars 1789, 3 heures de relevée.

35 — Demander que l'exportation des bleds à l'étranger soit défendue, lorsque le prix sera de 10 livres le quintal, poids de marc, ce qui fait 24 livres la rasière de Dunkerque[1].

36 — Qu'il ne soit plus accordé de lettres de dispense d'âge ni de lettres de dispense à cause de parenté, jusqu'au cinquième degré inclusivement, pour occuper une charge de judicature, attendu qu'il est prouvé par l'expérience que de pareilles lettres sont préjudiciables aux justiciables.

37 — Qu'il soit sévèrement défendu de recevoir, en France, en qualité de capitaines de navires marchands, des marins étrangers qui n'auront pas fait leurs campagnes sur les bâtiments du Roi, ni rempli les formalités prescrites par les ordonnances, les privilèges des Nantuquois[2] qui arment dans les ports de France exceptés, pourvu que le quart de leurs équipages soit composé de sujets français.

38 — La responsabilité des ministres envers la nation.

---

[1] La rasière pour les grains était en décalitres de 16,15.

[2] Les habitants de la petite île de Nantucket, située sur la côte de Massachusetts pratiquaient avec succès la pêche à la baleine et au cachalot et alimentaient d'huile de baleine la Grande-Bretagne. Après le traité de 1783 qui lui enleva ses colonies d'Amérique, l'Angleterre établit un droit considérable sur les huiles étrangères. Les Nantuckois ruinés décidèrent d'abandonner leur île. Un armateur dunkerquois, F. Coffyn, leur fit des avances et leur demanda de s'établir à Dunkerque. En mai 1786, trois baleiniers vinrent apporter leur pêche dans ce port et prendre le pavillon français. En 1790, la flottille comptait 40 bâtiments. Cf. A. de Saint-Léger, *La Flandre maritime*, p. 376-377.

39 — La réforme des abus qui se sont introduits dans les diverses parties de l'administration, et principalement dans celle des finances, dont il sera rendu un compte public, à chaque tenue des Etats généraux.

40 — Demander la révision des titres, sur lesquels toutes les pensions qui surchargent l'Etat ont été obtenues, et la suppression de celles qui n'ont pas été méritées.

41 — La suppression de toutes les places inutiles, tant dans le civil que le militaire, et de toutes exemptions sur les consommations, à quelque titre et qualité qu'on en jouisse à présent.

42 — Qu'afin de mettre fin aux petites guerres intestines entre les différentes provinces, les différentes villes et les différentes paroisses, et établir une parfaite égalité de contribution, eu égard à la consommation et à la possession réelle ou territoriale de chaque individu, la masse des impositions territoriales soit égale pour toutes les provinces, à proportion de leur population, de leur commerce et de la valeur de leur sol, et que ces différentes impositions soient parfaitement distinguées, de manière que celui qui paye des impositions personnelles dans le lieu de sa résidence ne soit pas obligé, à cause de ses biens dans un autre lieu, d'y payer les mêmes impositions personnelles, par la raison qu'elles y seroient prises sur les terres.

43 — Que la moitié des membres qui composeront les Etats provinciaux sera renouvellée tous les deux ans, par la voie d'élection, et ne pourra être replacée qu'après trois ans d'intervalle.

44 — Qu'aucun ecclésiastique ne puisse être pourvu d'un canonicat ou d'autre bénéfice quelconque, à moins qu'il n'ait rempli les fonctions de son ministère dans une paroisse ou dans une chapelle publique pendant dix ans, et que ces bénéfices soient donnés préférablement à d'anciens curés, pour les récompenser de leurs travaux apostoliques.

45 — Demander la suppression des banquiers expéditionnaires en la cour de Rome[1], et qu'il soit défendu à toutes personnes, sous les peines les plus sévères d'y faire passer aucune somme pour bulles, dispenses, etc. Et qu'à défaut par le pape de les acorder gratis, il soit ordonné aux évêques d'user de leurs droits relativement auxdites dispenses, et d'exercer les fonctions de leur ministère comme il se pratiquoit dans les premiers siècles de l'Eglise, avant l'invention des bulles[2].

46 — Que le Roi soit supplié d'accorder une loi qui ordonne que les gradués[3] ne pourront requérir aucun bénéfice situé en Flandre, en vertu de leurs grades et de la nomination des universités, attendu que ni le concordat[4], ni le droit des gradués, ni la prévention[5], ni la commande[6], n'ont lieu en Flandre et que d'ailleurs la règle *de idiomate* y est adoptée par une loi de Charles-Quint[7], comte de Flandre, du 20 octobre 1541.

47 — Qu'il soit permis de diviser les fiefs susceptibles d'être

---

[1] Titre que portaient ceux qui avaient acheté ces offices établis pour solliciter, en cour de Rome, par l'entremise de leurs correspondants, toutes les bulles, rescrits, signatures, dispenses, etc.

[2] Ne pas laisser partir l'argent pour Rome, sentiment général de la bourgeoisie en 1789. Les évêques donneront les dispenses : idée gallicane, exprimée très souvent dans les cahiers. On voit se préparer déjà la constitution civile du clergé.

[3] C'est à dire ceux qui ont un grade de bachelier, licencié ou docteur.

[4] Le concordat de 1516 entre Léon X et François Ier. Voir le titre V *de collationibus*.

[5] Droits, dont le pape jouissait, de conférer les bénéfices vacants à la condition de prévenir les collateurs ordinaires.

[6] Il faut entendre par la *commende* la provision d'un bénéfice régulier pour être possédé canoniquement par un clerc séculier, avec dispense de la régularité.

[7] Il s'agit probablement de l'ordonnance qui se trouve au t. I, p. 776-781 du Placcaet-boek. Gand. 1639. Un article porte qu'on n'accordera pas de lettres de placet à « *qui ne sçait le language du pays* ».

partagés, et que pour que le partage inégal entre les enfants ne mette aucun obstacle à l'amélioration des biens de nature féodale, qui exigent des dépenses extraordinaires, et pour augmenter considérablement les droits casuels et fixes du domaine du Roi, en augmentant les progrès de l'agriculture, il soit permis à tous propriétaires de terres à labour, prairies, prés, marais, bruyères, maisons et autres bâtiments, jardins, de nature féodale, soit que ces biens forment des fiefs simples ou fassent partie du domaine de seigneuries, de les convertir en roture, par simples contrats entre le seigneur particulier et le vassal, en conservant par le seigneur les anciens droits pécuniaires et ceux de justice et seigneurie, et y ajoutant la censive convenue ; que la même permission soit accordée pour lesdits biens de nature féodale, tenus du domaine du Roi, et ajoutant aux anciens droits pécuniaires une censive de 5 sols, payables annuellement par chaque arpent ou mesure, et que pour éviter les frais de lettres-patentes et autres, le directeur du domaine, dans chaque département, soit autorisé à passer les contrats de conversion desdits biens fiefs en roture pour les mouvances immédiates du Roi ; que les biens qui auront été convertis en roture ne soient sujets, dans le cas de changement de propriétaires, outre les droits pécuniaires, qu'à une simple déclaration envers les seigneurs particuliers, et pour les mouvances immédiates du domaine de S. M. qu'à une déclaration, comme les autres rotures dans les mouvances du Roi, et qu'ils soient partagés comme rotures dans les successions des propriétaires qui auront fait faire la conversion en pleine majorité[1].

[1] Le tiers demande le partage des grandes propriétés féodales et leur conversion en terres roturières, ce qui aura l'avantage de les diviser également entre les enfants. Il considère le partage comme favorable à l'amélioration des biens : idée toute française, opposée à celle des agronomes anglais, tel qu'Arthur Young, et aux idées des économistes français, comme Quesnay, qui, en ce point, ne furent pas écoutés ; les intérêts, les traditions étaient trop forts. Tout, à cette époque, tend vers la division progressive du sol français.

48 — De réclamer contre la maxime : *nulle terre sans seigneur*, que les régisseurs du domaine prétendent faire valoir en Flandres, où tout seigneur est tenu de justifier par titre de son droit de seigneurie[1].

49 — Demander la révocation de l'édit du Roi, portant révocation du privilège de ville d'arrêt personnel, du mois d'août 1786[2],

---

[1] Dans les pays coutumiers c'est bien, en général, la maxime «nulle terre sans seigneur » qui prévalut et qui chercha à s'implanter ensuite dans le pays de franc-alleu du Midi. Mais dans certaines régions du Nord, comme la Flandre, c'était la maxime « nul seigneur sans titre » qui devait être appliquée. Les régisseurs du domaine de la couronne l'avaient constamment combattue, en vertu du principe de la directe royale universelle si nettement formulée à diverses reprises par le Conseil du Roi, sous Louis XIV.

[2] L'édit d'août 1786 (Isambert, t. XXVIII, p. 229) révoque le privilège de ville d'arrêt personnel. Le préambule de l'édit explique longuement les abus de ce privilège. Les rois avaient conféré à certaines communes le droit d'arrêter et de retenir, jusqu'au paiement de leurs créances, leurs débiteurs forains. Des commerçants, des étrangers, se voyaient tout d'un coup arrêtés, au préjudice du commerce. « Ce privilège, dit l'édit, contraire à la sûreté de nos sujets et au bien du commerce national donne encore lieu, sous le voile d'une cession souvent frauduleuse, et qui ne peut en aucun cas couvrir le vice originaire de la créance, de contrevenir à la maxime du droit public qui refuse toute exécution aux contrats passés et même aux jugements rendus en pays étrangers avant que cette exécution soit judiciairement ordonnée par nos juges ou par nos cours, et il sert de prétexte pour violer même le droit d'asile, attribut de la souveraineté et principe du droit des gens qui ne permet pas que l'étranger réfugié dans un Etat y soit poursuivi, si ce n'est pour les actions qu'il y commet et pour les engagements qu'il y contracte ». L'article 1er de l'édit dit, en conséquence : « Aucun débiteur forain ni étranger ne pourra être arrêté en vertu de ce privilège ». Mais à défaut de ce privilège d'arrêt personnel les villes auront un privilège d'"arrêt réel, le droit d'arrêter les meubles du débiteur forain trouvés dans la ville et ses faubourgs, pour dettes établies par écrit et contractées dans la ville privilégiée. — On voit que le Tiers de Dunkerque, jugeant insuffisant ce privilège d'arrêt réel, tenait à la contrainte personnelle. Il est vrai qu'il admettait que l'arrêté fût relâché moyennant caution. La bourgeoisie dunkerquoise était

et néanmoins que l'arrêté sera conduit devant le juge qui, sur ses raisons, pourra ordonner qu'il soit conduit en prison ou relâché soit à caution, soit définitivement.

50 — Que le droit d'amortissement soit supprimé en Flandre, attendu que les gens de main-morte contribuent dans les charges publiques de la province proportionnellement aux biens qu'ils possèdent[1].

51 — La suppression du droit d'issue, comme contraire aux propriétés, comme un véritable droit d'aubaine entre les sujets du Roi.

52 — Que le droit dit des quatre membres cesse de faire partie des revenus du domaine et soit abandonné à la province, ce droit ayant été originairement établi pour subvenir au payement des demandes du prince[2].

53 — Qu'il soit adjoint, à l'administration[3] actuelle, 15 notables qui seront élus par les différents corps en la forme ordonnée par les édits municipaux[4], lesquels notables géreront et administreront, conjointement avec le Magistrat, les affaires et les finances de la ville, et que cinq des dits notables seront renouvellés chaque année.

---

attachée aux anciens usages, incompatibles avec les conditions de la vie moderne, toutes les fois qu'elle y trouvait un avantage immédiat.

[1] On a vu, introd. pp. XVIII et XXI, que, en principe, il n'y a pas de privilégiés en Flandre ; le droit d'amortissement des biens de main-morte faisait donc double emploi.

[2] Au sujet du *Droit des quatre membres*, voir au *Glossaire*.

[3] Municipale.

[4] Il s'agit ici des édits d'août 1764 et de mai 1765, qui supprimaient les anciens échevinages et ordonnaient la création des municipalités élues. Ces édits, ayant été enregistrés au Parlement de Paris, avaient été appliqués dans les villes de Dunkerque, Bourbourg et Gravelines, jusqu'à leur révocation en 1771. Voir A. DE SAINT LÉGER, *La Flandre maritime*, p. 211-215.

54 — Qu'il sera accordé aux juges municipaux de juger en dernier ressort, jusqu'à concurrence de 150 livres.

55 — Que la ville de Dunkerque ressortisse désormais au Parlement de Flandres, tant pour le civil que pour le criminel, au lieu et place des ressorts du conseil d'Artois et du Parlement de Paris; et solliciter l'enregistrement de l'ordonnance de 1667, en attendant la réformation des code civil et criminel[1].

56 — Demander que les notaires soient autorisés à réunir à leurs offices celui de greffier du gros[2] du scel des actes et contrats qu'ils passent, afin d'en garder les minutes et en délivrer les grosses[3] en parchemin aux parties, à la charge toutefois d'en faire leur déclaration au greffe dans la quinzaine de la date desdits actes.

57 Demander qu'il plaise à S. M. faire défense expresse aux jurés vendeurs du royaume, et notamment pour Dunkerque[4], d'exposer et vendre, dans leurs ventes communes, ni chez eux aucune marchandise neuve de quelque nature que ce soit, attendu que leur institution n'est que de vendre des effets vieux.

---

[1] Dunkerque avec Gravelines et Bourbourg faisaient partie du ressort du Parlement de Paris; l'ordonnance de 1667 sur la procédure civile y était, par suite, appliquée. Le reste du pays ressortissait au Parlement de Flandre; l'ordonnance de 1667, n'ayant pas été enregistrée par ce Parlement, elle n'y était pas exécutée. Le Tiers de Dunkerque demande l'unification : que tout le pays relève du Parlement de Flandre et que l'ordonnance de 1667, dont Dunkerque jouit déjà, soit la loi commune.

[2] Officier chargé dans le ressort du conseil d'Artois de garder les minutes des actes notariaux et d'en délivrer des grosses aux parties. Il remplit l'office de tabellion dans le ressort du Parlement de Flandre.

[3] C'est l'expédition d'un acte public Voir le *Répertoire* de Guyot, t. VIII. p. 327.

[4] Voir G. Robyn, *Les Francs-vendeurs*, dans le *Bulletin de l'Union Faulconnier*, t. VI, p. 83-100.

Arrêté sauf la continuation à demain à 9 heures du matin.

[*Mêmes signatures que plus haut*].

Continuation du Cahier de doléances, etc. de la ville de Dunkerque,

Du 26 mars 1789, 9 heures du matin.

58 — Qu'il soit accordé des lettres patentes qui ordonnent que la coutume de Bruges[1] continuera d'être suivie dans tous ses points dans la ville de Dunkerque où elle a été adoptée.

59 — Demander que tous propriétaires, possesseurs des terres et maisons situées dans la ville et citadelle de Dunkerque, jouissent tranquillement de leurs propriétés, attendu que, suivant des contrats de vente qui en ont été passés au nom du Roi, ils ne sont assujettis à aucun droit ni redevance quelconque, et sont de nature allodiale, conformément aux coutumes du pays et que la prétention des régisseurs du domaine contre les possesseurs des terrains situés dans la basse ville soit rejetté, comme contraire à la coutume de Bergues qui régit cette partie[2] et au titre d'adjudication de ce terrain, faite également au nom de Sa Majesté.

60 — Que l'arrêt du Conseil du 23 juin 1781, revêtu de lettres-patentes[3], adressé au Parlement de Flandres y sera registré et que les bélandriers continueront de jouir du droit exclusif de chargement dans cette ville et port, à charge d'entretenir le

---

[1] Dunkerque faisait anciennement partie du Franc de Bruges.

[2] Avant la prise de possession par les Anglais des villages voisins de Dunkerque, la châtellenie de Bergues s'étendait jusqu'aux portes mêmes de la ville.

[3] Arrêt du Conseil d'Etat qui rétablit les bélandriers de la ville de Dunkerque dans le droit et privilège de charger seuls, à l'exclusion de tous autres, les marchandises expédiées de ladite ville et de les transporter jusqu'aux lieux de leur destination.

nombre de 120 bélandres pour le service du public et de la marine royale, au terme dudit arrêt, et le service de la rade[1].

61 — Que tout navire françois qui armera à Dunkerque pour nos colonies ou autres possessions extérieures, soit obligé de prendre un capitaine en second, né ou établi à Dunkerque. Cet usage vraiment utile, dont on ne s'écarte jamais à Bordeaux détermineroit beaucoup de jeunes gens à s'adonner à la navigation par la certitude morale de trouver plus d'occasions d'être employés.

62 — Que la banalité du moulin de l'hôpital de cette ville à l'égard du corps des boulangers soit supprimé et ledit corps déchargé de toute redevance à cet égard[2].

63 — Qu'il soit défendu au commissaire aux saisies réelles[3] d'exercer ses fonctions en cette ville, attendu qu'elles sont contraires à la coutume.

64 — Qu'il soit accordé des encouragemens pour la plantation des arbres dont les bois sont propres à la construction des vais-

---

[1] Les bélandriers naviguaient non seulement sur les canaux, mais même dans la rade. Ils devaient avoir leurs bateaux toujours prêts pour aller au secours des navires en danger et pour sauver leurs cargaisons. Sur la corporation des bélandriers, voir l'étude de L. NOSTEN dans le *Bulletin de l'Union Faulconnier*, t. v, p. 378-419.

[2] La corporation des boulangers était tenue de faire moudre au moulin de l'hôpital ou plus exactement de la table des pauvres (bureau de bienfaisance) une certaine quantité de blé par semaine. Cette obligation souleva un conflit, qui dura pendant tout le XVIII° siècle. A partir de 1750 les boulangers obtinrent de verser annuellement une certaine somme pour se racheter, mais ils n'exécutèrent le contrat d'abonnement que contraints et forcés. Voir L. NOSTEN, *Nos anciennes corporations : Le corps des boulangers* dans le *Bulletin de l'Union Faulconnier*, t. VII, p. 209-265.

[3] Officier préposé dans les justices royales pour y prendre soin d'affermer les biens saisis réellement, de les faire entretenir en bon état et d'en percevoir les revenus au profit des créanciers du débiteur.

seaux, qu'il soit fait défense de les couper hors de saison et que les juges ordinaires des lieux soient chargés de veiller à l'éxécution des ordonnances y relatives.

65 — Qu'il soit pourvu à l'éducation de la jeunesse par l'établissement d'écoles gratuites et publiques en cette ville, et qu'il soit enjoint à toutes communautés établies ou admises pour l'instruction de la jeunesse, ou pour le soulagement des malades, de se conformer à l'esprit de leur institution.

66 — Que S. M. soit suppliée que les officiers municipaux seront renouvellés tous les trois ans, le tiers chaque année.

67 — Que les officiers de la Chambre de commerce seront, sauf le président et le conseiller pensionnaire, renouvellés la moitié tous les 3 ans.

Arrêté le présent cahier[1] à l'assemblée dudit jour 26 mars 1789, une heure de relevée.

[*Mêmes signatures que plus haut, avec cette observation :*]

Sans approuver ce qui est dit à l'égard de la charge de commissaire de M. Lejay, dont je réserve ses droits. CASTRIQUE.

[1] En marge de chaque article se trouve l'indication suivante : ou C. G. ou simplement c. g.

II

COMMUNAUTÉS QUI DÉPENDENT DU MAGISTRAT DE DUNKERQUE

au point de vue de la justice et de l'administration

MARDYCK*

24 mars, en l'auditoire de ce lieu, par devant Pierre François Snaude, hooftman du village de Mardyck.

60 feux.

Députés : Joseph Hochart, Pierre François Snaude.

Etat des doléances, faitte par les sieurs hoofdman, pointres, notables paroissiens et habitans de la paroisse de MARDICK, territoire de Dunkerque, pour présenter à M⁰ le grand bailly d'épée à Ballieul, le 30 du mois de mars de cette année 1789, où se trouve ce qu'il suit, et pour représenter à l'assemblée des Etats généraux, à Versailles, le 27 avril 1789.

1 — Que les villes et territoire de Dunkerque, Gravelines et Bourbourg, qui font partie de la Flandre, soient jugées et régies par les juges de la Flandre[1] ; rien ne paroît plus juste à les juges du lieu, connaissant plus facilement et ordinairement mieux les

---

* Canton (ouest) de Dunkerque, à 11 kil.

[1] Au lieu de ressortir au conseil d'Artois. Cf. Gravelines, 2ᵉ partie)2).

usages du même endroit ; en outre, on exemtera par là lesdits habitans de beaucoup de frais de procédure, causé par la distance des lieux de leurs juges, qui est certainement la cause qu'une grande partie des citoyens perdent leurs droits, faute de la pouvoir poursuivre à cause de ces pays, et la trop grande distance. D'aillieurs rien n'est plus conforme à la droite raison, rien n'est plus doux que d'être jugé par ses propres concitoyens.

2 — Que les Magistrats soient choisies par les communes[1]. Les peuples auront certainement beaucoup plus de confiance dans les dignes personnages qu'ils auront choisis eux-mêmes et qui connoissent déja depuis une suitte d'années comme des personnages dignes de remplir leurs augustes fonctions.

3 — Que les contes des villes et territoires soient rendu tous les ans publiquement devant les députés des villes et villages, qu'on avertira et nommera à l'audition de ses contes. Rien de plus capable pour éviter toute sorte de calomnie et de méfiance, de la part du peuple, source malheureuse des maux de l'Etat. Point de droit ne paroit d'aillieurs plus fondé du peuple que de voir l'emploi des contributions qui se paie avec plaisir s'ils sont nécessaires ou utiles.

4 — Que la vénalité des charges soit aboly, et les charges remboursé par chaque province, source aussi féconde de plusieurs malheurs par l'incapacité des acquéreurs qui n'ont que trop souvent d'autres qualités que leur richesse.

5 — Qu'on renforme les abus dans les universités qui n'accordent que trop souvent les degrés dans les sciences au prix de l'argent ; de là vient qu'on dit des ignorants occuper des places des gens qu'on suppose d'avance de devoir être des gens de mérite et de conseil.

6 — Qu'il y ait une meillière proportion, et qui soit donné

---

[1] Cf. Gravelines, 2ᵉ partie (3).

pour l'entretien des ministres de l'Eglise et le soutien des pauvres par une distribution des biens éclésiastiques ; qu'on n'eut plus la triste misère de voir ceux qui travaillent le plus, et pour mieux dire les seuls, puisque dans leur nécessaire et dans leur triste situation de ne point pouvoir soutenir leur état.

7 — Nous paions 24 sols par personnes, grandes et petites, nulle excepté, sans savoir pour quelle raison et démande ; ce qui est bien épineux pour plusieurs de nos citoyens, dit le droit du moulage [1].

8 — Nous paions vaclage et tuage, savoir : pour une vache, qui entre dans l'herbage environ 6 mois par année, 3 livres 7 sols 6 deniers ; pour un cheval, 4 livres 10 sols ; si on veut tuer un porq il coûte pour le droit 17 sols ; le tout aux domaines du Roy, sans savoir ni connoître si la demande est juste ou non.

9 — Nous ne sommes ordinairement accoutumé que d'avoir un prêtre qui est curé de cette paroisse. Le cler est à la charge de notre paroisse, comme la pention et logement, pendant que Messieurs nos décimateurs, moines de l'abbaye de Saint Winnocq à Berges, tirent pour loïer des dîmes, par an, environ 2.000 livres. au lieu qu'il seroit à la charge desdits décimateurs et qu'ils aideroient à secourir nos pauvres.

10 — Nous paions annuellement 4 livres 10 sols de la mesure pour toutes impositions, pour toutes les charges et demande que l'on nous fait, sans savoir si la demande est juste ou fondée.

Ainsi fait et arrêté notre état de doléance, à Mardick, en présence de M. Félix Joseph Berteloot, officier public et aman de Loon, à ce expressément demandé et autorisé par nous, soussi-

---

[1] Cf. t. I. p. 115, note 1.

gnés susdits paroissiens et habitans dudit lieu le 24 mars 1789, en notre endroit d'assemblée ordinaire et accoutumée.

    P. F. SNAUDE, Huber Joseph VANOVE, A. SNAUDE, W. CAGNIARD, C. F. CORDONNIER, Jean VANSON, J. P. DUFOUR, J. C. HOCHART, J.-Bapt^{te} MABILLE, André DUTOIT, BERTELOOT l'aîné *ne varietur* — A. COCQUERELLE.

GRANDE-SYNTHE[*]

24 mars, en l'auditoire de cette paroisse, par devant Pierre Winnoc Spycket, hoofman.

100 feux environ.

Députés : Pierre Jean Foutrein, Jean-Baptiste Clément, arpenteurs jurés.

Doléances, plaintes et remontrances des habitans de la paroisse de GRANDE SINTE, territoire de Dunkerque.

[1] — Les habitans propriétaires et occupateurs des terres et fermes de la paroisse de Grande Sinte représentent très humblement à S. M. qu'il n'est rien qui attaque plus vivement leur tranquilité que l'envoie des impositions[1] des officiers municipaux de Dunkerque.

[2] — Outre les demandes de S. M. nous avons d'abord celles sous le nom de maréchaussée qui s'élèvent ordinairement à environ 36 sols de la mesure par année, somme exorbitante en raison des besoins que nous en avons et en raport des contenances et grandeur de cette paroisse qui monte à environ 3.100 mesures

---

[*] Canton (ouest) de Dunkerque, à 7 kil.

[1] Chaque année le Magistrat de Dunkerque faisait parvenir aux hoofman des paroisses deux *envois*. L'un d'eux indiquait ce que chaque paroisse devait payer dans l'aide ordinaire, suivant les mandements de l'intendant ; l'autre était établi d'après un mémoire qui comprenait la capitation, les gages des maîtres des postes, le subside extraordinaire et les frais d'administration de la province et de la régie de Dunkerque. Un envoi spécial était fait pour l'entretien des wateringues. Les paroisses n'étaient pas taxées d'après le *transport*, comme dans les autres châtellenies, mais proportionnellement à leur étendue, à tant par mesure de terre.

de terres, — celle de 12 sols par mesure pour l'entretien du port de Dunkerque — celle des wateringues, qui tantôt s'élève à 6 sols, tantôt plus ou moins de la mesure, doivent fixer son attention ; envoies d'autant plus criants que les plupart sont fait sans besoins et sans entretien des objets de leur demande.

[3] — En effet que de plus mal entretenu que les watergancks[1] et chemins, qui durant les trois quart de l'année sont impraticables ; et ses canneaux incapables de décharger les eaux. On en fait les escouwages annuellement, plutôt, pour la forme et dans la belle saison de l'été, pour se promener[2] que pour en observer et faire faire les réparations urgeantes, et de peur de laisser tomber en désuétudes les fêtes somptueuses que les commissaires et leur suite nombreuse, qu'ils y invitent, ont l'habitude de faire en ces jours aux dépens des paroisses.

[4] — Que de plus inique que la taxe de 12 sols pour l'entretien du port de Dunkerque, qui depuis la première demande, en 1722, a dû rapporter des sommes immences ; et à peine a-t-on vu faire quelque réparation et qui ne nous rapporte aucun profit ni bénéfice et sans en avoir vu aucun compte d'employ.

[5] — Autrefois, c'est à dire jusqu'en 1752, on appelloit les interressés aux comptes ; présentement ils se rendent par le receveur devant des personnes qui n'y sont point interressés, telles que les magistrats et intendant, ou plutôt leurs secrétaires.

[6] — Que de plus injuste que la perception des dîmes, que les moines de l'abaïe de S¹ Winnoc à Bergues font au grand préjudice des pauvres familles de cette paroisse, qui, année commune,

---

[1] Watergands = fossés pour l'écoulement des eaux.

[2] C'est-à-dire que les commissaires préposés à la visite des chemins et des watergands font plutôt ces visites pour se promener dans la belle saison et pour faire de bons repas que pour effectuer les réparations urgentes.

s'élève à une somme de 6.000 livres tournois, sans avoir d'eux ni pouvoir obtenir quelque secours ou soulagement aux malheureux. Faut-il une église pour le service divin, un logement de curé, à quoi ils sont tenus comme décimateurs ? A peine en obtint-on quelque légère portion contributoire et encore ne l'acquiert-on pas sans procés, et souvent à ses dépens ; et l'on ne peut voir qu'avec indignation que cet abus est tel qu'il n'y a plus de justice pour les pauvres, les veuves, les orphelins, les foibles, les personnes oprimées ; quoique elle leur soit principalement due, elle leur est refusée non seulement en une, mais en toutes occasions. Elle est inacessible à leur égard et, faute de protection, ils implorent inutilement les loix.

Nous suplions donc S. M. qu'en outre des grâces qu'il daignera nous accorder, il lui plaise :

[7] — Ordonner et statuer que, pour les redditions des comptes générales du territoire, il en soit fait dénonciation aux paroisses y interressées du jour et lieu de leur tenue, afin d'y envoyer leurs députés pour être présent au coulement et y reprocher les abus et réformer ou approuver les dépences.

[8] — Nous décharger de l'envoie de 12 sols pour le port puisqu'il ne nous porte aucun bénéfice.

[9] — Que chaque paroisse du territoire soit chargée de l'entretien de ses watringues qui naturellement leur appartient.

[10] — Qu'il nous soit permis d'exporter hors de Dunkerque (où nous portons nos danrées au marché) les besoins du ménage sans se voir assujetti aux vexations des emploiés et souvent attaqués en route par des brigans ambulans[1], pourvu toutefois qu'il n'y eut contravantion manifeste.

---

[1] Par suite de la *franchise* du port et de la ville de Dunkerque, les droits de douane se payaient à la sortie de cette ville, du côté du plat-pays. Cf. Petite-Synthe (7).

[11] — Qu'il soit en outre fait expresse défense à tous propriétaires de biens de campagne de démoulir ou laisser tomber en ruine les bâtimens de leurs meteries pour joindre les terres à d'autres fermes pour les agrandir ou les louer comme terres courantes, et par là diminuent les ménages et empêchent les établissemens.

[12] — Que les impositions quelconque imposés sur les terres qui, par vos arrêts et ordonnances, sont à la charge des propriétaires, soient sur eux perçus, nonobstant les clauses particulières des baux qui nous les imposent.

[13] — Que les droits de vaclage et tuage, s'ils sont dues, et qui depuis 1740 sont augmentés de plus d'un tiers, nous soient modérés.

[14] — Le droit d'issue ou d'écart qui, en cas de vente de biens nous assujettie au dixième denier dans les villes où nous ne sommes pas confédérés[1], soit entièrement abouli.

[15] — (a) Que les dimes enfin de chaque paroisse soient annuellement louées au profit de ses pauvres et soulagement des malheureux, trop heureux d'avoir réussi dans nos projets, si le succès répond à nos désirs.

(b) Au cas cependant qu'il plaise à S. M. maintenir les abaïes dans la perception de dimes, ordonner qu'ils soient chargées de l'entretien de l'église et leur clergé.

Ce sont les vœux et désirs de vos plus fidels sujets.

P. Ed. Spyckele, J.-B. Clément, J. F. Foutrein, P. J. Foutrein, J-B^{te} Pemelmay, J. J. Fournier, Jean-Baptiste Ogez, P. J. Fournier, J. F. Everaert, F. M. Perdu,

---

[1] Certaines villes avaient formé entre elles des alliances pour dispenser mutuellement leurs bourgeois de payer le droit d'issue.

Jean François Codron, Guilelmus Bonvoisin, P. Joets, Pieter Loywyck, Philippe Ropital, N. Desager, Ph. Blonde, Chavain, A. J. Loviny, J. F. Thomas Blondel, P. J. F. Massemin, Hanscotte, P. A. Banequart.

PETITE-SYNTHE [*]

27 mars, en l'auditoire de ce lieu, par devant Antoine Vandenbroucke.

200 feux environ.

Députés : Jacques François Deryckx, Antoine Chrétien Dehoorter, fermiers.

Cahier de très humbles et très respectueuses représentations des habitans de la paroisse de Petitte-Sainte, territoire de Dunkerque, au Roy Louis Seize, vrai model de la bonté et sagesse, qui doit briser d'amour et de reconnoissance tous les cœurs de son royaume.

Sire,

Touchés jusqu'au fond du cœur et saisis de joie jusqu'à la mort envers la bonté extrême d'un si grand roy, qui descend pour ainsi dire du thrône qu'il possède si dignement pour se confondre et consulter son peuple qu'il veut rendre heureux, nous avons sincèrement avant tout l'univers, que toute expression, quoique la plus haute et parfaite, seroit très insuffisante pour notifier envers S. M. notre véritable reconnoissance et amour ; en conséquence nous sommes prêts tous en commun, et chacun en particulier, et y seront toujours, à sacrifier tout ce que nous possédons, fortune et sang, pour la gloire du thrône et le bonheur de l'Etat ; nous désirons donc vivement que la royauté françoise soit la plus éminante, la plus splendide et glorieuse de tout l'univers, que la monarchie soit tellement solide et confirmée dans son ancien lustre, que toutes les portes de l'Enfer ne

---

[*] Canton (ouest) de Dunkerque, à 4 kil.

puissent porter aucune atteinte et que ses Etats soient le plus florissant de toute l'Europe.

C'est à quoi, Sire, nous tendrons toujours nos forces, vœux et prières que nous unirons aux dignes éclésiastiques de notre paroisse en qui nous avons toute confiance, pour qu'il plaise à Dieu, vrai père de la paix, de vous donner dès à présent le calme et la tranquilité que vous désirez de si longtems et que nous vous souhaitons du profond de notre cœur avec toute affection possible.

Pour profiter d'une bonté si grande qui nous est si gratieusement offerte par le plus grand des monarches, nous vous représentons très humblement :

1 — Que la paroisse paie annuellement pour un envoy[1] de Messieurs du Magistrat, qui porte 36 sols par mesure pour l'abonnement de la capitation, au paiement de la taxe de 4 patars par bonnier[2], maréchaussée, maître des postes, frais de régie, voyages et autres tant ordinaires qu'extraordinaires, faisant en total sur la paroisse une somme de $4273^l\,0^s\,3^d$.

2 — Nous paions encore un autre envoy au même Magistrat portant 6 sols par mesure pour l'entretien des wateringues, faisant sur le nombre des terres de la paroisse la somme de 712 livres 3 sols 6 deniers ; et les habitans sont fondé qu'il n'y a d'une année parmi l'autre seulement pas emploié 200 livres pour ledit entretien des wateringues, de façon qu'ils demandent pour pouvoir obtenir, s'il est possible, que les wateringues resteroient à la direction de la paroisse pour un bien être des habitans d'icelle.

3 — Un envoy montant à $1792^l\,0^s\,9^d$ pour les deux vingtièmes

---

[1] Cf. Grande-Synthe (1).
[2] La taxe de 4 patars par bonnier avait été établie pour subvenir aux dépenses pour les fortifications.

sur le total de la paroisse, réservé les terres des pauvres et hopitaux qui montent à 2.311 mesures 2 linnes 17 verges de terres, que les messieurs du Magistrat nous demandent.

4 — Nous paions aussi aux domaines de S. M. l'envoi de 240¹ 11ˢ pour le droit de moulage suivant abonnement.

5 — Nous paions de plus pour le droit de tuage d'un porc 17 sols là où que cy-devant on ne paioit que 13 sols 9 deniers, ainsi que des autres bestiaux, à proportion de leur nature ou espèce ; et pour vaclage nous devons paier d'un cheval 4 livres 10 sols par an, d'une vache, 3 livres 7 sols 6 deniers par an, ainsi que des autres bestiaux sujet au paiement.

6 — Nous paions de plus un envoy servant d'aide ord^{re} montant annuellement à la somme de 1146¹ 1ˢ 2 deniers sans que nous connaissons le terme de cet aide ord^{re}.

7 — De plus un envoy de 12 sols par mesure pour l'entretien du port de Dunkerque ; ce qui monte à la somme de 1424¹ 8ˢ, ce qui ne paroit pas trop juste, vu qu'il n'y a que le territoire de Dunkerque seul qui doit contribuer à la dite demande et que les autres châtelenies voisines, qui ont autant d'avantages du port que notre territoire, ne sont point connu à ladite charge ; de plus il n'y a seulement que les habitans et négocians de Dunkerque qui peuvent avoir un avantage du même port et pas les habitans du territoire, vu qu'ils doivent paier les droits de tous les marchandises qu'ils veulent sortir de la ville, soit qu'ils soient entrées par le port ou par ailleurs, de façon que S. M. ait la bonté de juger si le territoire ne souffre pas un interêt considérable de cet article seul qu'ils doivent paier depuis 20 ans, dont ils voudroient bien leur en décharger.

8 -- Pour au regard des dîmes, nous ne pourions désirer autre chose que S. M. voudroit ordonner qu'elles resteroient à l'église, aux prêtres faisant fonction et service ; et l'autre tiers aux pauvres, comme ils ont été donnés par lettres patentes du

roy Charles IX du 10 septembre 1571 et 3 novembre 1571, transcrit au 4° tome du recueil général du clergé de France, tome 22, page 897 ; ce qui feroit un grand bénéfice au même peuple, car si la table des pauvres pouroit jouir de sa part des dîmes, les habitans ne seroient point dans le cas de paier 14 sols par mesure pour l'entretien des pauvres, au dessus les revenus de la table des pauvres, ou tout au moins les abbayes ne jouiroient pas du bénéfice d'un autre qu'ils ont retiré à eux pour le petit entretien de l'église, et malgré cela ils ne font pas plus à l'église qu'il ne leur semble bon, si non que par contrainte.

9 — Qu'une ou deux personnes les plus instruites de la communeauté de chaque paroisse soient appellés au Magistrat du ressort pour voir l'envoi, la répartition, et après, le compte des deniers royaux, que nous paions très volontiers, et avec le plus grand contentement et joie, non que nous doutons aucunement de la juste répartition et administration, mais pour contenter le petit peuple qui ne sçait lire ni écrire et qui murmure continuellement contre les administrateurs des deniers roiaux, pensant qu'une grande partie desdits deniers soit dissipée inutilement et contre l'intention de Sa Majesté.

10 — Que tous les officiers, qui ont charge publique, à l'avenir soient natifs de la province ; puisque ce sont les membres de la province qui les paient il est naturel qu'ils aiment et préférent leurs patriotes ; d'ailleurs les personnes nés dans le pays connoissent plus facilement et plus parfaitement les besoins de la province, les avantages ou les inconvéniens de leurs sujets.

11 — (*a*) Qu'il ne soit aucune charge publique vénale et que toutes celles qui ont été acheté soient remboursées avec les deniers de la province. (*b*) Que tout procès soit jugé dans l'an, et plutôt, s'il est possible ; que tout procés soit jugé gratis sans paier aucune chose pour le raport ; que tous les mauvais frais soient toujours à la charge de celui qui est condamné au prin-

cipal, parce que celui qui a tort doit paier l'injustice qu'il a fait à son adversaire ; et d'ailleurs un pauvre ne risqueroit jamais rien en intentant une action contre le riche, parce que dans ce cas il n'auroit rien à perdre. Que dans tous les jugemens à donner on allègue les loix et raisons pourquoi qu'on condamne une personne ou on fait justice à l'autre, afin que la justice, l'équité et loix paroissent à l'univers à l'honneur des juges et à la confusion de la partie condamnée. (c) Nous supplions de même S. M. très humblement pour que toutes les charges des officiers publiques soient exercées gratis, désirant d'ailleurs très sincèrement qu'ils soient tous pentionnés très honorablement et lucrativement, selon la place qu'ils exerceront dans le publicq, et qu'ils soient paiés avec les deniers de la province, afin d'avoir à nos têtes des officiers de plus illuminés et instruits parfaitement dans les devoirs de leurs charges, à qui Dieu a donné le don de la prudence et sagesse ; et conséquemment nous devons avoir toute confiance et respect, étant totalement persuadées qu'ils agissent comme des vrais pères pour le bonheur de leurs enfans, sans aucun interret personnel, mais comme tuteurs de tous leurs sujets ; et en obtenant cette demande, il n'y auroit pas tant des personnes du menu peuple, qui ont le malheur de perdre leur mari ou femme, qu'ils devroient callenger[1] de rendre leur état du peu de biens qu'il leur reste, à cause des trop grands frais qui augmentent de jour en jour par les nouveaux règlemens que ces messieurs ont mis en usage depuis une dixaine d'années. Dont qu'en voici un, entre autres, que, passé dix ans, une personne veuf ou veuve qui tenoit des enfans mineurs et qui vouloit constituer un tuteur pour iceux alloit avec la personne qui se presentoit comme tuteur chez le greffier de la garde-orpheline pour passer une acte de tutelle, que le greffier couchoit sur un registre à cet usage, et recevoit en-

---

[1] **Poursuivre judiciairement.**

suitte le serment du tuteur, pour laquelle chose on ne paioit qu'une bagatelle d'une trentaine de sols, et présentement, pour élire un tuteur, il faut faire comparoitre 7 témoins, présenter requête pour nomination d'un commissaire et fixation de jour et heure, pour tout quoi ils sont obligés de paier 30 livres de France, seulement pour l'élection d'un tuteur, sans les autres frais pour dresser et passer leur état.

12 — Comme les écoages sont absolument nécessaire pour le bien publicq, et que, s'il n'y auroit point des amandes, plusieurs ne voudroient réparer les rues et chemins à leur charge, nous demandons encore très humblement à S. M. que toutes les amandes d'une paroisse soient paiés au pauvrier de la même paroisse pour le soulagement des pauvres d'icelle, à qui pauvrier les officiers publicqs qui auront fait l'écoage donneront acte et pouvoir de recevoir lesdites amandes et contraindront les contrevenans par tout droit de justice, selon les ordonnances du royaume.

13 — Demandons encore à S. M. que notre marché nous soit libre. Cette liberté conduira beaucoup à notre bien être et à celui de la ville, en tant qu'il viendra plus célèbre et abondant.

14 — Représentons aussi à S. M. la grande peine et douleurs que nous avons d'être privé d'armes et chiens, la supplions très humblement qu'elle daigne seulement permettre qu'un fusil et un chien, non que nous avons envie d'en faire quelque mauvais usage, mais uniquement pour la défense de notre fortune et vie.

15 — Les jardiniers faisant la grande partie de la paroisse demandent aussi très humblement à S. M. que nul jardinier étrangers à la province puisse venir vendre ses légumes à Dunkerque, se faisant fort de pourvoir cette ville des suffisantes légumes à juste prix, surtout les autres jours que le jour du marché.

Désirant aussi de retenir les communes[1], moiennant de paier au Magistrat, comme ils n'ont jamais refusé ; que si le Magistrat reprend lesdites communes, ce nombre des jardiniers, montant à environ de 100 feux, sera considérablement dommagé, n'aiant d'autres resources pour paître leurs bestiaux.

Après avoir démontré tous les articles dont ce cahier est composé nous ne désirons rien autre chose pour le bien être du publicq, de sorte que nous les laisserons à la décision de S. M. pour le surplus.

A. Vandenbroucke, J.-B^{le} Cardock, Pieter Jacobus Soyer, J.-B. Nave, Hocquet, J. Leuregans, J. Decooster, J.-B. Bayard, C. J. Meesemaecker, J. F. Dodanthun, J.-B. Storm, P. Vanderrièle, P. F. Dekoninck, C. Le Caillez, J. Lambert, Phi^e Ducloy, S. Nave, J. Nave, P. Kiecken, A. Dubois, L. Leullieur, C. Van Baelinghem, J. F. Jacobs, J. C. Dehorter, P. A. Gamba, P. Loonis, G. De Bavelaere, J. Delaetre, J. Loby, J. F. Mirador, J. Bastoen, P. J. Bastoen, Joseph Lefebvre, J. Papegay, J.-B. De Keuwer.

---

[1] Les pâturages communaux, à l'Est ou à l'Ouest de Dunkerque, ou *heems*. Ils étaient loués en 1786 à 31^l la mesure.

COUDEKERQUE-BRANCHE[*]

22 mars, en la maison et demeure du nommé Bertin De Manchot, cabaretier, demeurant au *Pont du Petit Steendam,* paroisse et territoire de Dunkerque.

Par devant André Dollet, hoofman.

260 feux.

Députés : André Daullé, Jean Louis Verhulst, Nicolas Pollet.

Doléances et pétitions des habitans de la BRANCHE DE COUDEKERQUE, territoire de Dunkerque, à insérer au cahier du tiers Etat de la Flandre maritime et objets du mandat à donner à MM. les députés aux Etats généraux.

1 — *Identique à Dunkerque (1).*

2 — De concourir à ce qu'aucune loi ne soit portée sans l'autorité du Roi et le consentement de la Nation dans des assemblées tenues de 3 en 3 ans.

3 — *(a) analogue à Dunkerque (3).*

  (b)   »   »   *(6 a).*

4 — De concourir, après avoir assuré la constitution, à faire trouver à l'Etat un secours prompt dans ses besoins actuels, en prenant au préalable une connoissance exacte de la dette publique, pour y proportionner le sacrifice des sujets.

5 — De ne consentir aucun impôt à tems illimité, et autrement que pour l'intervalle d'une assemblée des Etats généraux à l'autre.

---

[*] Canton (est) de Dunkerque, à 2 kil.

6 — De requérir la confirmation des capitulations[1] et des traités qui unissent les provinces à la couronne, ainsi que le maintien de toutes les propriétés particulières.

7 — *Identique à Dunkerque (8)*.

8 —   «   «   *(48)*.

9 — De demander la réintegration du droit accordé aux villes d'élire les officiers municipaux par les édits[2] des mois d'août 1764 et mai 1765, à fin d'empêcher que les comptes de la municipation ne soient rendus en secret et sans contradicteurs ; que l'on ne prodigue plus l'argent de la commune pour se conserver en place, pour des députations utiles aux députés et pour des procès inutiles et ruineux à la commune, dont on ne demande jamais l'avis.

10 — De demander que la commune ne soit plus obligée de fournir à l'hôtel de l'Intendance, le chauffage, la bougie et autres espèces semblables[3], dont les gens des intendans ont considérablement abusé, fournitures que l'administration, établie par les édits des mois d'août 1764 et mai 1765, a constamment refusées depuis 1765 jusqu'en 1772, qu'une cabale ennemie du bien public est parvenue à faire suspendre l'éxécution de ces édits[4], et à

---

[1] Au moment de la conquête de la Flandre par Louis XIV, les Magistrats des villes fortes avaient demandé, dans les actes de capitulation de ces places le maintien de leurs privilèges, coutumes, usages etc., et le roi le leur avait accordé. Voir notamment les capitulations de Lille et de Bergues, en 1667, et de Dunkerque en 1658, après la bataille des Dunes.

[2] Cf. Dunkerque (53 et Note.).

[3] Dans le compte de 1787, rendu le 1er octobre 1788, on trouve les dépenses suivantes : pour bougies, 136 l; pour chandelles et huile, 219 l ; pour bois de chauffage, 428 l; pour charbon de terre, 702 l 6 s ; pour charbon de bois, 737 l 16 s.

[4] L'édit de novembre 1771, qui révoqua les édits municipaux de 1764 et 1765, était l'œuvre de l'abbé Terray. Il fut rendu pour des motifs fiscaux, bien que son préambule soit plein de beaux prétextes d'utilité générale.

rétablir l'ancienne administration destructive par essence du bien de la commune.

11 — Que les officiers municipaux soient obligés de rendre compte chaque année de l'emploi des deniers qu'ils perçoivent sur les terres du territoire, savoir : des 12 sols par mesure pour l'entretien du port, 6 sols jusqu'à 10 sols par mesure pour l'entretien des watteringues ; des 34 et quelquefois 36 sols par mesure pour les fortifications, la maréchaussé, les maîtres des postes, les rentes dues par le territoire, frais de voyages pendant l'année et autres frais, de l'aide ordinaire et des vingtièmes.

12 — *Analogue à la Branche de Téteghem (6, 7 et 12).*

13 — Qu'il leur soit accordé des juges autres que le commissaire départi et les officiers municipaux, pour décider leurs demandes en surtaux[1].

14 — Que les habitans ne soient plus tenus de racommoder eux-mêmes les chemins, mais qu'ils le soient aux frais de la paroisse.

15 — *Analogue à la Branche de Téteghem (8).*

16 — De demander la réformation des abus relatifs à l'administration de la justice.

17 — De représenter que la maréchaussée et les sergents de campagne ne rendent aucun service aux habitans, quoique ceux-ci contribuent aux frais que leur établissement occasionnent.

18 — Qu'il soit défendu d'exiger desdits habitans les droits de ville et les droits du domaine tout à la fois.

Ainsi fait et arrêté au cabaret du *pont du Petit Steendam*, après lecture et explication en flamand, pour ceux qui ne le comprennent pas, le 22 mars 1789.

Augustin DELATTRE, J. L. VERHULST, N.

[1] Pour décider au sujet de leurs demandes en dégrèvement d'impôts.

Pottet, J.-B. Lecointe, Sergent, J. F. Everard, D. Fierman, Fraençois Ge...(?), Joannes Annerey, S. De Smidt, Winnocus Bollengier, Antoine Sohie, Pieter Deire, Jacobus Fahy, Joannes Deuwet, Jaennes Vyellcaerdt, Joannes Verhille, Joannus Govaere, François Planque, A. Decanter, Pieter Duquienne, P. Labey, Nicolaus Fonteyne, Jean De Roo, Joannes Depecker, Joseph Morel, Franciscus Beck, Pieter Dehondt, Charle Robay, J. Cocquillier, A. Daullé.

Branches de TÉTEGHEM, GHYVELDE et UXEM [*]

24 mars, en l'assemblée convoquée au *Chapeau Rouge*, situé sur le canal de Furnes, par devant Winoc Corneille Dequeker, hoofman des branches de Téteghem, Ghyvelde et Uxem, territoire de Dunkerque, composées sçavoir: la branche de Téteghem de 198 feux, celle de Ghyvelde de 2 feux et celle d'Uxem d'aucun feu.

Députés: Nicolas Daeye, Winoc Corneille Dequeker, Jean-Baptiste Hollebecke.

Doléances et pétitions des habitans des BRANCHES DE TÉTEGHEM, GHYVELDE et UXEM, territoire de Dunkerque, à insérer au cahier du tiers-Etat de la Flandres maritime, et objets du mandat à donner à MM. les députés aux Etats généraux.

1 — De concourir de tous les efforts de leur zèle à procurer à la France une heureuse Constitution qui assure pour jamais les droits du Roi et ceux de ses sujets, la liberté de chaque citoyen et le maintien de sa propriété.

2 — De concourir à faire trouver au Roi tous les secours nécessaires pour acquitter les dettes de l'Etat ou empêcher qu'il ne manque jamais à ses engagemens.

3 — De procurer la réforme des abus relatifs à l'administration de la justice.

4 — De demander que l'administration des officiers municipaux soit changée parce qu'elle est arbitraire, mysterieuse et préjudiciable aux intérêts de la commune et que les édits [1] des

---

[*] Portions des villages de Téteghem, Ghyvelde et Uxem, comprises dans le territoire de Dunkerque.

[1] Cf. Dunkerque (53 et note).

mois d'août 1764 et mai 1765 soient exécutés avec des changemens propres à prévenir les effets de la cabale dans les élections soit des députés, des notables ou des échevins.

5 — De demander que les officiers municipaux soient tenus de rendre compte de l'emploi qu'ils ont fait des deniers levés dans le territoire.

6 — Qu'il soit défendu aux décimateurs de percevoir des dîmes dont ils ne sont pas en possession de jouir.

7 — Qu'ils soient tenus d'entretenir les pauvres ou d'abandonner chaque année le tiers de leurs dîmes, sans qu'ils puissent s'exempter de leurs autres obligations, telles que celles de réparer et entretenir les églises, de payer les vicaires.

8 — Que le droit de chasse soit aboli parce qu'il préjudicie à l'agriculture et à la sûreté des habitans, en ce que la chasse se fait avant que les grains soient levés et coupés, en ce que les chasseurs s'arrogent le droit de chasser dans les jardins et menacent ceux qui s'en plaignent, de les excéder, et en ce que sous prétexte de conserver le gibier on ôte aux habitans leurs fusils et que par là on les réduit à souffrir impunément d'être volés.

9 — Qu'attendu qu'actuellement le bled est à 40 et 41^l la rasière, que ce prix étant excessif les pauvres sont obligés de vivre de fèves de cheval et d'avoine, il soit défendu d'exporter le bled hors du pays, et qu'à l'avenir l'exportation du bled soit sévèrement défendue lorsqu'il sera à 24 livres la rasière.

10 — Que pour empêcher la ruine des jardiniers qui payent un loyer considérable, il soit défendu aux jardiniers étrangers, surtout à ceux de St Omer, d'apporter leurs légumes aux marchés de Dunkerque[1].

11 — Que les décimateurs soient tenus de payer leur part dans

---

[1] Cf. Petite-Synthe (15).

les vingtièmes comme les habitans et que l'exemption qui leur a été accordée à ce sujet par le département soit abolie, comme injuste et vexatoire.

[12] — Qu'ils soient chargés aussi de payer les coutres ou clercs des paroisses.

Ainsi fait et arrêté au Chapeau Rouge, sur le canal de Furne, le 24 mars 1789, après que ces présentes ont été translatées en flamand à ceux qui ne savent pas le français. Approuvés trois mots rayés de l'autre part.

> J. L. Carlier, P. Schoonert, Stephanus Monborne, Van Steenberghe, C. J. Waeteraere, Nicolaus Decanter, G. C. Neux, Muyls, Jacobus Deblock, Joseph Cleenewerck, P. Debars, Noobert Dhondt, Mattheus Salomee, Pieter Vanpoperinghe, Jean-Baptiste Hollebeke, N. Daeye.

Supplerons-nous très humblement Sa Majesté, par la voie de requête ou autre, d'ordonner que le projet d'Etats provinciaux de la Flandre maritime sera rectifié en conformité du réglement des Etats provinciaux du Dauphiné.

LEFFRINKHOUCKE-BRANCHE[*]

25 mars, au cabaret de l'*Ancre d'Or*, sis au Pont de Leffrinckouke.

16 feux.

Députés : Cornil Dufour, Louis Caloigne.

Les doléances et pétitions des habitants de la BRANCHE DE LA PAROISSE DE LEFFERINCKHOUCKE, sous le territoire de Dunkerque, sont :

1 — Que leurs terres sous ladite paroisse sont d'une très petite qualité, la plus grande partie étant dunes, que néanmoins elles sont taxées aux impositions comme les meilleures du territoire, qui produisent le tiers et même la moitié de plus que les leurs, en outre de 12 sous par mesure qu'ils payent pour survenir aux traveaux de la mer[1], qui devroit se payer par toute la Flandre, puisqu'ils jouissent des mêmes avantages que lesdits remontrans, par la facilité que ces traveaux donnent à la navigation du pays, joint à tout cela la quantité de pauvres que leur paroisse est surchargée et qu'ils doivent entretenir ; fait que les remontrans ont du mal à survenir à leurs affaires, malgré les peines pénibles qu'ils se donnent.

[2] — Que, malgré ces taxes considérables, le canal de Dunkerque à Furnes est tellement rempli que l'eau de leurs terres n'y peut plus prendre son écoulement, pour quoi il est de toute nécessité que l'on entretienne ce canal.

[3] — Il y a dans ledit canal et dans la digue pour la portion de

---

[*] Partie de Leffrinckhoucke sur le territoire de Dunkerque.
[1] Pour les travaux du port de Dunkerque.

cette branche de paroisse, 15 mesures 129 verges, dont lesdits habitans payent les impositions, malgré que le Magistrat de Dunkerque tire tout ce qui en peut revenir, tels que les loyers du carosse d'eau[1] et de la pêche qu'il loue à différents particuliers, ainsi que la digue où l'on y construit des bâtimens, moyennant une rétribution par chacun an.

[4] — Que ledit Magistrat de Dunkerque se permet, ainsi que d'autres personnes, auxquelles il donne des permis, de chasser[2] journallièrement sur les terres des remontrans, lors même que leurs grains sont forts avancés, auxquels ils font un tort considérable, en passant et courant à travers avec leurs chiens de chasse, en outre des malheurs qu'il en peut résulter, puisque le plomb d'un chasseur tomba dans la cheminée du nommé Blondeau habitant, il y a quelque tems; ne pouvant, en outre, ou plutôt n'osant se plaindre à ces Messieurs, parce qu'ils sont pour ainsi dire tous leurs supérieurs.

[5] — Que ledit Magistrat ordonne en outre à leurs sergents de tuer les chiens des remontrans qui se trouvent dans les champs et jusqu'à même dans leur cour, et pour lesquels chiens ils leur font encore payer une amende de 3 livres, ce qui est exorbitans puisque ces animaux sont la principale garde desdits habitans.

[6] — Qu'il ordonne aussi auxdits sergents d'entrer chez les remontrans, pour s'emparer de tous les fusils et autres armes qu'ils peuvent avoir chez eux, et que, quand ils font des représentations sur l'injustice de ces procédés, lesdits sergents sont assez hardis de leur faire des menaces de les maltraiter, à quoi ils ne peuvent mieux faire que de céder, n'étant soutenu de personne.

---

[1] La barque.

[2] Les membres du Magistrat s'étaient attribué la jouissance de la chasse sur les seigneuries du roi, dans le territoire de Dunkerque.

[7] — *Analogue à Leffrinkhoucke (4)*.

[8] — Que les éclésiastiques jouissent des dixmes de cette paroisse, qu'ils leur donnent tous les onze ans la culture entière de la paroisse, pour lesquels ils n'ont d'autres charges qu'une petite rétribution au curé de ladite paroisse et l'entretien de sa demeure, qu'on ne sçait si cela leur est légitimment dû.

[9] — Que lesdits remontrans observent en outre qu'ils payent un droit de moulage pour lequel ils donnent, tant grands que petits, 15 sous par tête, par an, et des autres droits assez considérables sur leurs bestiaux. D'après toutes ces raisons les remontrans supplient S. M. et les Etats généraux de les aider par des moyens efficaces qui seroient :

[10] — 1° Qu'à l'égard de la taxe des terres, il y a des placards qui défendent si formellement à ce qu'elles soient taxées autrement qu'à proprotion de leur produit, qu'il est étonnant qu'on ait osé adopter un usage contraire.

[11] — 2° Qu'ils espèrent que les moyens déjà prévus pour l'extirpation de la mendicité et la punition des vagabons, contrebandiers, etc., seront efficacement mis en usage.

[12] — 3° Qu'il soit ordonné que, si le Magistrat de Dunkerque ont le droit de jouir du revenu et du produit du canal de Dunkerque à Furnes, il lui soit enjoint de le tenir au moins en bon état.

[13] — 4° Qu'on les exempte des impositions de 15 mesures 129 verges comprises dans ledit canal, puisque ledit Magistrat en tire tout le bénéfice.

[14] — 5° Pour ce qui est relatif à la chasse, le meilleur seroit d'en abolir le droit, ou au moins de ne permettre qu'à ceux qu'ils peuvent en avoir le droit de chasser, de le faire par eux-mêmes.

[15] — 6° De deffendre que l'on puisse tuer les chiens desdits

habitants, ny de pouvoir prendre leurs fusils et autres armes chez eux pour le seul prétexte de soutenir la chasse.

[16] — 7° Qu'il seroit fort facile aux sieurs curés de se concerter ensemble pour dire leurs messes à différentes heures afin que tous les habitants des trois paroisses puissent y aller successivement.

[17] — 8° Qu'à l'égard des dixmes, il soit deffendu d'en percevoir aucune, à moins que lesdits éclésiastiques prouvent des titres autentiques de leurs droits, et, en ce cas, qu'ils devront au moins supporter les dépenses du curé et de l'Eglise, rien excepté.

C. Dufour, P. J. Weeus, Félix Pladys.

III

ZUYDCOOTE[*]

27 mars, en l'hôtel de ville et seigneurie[1] de Zudcotte, par devant Pierre d'Haye, bourgmaître.

42 feux.

Députés . Pierre François Wattez, Judocus Demey.

Doléance pour les fermiers habitans des ville et seigneurie de ZUCODT.

1 — Les fermiers et habitans dudit lieu supplient Messieurs les Députés aux Etats de Bailleul d'insister à ce qu'il soit inserré au cahier général de la province, à présenter à l'assemblée des Etats généraux, qu'au moyen d'une cession que les abbé et religieux de l'abbaye de Bergues Saint-Winocq ont fait, par acte sous seing privé en datte du 3 juillet 1769, des dîmes de la ville et seigneurie dont ils jouissoient comme gros décimateurs, et ce, au profit de Mr Dewicq, prêtre curé dudit lieu, ils sont parvenus frauduleusement à se faire décharger de loger leur curé, en luy produisant une maison qui a coûté 7.000 à la paroisse, et depuis lors, au moins mille écus à la communauté, ce qui fait environ 10.000 livres ; tandis qu'elle

---

[*] Canton (est) de Dunkerque, à 10 kil.
[1] Zuydcoote était une seigneurie ayant sa justice particulière.

retire tout au plus de ces dimes 650 livres par an ; tandis que cette pauvre communauté n'est composée que de très peu d'habitants, dont la pluspart ont de la peine à se procurer leur subsistance.

2 — Que depuis environ 30 ans, Messieurs du Magistrat de Dunkerque leur imposent chaque année, une somme de 12 sols de la mesure, pour contribuer prétenduement aux réparations et entretien des grèves, ports et havre de Dunkerque, tant que cette Ville et sa Chambre de commerce et dépendances ont des revenus plus que suffisants à employer à cet effet, sans être tenus d'en charger cette communauté, dont la pluspart des membres ne peuvent se nourir à peine que du fruit d'une chétive pêche, que leurs minces facultés leur permettent à peine de faire le long des côtes qui bordent leurs terres.

3 — Qu'en raison de ces impositions ils ont depuis lors vainement réclamé l'indemnité de 7 mesures de terre dépendantes de la communauté, qui se trouvent enclavées et comprises dans le canal qui conduit de la ville de Dunkerque à celle de Furnes.

4 — Et enfin les soussignés réclament des bontés vraiment paternelles de Sa Majesté, qu'il luy plaise prendre leur triste situation en considération ; les décharger par suite des impositions qui leur sont imposées de la part de MM. du Magistrat de Dunkerque ; ayant particulièrement égard à ce que les sables des cottes de la mer, qui bordent leurs terres, les couvrent et engloutissent[1] de manière que, depuis environ 50 ans, ils ont perdu environ 30 mesures de terre, ce qui les a presque tous ruinés.

Faisant au surplus la communauté tous les vœux désirables

---

[1] Notamment lors de la tempête survenue dans la nuit du 31 décembre au 1er janvier 1777.

pour la plus grande utilité et la plus grande prospérité de tout le royaume.

Dunkerque le 27 mars 1789.

P. J. Daeye, J.-B. Werpoorte, J. Van Hoo-
renbeque, P. C. Dewaele, Cornelis Win-
nocus Maes, Pieter Alexander Pickaert,
Louis Venant, J.-B. Marteel.

Paraphé *ne varietur* audites [pages?] du procès-verbal de ce jour.

P. J. Daeye.

CHATELLENIE DE BOURBOURG

NOTICE

La châtellenie, ou plus exactement le bailliage de Bourbourg, comprenait, outre la ville principale, dix villages [1], plus une partie des villages de Merckeghem et de Looberghe. Elle avait une étendue de 28.900 mesures environ.

L'*Union* entre le *Magistrat* de la ville et le *chef-collège* de la châtellenie avait eu lieu en 1587.

Le Magistrat exerçait la justice à tous les degrés dans la ville et dans les villages du plat-pays. Seuls, les quatre vassaux en chef, relevant de la cour féodale de Bourbourg, avaient leurs tribunaux particuliers avec juridiction haute, moyenne et basse.

Le Magistrat de Bourbourg, comme celui de Bergues par exemple, était la régie principale de la généralité de la ville et du plat-pays.

Les cahiers des communautés du bailliage de Bourbourg doivent donc se classer ainsi qu'il suit :

---

[1] Il nous manque les cahiers de Saint Willebrord et d'Holque.

I. Le cahier de la ville de Bourbourg.

II. Les cahiers des villages sur lesquels s'étendaient la juridiction et l'administration du Magistrat de Bergues.

III. **Les cahiers des vassaleries.**

I

VILLE DE BOURBOURG*

26 mars, sont comparus par devant nous officiers municipaux de la ville et châtellenie de Bourbourg, Mᵉ Pierre Lannoy, procureur de ce siège, Mᵉ Jean Charles Winnoc Picquart, avocat, Mᵉ Louis Ceut, médecin, les Sʳˢ Pierre Joseph Marie Vermersch, bailly de la seigneurie de Withof, Pierre François Picquart fermier lez cette ville, Léonard Goossen maréchal expert et Charles Vancosten Mᵉ ferblantier en cette ville, tous députés nommés par le Tiers-Etat et par les différentes corporations de cette ville et paroisse, par délibération du 23 de ce mois.

[Manque le nombre de feux].

Députés : Louis Ceut, médecin, Augustin Verhille, ancien échevin, Antoine Goossen, maître maréchal ferrant, Jacques Louis Popieul, marchand brasseur.

Cahier de plaintes, doléances et demandes du Tiers Etat et autres corporations¹ de la ville et paroisse de BOURBOURG.

1 — Analogue à Boeseghem (1).

2 —   «   »   (2).

---

* Chef-lieu de canton, à 19 kil. de Dunkerque.

¹ Les corporations s'étaient réunies le 23 mars pour nommer leurs députés à l'assemblée du tiers-état de la ville, mais il ne parait pas qu'elles aient rédigé de cahiers particuliers de doléances.

3 — Que le retour périodique des Etats généraux soit assuré [1].

4 — Que les impôts ne soient consentis que jusqu'à l'époque qui sera fixé pour la seconde assemblée des Etats généraux.

5 — Que les corps des officiers municipaux des communautés de la ville et châtellenie unies soient composés d'habitans des villes et d'habitans de la campagne, conformément aux actes d'Union [2], et que lesdits officiers municipaux soient nommés chaque année par les députés des habitans de la châtellenie, qui seront choisis annuellement dans chaque paroisse, et [par] les députés des habitans de la ville, en nombre proportionné à sa contribution aux charges publiques.

6 — Que les villes de Dunkerque, de Gravelines et Bourbourg, seules de la Flandre sous le Parlement de Paris [3], soient mis sous le Parlement de Flandre pour la mellieure exécution de ses loix.

7 — Que les gages des officiers municipaux soient fixés, sans qu'ils puissent rien exiger pour vacation ni sous aucun prétexte à la charge de l'administration.

8 — Que toutes matières importantes seront réglées dans une assemblée de la commune qui sera tenue le 1er lundi de chaque mois et qui sera composée des officiers municipaux, des députés des habitans de la ville qui auront été nommés conformément à l'article 5 ; et que tous les comptes soient rendus chaque année dans ladite assemblée par la voie de l'impression.

9 — *Analogue* [4] *à Boeseghem (9)*.

---

[1] Cf. Bœseghem (3).

[2] Acte d'Union de la ville et de la châtellenie du 12 juillet 1587. Arch. de Bourbourg, AA. 2 (registre de 98 feuillets).

[3] Cf. l'Introduction p. XLVI, et le cahier de Craywick (4).

[4] Mais dans le cahier de Boeseghem, l'art. 9 se rapporte à l'assemblée des Etats de la province, tandis que dans le présent cahier il vise l'assemblée du Magistrat.

10 — Que les administrations particulières des officiers des seigneurs soient supprimées et qu'elles soient réunies à l'administration générale de la châtellenie et que l'on réforme tous les abus qui, en augmentant les charges publicques, annéantissent l'agriculture.

11 — *Identique à Boeseghem* (*20*).

12 —   »   »   (*23*).

13 — *Analogue à*   »   (*27*).

14 — *Identique*   »   (*30*).

15 —   »   »   (*40*).

16 — Que la Flandre Maritime reste séparée de la Flandre Wallonne comme province.

17 — Que le don gratuit soit supprimé tant sur les bières que sur les vins.

18 — Que l'abolition du droit d'issue, qui se perçoit par toutes les villes de la Flandres maritimes, ait lieu.

19 — Que toutes les exemptions quelconques, sous telle domination que ce puisse être, soient abolies, et que les impôts de toute nature, soient répartis sur tous les individus du Royaume, eû égard à leur qualité et fortune.

20 — L'exécution des lettres patentes[1] qui chargent les gros décimateurs de la reconstruction et entretiens des Eglises et presbitères, comme dans le restant de la Flandre Maritime.

21 — Que les vicaires et sacristins de l'église de villes et paroisses soient désormais à la charge des gros décimateurs, en considération des sommes immenses qu'ils perçoivent annuellement par le rabait de dîmes.

22 — Que la ferme des octrois des eaux de vie, appartenante

---

[1] Du 5 septembre 1784, Cf. cahier de St Georges (28).

aux villes, soit séparée et distraite de celle de la régie, pour être louée au plus offrant, au profit de la généralité, à quelque particulier, pour avoir deux cantines séparées pour la commodité du public.

23 — *Identique à Boeseghem (58).*

24 — Et finalement qu'il plaise à S. M. d'ordonner que le pavé commencé depuis cette ville de Bourbourg vers celle de Cassel soit achevé aux frêts de la province, attendu que notre communauté a contribué pour la construction du pavé de Bergues à Lille et y contribue encore pour son entretien.

Fait et arrêté le présent cahier, en présence de la municipalité, par nous, députés soussignés à l'assemblée du 26 mars 1789.

PICQUART, CHEUT, LANNOY, A. L. GOOSSEN, Joseph VAN COSTEN, P. F. PICQUART, M. VERMEERSCH.

Ainsi fait et paraphé par nous, Norbert-Ferdinand Gillis, Bourgmaître de la ville et châtellenie de Bourbourg et approuvé la rature du nom, commissaire ; ledit jour, mois, an, et en présence que dessus, N. Gillis.

Communautés qui dépendent du Magistrat de Bourbourg

CRAYWICK[*]

23 mars, en l'auditoire de ce lieu, par devant Jean Warrin, notaire royal à la résidence de Bourbourg.
46 feux.

Députés : Jean François Geerssin, Pierre François Picquart.

Mandat ou Cahier pour les Députés qui sont élus pour l'assemblée à Bailleul, pour les Etats généraux et des doléances de la Flandre Maritime, pour la paroisse de Craywicq, châtellenie de Bourbourg.

1 — De ne prendre séance aux Etats Généraux qu'autant que tous les députés auront été librement élus.

2 — De concourir à ce que l'on y délibère en trois ordres et que les suffrages soient comptés par têtes.

3 — (*a*) De concourir de tous les efforts de leur zèle à procurer à la France une heureuse constitution, qui assure d'une manière inviolable et sacrée les droits du roi et de ses sujets, à tous les

---

[*] Canton de Gravelines, à 10 kil. Les cahiers de Craywick, Loon, Saint-Pierrebrouck et Saint-Georges ont été rédigés, à ce qu'il semble, par Warin, notaire royal à Bourbourg.

citoyens la liberté et la sûreté individuelle, de ne pas permettre que la loi soit portée sans l'autorité du prince et le consentement de la nation réunie par ses représentans dans les assemblées périodiques ; que les ministres, les ministres (*sic*), les tribunaux ni aucun sujet du roi ne puissent violer les loix impunément. En conséquence de demander que les prisons d'Etat soient détruites, que l'usage abusif des lettres de cachet soit pour jamais aboli ;

(*b*) Qu'aucun impôt de quelque nature qu'il puisse être, ne puisse être perçu sans l'octroy de la nation dans les Etats généraux, en préférant les genres d'impôts les moins onéreux à la liberté individuelle et les plus facilement susceptibles d'être proportionnellement répartis sur tous les ordres et sur toutes les personnes ;

4 — (*a*) De procurer la réforme des abus relatifs aux tribunaux sans exception et à l'administration de la justice ; en conséquence de demander que le ressort du Parlement de Paris infiniment trop étendu soit restreint à quelques provinces qui l'environnent ; que dans le surplus il y ait des cours souveraines; que les villes de Bourbourg, Dunkerque et Gravelines et leurs châtellenies et territoires faisant partie du gouvernement de la Flandres, ayant les mêmes coutumes, les mêmes loix que les autres villes et châtellenies de cette province soient distraites du ressort de ce Parlement et fassent partie de celui du Parlement de Douay[1] ;

(*b*) Que les formes de la justice soient simplifiées, toutes voies fermées à la chicane ; la fortune, l'honneur et la vie d'un accusé à l'abri de ces bévues qui font frémir l'humanité, et qu'en conséquence on substitue au code criminel une loi plus conforme à la

---

[1] Voir même cahier (21). Ce groupe de cahiers présente beaucoup d'articles semblables, et a de nombreux rapports avec le groupe des cahiers de Bœseghem (t. I. p. 282) et Blaringhem-Fontaine (t. I. p. 300).

dignité de la nature de l'homme, à l'équité naturelle et à la raison.

5 — De concourir, après avoir assuré la constitution, à faire trouver à l'Etat un secours, dans ses besoins actuels ; de prendre une connoissance exacte de la dette publique pour y proporsionner les sacrifices des sujets.

6 — De ne consentir à aucun impôt à tems illimité et autrement que pour l'intervalle d'une assemblée d'Etats généraux à la suivante.

7 — De consentir les aliénations des domaines de la couronne et la confirmation de celles qui ont été faites dans toute l'étendue du Royaume.

8 — De réclamer contre la maxime « *nulle terre sans seigneur* »[1] inventée par le génie fiscal du chancelier Duprat[2] et que les régisseurs de domaine prétendent établir en Flandres où tous seigneurs, même du Roi, est tenu de rapporter preuve de la féodalité qu'il réclame.

9 — *Identique à Bourbourg (13)*.

10 — De demander que pour d'autant plus favoriser l'agriculture et l'établissement des manufactures, le delai pour les retraits légaux soit réduit à trois mois, et que celui des retraits conventionnels conventionnels *(sic)*, ne puisse dans aucun cas excéder le terme de trois ans[3].

11 — *Identique à Boeseghem (29)*.

12 —   »   »   (30).

13 — Que tous les tonlieux, péages et autres droits semblables

---

[1] Cf. Dunkerque (47).

[2] Antoine Duprat (1463-1535) chancelier sous François Ier.

[3] Retrait = la convention qui donne au vendeur d'un bien le droit de le retirer en remboursant à l'acheteur les frais de son acquisition.

qui obstruent et gênent la liberté du commerce soient rachetés par les provinces.

14 — Que le droit d'issue ou d'écart, comme un droit odieux puisqu'il s'exige du François comme de l'étranger, qui vend son bien ou qui hérite dans une ville ou châtellenie dont il n'est pas bourgeois, soit aboli pour jamais.

15 — Que le tabac soit rendu marchand[1], et que, si les besoins de l'Etat exigent que la vente exclusive appartient au Roi, du moins les tabacs ne soient pas pris à l'étranger, mais dans les colonies françoises et en Flandres.

16 — Que tous établissemens utiles et qui contribuent à augmenter la culture soient favorisés et encouragés par des récompenses.

17 — Qu'on abolisse le code des chasses comme nuisible à l'agriculture et comme un reste de la barbarie féodale.

18 — Qu'attendu que les décimateurs payent comme de raison les vingtièmes à concurrence des dîmes qu'ils prélèvent sur les grains des cultivateurs et qu'on les fait payer une seconde fois par lesdits cultivateurs, demander que ces derniers soient déchargés desdits vingtièmes à la même concurrence, parce qu'il est odieux de faire payer deux fois lesdits vingtièmes sur une même partie de terre ou sur les mêmes grains.

19 — Demander que l'administration de la province soit changée, attendu qu'elle lève des impôts au delà du contingent de la province, que l'emploi que les municipaux font du surplus de ces deniers est arbitraire, se consomme en repas, en frais de députations non approuvées, en dépenses inconnues, que les comptes se rendent dans le secret, devant l'intendant sans contradicteurs

---

[1] La Flandre maritime était exempte de la vente exclusive du tabac comme de la gabelle.

intéressés à les examiner, à les débattre ; qu'à la place d'une administration si lesive des droits de la commune et si contraire aux loix et au bonheur de la province, on y établisse des Etats provinciaux [1] composés de membres du clergé, de la noblesse et du Tiers-Etat, qui seront élus par les trois ordres de la manière que doivent l'être les députés que les trois ordres doivent envoyer aux Etats Généraux.

20 — Que les abus de l'administration procèdent de ce que les municipaux doivent leur nomination à l'intendant qui ne choisit que les sujets qui sont disposés à maintenir les abus ; que les abus se maintiendront toujours à Bourbourg surtout, où pour ainsi dire qu'une seule famille qui occupe les places des Municipaux [2] ; que ces abus cesseroient si leur nomination étoit l'ouvrage de la commune, la ville et châtellenie réunies, et composée, moitié des habitans de la ville et moitié des habitans demeurants dans la châtellenie, suivant les lettres patentes d'Union du 12 juillet 1587, et si l'exécution des édits du mois d'aoust 1764 et mai 1765 étoit ordonnée, loix dont les habitans de Bourbourg, Gravelines et Dunkerque, et leurs territoires, ont ressenti les salutaires effets, jusqu'au moment où une lettre de cachet surprise à la religion du Ministre [3] d'alors en a suspendu le cours, loix dont les habitans regarderoient le rétablissement comme un bienfait signalé du monarque.

21 — Qu'attendu que Bourbourg est de la province et du gouvernement de Flandres, que cette même ville et la châtellenie ont les mêmes mœurs, les mêmes loix, le même régime que les

---

[1] Au lieu de l'assemblée du Département.

[2] Dans le Magistrat de Bourbourg, il y avait plusieurs parents au degré prohibé : deux frères et trois cousins-germains.

[3] Edit de novembre 1771, œuvre de Terray. Cf. A. DE SAINT-LÉGER, *La Flandre maritime* p. 213-215.

autres villes et territoires de Dunkerque et Gravelines et autres, et que si Bourbourg et sa châtellenie sont dans le ressort du Conseil d'Artois et par suite dans celui du Parlement de Paris, c'est que lorsque Louis XIV conquit cette ville et celles de Dunkerque et Gravelines, le Conseil de Gand et le Grand Conseil de Malines qui étoient leurs tribunaux d'appel se trouvoient sous la domination d'Espagne, Bourbourg et sa châtellenie, soient distraites du ressort du Conseil d'Artois et de celui du Parlement de Paris, d'ailleurs trop étendu, et ajoutés au ressort du Parlement de Douay[1].

22 — Que les appels des jugemens et des sentences des municipaux des Ville et Châtellenie de Bourbourg soient portés directement audit Parlement de Douay, sans devoir recourir au préalable à d'autres tribunaux secondaires[2] pour éviter les longueurs des tems et les grands frais que les différentes attributions de jurisdictions occasionneroient, et même souvent la ruine des particuliers.

Ainsi fait et arrêté le présent cahier en double, par nous, Jean Antoine Warin, notaire royal à la résidence de Bourbourg, soussigné, après l'avoir cotté et paraphé par nous dit Notaire, contenant 7 pages et 8 avec ces présentes, qui a été signé aussi par les habitans de la paroisse dudit Craywicq et par lesdits députés de cette paroisse en l'église d'icelle ou nous nous sommes transportés ledit jour, 23ᵉ jour du mois de mars 1789, 5 heures de l'après-midi.

Ne varietur, WARIN, DESCHODT pointre, VERGRIETE, C. RENGOST, J. F. DERNY, Carel BAILLIEU, Joannes DESLYPPER, Chretien VERCOUSTRE, Mattheus DAMMAN, J.-B.

---

[1] Voir même cahier (4ᵈ).
[2] Au bailliage-présidial de Bailleul, par exemple.

Beernaert, Louis Meesemacker, G. D, Decant, Joannes Fleurynck, Joseph Vercouter, P. F. Picquart, J. F. Geerssen; *ne varietur*, Warin.

LOON*

22 mars, en l'église paroissiale, par devant Jean Antoine Warin, notaire roial à la résidence de Bourbourg.

240 feux.

Députés : Alexis Joseph Longueval, Philippe Deconynck, Jean Antoine Warin (habitant Bourbourg).

Objets du Mandat donné aux personnes qui sont élus députés dans l'assemblée de Baillieul pour les Etats Généraux et de doléance de la Flandre Maritime, lesquels sont les sieurs Alexis Joseph Longueval, Philippe de Conynck, de Loon, et Jean Antoine Warin, de Bourbourg, du Tiers Etat.

1-10 — *Identique à Craywick (1-10).*

11 — Que les baux des biens et nottamment des terres puissent être fait, tant par les gens de mainmorte que par les particuliers, pour 20 ans [1], sans qu'ils soient réputés emporter aliénation, que tous les baux passés par devant notaire pour 20 ans et au desous seront d'exécution nécessaire pour les acquéreurs ou autres successeurs, sans qu'il soit besoin d'observer aucune formalité à moins qu'il n'ait été autrement convenu par ses baux.

12 — Que, pour encourager et faciliter le défrichement, les abbayes, les chapitres, les communautés des villes, les hôpitaux, et autres administrations pourront donner les parties de terre à

---

* Canton de Gravelines, à 7 kil.

[1] La durée des baux ne pouvait excéder neuf années.

défricher, ou susceptible d'être améliorées à rente perpétuelle[1], qui sera fixée au moins à trois pour cent de leur valeur, à la charge seulement de faire homologer le contrat et la déliberation par le juge royal sur un rapport de deux experts, qu'il aura nommé pour constater l'état et la valeur des dittes parties de terre, de laquelle homologation, les frais compris, l'écrit des ordonnances et jugements, et non compris le salaire des experts, ne pourront excéder la somme de 24 livres.

13 — *Identique à Boeseghem (25).*

14-17 — *Identique à Craywick (11-14).*

18 — Que l'impôt sur le sel soit abouly et qu'il soit remplacé par un impôt additionnel à l'impôt territorial et que le sel soit déclaré marchand par tout le royaume.

19 — Que la corvée soit aboli et que les routes se fassent comme en Flandre à prix d'argent par la commune, et aux dépens des terres.

20-21 — *Identique à Craywick (15-16).*

22 — Que tous établissements qui n'ont pour objet que le pur luxe et qui tendent par conséquent à énerver les meurs, à éteindre le patriotisme, ne soient ni favorisés, ni encouragés, mais soient proscrit s'ils n'en résulte trop d'inconvéniant.

23 — Que les douanes soient mises sur les frontieres, que tous les buraux de droits paiable d'une province à l'autre soient abbatus ; qu'il y ait des juges pour connoître de ces droits, autres

---

[1] Par arrêt du 12 janvier 1772, les arrêts du 8 avril 1762 et du 1er octobre 1765 sont rendus communs à tout le royaume : En vue de procurer le défrichement ou l'amélioration des terres incultes, il est ordonné que tous les baux qui seraient faits à l'avenir pour un terme au dessus de 9 années jusqu'à 27 et même 29 et qui auraient pour objet des landes ou terres incultes demeureraient affranchies des droits d'insinuation, centième denier, etc.

que les intendants, dont les sentences seront sujettes à l'appel, que les codes des droits à paier soit clair et ne prette à aucune interprétation contre les redevables de droits; que l'on abolisse les infames commissaireries de Reims, de Valence, de Saumur et autres nommés chambres ardentes [1], à la honte de la Nation, et qu'au lieu de la peine des galères et autres peines on y substitue la peine d'infamie contre quiconque aura la bassesse de faire la contrebande, pour ce que celui qui a la bacesse de préférer le bien du commerce étranger au nôtre est indigne de tenir rang parmi nous.

24 — *Identique à Craywick (17).*

25 — Que les banqueroutes froduleuses qui se multiplient tous les jours, et qui sont des délits d'autant plus dangereux qu'ils arettent la circulation du commerce, qu'ils jettent de la défiance dans les esprits, et que la crainte de perdre empêche beaucoup de citoyens de risquer leurs fonds dans des spéculations avantageuses, seroient réprimées par des loix plus précises, dont l'éxécution et le maintien fassent une partie des devoirs le plus indispensable des juges; qu'on les oblige ces fripons à paroître en public dans les audiances, dans les marchés avec les signes lisibles de leur phripponnerie; qu'on les oblige ensuitte à porter le bonnet verd et qu'ils soient déclarés infâmes [2].

26-29 — *Identique à Craywick (19-22).*

---

[1] On donnait quelquefois le nom de *chambres ardentes* à certaines commissions ou chambres de justice, établies momentanément, pour connaître de certaines affaires des contrebandiers, faussaires ou autres accusés de crimes graves, commis avec plusieurs complices.

[2] La loi prononçait la peine de mort contre le banqueroutier frauduleux, mais la jurisprudence des arrêts avait adouci la rigueur de cette disposition, en ne le condamnant qu'à l'amende honorable, au pilori, au bannissement, aux galères, suivant les circonstances plus ou moins graves de la banqueroute. Voir des exemples de condamnations dans le RÉPERTOIRE DE JURISPRUDENCE de Guyot, t. II, p. 156 et suiv.

30 — *Identique à Craywick (18) et en plus :* et bien plus encore par des personnes sur qui on prélève lesdits grains sans le paier ni indemniser.

Fait et arrêté le présent cahier en double, à l'assemblée de ce jour, en l'église paroissiale de Loon, ce 22 mars 1789, 5 heures du soir, et ont tous lesdits habitans et députés de Loon signés, sauf ceux qui ne sachent signer de ce interpellés, datte que dessus.

Longueval, Davrou, Petitpas, Coppey, Février, Geussin, Adriansen, Fauquonnier, Geussin, Nermann, Longueval, C. Lourdel, Wylde, J.-B. J. Cocquempot, Jean Croyset, Vantorre, Marquis, G. Fetel, Jacque Fetel, F. J. Banckaert, Pierre Van Thielt, Benoît Gambée, Joannes Lucaes, Davranche, Faucqueur, J. P. Tersie, Charle Capron, J. L. Pelquin, P. F. Bodet, De Croisilles, Jean-Baptiste Compiègne, A. Longueval, Eugène Lefébure, P. De Coninck, Jacques Coolen, Charle Lemite, Jacques Van Heesel, Philippe Pannier, F. Popieul, Jean Coolen, C. J. Wimile.

Ne varietur, Warin [1].

---

[1] En tete du cahier cette annotation : *Ce cahier est paraphé par notaire seulement.*

Sᵗ PIERRE-BROUCK *

25 mars, en l'auditoire de ce lieu, par devant Jean Antoine Warin, notaire royal à la résidence de Bourbourg.

74 feux.

Députés : Louis Alexandre Muchembled, avocat à Sᵗ Omer, et bourgeois de Bourbourg, Pierre Vermeersch, de Sᵗ Pierrebroucq.

Cahier de doléances et demandes des habitans du village de Sᵗ Pierrebroucq, châtellenie de Bourbourg.

1-4 — *Identique à Bourbourg (1-4).*

5 — Que l'assemblée provinciale de la Flandre, que le Roy a assuré, soit formé à l'instar de celle du Dauphiné ; que la délibérations et les comptes de laditte assemblée provinciale de la Flandre soient donnés chaque année au public par la voie de l'impression.

6 — *Identique à Bourbourg (5).*

7-10 —   »   »   *(7-10).*

11 —   »   *Boeseghem (13).*

12 —   »   »   *(15).*

13 —   »   »   *(16) et en plus :* et que dans le cas de non remboursement des finances de ces offices, ceux qui auront été jugé digne d'en être pourvu ne soient tenus de restituer aux derniers titulaires ou à leurs héritiers que le prix desdites finances.

* Canton de Bourbourg, à 7 kil.

14 — Que la juridiction du commissaire departi soit supprimée, que la connoissance des matières soumises à cette juridiction soit attribué aux juge ordinaire, et que les subdélégués dudit commissaire ne puissent être membres des administrations municipales.

15-17 — *Identique à Boeseghem (19-21).*

18 — Que la presse soit libre pour tout cytoyen domicilié et notoirement solvable, qui réponde par sa signature de ce qu'il aura fait imprimer.

19 — *Analogue à Boeseghem (22) et en plus :* que dans chaque ville de commerce il y ait une juridiction consulaire ; que pour prévenir l'abus de l'appel pour les condamnations pécuniaires, qui n'excéderont pas la somme de 2000 livres ou jusqu'à concurance de cette somme, et dans tous les cas pour les dépens, nonobstant tout appel, à l'effet seulement de faire déposer au greffe, et que les sommes déposées soient remises par provision à ceux qui auront la condamnation, sous la caution réelle et suffisante de biens immeubles, scitués dans la juridiction, lesquelles seront hypotéqués dans la forme prescrite par la coutume des lieux avant la délivrance des deniers.

20-24 — *Identique à Boeseghem (23-27).*

25 — » *Craywick (10).*

26-27 — » *Loon (11-12).*

28 — Que, par la même considération, les terres abbandonnées aux seigneurs, ou réunis à leur domaine, puissent après une possession de 10 ans, sans une réclamation judiciaire par les propriétaires, être données par lesdits seigneurs irrévocablement à nouvelle rente, ou autrement aliénées, et que les terres qui sont possédées aux mêmes titres depuis 40 ans, soient et demeurent irrévocablement acquises aux seigneurs, ou leurs ayans cause, après 2 ans révolu à compter de la publication du règle-

ment, sans réclamation judiciaire de la part des anciens propriétaires.

29 — Que, pour saper l'usure dans ses fondemens, favoriser le commerce dans toutes ses parties, faciliter la circulation du numéraire réel, et augmenter le numéraire fictif, il soit permis d'aliéner son argent, à terme comme à perpétuité, moyennant l'intérets fixé par la Loy[1], soit par la voie de simple obligation à terme, que le débiteur pourra devancer, soit par la voie de simple billet à ordre payable le jour fixé, sans que, dans aucun cas, il soit permis de confondre l'intéret avec le principal.

30-31 — *Identique à Boeseghem (29-30).*

32 — Que les maisons, granges, écuries, étables, remises, les forges des maréchaux et les atteliers des charons dans les campagnes ne soient imposés qu'à raison du terrein, sur lequel ils sont bâtis, attendu que ce sont des charges considérable de l'agriculture, auxquels on doit même avoir égard, lors de l'imposition sur les terres chargées de bâtimens.

33 — Que, comme il importe que les campagnes soient habitées par les propriétaires, les châteaux des seigneurs et les maisons de plaisance des particuliers ne soient imposées qu'à raison du terrain sur lequel ils sont bâtis, à moins qu'ils ne soient affermés, auquel cas ils seront imposés pendant le bail, si toutesfois ils ne sont pas affermé avec 20 arpens de terre ou plus.

34 — Qu'il n'y ait que les églises et les cimetières qui soient exempts de toutes impositions réelles.

35-36 — *Identique à Boeseghem (31-32).*

37 — Que toutes les abbayes de la province soient exemptes de la commande, contraire aux droits commun et aux privilèges particuliers du pays, et qu'il ne soit accordé des pensions sur les

---

[1] Par édit de février 1770, les intérêts étaient fixés à raison du denier 20 du capital.

abbayes, qu'à des éclésiastiques résidens dans la province, et qui, sous tel prétexte que ce soit, ne pourront s'en absenter chaque année que pendant 4 mois, à peine de la perte des pensions aux profit des pauvres.

38 — *Identique à Boeseghem 33).*

39 — » » *(35).*

40 — » » *(36) et en plus* : de diminuer ou supprimer les graces excessives ou qui n'ont pas été méritées et de faire pour l'avenir un règlement qui ne permette plus aux avides courtisans de s'aproprier la récompense des services rendus à l'Etat ; qui laissent l'entier exercice de la justice de S.M., envers ses bons serviteurs, en ne faisant supporter à son peuples que le juste tribut de sa reconnoissance.

41 — *Analogue à Boeseghem (37).*

42-44 — » » *(39-41).*

45 — » » *(58).*

Fait et arrêté[1] le présent cahier en double, par lesdits habitans et par devant le notaire royal à la résidence de Bourbourg, soussignés et remis, un aux députés dénommés au procès verbal de ce jour et l'autre déposé aux archives ou secrétariat de cette communauté de St Pierrebroucq, le 25 mars 1789, 4 heures de l'après-midi.

J.-B. DEBEYRE, Jam COURTEN, L. G. DEREUDER, J.-B. PUREN, N. PICQUENDAR, Pierre VANDAELE, Augustinus FRANÇOIS, Gillis COURTIN, Charle BAYARD, Mathieu ROPITAL, Louis DUQUE, VANDERHAEGHE, P.J. DE RUDDER, JONCKHERE, VERMEERSCH aîné, Pierre KERCKHOVE, THOORIS, *ne varietur* WARIN.

---

[1] Les articles 5, 12, 13, 19, 23, 33 portent, en marge, *à délibérer.*

St GEORGES [1]

26 mars, en l'église paroissiale, par devant Jean Antoine Warin, notaire royal à la résidence de Bourbourg.

42 feux.

Députés : Jean Charles Picquart avocat demeurant à Bourbourg, Louis Vansteene.

Cahier de doléance et demandes des habitants de la paroisse de St GEORGE, châtellenie de Bourbourg.

1-10 — *Identique à St Pierrebroucq (1-10).*

11	—	»	»	(*14*).
12	—	»	»	(*16*).
13	—	»	»	(*20*).
14	—	»	»	(*24*).
15	—	»	»	(*31*).
16	—	»	»	(*43*).
17	—	»	»	(*45*).

18 — Demander que les décimateurs soient tenus d'entretenir les presbitères et les églises selon les lettres patentes du 5 septembre 1784, sinon que lesdits décimateurs seront déchus de la dime.

19 — Que toutes les terres qui sont dénommées sur leurs titres et biens, constatées d'être d'une paroisse, que les habitans d'icelle seront en droits, même tenus de ne point les laisser évincer pour les laisser incorporer à une paroisse voisine ou ailleurs.

---

[1] Canton de Gravelines, à 4 kil.

20 — Qu'aucun corps, soit du clergé, soit de la noblesse, soient exempts d'aucunes impositions, soit réelles, soit personnelles, mais qu'ils soient tenus de payer indistinctement comme celui du Tiers Etat et ceux de la châtellenie.

Fait et arrêté le présent cahier en double, au dit St George, en l'église de ladite paroisse et remis, un aux députés dénommés au procès verbal de ce jour et l'autre aux archives de la ditte communauté, après avoir été signé par lesdits habitans et députés, le 26 mars 1789, 4 heures de l'après-midi, en présence et par devant le notaire royal à la résidence de Bourbourg, soussigné. Datte que dessus.

J. F. LOUF, Pierre François CASTELOOT, J.-B. VANDENABEELE, Guilliaume LENSEN, Alexis DENIS, S. MESSEMIN, M. F. VANTORRE, P. J. FACON, L. VANSTEENE, Antoine BOUCHEZ, PICQUART; *ne varietur*, WARIN.

DRINCHAM *

24 mars, par devant Bertin François Blanckaert, pointre ou asséeur de la paroisse.

53 feux.

Députés : Pierre Jacques Vanhaecke, Bertin François Blanckaert.

Cahier des doléances, plaintes et remontrances des soussignés fermiers propriétaires, laboureurs et habitans de la paroisse de DRINCHAM, châtellenie de Bourbourg, assemblé à l'effet des présentes, étant duement convocqué, en éxécution de l'ordre de S. M. et de l'ordonnance de M. le grand bailly du Bailliage Royal de Flandre de Bailleul.

1 — Les soussignés se plaignent que l'édit portant réunion de la ville avec la châtellenie de Bourbourg de 1587 n'est point éxécuté ; que selon ledit édit, ce Magistrat devoit être composé, moitié des plus nottables habitans de la ditte ville et moitié de la châtellenie ou de la campagne ; que tous ceux qui composent actuellement le Magistrat de ladite ville et châtellenie sont tous domiciliés en la ditte ville et que depuis longtems il n'a été que très rarement un seul échevin de la châtellenie, ce qui fait un préjudice nottable pour les habitans de la châtellenie, attendu que les habitans de la campagne n'aiant personne pour soutenir leur intérêts, ces Messieurs de la ville qui font seul la régie et administration, arbitrairement, le font pour le bien, intérêts et amélioration de leur ville, et pour leurs intérêts particulier au

* Canton de Bourbourg, à 10 kil.

préjudice du pauvre cultivateur ; il est très étonnant que celui qui paye presque le tout n'a pas un seul mot à dire, tandis que ces Messieurs qui ne paient peu ou rien[1], font seul toute l'administration, et encore il en sont payé bien chérement.

En conséquence les soussignés suplient très humblement S.M. afin qu'il lui plaize ordonner que l'édit portant réunion de la ville et châtellenie de Bourbourg de l'année 1587 soit éxécuté dans cette ditte ville et chatellenie, selon sa forme et teneur.

2 — (a) Se plaingnent du sieur Deghels, bailly de la ville et châtellenie de Bourbourg, lequel, sous prétexte de la chasse... *Le reste analogue à Oxelaere (5b).*

(b) *Analogue à Steenwercq-Dampierre (2) et en plus* : et ils ont d'autant plus besoin d'un fusil, attendu que cette châtellenie est limitrophe à la mer, on pourroit, en cas de besoin, s'en servir pour se deffendre contre les ennemis en cas de decente.

(c) En conséquence, les soussignez suplient très humblement S. M. de permettre que chaque fermier sous cette châtellenie pourra librement avoir dans sa ferme un fusil qu'il devra toujours être chargé à balle avec deffense de chasser avec icelui à peine de telle amende, même peine corporelle, ainsy qu'il plaira à S. M. d'ordonner.

3 — (a) Les soussignés se plaingnent de ce que les articles 4 et 5, rubrique 16 de la Coutume de cette châtellenie n'est point éxécuté[2].

---

[1] La ville de Bourbourg, ne contribuait pas au paiement de la taxe générale. Elle payait 2213¹, 19 sous, 6 deniers pour capitation et 1688 livres, 7 sous, 2 deniers, pour vingtièmes.

[2] Rubrique XVI, article 4 : « Qu'aucun propriétaire n'abatte aucune cense ou ne la laisse tomber en ruine, à peine de devoir la réédifier et de l'amende de LX liv: parisis, si ce n'estoit du consentement de la Loy ». — Article 5 : « Que personne n'occupe en même temps, directement ny indirectement, deux censes ou méteries, basties de maisons ;

Que plusieurs propriétaires laissent tomber en ruine et même démolissent de fermes.

Que différens particuliers occuppent plusieurs fermes, de tout quoi il résulte des intérêt considerable à l'Etat et au bien publicq.

1° » *Zermezeele* (*12b*).

2° Ceux qui occuppent plusieurs fermes, soit moienne ou pettite, donnent ordinairement les maisons en arrière bail à des pauvres ouvriers et même à des étrangers, ce qui fait que nos paroisses se trouvent chargé avec un si grand nombre des pauvres qu'il est impossible de leur donner tout l'aide et assistance qu'ils ont besoin.

(*c*) En conséquence, les soussignés suplient très humblement S. M. afin qu'il lui plaise d'ordonner que les art^s 4 et 5, rubrique 16 de la Coutume de Bourbourg, soit strictement observé selon sa forme et teneur.

4 — Les soussignés se plaignent d'une ordonnance faitte depuis plusieurs années par Messieurs du Magistrat de la ville et châtellenie de Bourbourg, qui deffend à tous propriétaires, fermiers et habitans de la dite châtellenie, de laisser paître leurs vaches et autres bestes à cornes dans les champs, même sur ses propres terres, après le jour de St Luc[1] de chaque année, à peine de 12 livres d'amende et d'enprisonnement des vacchers, laquelle ordonnance est éxécuté avec la dernière rigeur, tellement que, l'année dernière, un des plus grands fermiers de cette châtellenie,

---

mais qu'il se défasse de l'une, à peine de ce que, si les occupeurs sont fermiers, le propriétaire en pourra faire son profit, et d'être en l'amende de XX liv. parisis envers le seigneur, et si tant est que les occupeurs soient propriétaires, ils sont obligés de faire habiter les maisons et de les faire suffisamment entretenir, sans les laisser tomber en ruine, et néanmoins de les faire réparer et réédifier, si tant est qu'elles soient tombées, et de les faire habiter. »

[1] Le 18 octobre.

pointre de sa paroisse, qui paye pour taxes environ 1000 livres par an, pour son occuppation, aiant contrevenu à cette ordonnance, a été condamné en l'amende, et fut mis en prison, pour avoir dit à MM^{rs} du Magistrat que le lendemain il alloit récidiver[1] et qu'il étoit appellant de leur sentence.

Les habitans de cette châtellenie souffrent un grand intérêts d'une pareille ordonnance qui n'auroit jamais été donné si le Magistrat fut composé, ainsy qu'il est statué par l'édit de réunion de 1587 ; n'est-il point singulier, lorsqu'on ne fait aucun dommage ni intérêts à personne, qu'on ne pourroit point tirer tout le profit et avantages de ses terres qu'on peut, surtout une année comme celle-cy où les fourages manquent partout et que la saison a été favorable jusqu'au 15 décembre dernier.

En conséquence, les soussignés suplient très humblement S. M. d'ordonner que laditte ordonnance faitte par Messieurs du Magistrat de la ville et châtellenie de Bourbourg, soit suprimé et cassé, et en même tems leurs faire deffence à l'avenir ne faire des pareilles ordonnances sans l'avis et consentement des principaux nottables fermiers propriétaires de cette châtellenie.

Ainsy fait et arretté le présent cahier de doléances, plaintes et remontrances, pour servir ainsy qu'il appartiendra à notre assemblée du 24 mars 1789.

F. X. Bertam, P. J. Plycy, Joseph Lambert, P. J. Capele, H. J. Defrueye, H. J. Defrueye, J. F. S. De Bavelaere, M. J. Ammeloot, P. J. Vanhaecke, Joannes Martinage, Jacque Ewein, Gellis Delbaere, P. Streekelynck, Joannes B. Bours, Joseph Blomme, Joseph De Vecker, F. Dewalle, Joannes D. Frueye, B. F. Blanckaert.

Supplément

Addition aux doléances, plaintes et remontrances des habitans de la paroisse de Drincham, faitte par nous, soussignés, députés de laditte paroisse, à cet effet authorisé par lesdits habitans par le procès verbal du 24 de ce mois.

1 — *Analogue à Bourbourg (6) et en plus* : attendu qu'il seroit très juste que toute la Flandre soit jugés par les mêmes juges, loix, coutumes et usages du pays.

2 — *Analogue à Bourbourg (16).*

3 — » » *(18).*

4 — Suplient encore d'abolir tous les commis des domaines, ainsy que les droits de vaclage, tuage, moulage, et les **droits** qu'on paye sur toutes les consommations de bierre, vin, eau de vie, etc., soient régies et administré, ainsy que les impositions, par les officiers municipaux de chaque direction.

5 — Suplient encore S. M. d'ordonner que l'entretien, construction, et reconstruction des églises et presbytères, l'entretien des ornemens et tout ce qui est nécessaire pour le service divin et l'administration des sacrements, ainsy que les pensions et entretiens des sieurs curé, vicaire et clerc laïcq des paroisses, soient une charge des décimateurs, que lesdits sieurs curé, vicaire et clerc soient tenu de faire tous les enterrements, baptesmes, mariages et autres devoirs spirituelles, gratuitement.

6 — Se plaignent encore de la taxe de Watringue qui sont tenu de payer à Bergues, qui est arbitrerement taxé par MM. du Magistrat de laditte ville et châtellenie de Bergues, sans avoir aucune connoissance, ni intervention, quoiqu'ils y paient annuellement 3.088 livres parisis ; il ni a que le seigneur de Drincham qui est auditeur du compte, à qui on donne pour se taire une exemption de 88 livres parisis, pour 96 mesures de terres.

7 — Finalement les soussignés députés, au nom de leurs

commettans, se réfèrent aux autres plaintes et remontrances des autres habitans de cette ville et châtellenie, ainsy que celles faite par les autres habitans de la Flandre maritime.

Ainsy arretté ce 28 mars 1789.

B. F. BLANCKAERT, P. J. VANHAECKE.

ERINGHEM*

24 mars, en l'auditoire de ce lieu, par devant Pierre François De Necker, premier pointre et asséeur de la paroisse.

150 feux.

Députés : Jean-Baptiste Vitse, Guillaume Bertels.

Cahier des doléances, plaintes et remontrances des soussignés pointres et asséeurs, fermiers, propriétaires, laboureurs et habitans de la paroisse d'Eringhem [1].

1-4 — *Identique à Drincham (1-4).*

5 — Les soussignés se plaignent encore de la justice, de la durée et fraix de procédures, que pour avoir ce que lui appartient, l'on se trouve dans le cas par la malice des plaideurs de s'exposer à beaucoup plus de faux fraix, quelquefois plus que sa juste prétention. Ce pourquoi, ils suplient S. M. d'ordonner l'abréviation des procédures.

6 — Les soussignez se plaignent encore que lorsqu'il est question d'obtenir des dispenses, lorsque les habitans de cette paroisse se veullent marier, soit pour la consanguinité, affinité, ou pour des bans de mariages, ont est tenu de payer pour aumônes à St Omer, suivant l'ordonnance de M. l'Evesque, aux hôpitaux ou autres places de charité, telle amende qu'il lui plaît d'ordonner.

Les suplians suplient S. M. de vouloir ordonner qu'à l'avenir

---

* Canton de Bergues, à 12 kil.

[1] Le cahier est de la même main que celui de Drincham.

de telles amendes ou aumônes seront distribués aux pauvres de la paroisse du lieu où les personnes qui veulent se marier se trouvent domiciliés, qui sont et ont beaucoup plus de l'indigence que ces hôpitaux et couvens de St Omer.

Ainsy fait et arretté le présent cahier de doléance, plaintes et remontrances, à tel effet qu'il appartiendra ; à l'assemblée de ce jourd'hui 24 mars 1789.

P. TERRY, P. F. DE NECKER, F. J. VERGRIÈTE, J.-B. VITSE, Pieter DE SMIDT, Pieter BECUWE, G. BERTELS, Louis BEAUCAMP, Joseph BERTELS, P. J. VAN BALINGHEM, Jacobus MAMEZ, Franciscus CAPPELLE, A. L. HOSTYNS, Joseph DEBERRE, Félix G. D. LENANCKER, J.-B. MAEGHT, P. J. FRUYE, J.-B. GOOLEN, Pieter HOSTYNS, P. J. ROMMELAERE, Pieter VAN GREVENYNGHE, A. CHRISTIAENS, J.-B. TIMMERMAN, M. L. DEGRAVE, P. F. DE NECKER.

Supplément

Addition aux doléances..., etc.

Identique à Drincham.

Les députés : J.-B. VITSE, G. BERTELS.

III

LES VASSAUX

MILLAM*

24 mars, en l'auditoire de ce lieu, par devant Adrien Roussel, premier échevin de cette paroisse et seigneurie de Millam Hoflandt.

163 feux.

Députés : Mathieu Benoit Devooghel, Louis Porteman.

Cahier des plaintes, doléances et remontrances pour les habitans de la paroisse de MILLAM, châtellenie de Bourbourg.

[1] — Lesdits habitans se croient fondés de se plaindre et remontrer qu'il n'y a point d'égalité dans la taxe de leurs frais paroissiaux qui deviennent de jour en jour des plus considérables par la cherté des denrées et l'augmentation des pauvres.

[2] — En effet il s'étend dans la paroisse de Millam cinq juridictions différentes, entre autres la juridiction et seigneurie de Millam Hoflandt qui a l'administration et le contour de l'église et ne contient que 400 mesures de terre ; cette seigneurie cependant contribue un tiers dans les charges locales ; en outre très

---

* Canton de Bourbourg, à 12 kil.

chargé d'avec des rentes foncières, à raison de 6 livres par mesure.

[3] — Dans la même paroisse existe la cure de Bourbourg, grande 900 mesures de terres et qui contribue à un tiers. Cette seigneurie est chargé des rentes foncières vers l'évecque de St Omer, avec un razière de bled froment verd, et quelque avec un razière d'avoine, et quelques à petittes rentes.

[4] — Dans la paroisse de Millam s'extend aussi la seigneurie de Mevrouwen et Burggravenbroucq, composé de 1050 mesures et qui contribue pour un sixième, chargé également avec des rentes foncières vers l'abbesse de Bourbourg.

[5] — La seigneurie de Ravensbergue est composé de 281 mesures de terres et qui contribue pour un douzième, la plupart de ces dittes terres chargés d'avec des grandes et petittes rentes.

[6] — La seigneurie de Zinneghem est composé de 281 mesures et contribue pour un douzième dans la paroisse, chargés également d'avec des grandes rentes vers le seigneur.

[7] — En exposant ainsi et vous remontrant la marche qu'observant les dittes terres pour concourir à des frais de la paroisse, la conséquence est évidente qu'il faut résulter un disproportion dans la même taxe ; la preuve de ceci se trouve dans l'obligation que (a) chacque seigneurie doit paier pour impositions, vingtièmes deniers, 9 livres ; (b) la seigneurie de cure, 4 livres 5 sols ; (c) la seigneurie de Mevrouwen et Burggravenbroucq 4 livres, en outre 18 sols 9 deniers pour wattringues par mesure ; (d) la seigneurie de Ravensberghe paie 4 livres ; (e) la seigneurie de Zinneghem, 5 livres 10 sols.

Ainsi, pour former et constituer à chaque seigneurie leur contingent à concourir à touttes les frais paroissiaux, il faut des comptes à l'infini et tout ceci est fort à charge à la paroisse. Comme les règles de droit nous dictent, Sire, que toutte terre d'une paroisse doit concourir également, nous vous supplions d'ordonner une taxe générralle et que toutte terre sont affectés également pour essuier toute imposition ou charge quelconque.

[8] — Les dits habitans vous remontrent, Sire, que l'évecque de St Omer est presque décimateur universel de la paroisse de Millam (excepté que Madame l'abbesse de Bourbourg se trouve pour les deux tiers d'un canton nommé Broucq), ne paie point son contingent vers la paroisse pour l'assister à secourir les pauvres, ni que les décimateurs contribuent au logement du vicaire, lequel logement n'est nullement compris dans la portion congrue. Le coutre de Millam qui assiste à l'office divin, et qui en quelque façon, dans cette vue, se trouve dans l'ordre sacré, est paié de la paroisse ; et d'ordonner le tout reversible sur les décimateurs.

[9] — (a) Comme la multitude des pauvres augmente de jour en jour et chaque sujet doit suivre sa naissance, les abus se glissent journellement que parmi ses représentans on doute de leur besoin, et en ordonnant que chaque sujet doit suivre son domicille, les administrateurs seront plus à porté de juger de leur indigence et pauvreté et par là éviter beaucoup d'inconvéniants. (b) Les sujets et habitants de la paroisse de Millam vous remontrent, Sire, très humblement qu'ils sont vexés du droit de vaclage de toutes sortes des bêtes et augmente depuis les années soixante, à différentes reprises, nonobstant la maladie épidémique des bêtes, que nous avons essuiés et dont nous ressentons encore les effets.

[10] — Comme membre de la châtellenie de Bourbourg qui est composé de 41.300 mesures et qui demande une somme de 90.000 livres, laquelle somme, prise à 3 livres par mesure, constitue une somme de 123.900 livres, nous observons cependant que nous paions davantage encore que 3 livres ; et comme le restant est de 33.900 livres, la preuve est claire que l'adminis-

tration est absolument à charge; et d'ordonner, Sire, que les comptes sont rendus avec plus de précision; et tout ceci pour le bien de l'Etat.

[11] — Lesdits habitans vous remontrent, Sire, que parmi la paroisse de Millam se trouve 1.400 mesures de terre qui paient des wattringues; et ceci consiste pour empêcher que les eaux n'inondent les terres; et cependant les habitans observent qu'il ni a point pour 100 livres de fait. On est très surpris que les administrateurs du Magistrat de Bergues St Winnocq nous vexe une telle somme.

[12] — Voici un tableau des dépenses de la seigneurie d'Hoflandt pour régler tout ce qui concerne l'administration de la ditte seigneurie et paroisse de Millam, de l'année 1787 :

Pour honoraires au Bailli, Echevins, Greffier, Amman et Sergent la somme de....................	384^l	9^s	9^d
Pour pareils honoraires de la même année aux officiers de Ravensberghe.............	202	12	9
Item à ceux de Mevrouwen et Burggravenbroucq, ci...........................	277	12	0
Item pour la seigneurie de Zinneghem.....	14	7	6

Quant à l'administration des Messieurs du Magistrat de la Cure, on ignore l'importance, n'étant pas instruit du montant.

Ainsi fait et arrêté à Millam le 27 mars 1789.

P. J. Maes, P. H. Sterckeman, C. J. Roussel, P. A. B. Coloos, J.-B. Vitry, J. Van Haecke, Charle Coloos, M. J. De Smytere, J. L. Coloos, Adriaen Roussel, P. J. Van Torre, Vitse, A. Roussel.

HOLQUE*

24 mars 1789, en l'auditoire de cette paroisse, seigneurie et comté d'Holque, vassal de Bourbourg, par devant Eustache Degrave, bailli officier public.

55 feux.

Députés : Jean Louis Cousin et Louis Legrand.

[*Le cahier n'a pas été retrouvé*].

Signatures du procès verbal :

>Degrave, Saison, François Geeraerdt, Drogherick, J. M. Vanacker, François Geeraerdt, J. Desplanques, J. J. Devisscher, Jacobus Hannon, Philippe Capelle, J. P. Cleuet, Pierre Dumon, V. J. Duchateau, Louis Legrand, J. F. de Coster, Louis Cousin, J. Vulveryck, J. Wandaele.

* Canton de Bourbourg, à 11 kil.

CAPPELLE-BROUCK*

26 mars, en la chambre de justice ordinaire, par devant les échevins et ceurhers de la seigneurie et vierschaere de Cappellebroucq.

150 feux.

Députés : Guillaume Deconynck, Jean-Baptiste Loos.

Cahier d'observations pour la paroisse, seigneurie et vierschaere de CAPELLEBROUCQ, vassal de la châtellenie de Bourbourg, à faire par les sieurs députés de cette paroisse à l'assemblée des Etats généraux qui doit se tenir à Bailleul le 30 de ce mois de mars 1789.

1 — Que le vicaire de cette paroisse doit être payé par les désimateurs et qu'il luy doivent fournir sa demeure, sans que les habitans en souffrent ni contribuent la moindre de chose.

2 — Que le clerc de cette paroisse, ainsi que sa demeure, soit également déclaré à la charge desdits désimateurs, qui seront déclaré tenus d'assister les pauvres de cette paroisse.

3 — Les quatre vassaux contribuent et portent un tiers dans tous les frais et charges de la châtellenie de Bourbourg et cependant ils n'ont que le quart de toutes les terres qui composent la ditte châtellenie ; par conséquant [nous] demandons le redressement de cet abus.

4 — Les wateringues de Zudhover, de Bergue-St Winocq[1],

---

* Canton de Bourbourg, à 5 kil.

[1] Une grande partie des terres de la châtellenie de Bourbourg était soumise à l'administration des wateringues de Bergues.

nous taxent à raison de 18 sols 9 deniers de la mesure, uniquement pour pouvoir décharger nos eaux dans la Colme, sans entretenir nos ponts, coulant d'eaux ou watergangen en grand nombre, que nous devons entretenir tant de faussiliage q'écurage ou tayage annuelles, que no[u]s sommes dans le cas de faire, afin de décharger nos eaux, le tout par dessus la ditte taxe que nous devons paier au watergrave de Zudhover ; ce qui augmente encore ladite taxe au moins d'un quart ; [nous] demandons trois quart de diminution sur la taxe qui sera annuellement faite sur nos terres pour nous indemniser de l'antretien de nos fossées ou watergangen, ponts en grand nombre et entretiens d'iceux.

5 — Au surplus demandons à ce que la demande faitte à la charge des jeunes garçons de cette paroisse pour paier ce que cette paroisse doit contribuer dans les meliciens, soit taxé à la charge des jeunes garçons, ainsi qu'il a été cy-devant[1], et ne soit plus taxé sur les terres, et la taxe e[s]t 5 lyvres par mesures.

6 — *Identique à Craywick* (9).

7 —   »   »   (20).

8 — Suivant l'acte d'Union le greffier de la ville de Bourbourgh doit payer le loyer du greffe. Il y a environ 20 ans que ce greffe étoit occuppée par le père, Conseillier pensionnaire, subdélégué, ou ont trouvé trop dure qu'il fut obligés d'en paier le loier. On a acheté pour la somme de 28.000 livres[2], qu'il a été imposé

---

[1] Les dépenses pour l'entretien et l'habillement de la milice étaient auparavant supportées par les jeunes gens de la ville et de la campagne, sujets au tirage au sort. Le Magistrat de Bourbourg trouva le moyen de les mettre à la charge des seuls habitants de la campagne, qui, en 1788, payaient pour cet objet, 3224 livres, 3 sols, 9 deniers.

[2] L'office de greffier appartenait à un particulier qui le louait. Le locataire payait au titulaire 1000 livres par an. Considérant que le greffe était d'un grand produit, les officiers municipaux l'avaient acquis en 1764 pour la ville et châtellenie, moyennant 28.000 livres qui avaient été payés par les villages de la châtellenie. Mais les profits du

sur les terres, et la châtellenie ne tirent pas un sols de ce greffe et on croit même que le plume, pampier, etc., sont fournis. Nous demandons le rétablissement de cet abus.

9 — Quoique la charge de vicomte fut un fief tenu du Roi et attaché à une seigneurie, que l'on ne pouvoit pas [vendre] san le consentement de S. M., les maieur et échevins ont achetté en 1775 laditte charge de vicomté, moiennant 20.600¹ paié par la châtellenie et on a jouis pendant 12 ans, sans que la châtellenie en ait retiré un denier [1].

10 — On peut voir par les procès verbaux [d]'adjudications publiques au proffit de qui elle ont été faitte et pour connoitre tous les abus il faudroit avoir sous les yeux le compte de la ville.

11 — Les officiers municipaux de la ville de Bourbourg s'atribut un droit de dépenser et imposer arbitrairement. Ils empruntent de même, ils constituent de rentes viagères à 10 % à leur proffit sur la tête d'enfans en bas âge, sans aucune authorisation [2].

greffe, au lieu de revenir à l'administration, étaient partagés entre les conseillers pensionnaires, faisant fonctions de greffier.

[1] Les officiers municipaux de Bourbourg avaient acquis, en 1775, par acte du 4 octobre, l'office de Vicomte, faisant partie de la seigneurie du Wythof, tenue du roi, moyennant la somme de 20.600¹. Cette charge avait été possédée jusqu'au 13 janvier 1787 par un particulier qui n'avait rien payé à l'administration. Le marquis de Belhis y ayant retiré cet office à cause de la nullité de l'acquisition qui n'avait pas été autorisée, l'avait vendu au sieur Depape, conseiller pensionnaire et subdélégué, à la charge de remettre au receveur de l'administration la somme de 20.600¹, qui avait été payée audit receveur.

[2] D'après les *Extraits des comptes des anciennes administrations de la Flandre maritime, 1790*, les magistrats municipaux de Bourbourg avaient fait constituer à leur profit des rentes viagères à 10 0/0, sur la vie de leurs enfants en bas âge, en prenant, dit-on, à leur compte, l'argent des personnes avancées en âge. Cette dernière allégation avait comme source un *Mémoire remis par M. Warin, notaire, aux commissaires* envoyés par l'assemblée nationale pour prendre connaissance des comptes.

12 — Les cultivateurs etcrasées sous le poid d'impositions arbitraires, que les abus augmentent chacque année, ne peuvent plus donnée à la terre les avances que l'exige. Ces cultivateurs doivent, la plus grande partie, 2 années ou plus de fermage au propriétaire qu'il ne tient à beaucoup plus la valeur de terres biens et on ne peut payer une année de trop fortes impositions qu'à l'échéance d'une seconde[1]. S'est pour quoi les comptes de la châtellenie présentent toujours une excèdante de recette qu'el n'existe pas, et que lon devroit faire cesser par un decharge proportionnée à cet excédent.

13 — En outre demandons que les abus qu'ils sont entre la ville et la châtellenie des pensions fix que le Magistrat de Bourbourg a accordé au medicens, chirurgiens et sage femmes jurés[2], pour solisiter les pauvres de la châtellenie et la châtellenie ne tire aucun avantage de pentionnés puisque nous sont encore dans le cas de les payer leurs voyages et travaux, etc.

14 — Si le pouvoir qui s'attribuent les officiers municipaux dans la Flandre Maritime de dempter, d'emprunter et d'imposer arbitrairement sur les terres et le refus de comeniquer les comptes aux propriétaires intressés étoit légitimes, les officiers auroit une authorité indépendante de l'authorité royal et les lois qui établissent principes d'une administration publique.

Fait et arretté à l'assemblée général du 26 de ce mois de mars 1789.

Signés : G. Deconinck, J. F. Merlen, D. Loos, Lysensoone, J. F. Delafosse, P. De Noort, Augustin Landron, J. J.

---

[1] C'est ce qu'on trouve indiqué, à peu près dans les mêmes termes, dans les *Extraits des comptes*, p. 53.

[2] La ville de Bourbourg donnait 250¹ à un médecin, 100¹ à un second, 800¹ à deux chirurgiens, 300¹ à deux sages-femmes, 27¹ à un chirurgien oculiste.

Wels, P. Vangrevelinghe, Joseph Robilliart, B. J. Crepin, Michel Rubben, J. Carton, C. L. Waringhem, F. Lysensoone, Phelippe Depriester, Pieter Cortin, A. Wessocq, Pieter Jacobus Adam, P. J. Payelleville, Andries Mamez, J. M. Waringhem, et C. Dehorter.

Collationnée : Vandenboogaerde.

Supplément

Les députés soussignés ont l'honneur d'observer par continuation de doléances :

1 — Qu'il seroit à souhaiter qu'il playeroit au Roy d'accorder à la Flandre maritime le retour des droits de quatre membres octroiés par l'empereur Charles Quint pour payer les impositions de la province[1].

2 — Qu'il plairoit à S. M. d'établir l'imposition territoiriale.

3 — D'abolir le droit d'écart, appellé en Flandre droit d'issue.

4 — D'autoriser les trésoriers et receveurs du pays à verser directement au trésor roial les deniers qui reviennent à S. M. avec les moindre frais possibles.

5 — Que les nouveaux droits sur les cuirs, l'amidon et le papier soient supprimés, ou qu'il plaise au Roy d'en accorder un abonnement pour que la province puisse du moins éviter les frais de régie.

6 — Qu'il soit défendu aux officiers des seigneurs, surtout à leur baillys et greffiers, de s'approprier des pensions à la charge de la communauté, attendu qu'ils se font payer de leurs exploits et vaccations.

J.-B. Loos, G. De Coninck.

[1] Voir au *Glossaire*.

MERCKEGHEM*

26 mars, en l'auditoire de la paroisse et seigneurie par devant Jean-Baptiste Lippens, bailly.

121 feux.

Députés : Matthieu Verstraete, Louis Pierens.

Les habitants de la paroisse de MERCKEGEM pour répondre à Baillieul, le trente du mois de mars 1789.

Désirant d'avoir un vicaire desimal pour l'incomodité de la paroisse, comme ausy le clerc et leurs logist, et que la dépense pour l'entretiens de pauvres de toute la paroisse comme toute autre taxe payera égale mesure par mesure. Et qui ne le fera qu'un seul taxe et compte dans chaque paroisse pour éviter la grande dépense ; ausy le monastère ou campagne oucupent un grand nombre de terres à labeur, par la quel il provient beaucoup de pauvres à la dépense de la paroisse, qui la trouvent fort interessé, d'ailleurs qui poudré vivre deux ou trois paysan. Et enscor qui ont beaucoup de terre, exempt de la dîme, qu'un pauvre habitant doit égalemens payer ; remontrant qui restera une portion de la dîme, levé par les éclesiastique pour nouriere les pauvres de chaque paroisse ; disant enscor que toute la Flandre et fort accablé de toute sorte de droit qui doivent payer à les fermes, par exemple sur le vin, bierre, petyte bierre, tuage, vaclage, moulage, sorty de Flandre et beaucoup d'autre grande droit, qui produit une somme considérable, de la quel le peuple ens poudroit profiter et avoir grand dimunition et que Sa Majesté

---

* Cf. t. I, p. 229. La baronnie de Ravensberg s'étendait en partie dans la paroisse de Merckeghem.

pourez egalements avoir la même somme, ci le colecteurs de chaque paroisse remettrer la ditte somme, enstre la main de Sa Majesté, et que toute le commis seroient subprymé. Signé :

J. M. Verstraet, B. Canoen, Jacques Errebau, Pierre Bernard Vanhaecke, J. V. Duyck, J.-B. Aernoudts, Michiel Vanhaecke, Damianus Nattez, Augustinus Vanhaecke, Winoccus Vanhaecke, J. W. Vitse, Pieter Hooft, Carel De Smyttere, Pieter Missiaen, J. Behague, Bapt. Anthuinis, Pieter Jacobus Straseele, Dominicus Hullein, Franciscus Looten, M. J. G. Vanhaecke.

Cotté et paraphé par moy soussigné Bailly de la paroisse et seigneurie de Merckeghem, châtellenie de Cassel, à l'assemblée du 26 mars 1789.

J.-B. Lippens.

Supplément

Mémoire pour les paroissiens de Merckeghem, présenté à l'assemblée genérale de la dite paroisse du 26 mars 1789.

1 — La paroisse de Merckeghem fut située dans deux châtellenies, sçavoir la seigneurie de Merckeghem, située sous la châtellenie de Cassel, ou l'église paroissiale du dit lieu y est existante, contenante en grandeur 360 mesures, et le nombre de 2.640 mesures ou environ dans laditte paroisse qui sont situées sous la châtellenie de Bourbourg, duquel nombre de 2.640 mesures de terres, il y a environ 1822 mesures de terres réduites en la mesure de la châtellenie de Cassel qui sont tenues immédiatement de la baronnie de Ravensberghe, aïantes tous les deux toutes justices sur les lieux, et le surplus, au nombre de 818 mesures de terres, sont situées tant sous les seigneuries Mevrauwenbroucq, Gheer, Sinneghem, que sous celles de Holcque et d'Outhove,

2 — Les dites 2.640 mesures de terres font partie d'un plus grand nombre de 10.400 mesures ou environ qui forment les quatre vassaux de laditte châtellenie, et depuis qu'elles sont réunies à la dite châtellenie de Bourbourg, vers les années[1] 1585, sont soumises de contribuer dans toutes les demandes de S. M. et génerallement dans toutes les dépenses de laditte châtellenie à concurrence d'un tiers ; cependant toute la dite châtellenie contient passé 41.000 mesures de terres ; conséquament au lieu d'un tiers ne devroient contribuer que un quart dans toutes les charges de la même châtellenie, ainsi que lesdits quatre vassaux sont dans le cas de contribuer que pour un quart dans les vingtièmes deniers aussi demandé par S. M. et depuis 1757 imposés sur les terres en vertu de l'abonnement fait en ladite année 1757.

3 — Le Magistrat dudit Bourbourg s'est imaginé depuis quelques années de faire chaque année un concours d'estallons qui font une dépense de passé 2.000 l. tournois à la charge de toute la châtellenie, qui est en vain, et sans profit, etc.

4 — Ledit Magistrat, pour favoriser leur marché dudit Bourbourg, payent une certaines gratifications aux bateliers à chaque jour de marché[2] qui amennent du grains, etc., au marché ; et pour louages des greniers, etc., qui sont à la charge de ladite châtellenie, une dépense inutile.

5 — Lesdites 2.640 mesures de terres ci-dessus reprises, situées dans ladite paroisse de Merckeghem dont le tiers au moins d'icelles sont sujettes à des fréquentes innondations, dont il y a dans l'arrondisement desdites terres six coulans d'eau vulgairement appellés waterganckx, de la largeur d'entre 10 à 11 pieds ; et il y a aussi quantité des ponts, tant de massonnerie que de bois, dont l'entretien est à la charge desdites terres ; pourquoi l'on

---

[1] Lettres patentes de 1587.
[2] Pour engager les bateliers à venir au marché de Bourbourg.

contribue pour la quote part des mêmes terres, année commune, passé 1.200 l. tournois ; l'administration de ces waeteringues se fait par les Messieurs du Magistrat de Bergues ; cette administration est très mal administré ; si cela étoit administré par les gens du lieux, la chose seroit beaucoup mieux administré avec économie, et sans tant des dépenses des voyages desdits Mrs de Bergues, étant éloignés de 4 1/2 lieues d'icy.

6 — Lesdites terres situées sous ladite baronnie de Ravensberghe sont chargées, année commune, pour impositions, waeteringues, dicages[1], vingtièmes deniers et faux frais, une somme de 4 livres, 11 sols, 9 deniers tournois, ci........ 4^l 11^s 09^d

7 — Les mêmes terres sous la même baronnie en ladite paroisse, la pluspart sont chargées des grosses rentes foncières seigneuriales, vers ladite baronnie en bled et avoine, suivant la prisée de chaque année, revenant année commune à 7 livres 15 sols tournois de la mesure, ci................ 7^l 15^s 0^d

8 — Touttes les terres sous laditte châtellenie de Bourbourg, en laditte paroisse de Merckeghem, payent annuellement la taxe des impositions en plein, bonnes et mauvaises terres également, sans aucunes exemptions, tant pour les nobles et clergé ou tiers état, de sorte que personnes d'icy ne jouissent d'aucunes exemptions à cet égard.

                          PIERENS, J. J. VERHAEGHE, Pieter Jacobus STRASEELE, H. F. Joseph DELGRANGE, Nicolas D. MARGERIT, G. MOREAU, C. A. DEVULDER, Anthone COOREN, M. J. J. VANHAECKE, J.-B. SYCKENBUSCH.

Cotté et paraphé par moy, soussigné, bailly de la paroisse et seigneurie de Merckeghem, châtellenie de Cassel, à l'assemblée du 26 mars 1789. — J.-B. LIPPENS.

---

[1] Impôt dû pour l'entretien des digues.

TERRITOIRE DE GRAVELINES

Le territoire de Gravelines, qui ne comprenait qu'environ 1.500 mesures de terres, s'étendait, au dehors de la ville, au hameau des Huttes et à la seigneurie de Lamorlière.

GRAVELINES [*]

26 mars, en l'église des RR. PP. Récollets, par devant Florent Bernard Dominique Simonis mayeur, premier juge de la dite ville.

420 feux.

Députés : Deghels, Rivière, Bernard Debette, Sneek.

Cahier de Doléances, plaintes et remontrances de la ville de GRAVELINES[1].

26 avril 1789.

I. — Vues générales pour la prospérité du royaume

1 — Les pouvoirs des députés à l'assemblée Nationale seront généraux et suffisans pour proposer, remontrer, aviser et consentir tout ce qui peut concourir au besoin de l'Etat, à la réforme des abus, à l'établissement d'un ordre fixe et durable dans toutes les parties de l'administration etc., sans que les instructions particulières puissent limiter lesdits pouvoirs généraux.

2 — Indépendamment desdits pouvoirs généraux, il sera néanmoins indiqué ci-après auxdits députés des objets de réforme et de régénération, sur lesquels ils devront insister plus particulièrement, et dont ils ne se désisteront que lorsque la grande ma-

---

[*] Chef-lieu de canton, à 20 kil. de Dunkerque.

[1] Ce cahier est publié d'après une copie envoyée à Necker par les députés du Tiers-Etat de la ville de Gravelines et conservée aux *Archives nationales* B^{III}, 20, 389-428. La lettre d'envoi est comme le cahier du 26 avril, *Archives nationales* B^A 18 liasse 19 pièce 1. — Le cahier de Gravelines a déjà été publié au t. II, p. 186 des *Archives parlementaires* de MAVIDAL et LAURENT.

jorité [de la masse] leur sera opposée, sans toutefois qu'il puisse leur être enjoint par leurs commettans, d'arrêter, empêcher, et se refuser au cours d'aucunes délibérations, sous tel prétexte que ce fût.

3 — Ils insisteront pour que les voix soient levées par tête et non par ordre, soit aux Etats Généraux, soit dans les pays d'Etats, et dans les assemblées provinciales.

4 — Cette première difficulté applanie, on délibérera sur la répartition égale de l'impôt sur les individus des trois ordres, et sur la suppression de tous les privilèges et exemptions pécuniaires, dont les deux premiers ordres ont joui jusqu'à présent au détriment du Tiers-Etat, ce qu'ils ne sont pas éloignés de consentir, d'après le vœu général de la haute Noblesse.

5 — Le déficit du revenu de l'Etat sera constaté immédiatement; et il sera aussitôt consenti par la nation assemblée un impôt subventif, partie territorial, partie personnel, dans la proportion de la somme qui devra ramener la dépense au niveau du revenu.

6 — On demandera la suppression de toutes les anciennes impositions, Tailles, Taillons, Ustenciles[1], Capitations, Vingtièmes, Centièmes, Droits de francs-fiefs, l'abolition de la Gabelle, des droits d'aides, et la suppression de la ferme exclusive du Tabac.

Dans tout le royaume, l'encouragement et l'amélioration de l'agriculture, l'avantage du commerce et les progrès des arts et manufactures sollicitent depuis longtemps ces différentes suppressions.

Le sel rendu marchand ne reviendra pas aux gens de la campagne à plus de quinze deniers la livre; ils pourront faire de meil-

---

[1] La fourniture de l'ustensile (lits, linge, feu, lumière, etc.) pour les troupes.

leures salaisons et en donner au gros et menu bétail : tout le monde sait que les bêtes en deviendront plus grasses, leur chair en sera plus succulente, le lait meilleur et la laine plus fine.

Nos vins et nos eaux-de-vie, affranchis des droits multipliés qui en augmentent la valeur, se porteront en double quantité à l'étranger qui les préfère à toutes ses liqueurs factices.

Le rétablissement de la culture du tabac tiendra lieu de jachères aux bonnes terres, et les rendra propres à produire un plus beau bled et plus net. Depuis soixante ans, qu'on tire cette feuille de l'étranger, à raison de 225.000 quintaux par an et plus, si l'on calculait ce qu'elle a coûté au peuple, et l'avantage que l'agriculture en eût retiré depuis 1719, que la culture en fut prohibée[1], on ne concevrait que de l'indignation pour les auteurs et les partisans de ces deux cruelles prohibitions : 25 mille arpents suffiraient pour produire tout le tabac nécessaire pour la consommation du royaume.

7 — Les différentes impositions, dont on demande la suppression par l'article précédent, faisant un des principaux revenus de l'Etat, que les circonstances actuelles ne permettent pas de réduire, pourront être remplacées par un impôt unique de la valeur à peu près de leur produit actuel, en rappellant dans la loi

---

[1] En 1717, sur la proposition des directeurs de la Compagnie des Indes, fut rendu l'arrêt du conseil du 29 décembre, qui révoqua le privilège de la vente exclusive du tabac, convertit ce privilège en un droit qui serait payé à l'entrée et permit à tous les sujets du roi de faire le commerce du tabac en gros et en détail. Par contre, l'arrêt défendit, sous peine de 10.000 l. d'amende, à toutes personnes, d'ensemencer et cultiver cette plante sous quelque prétexte que ce fût. Etaient exceptés toutefois les habitants des Pays Conquis, dans lesquels les privilèges de la ferme du tabac n'avaient pas eu lieu. Les tabacs d'Artois et de Flandres devaient payer 30 l. aux entrées. Voir l'article *Tabac*, dans le *Répertoire* de Guyot.

qui l'établira, que c'est en remplacement de la Taille, Taillon, Ustensiles, Capitation, Centièmes et autres, etc., ensemble pour le rachat de la gabelle et de la ferme exclusive du tabac.

8 — L'impôt unique sera, partie territorial, partie personnel, pour une somme fixe, dont le montant des impositions supprimées sera l'exacte mesure.

Cet impôt sera réparti sur chacune province en raison de leur étendue, de leur population et richesse ; et les Assemblées provinciales seront chargées des subdivisions par district et paroisse, et de la fixation des quotités par mesures de terres, bois, vignes, taillis et pâturages, ainsi que la taxe personnelle de chaque individu de tout rang.

9 — La subvention territoriale, qui sera ordonnée pour combler le déficit des finances, sera établie pour la majeure partie au marc la livre de l'impôt unique. Et comme cette subvention serait absolument trop pesante pour les terres et autres biens-fonds déjà grevés des anciennes impositions, l'impôt du timbre, tel qu'il a été voté à l'assemblée[1] de MM. les Notables en 1787, pourrait contribuer, avec cette subvention, à détruire le déficit ;

---

[1] L'assemblée des Notables de 1787, sous les ministères de Calonne et Loménie de Brienne. Calonne avait proposé, pour combler le déficit, l'établissement d'une *subvention territoriale* à prélever non pas en nature, comme il avait été d'abord proposé, mais en argent, sur toutes les propriétés sans exception, privilégiées ou non. L'impôt du timbre avait été proposé par Fourqueux. Cet impôt rapportait peu, ne s'étendait qu'à une partie du territoire (les Pays Conquis notamment en étaient exempts) et n'atteignait qu'un nombre restreint d'actes. Le projet de 1787 ne s'occupait ni des actes notariés ni des actes judiciaires, puisque déjà l'impôt les frappait ; mais il atteignait les actes sous seing privé. Sur 18 millions environ de produits nouveaux prévus, plus de 12.500.000 livres concernaient ces actes. Enfin le projet atteignait les papiers livrés, lettres missives, notes, écrits personnels, lorsque ces actes devant servir en justice, apparaissaient devant le tribunal. Voir Stourm, *Les finances de l'ancien régime et de la Révolution* (1885) t. I, pp. 446-399.

d'autant plus que cet impôt paraît le moins fâcheux et le moins pénible à supporter, étant d'une perception facile et peu coûteuse et auquel le pauvre ne contribuera presque pas, si toutefois on en exempte les comptes de tutelle dont les recettes n'excèderont pas deux mille livres, et les effets de commerce, tels que les lettres et billets de change, qui ne devraient y être assujettis que sur une taxe modérée et invariable, sans avoir aucunement égard à leur plus ou moins de valeur.

10 — Comme, dans le nouvel ordre des choses qui va s'établir, la simplification des frais de perception des impôts doit faire un objet essentiel d'économie, les députés devront insister pour que la recette soit faite par les municipalités et que les trésoriers, que nommeront les assemblés provinciales, verseront directement et sans frais au trésor royal.

11 — On sollicitera la réforme des 2 codes, civil et criminel, de 1667 et 1670, qui exigent l'un et l'autre les plus grandes modifications ; c'est le vœu général. Le Roi et la haute magistrature s'en sont déjà occupés ; surtout d'insister sur la réforme des lois pénales ; qu'il n'y ait plus qu'un genre de mort, pour le noble comme pour le roturier ; que les punitions ne soient pas plus déshonorantes pour la famille de l'un que pour la famille de l'autre ; que l'infamie ne soit plus attachée qu'aux seuls criminels, condamnés et justiciés, et que les accusés restent libres jusqu'à un certain point ; qu'ils ne soient jamais privés ni séparés de leur conseil ; que la procédure soit publique pendant toute l'instruction, et que l'innocent renvoyé absous le soit avec dommages et intérêts.

La suppression des justices seigneuriales, désirée depuis des siècles ; l'établissement de quelques bailliages principaux dans les grands ressorts.

Un changement dans la forme de juger dans toutes les cours et jurisdictions, tel, dans les matières criminelles, que les trois quarts des voix soient de nécessité absolue pour condamner à mort, et les deux tiers dans le petit criminel et les affaires civiles un peu importantes.

Que toutes les matières sommaires, jusqu'à la valeur d'une certaine somme, telle que de 200 à 300 livres, soient terminées par des arbitres de la profession des parties, à nommer par elles, par devant le premier juge du lieu, sans aucuns frais, ni ministère d'avocat, ni de procureur.

Les droits imposés sur les expéditions de greffe dans les Cours et Juridictions, et sur tous autres actes de procédures, à titre de sol pour livre des coûts et salaires perçus, ne doivent pas rencontrer de difficulté pour être supprimés ; cette étrange perception est une charge ruineuse et criante pour le peuple, qui rend les abus, dans la fixation, souvent arbitraire des droits principaux, d'autant plus aggravants et moins faciles à réprimer, qu'on ait indécemment partager au Roi les fruits de l'abus même.

12 — Le remboursement de plusieurs charges de finances onéreuses à l'Etat ; la réduction des offices subalternes dans les différentes juridictions supérieures et inférieures, dont un nouveau Code de procédure plus simple et plus clair n'exigera plus un aussi grand nombre de suppôts ; l'abus des fréquents anoblissements par des charges qui se trafiquent ; toutes ces choses ne doivent pas être oubliées dans les réclamations qui seront faites aux Etats Généraux.

13 — Demander la prompte éxécution du projet, depuis longtemps conçu, de reculer jusqu'à l'extrême frontière du royaume tous les bureaux des traites[1] ; la confection d'un nouveau tarif[2] ;

---

[1] Ce qui supprimerait la ligne de douanes séparant les Pays Conquis (Flandre et Artois) du reste du royaume, et ce qui engloberait l'Alsace, la Lorraine, les Trois Evêchés, lesquels commerçaient librement avec l'étranger et désiraient continuer à jouir de cet avantage.

[2] Qui modérerait les droits d'entrée et de sortie.

et la suppression de tous les droits de péages et autres, qui s'exigent dans l'intérieur du royaume, à la circulation des marchandises, et qui nuisent au progrès du commerce.

14 — Les députés n'oublieront pas de réclamer contre l'abus des lettres de cachet qui ravissent l'innocent comme le coupable à l'empire des lois et livrent l'un et l'autre à leurs ennemis secrets, par l'effet de l'intrigue.

15 — Qu'il soit demandé que toutes les lois nouvelles, concernant les impôts, la législation et l'administration des finances qui auront été consenties et sanctionnées par les Etats Généraux, seront éxécutées sans délai, et adressées par la puissance éxécutrice à toutes les villes du royaume, pour être lues, publiées et registrées dans les différents sièges de leurs justices, soit supérieures ou subalternes et ressorts, sans aucunes remontrances ni réclamations, sauf, s'il y a lieu, d'en demander la modification et l'interprétation aux prochains Etats Généraux, sans que, dans l'intervalle, l'éxécution en puisse être suspendue ou différée.

16 — Les députés demanderont l'établissement d'un bureau intermédiaire[1], qui restera en activité, d'une assemblée nationale à une autre, pour recevoir les mémoires des provinces et des villes, sur leurs nouvelles demandes et réclamations, et préparer les travaux des prochains Etats Généraux, dont le retour périodique sera fixé tous les cinq à six ans.

17 — Que toutes les personnes dont les places et offices se trouveront supprimés, soit dans la finance, dans les fermes ou dans toutes autres administrations, ne soient renvoyées qu'avec des pensions viagères, en raison de leur ancienneté de service ; qu'elles aient la préférence pour occuper les places qui vaqueront

---

[1] Bureau analogue aux Commissions intermédiaires des Assemblées provinciales qui fonctionnaient avec activité.

par la suite, et que les survivances[1] leur en soient nominativement affectées, chacun dans les parties où il aura été employé.

18 — Qu'il soit fortement représenté aux Etats Généraux que cette ligne de séparation, impolitiquement tracée de nos jours, entre les individus de la noblesse et ceux du Tiers Etat, dans la hiérarchie militaire et dans la haute magistrature[2], soit promptement effacée, comme portant obstacle à toute émulation, et faisant la honte d'une nation libre et éclairée.

19 — La suppression des exemptions pécuniaires, dont jouit la noblesse et le clergé du royaume, entraîne naturellement toutes celles que les états majors des places et les gens de finances ont su se faire accorder sur les droits d'octrois des boissons et denrées de leur consommation ; les députés doivent demander la suppression de ces sortes de privilèges, dont il résulte une infinité d'abus, et la diminution du revenu des villes, chargées d'ailleurs de beaucoup de dépenses relatives au service militaires.

20 — La suppression des gouverneurs particuliers des villes procurerait à l'Etat une économie de plusieurs millions et une très considérable à ces mêmes villes qui leur fournissent des logements qu'ils n'occupent pas, ne résidant presque jamais, et qu'alors[3] elles leur payent en argent, indépendamment de plusieurs sommes qu'on leur présente annuellement à titre d'étrennes et d'émoluments.

---

[1] Application ici du système des survivances, appliqué si souvent dans l'ancien régime et qui donnait au fils la certitude d'avoir la charge de son père ; c'était une nomination anticipée dont tous les effets se produisaient à la mort du titulaire.

[2] Allusion ici à l'Ordonnance 1781 exigeant quatre quartiers de noblesse pour devenir officier. Pour la haute magistrature, nous ne connaissons pas d'acte précis du gouvernement, mais le fait est attesté par d'autres cahiers.

[3] C'est à dire quand ils ne résident pas.

II. — Vues générales relatives à la province de Flandre

1º — Les députés se rappelleront que la Flandre avait, du temps de ses grands forestiers, des Etats provinciaux composés, comme en France, des trois ordres, du Clergé, de la Noblesse et du Tiers[1]. Cette forme était même plus ancienne dans cette province que dans le surplus du royaume, et n'a cessé que vers le temps de la fameuse rébellion des Flamands[2] en 1343, qui firent emprisonner deux fois leur comte et massacrer toute la noblesse qui lui restait attachée. C'est à cette époque que remontent les Etats actuels dont le Clergé, la Noblesse et le Tiers Etat proprement dit, furent exclus[3] ; la nouvelle administration ne fut plus dirigée que par les corps municipaux, qui divisèrent toutes les villes pricipales en quatre membres ou petits Etats dont les chefs lieux étaient Gand, Bruges, Franc-de-Bruges[4] et Ypres. Chacun de ces membres ou petits Etats était représenté uniquement par les députés des municipalités qui se réunissaient tous à Gand en corps d'Etats, où ils règlaient les affaires de la province[5] : voilà l'origine de l'administration actuelle de la Flandre. La source n'en est pas bien pure, et le titre en est trop vicieux pour qu'il puisse tenir contre la réclamation des trois ordres, qui demandent le rétablissement des Etats provinciaux, dans la forme de celle adoptée par la province de Dauphiné.

Avant cette révolution, la Flandre avait des tribuns du peuple[6].

---

[1] Tout cela est fantaisiste.

[2] Conduits par Jacques Artevelde contre le comte Louis de Nevers.

[3] C'est à cette époque en effet que les grandes villes d'Ypres, de Bruges, de Gand surtout, assurèrent leur prépondérance.

[4] Ce fut seulement après les troubles de 1436-1438 que Bruges perdit sa domination sur le Franc, qui devint alors le quatrième membre de Flandre.

[5] Au sujet de l'assemblée des *quatre membres*, voir le *Glossaire*.

[6] Plus loin, 3ᵉ partie (5), le mayeur de la commune est considéré comme un espèce de tribun du peuple.

On retrouve des traces, dans toutes les villes, que le tiers-état a constamment concouru à l'administration politique municipale de cette province.

La partie de la Flandre revenue sous la domination française, administrée différemment à Lille et à Cassel, sous la dénomination d'Etat et de Département, sans que les Députés de la Flandre Wallonne influent en rien sur les délibérations de ceux de la Flandre Maritime, devait faire désirer la réunion de leur peuple, pour ne former qu'une même administration, régie par des Etats provinciaux. Aussi Sa Majesté, toujours animée du désir de procurer une meilleure administration à toutes les provinces de son royaume, vient d'avoir égard aux représentations qui ont été récemment faites à ce sujet ; et le Roi, par un Arrêt du Conseil du 2 de ce mois, a résolu de confier l'administration des deux Flandres à un seul et même corps d'Etat, où le clergé, la noblesse et le tiers état seront régulièrement représentés ; et qu'aussitôt la clôture des Etats généraux, Sa Majesté ferait expédier un règlement relativement à la composition des nouveaux Etats de la Flandre[1].

2 — Les députés doivent solliciter que le Parlement de Flandre soit seul juge d'appel et souverain, pour toutes les justices municipales et seigneuriales de cette province : Dunkerque, Gravelines et Bourbourg sont restées mal à propos du ressort du Conseil d'Artois, auquel elles n'avaient été jointes, par la déclaration de 1664, que provisoirement, pendant le temps de la guerre terminée par la paix de Nimègue en 1678. Les justiciables de ces trois villes retrouveraient dans le Parlement de Douai leurs anciens juges naturels et le dépôt antique des lois de leur pays. Cette réunion leur procurerait l'avantage de ne

---

[1] Les autres cahiers, en opposition avec celui de Gravelines, demandent la séparation de la Flandre maritime et de la Flandre wallonne.

devoir pas beaucoup s'éloigner de leurs foyers, et ferait disparaître cette contrariété qui rend ces trois villes dépendantes d'une province pour les affaires contentieuses, et d'une autre pour les affaires municipales.

3 — Les députés se rappelleront qu'avant, et même pendant l'administration des anciens gouverneurs de la Flandre, sous les comtes et grands forestiers, les officiers municipaux étaient nommés par les communes, comme dans les autres provinces des Gaules qui avaient été soumises aux Romains : ces grands forestiers, s'étant rendus souverains pendant le désordre féodal du huitième siècle, que la faiblesse des Rois de la seconde race ne favorisait que trop, se sont arrogé le droit de nommer les officiers des corps municipaux et l'ont de même accordé à des seigneurs particuliers auxquels ils inféodaient des portions de leur domaine[1]. Depuis cette époque reculée, les comtes de Flandre ont toujours joui de ce droit de nomination, et nos Rois l'ont exercé depuis à différents titres.

Dans l'état des choses, Sa Majesté nomme les officiers municipaux des villes de Dunkerque, Gravelines et Bourbourg, comme seigneur foncier, et ceux des autres villes de la province, comme étant aux droits que les comtes de Flandre s'étaient arrogés.

On doit s'attendre que le Roi, qui ne s'occupe que des moyens de rétablir ses peuples dans leurs anciens droits constitutionnels, rendra aux communes de Flandre la nomination des corps municipaux, à l'instar de l'Artois qui va en jouir[2], et qui avait déjà recouvré, différentes fois, cette prérogative fondée sur les an-

---

[1] Inutile de faire remarquer que ce passage n'a rien d'historique.

[2] Il ne semble pas qu'il fut question de cette réforme en Artois, car beaucoup de cahiers de cette province réclament le droit pour les habitants de choisir les échevins. Cf. LORIQUET, *Cahiers de doléances de 1789 dans le département du Pas-de-Calais*, 2 vol. in-8° 1891, t. I, pp. 49, 73, 105, 108, etc., etc.

ciennes lois de la Flandre, avec laquelle l'Artois n'a fait qu'une seule et même province, régie par les même lois, jusqu'à ce qu'elle fût démembrée en 1180 par Philippe d'Alsace [1].

4 — Les députés représenteront que cette province, qui fait un grand commerce, et qui a des manufactures considérables [2], susceptibles de beaucoup d'accroissement et de perfection, les voit languir et décroître par les suites destructives de la franchise illimitée dont jouit le port de Dunkerque depuis 1662, par toutes les marchandises étrangères qui y arrivent par mer, et qui se répandent ensuite en Flandre et avec profusion dans cette province, au détriment de celles de son crû et de ses fabriques [3].

D'autres provinces voisines souffrent également de cette franchise et s'en plaignent depuis longtemps ; les ports de mer de la Manche, qui font le commerce des colonies, ne cessent de se récrier de même sur cette franchise qui leur ôte la concurrence, et qui facilite la plus grande fraude avec nos Isles [4] ; c'est le moment de se réunir pour en demander la suppression ; les lois du commerce doivent être égales partout, et tout privilège exclusif ne tend qu'à le faire languir.

5 — Que la dîme soit d'institution divine ou de droit positif, il n'est pas moins vrai que c'est une oblation ; et le souverain a

---

[1] Le comte de Flandre Philippe d'Alsace donna l'Artois comme dot à sa nièce Isabelle de Hainaut, qui épousa Philippe Auguste en 1180. Leur fils, Louis VIII, en hérita au décès de sa mère (1189), bien avant de monter sur le trône, et plus tard (1226) l'érigea en apanage pour son second fils Robert I.

[2] Exagéré pour les besoins de la cause. Voir l'introduction p. xxv.

[3] La franchise du port et de la ville de Dunkerque était loin d'être illimitée. Elle avait subi depuis 1662 des atteintes nombreuses. Voir A. DE SAINT-LÉGER, *Histoire de la Franchise du port de Dunkerque*.

[4] Les Dunkerquois avaient obtenu, malgré la franchise, le droit de faire le commerce avec les îles d'Amérique.

dû rester le maître de pouvoir restreindre et limiter cette sorte d'offrande.

La dîme se lève en Flandre presque généralement à la onzième gerbe [1], ce qui est exorbitant, si l'on considère qu'elle se prend sur la récolte brute, tandis que le Roi n'est censé lever les impôts ordinaires que sur le produit net. L'usage où est le clergé de lever la dîme, tant sur le produit net que sur les frais de culture et de semailles, est un long abus auquel il est temps de remédier pour soulager les gens de la campagne et encourager l'agriculture. Le vœu général est que la dîme peut et doit être réduite au vingtième dans toute la Flandre, et que celles inféodées soient supprimées, et les propriétaires laïcs indemnisées.

Dans cette province, ce sont les abbayes qui jouissent de la plupart des dîmes, et leurs titres qui ne sont que trop connus actuellement ne remontent pas au delà du dixième siècle : Ce sont des donations gratuites faites par Baudouin [2] en 1067, par Clémente femme de Robert [3], comte de Flandre en 1097, par Charles [4] en 1121, Philippe [5] en 1187, qui ont été passées à Bergues, à Cassel, etc., et qui auraient de la peine à souffrir la lumière qui éclaire le dix-huitième siècle. D'après cela on doit s'attendre que les moines riches et éclairés se prêteront volontiers à la réduction que sollicite l'interêt général de l'agriculture dont la dîme est une des principales de ses charges.

6 — L'article précédent conduit naturellement à penser au triste sort des curés des campagnes et de ceux des villes à portion

---

[1] Cette proportion était élevée par rapport à d'autres pays où elle était du douzième et même parfois du trentième, comme en Bretagne.

[2] Le comte de Flandre Baudouin V (1035-1067).

[3] Le comte de Flandre Robert II de Jérusalem (1093-1111).

[4] Le comte Charles le Bon (1119-1127).

[5] Le comte Philippe d'Alsace (1168-1191).

congrue. Cette classe de prêtres est la plus utile à la société, et la plus respectable aux yeux de l'homme de bien et du citoyen. Cependant, c'est la plus pauvre, et celle à laquelle on pense le moins, et qui s'occupe le plus de la consolation et du secours des indigens, avec lesquels personne n'ignore qu'elle partage souvent son trop modique revenu. Il est plus que temps d'améliorer le sort du clergé de cette classe, puisque ce sera s'occuper de la partie la plus pauvre du peuple dont il est constamment le soutien et le consolateur.

7 — Que sitôt qu'il sera pourvu au meilleur sort des curés et vicaires, dont quelques bonnes réformes dans l'ordre du clergé fourniront les moyens, il leur soit enjoint de ne plus recevoir d'honoraires pour l'administration des sacrements. A cet égard ils désirent tous qu'on les mette à même de rendre leurs saintes fonctions gratuites ; c'est autant leur vœu que celui du peuple.

III. — Vues relatives à la ville de Gravelines

1 — Cette ville presque resserrée dans ses fortifications n'a qu'un territoire très borné, qui n'excède pas quinze cents arpents. Une place de guerre, une ville frontière[1], un port de mer[2], susceptible du plus grand commerce par sa position heureuse et sa communication facile et prompte avec l'Artois et le Pays Bas Français et Autrichien, exige une juridiction plus étendue. On la trouverait dans l'annextion du pays de Langle[3] et de Brédenarde[4], qui en a fait partie en 1664, qui est resté depuis à l'Artois, et par

---

[1] Dunkerque n'ayant plus depuis 1715 de fortifications, Gravelines était la première place sur la frontière du Nord.

[2] Sur la rivière d'Aa.

[3] Le pays de Langle comprenait les localités suivantes : Saint-Folquin, Sainte-Marie-Kerque, Saint-Nicolas, Saint-Omer-Cappelle.

[4] Le pays de Brédenarde comprenait les localités d'Audruick, de Nortkerque, de Zutkerque et de Polincove.

l'incorporation de Loon et de St Georges, qui viennent presque toucher ses barrières avancées, et dont la ville de Bourbourg, qui les comprend dans sa châtellenie, peut facilement se passer. Il lui restera encore plus de 40 mille mesures de juridiction.

2 — Les députés demanderont que le Roi soit supplié d'ordonner quelques travaux pour la construction d'un quai et l'agrandissement du port de Gravelines, qui est des plus essentiels pour le commerce de l'Artois et de la Flandre.

Gravelines a deux écluses : l'une sert à porter à la mer les eaux de la rivière d'Aa, et l'autre à tenir en bon état son embouchure et le port par des chasses continuelles et rapides. Il en existe une troisième dans la basse-ville, dont le rétablissement est déjà sollicité par MM. les officiers du génie et les fermiers laboureurs du canton nommé la Warande, au territoire de St George, dont les terres, plus basses que le lit de la rivière d'Aa, se trouvent inondées au moment des semailles, et perdent l'espoir des plus belles récoltes. Cette troisième écluse est d'une telle importance qu'elle peut suppléer aux deux autres dans des circonstances où le pays serait submergé par des accidents qui peuvent arriver aux deux premières, ou à l'une d'elles. La seconde qu'on appelle l'écluse de chasse, menace ruine depuis quelques années. Chaque fois qu'on y travaille, la ville est exposée à une sorte d'épidémie qui désole les habitants et la garnison, par la nécessité d'y jeter des batardeaux qui retiennent les eaux et les rendent stagnantes. Alors il s'en élève des exhalaisons qui corrompent l'atmosphère et occasionnent les maladies les plus graves et les plus opiniâtres. Le rétablissement de l'écluse de la basse-ville préviendrait pour toujours de si funestes accidens ; les eaux, arrêtées par les travaux de l'écluse de chasse auraient leur cours par cette dernière ; elle servirait encore à curer le port et l'air de cette ville ne serait plus exposé à cette corruption instantanée.

Toutes ces raisons sont déduites avec force dans les mémoires que MM. du génie ont envoyé en cour depuis un an, et sur lesquels ils attendent, avec toute la ville, une décision qui ne saurait être trop prompte pour l'avantage du pays, dont la conservation leur est confiée.

3 — Le commerce de Gravelines ne fera jamais de grands progrès, s'il n'est promptement débarrassé de toutes les entraves qui le gênent. Le droit de tonlieu[1] qui n'est connu que dans cette ville, et qui s'y perçoit sur toutes les marchandises de France qui y viennent par mer, à la destination de la Flandre et de l'Artois, et sur celles qui viennent de ces provinces pour être expédiées par mer au port de cette ville, est un droit de péage dont Gravelines demande la suppression depuis longtemps et sous plus d'un titre. Ce droit doit son origine aux comtes de Flandre de la branche de Bourgogne et d'Autriche, qui ne l'ont établi d'abord que sur les marchandises étrangères, et qui n'a été étendu sur toutes celles du royaume passant par ce port que plus de vingt ans après le changement de domination sous le règne de Louis XIV.

Les officiers municipaux de cette ville et les négociants des provinces voisines sont en représentation au Conseil d'Etat, depuis plusieurs années, pour obtenir la suppression de ce droit. Il est régi dans ce moment par une compagnie particulière depuis 25 à 30 ans. Il doit être réuni au domaine fixe en 1790. Cette circonstance est des plus favorables pour en obtenir l'entière suppression, au moins sur les marchandises nationales et coloniales, puisqu'il n'en résultera aucune indemnité en faveur d'un particulier ni compagnie, et que le Roi, qui a déjà ordonné et effectué dans tous ses domaines l'abolition de toute espèce de péage, ne

---

[1] Voir aux Archives de Gravelines (CC. liasse 3) des Mémoires présentés par le Magistrat de Gravelines au roi et aux intendants de Chatignonville et de Méliand relativement à la suppression de ce droit.

souffrira pas qu'il en reste encore des traces dans sa seule ville de Gravelines, qui fait effectivement partie du domaine patrimonial de Sa Majesté.

4 — Gravelines a besoin d'une augmentation de casernes pour les troupes de la garnison qui ne peut être moindre que de deux bataillons, cette ville étant frontière et ayant beaucoup de postes à garder pour la sûreté de ses fortifications, qui couvrent la Flandre et l'Artois.

5 — Autrefois cette ville avait un mayeur de la commune ; c'était une espèce de tribun du peuple à la tête de dix notables habitans qui étaient appelés à l'Hôtel de Ville, pour régler, de concert avec les officiers municipaux, l'assiette des impositions et les affaires de la communauté. Le peuple nommait cet officier et celui-ci choisissait ses notables qui lui servaient de conseil. C'est un intendant qui a aboli cette espèce de tribunal, il y a 110 à 120 ans. Dans le cas où la province ou les communes de Flandre n'obtiendraient pas le rétablissement de leurs anciens droits constitutionnels, d'élire elles-mêmes ses officiers municipaux, cette ville désire, au moins, le rétablissement de l'ancien corps municipal avec le mayeur de la commune et ses notables, et que les subdélégués et les agents des finances en soient exclus absolument.

6 — Cette ville a été forcée, en quelque sorte, de réunir au corps du Magistrat l'office du trésorier de la communauté[1]. Cette réunion est reconnue onéreuse ; elle a augmenté la masse de ses

[1] Par délibération du 5 février 1774, le Magistrat décida, après avis de l'intendant, que le trésorier Simonis conserverait la jouissance de son office de trésorier sa vie durant, aux appointements de 600 livres, et que la ville lui payerait, en 8 années, la somme de 8000 livres « pour, au moyen duquel remboursement, ledit office de trésorier demeure réuni au corps de ladite ville, après la mort de mondit sieur Simonis ». Les habitants trouvaient cette réunion fort onéreuse à la ville.

dettes, sans lui procurer aucun avantage ; elle n'a pas été autorisée ni confirmée par aucun arrêt du Conseil d'Etat. La seule autorité de l'intendant [1] a tout fait contre le vœu des habitants qui, depuis, n'ont cessé de se plaindre de cet arrangement. Ils demandent qu'il soit annulé, et que le vendeur de cet office restitue à la ville les 8.000 livres qu'il en a touchées, et les intérêts depuis 10 à 12 ans. Le mémoire particulier qui sera présenté au Conseil convaincra de la justice de cette demande.

7 — La pêche est assez considérable à Gravelines pour que le mainque [2] du frais-pêché y soit rétabli à l'instar des ports de mer voisins. Cet établissement a eu lieu autrefois en vertu d'un arrêt du conseil d'Etat du Roi, en date du 12 juin 1745, dont l'éxécution a été contrariée par les officiers de l'Amirauté de Dunkerque, sous des prétextes spécieux [3]. Cette contestation est encore pendante au Conseil.

8 — La suppression des logements en argent pour les officiers militaires non résidant à Gravelines, est de toute justice [4] ; c'est un abus qui a lieu dans toutes les places de guerre. On peut fournir à ces messieurs un logement en nature, lorsque le besoin du service les appelle en cette ville.

9 — Il est essentiel que les différents impôts qui se lèvent en cette ville sur toutes les boissons, soient réunis tous en un seul, et que la perception en soit confirmée, pour le produit en être

---

[1] C'était l'intendant Caumartin.

[2] La vente en gros du poisson frais à la criée.

[3] Voir aux Archives de Gravelines (H. H. liasse 1) des ordonnances du Magistrat et de l'intendant sur la vente du poisson, et un règlement arrêté par le Magistrat pour la vente du poisson au *minck*.

[4] Le logement des officiers de l'état-major et autres était un objet de dépense de 2692 livres. Le commissaire des guerres non résidant avait pour son logement 300 liv. ; le directeur des fortifications non résidant, 200 liv., etc.

employé, comme ci-devant, aux dépenses de la communauté, pour le service civil et militaire.

10 — Que les terres de la juridiction de Gravelines ne soient plus obligées à payer les watringues à Bourbourg, puisque c'est Gravelines qui reçoit les eaux de la majeure partie de la châtellenie, et que cette sujétion doit se compenser avec les dépenses de curement et d'entretien des fossés et watergans : sinon cette ville pourvoira à ses écoulements et s'opposera à ceux de la châtellenie.

11 — La communauté désire que l'indemnité de 90 livres par an, fixée à l'état major pour une partie de glacis accordée pour l'usage du commerce maritime qu'on a chargé de cette dépense, soit acquittée de préférence par les deniers communaux, qui profitent d'ailleurs d'une augmentation de revenus par les 4 deniers pour livre des ventes de marchandises qui se font sur le port.

C'est le vœu du commerce ; et les habitants de cette ville ne veulent rien négliger pour lui procurer toutes sortes d'encouragements.

12 — La suppression des honoraires des officiers municipaux est désirée depuis longtemps [1], et qu'il n'en soit conservé qu'aux seuls officiers permanens [2], sauf à en accorder dans les commissions particulières et pour les députations ; et par suite, que tous les repas de l'Hôtel de Ville qui se donnent, chaque année, au jour des Rois, visite des chemins et au renouvellement, dont la dépense est portée au compte des deniers communaux, soient absolument supprimés : aucun objet d'économie n'est à négliger dans une petite ville dont l'état de misère et de langueur n'est que trop connu de ses chefs mêmes.

---

[1] Les appointements s'élevaient à environ 3300 livres.
[2] C'est-à-dire les conseillers pensionnaires.

13 — Qu'il ne soit plus compris dans le rôle de la capitation de cette ville, les gages des maîtres et maîtresses d'école, qui font doubler cette imposition déjà trop forte, en raison du peu de fortune de ses habitants : Ce sont les deniers communaux qui doivent, comme autrefois, supporter cette charge.

14 — La ville est abonnée, pour le don gratuit, connu sous le nom de droits réservés, sur le pied de 2.500 livres par an. Pour y subvenir, on impose des droits sur les boissons, dont le produit excède du double l'importance de cet abonnement. Les habitants demandent que ces droits soient nécessairement réduits dans la proportion de la somme qu'on paie au Roi pour cet impôt[1].

15 — Cette communauté, par l'article 2 des doléances relatives à cette province, a manifesté son vœu pour que Dunkerque, Bourbourg et Gravelines qui sont démembrées depuis 1664, du ressort des Cours souveraines de Flandre[2], y fussent réunies. Mais, comme elle a demandé en même temps l'agrandissement de sa juridiction territoriale, l'augmentation de son ressort par l'annexation des paroisses du pays de Langle et de Brédenarde, dépendants du bailliage de St Omer ; dans le cas où cette réclamation éprouvât quelques difficultés de la part du Conseil provincial, à cause de son ressort, Gravelines demande subsidiairement à être incorporée à l'Artois. De puissants interêts de commerce et de convenance ont déjà fait concevoir ce projet à cette province à laquelle il ne manque qu'un port de mer pour faire le commerce maritime avec tout plein succès. Et Gravelines, devenant, par ce moyen, l'entrepôt et le boulevard de l'Artois, y trouvera également les plus grands avantages.

---

[1] Ce qui excédait l'abonnement dispensait de mettre un autre impôt pour subvenir aux charges de la ville.

[2] Bourbourg et Gravelines acquises par la France au traité des Pyrénées (1659) ; Dunkerque acheté en 1662 aux Anglais.

L'agrandissement de sa juridiction par les paroisses des pays de Langle et de Brédenarde, en sera une suite naturelle, comme il en devra être la condition *sine qua non*.

Gravelines qui n'a été, jusqu'à présent, qu'une place isolée, presque sans secours et sans protection, oubliée, pour ainsi dire, du surplus de la Flandre, qui a cessé, depuis longtemps, de l'appeler à ses Etats[1], trouvera d'abord dans ceux de la province d'Artois, dont l'organisation va changer en mieux, un zèle plus vif, un interêt plus direct à solliciter l'agrandissement de son port, l'amélioration de son commerce et constamment une forte garnison.

16 — L'administration des biens et revenus de la fabrique de cette paroisse, que les officiers municipaux retiennent contre le droit commun, doit être rendue à un bureau composé de quatre administrateurs à nommer par les paroissiens, comme cela se pratique dans toute la Flandre[2]. Cette forme a déjà eu lieu pour le bien des pauvres : les habitans demandent que le revenu de l'Eglise soit administré de la même manière.

17 — L'ouverture récente du port de Gravelines à la navigation des Iles françaises[3] et l'augmentation de son commerce exige l'érection d'un siège d'amirauté, pour ne plus dépendre de celui de Dunkerque et de Calais, dont les juridictions maritimes n'ont d'autres limites que le milieu du port de Gravelines ; de là résul-

---

[1] Gravelines, n'étant pas chef-collège, n'avait pas de représentant à l'assemblée du département.

[2] La fabrique de l'église devait effectivement être administrée par des marguilliers, nommés par les paroissiens.

[3] Les lettres patentes d'avril 1717 n'autorisaient l'armement de navires pour les colonies que dans 13 ports seulement. Plusieurs arrêts accordèrent ce privilège à d'autres ports. Pour Gravelines, ce fut un arrêt du Conseil du 7 avril 1788.

tent des difficultés sans nombre, qui nuisent au commerce et à l'interêt de la ville.

Les habitants de cette ville, tenus de fournir en nature le logement de MM. les officiers de la garnison dont le rôle se fait par un commissaire délégué du Magistrat, demandent instamment qu'il ne soit fait et arrêté qu'en présence de deux notables habitans, pour veiller, au nom de la commune, à ce que personne ne loge et ne fournisse qu'à son tour. Ils insistent, à cet égard, sur la suppression des exemptions particulières de tous bourgeois et habitans, quelques places et charges qu'ils occupent.

Si les privilèges pécuniaires doivent cesser de noble à roturier, à plus forte raison de roturier à roturier.

Autres plaintes et doléances, faites au moment de l'assemblée par les habitants du faubourg des HUTTES, *tant matelots-pêcheurs que jardiniers, et dont ils demandent l'insertion au présent cahier.*

1º Les matelots-pêcheurs réclament une partie de terre qui devait leur appartenir, excédant les baux des anciens fermiers dans la partie des terres Hems-Saint-Pol [1], depuis la nouvelle écluse jusqu'à la première digue faite par le sieur Level. Ces particuliers prétendent qu'il y a un procès-verbal dressé relativement à leurs réclamations, en vertu d'une ordonnance de M. de Caumartin, intendant de Flandre, en date du 24 juillet 1756, qui leur adjugeait cette partie de terrain. Ils prient MM. les Députés de faire valoir leurs droits les plus étendus à cet égard.

2º Le hameau des Huttes, au territoire de Gravelines, est composé d'environ 600 communians qui se trouvent dénués de secours spirituels pendant la nuit, que les portes de la ville sont fermées. Ces particuliers demandent, avec beaucoup d'instance,

---

[1] Sur les Hems-St-Pol, Cf. BLANCHARD, *La Flandre, étude géographique de la plaine flamande.* Lille. Danel. 1906, p. 203.

une chapelle succursale dans leur hameau, avec un prêtre habitué pour la desservir. Cet établissement doit être fait aux frais des gros décimateurs, d'après les principes établis par les lettres-patentes du Roi, données pour la Flandre, au mois de septembre 1784.

Ceux qui perçoivent les fruits décimaux dans cette paroisse en retirent environ 6.500 livres par an ; et les charges auxquelles cette dîme les oblige n'excèdent guère 1.200 livres. On doit espérer qu'il ne se refuseront pas à cet établissement religieux aussi juste qu'indispensable.

3° Les habitants du même hameau réclament la résiliation d'un bail, fait à un particulier, de la portion de pâture, appartenant à la fabrique et qui touche à leurs habitations. Ils demandent que ce pâturage soit affecté spécialement pour leurs bestiaux, aux offres d'en payer le rendage sur le pied actuel. Les moyens qui militent en faveur de leurs réclamations sont consignés au mémoire ci-joint [1].

4° Les mêmes habitants de ces Huttes n'existent que du travail de leurs bras. Un grand nombre d'entre eux s'adonnent au jardinage et ne subsistent que de son produit. Bientôt ils vont se voir réduits à la plus grande misère, si la garnison de cette ville, à laquelle ils vendent journellement des légumes, continue de cultiver, pour son usage des jardins potagers dans les fortifications de cette place.

Arrêté le présent cahier par nous, Jean Baptiste Deghels, Jean Baptiste Gabriel Rivière, Bernard Debette, Alexis Ferdinand Merlin et Adrien Sneck, nommés commissaires à la pluralité des suffrages des habitants de cette ville et juridiction, à leur assemblée préliminaire du 23 de ce mois ; auquel cahier ont été

---

[1] Ce mémoire n'a pas été retrouvé, pas plus que les trois autres indiqués à la fin de ce cahier.

annexés quatre mémoires de doléances des habitants et pêcheurs du hameau des Huttes de cette juridiction, pour en faire partie, cotés A, B, C, D.

A l'assemblée du tiers Etat du 26 mars 1789 et avons signé :
DEGHELS, RIVIÈRE, MERLIN, DEBETTE et SNECK.

CAHIER GÉNÉRAL DU TIERS-ÉTAT

1er avril 1789, par devant Nicolas-Marie-Joseph Van Pradelles, lieutenant général au Bailliage royal de Flandres, à Bailleul[1],... les députés du Tiers-Etat ayant été avertis de s'assembler en une des salles du collège royal de cette dite ville de Bailleul .. sont comparus les députés [*suit la liste des 136 communautés d'habitants, qui ont envoyé leurs députés*].

Tous lesquels députés, le 2 dudit mois, aprez avoir été présens à la production des cahiers des doléances, ont procédé à l'élection des commissaires pour en faire la rédaction dans un seul et ont nommé et choisi à cette fin : MM. De Smyttere, avocat, de Kytspotter, lieutenant criminel au Bailliage de Flandres, Top, avocat, Dieusaert, greffier de Flètre, Bouchette, avocat, de Kytspotter, conseiller pensionnaire à Hazebrouck, de Coussemaker, avocat, Pierre Fouttrin, Huyghe, greffier de l'ambagt de Bailleul, Van Bambeke l'aîné, avocat, Van Kempen de Creusart, Van Bambeke, avocat, de Smidt l'aîné, avocat, Marchand, notaire et tabellion à Etaires, de Lattre de Batsart, Gaillart de la Croix, bailly de Bailleul, Van Oudendyke, Claeys, de Schodt, Herwyn, Muchembled, Portebois et Maeyens.

Lesquels ont, depuis ledit jour 2 du présent mois jusqu'au 9 ensuivant, vaqué à ladite rédaction[2]; ensuite nous en avons

---

[1] On trouvera le procès-verbal publié *in extenso* dans les *Annales du Comité flamand*, t. VII, p. 249-255.

[2] D'après certaines indications telles que le mot *vu*, ou les lettres *c g* (cahier général) qui se trouvent en tête des cahiers ou en marge des articles, on se rend compte que la plupart des cahiers, sinon tous, ont été lus attentivement par les rédacteurs. Ceux-ci ont cependant

fait faire la lecture, signé ledit cahier conjointement tous les rédacteurs et paraphé par nous sur toutes les pages.

Ensuite de quoy on a fait choix par scrutin de trois membres de l'assemblée, savoir: MM. de Kytspotter, lieutenant criminel audit Bailliage de Flandres, Leys, conseiller de l'Amirauté de Dunkerque, et Bouchette, avocat à Bergues, pour être chargés d'ouvrir les billets, d'en vérifier le nombre, de compter les voix et de déclarer le choix de l'assemblée.

En conséquence, on a procédé pendant ledit jour et cejourd'hui à l'élection de quatre députés aux Etats Généraux, dans la forme prescrite par le règlement du 24 janvier dernier, choisi et nommé ledit M. de Kytspotter, lieutenant criminel au Bailliage de Flandre, M. Herwyn, conseiller pensionnaire de la ville d'Hontscote, M. Bouchette, avocat à Bergues et M. de Lattre de Batsart, avocat à Merville...

Fait à Bailleul ledit jour 10 du mois d'avril 1789.

Cahier des doléances du TIERS ETAT DE LA FLANDRE MARITIME[1], assemblé à Bailleul, en exécution de la Lettre du Roy du 19 février dernier.

L'assemblée du Tiers Etat de la Flandre Maritime tenue à Bailleul, considérant que cette province est un pays d'Etat[2], qui a ses loix, ses usages et ses privilèges particuliers ; que, suivant sa véritable constitution, l'administration était autrefois confiée

---

fait des emprunts plus nombreux aux cahiers des villes — Dunkerque principalement — et à ceux des villages des circonscriptions de Dunkerque, Bourbourg et Bergues, qu'aux cahiers des autres communautés d'habitants. Tantôt ils ont copié textuellement des articles de ces cahiers ; tantôt ils ont fondu et résumé plusieurs articles en un seul. Les références à ces cahiers montrent les emprunts qu'ils ont faits.

[1] Ce cahier fut imprimé à 5000 exemplaires. Il a été publié dans les ARCHIVES PARLEMENTAIRES, t. II, p. 174-175 ; et dans les *Annales du Comité Flamand*, t. VII, p. 255-273.

[2] Voir Introduction, p. XXXII. La Flandre maritime occupait un rang intermédiaire entre les pays d'Etats, comme le Languedoc, et les pays d'élections.

à des officiers municipaux librement élus et considérés à juste titre comme les pères du peuple ;

Que les anciens subsides considérables, librement accordés, non seulement sur les boissons, mais encore sur les bestiaux nécessaires à l'agriculture, pour être dispensés de toutte autre contribution [1], prouve combien les Flamands ont été dans tous les tems jaloux de donner à leur souverain des preuves particulières de zèle et de fidélité ;

Que le changement, pendant la guerre, dans la perceptio nde ces impôts, qui se faisait par les officiers municipaux, dont la réunion forme l'assemblée du département, n'a pas pu en changer la nature ;

Que le retour du païs sous la domination française promettait une diminution sur ces droits consentis dans des tems malheureux ; que, cependant, on y a ajoutté dix sols pour livre, qui les ont rendus trop accablans ;

Que la surveillance accordée au commissaire départi [2], pour d'autant plus assurer le maintient de l'ordre publiq et la conservation des privilèges de la province, en a absolument renversé la constitution municipale, au mépris des capitulations [3], contre l'intention juste et bienfaisante du Roy ; que les contribuables ont été privés du droit naturel de choisir leurs administrateurs et leurs juges [4], dont le commissaire surveillant s'est fait attribuer, aussi illégalement qu'injustement, la nomination ; que les habitans des châtellenies unies aux villes ont été définitivement exclus de coopérer à l'administration commune, au mépris des conditions

---

[1] Droits des quatre membres.

[2] L'intendant de justice, police et finances.

[3] Traité entre le Roi et la province au moment de la réunion à la Couronne. Voir t. II, p. 324, note 1.

[4] Leurs administrateurs et leurs juges = les Magistrats municipaux.

essentielles des actes qui consacrent cette union, et dont l'autorité légale avait garanti l'éxécution ; que les administrations légitimes[1] ont été remplacées par des subdélégués de l'intendant qui, réunissant dans leurs personnes les qualités évidemment incompatibles de *surveillans* et *surveillés*, en même tems qu'ils coopèrent à la nomination des autres officiers municipaux, se trouvent les maîtres absolus et très absolus des villes, des châtellenies et des Etats ;

Qu'il est aisé de concevoir combien cette entreprise, qui blesse ouvertement l'autorité royale et l'inviolable constitution du païs, a occasionné d'abus ;

Qu'une autorité particulière[2], se faisant un principe de n'en admettre aucune, a osé s'élever au dessus de l'autorité légitime, qui se fait gloire de suivre les règles de la justice; qu'une administration mistérieuse, arbitraire et désastreuse, a pris la place d'une administration publique, légale et bienfaisante ; que la liberté n'a plus été respectée et que les droits sacrés de la propriété ont été violés ;

Que le Roy, se faisant un devoir de respecter la constitution du royaume et les droits naturels de son peuple, s'est glorieusement interdit le pouvoir d'augmenter la taille, sans une loy duement vérifiée et régulièrement registrée dans les Parlemens ; que l'autorité monstrueuse des subdélégués soutenue par leurs créatures dans la Flandre Maritime, y a augmenté, sans aucun titre que leur volonté, et sans aucune formalité légale, l'imposition territorialle[3], bien au delà des demandes de S. M.;

Que, sous le prétexte du bien public, les deniers du peuple ont été emploiés à l'acquisition d'offices considérables qui, possédés

---

[1] Les administrations municipales.
[2] Celle de l'intendant et de ses subdélégués.
[3] Imposition territoriale = impôt foncier.

par les subdélégués, leurs parens et leurs amis, n'ont fait qu'augmenter leur fortune, déjà trop accrue par le nombre des offices réunis sur la même personne ;

Que c'est pour conserver une autorité despotique que l'on a tenté clandestinement de faire adopter par le Gouvernement, un projet d'Etats provinciaux, dans lesquels le tiers Etat aurait été représenté par les officiers municipaux, qui sont au choix et à la dévotion des subdélégués, dans lesquels les habitans des campagnes n'auraient eu qu'une vaine représentation, et dont les villes de Bourbourg, Hontscote, Hazebrouk, Etaires, Watten et le bourg de Stenvoorde, auraient été exclus[1] ; que, par ces raisons, les citoiens en s'occupant de leurs doléances ont reconnu qu'il était nécessaire d'écarter de l'élection des députés aux Etats Généraux les personnes particulièrement intéressées à perpétuer les vices de l'ancienne administration ;

Que le pouvoir tirannique des subdélégués, exercé dans l'administration générale du département et dans touttes les administrations particulières, y ont engendré partout des abus incroiables de touttes espèces, qui ont augmenté la masse des impositions territorialles, au point que, dans plusieurs parties, ces impositions jointes aux autres charges, surpassent le produit des fermages, et dans d'autres ne laissent qu'une possession pour ainsi dire infructueuse aux propriétaires ;

Que l'état déplorable de la chose publique, qui ne permet aux citoiens d'exprimer leur sentiment que par des gémissemens, excite d'autant plus la réclamation générale, qu'en renvoiant touttes les plaintes aux subdélégués et les faisant juges de leur propre administration, on a élevé un mur de séparation entre les fidèles sujets et la justice de leur souverain ;

Qu'aux impositions territorialles excessives, illégales, arbitraires

---

[1] Cf. Bailleul (68).

et désastreuses, qui accablent les laboureurs de la Flandre Maritime, en portant atteinte au droit sacré de la propriété, se joignent non seulement les impôts considérables sur les boissons, mais encore les droits exhorbitans sur les chevaux de labour et autres bestiaux nécessaires à l'agriculture, le droit de moulage, le droit de tuage qui ôte la faculté de tuer une bête, dangereusement blessée ou attaquée d'une maladie contagieuse, sans une permission qu'on doit aller prendre à un bureau éloigné ;

Que l'on ajoutte les octrois particuliers des villes pour le service du Roy, le don gratuit, la capitation, les droits sur les huilles, sur les cuirs, sur l'amidon, sur les papiers et cartons, sur les cartes, les droits très considérables sur touttes les marchandises qui viennent du dehors dans cette province réputée étrangère, et touttes les autres inventions fiscales, et l'on reconnoîtra qu'aucune partie du royaume n'est aussi surchargée que la Flandre Maritime ;

Que si le directeur général des finances[1], dont le nom inspire autant de vénération que de reconnaissance, n'évalue qu'à 20 livres 3 sols par tête d'habitant la contribution de cette province, c'est qu'il n'a pas été possible de lui faire connoître tous les abus qui y règnent ; et c'est parce qu'il la confond avec la Flandre Wallonne et l'Artois qui, malgré les vices de leur administration, ne paient pas à beaucoup prez autant d'impôts que ce païs[2] ;

Que, pendant que des fortunes particulières s'élèvent au détriment de la chose publique, la misère des habitans des villes annéantit leur commerce et leur industrie ; les laboureurs, accablés sous le poid des charges qui leur sont imposées, peuvent à peine suffir pour donner à la terre les travaux et les avances qu'elle exige ;

[1] Necker.
[2] Cette affirmation ne semble pas exacte. Chaque province prétendait payer plus d'impositions que ses voisines.

Que, plus les abus sont considérables, et plus on doit s'occuper des moiens de les réparer ; que, dans leur réforme, on trouvera les ressources nécessaires pour satisfaire aux charges de l'Etat, pour soulager le peuple, pour favoriser le commerce, pour encourager l'agriculture, pour assurer la prospérité du Royaume, et pour rendre le Roy véritablement heureux par le bonheur de tous ses fidels sujets.

Dans ces circonstances, et par ces considérations, a résolu de charger ses députés aux Etats Généraux d'y faire les pétitions suivantes :

Administration Générale

1 — Que les membres des Etats Généraux ne soient responsables de ce qu'ils auront fait, dit et proposé dans l'assemblée qu'à l'assemblée nationale elle-même.

2 — Que l'on consacre, d'une manière certaine et irrévocable, avant tout consentement à l'impôt, la constitution du royaume et que l'on en pose pour base le retour périodique des Etats Généraux[1].

3 — Que la forme de l'assemblée des Etats Généraux soit réglée pour l'avenir ; et que cette forme soit la même, partout, pour les Etats provinciaux.

4 — Que tous les anciens impôts, droits de tonlieu, péage et corvée, soient supprimés, sans pouvoir être reproduits sous le régime actuel ; et que les autres impôts qui seront consentis ne puissent être perçus sans un nouveau consentement de la Nation au delà de 6 mois, qui suivront l'époque qui aura été fixée par la seconde assemblée nationale.

5 — Que dans les Etats généraux comme dans les Etats pro-

---

[1] Cf. Dunkerque (1-5) et Boeseghem (2-3).

vinciaux, le tiers Etat soit égal en nombre et en voix aux deux ordres réunis[1].

6 — Que les administrations des villes, bourgs, communautés des villages soient subordonnées aux administrations provinvinciales; que les administrations provinciales soient subordonnées aux Etats Généraux[2], qu'en conséquence, les intendans soient supprimés comme inutils et onéreux aux provinces[3].

7 — Que, dans le tems de guerre ou autres événemens imprévus, qui exigeraient une augmentation de subsides pour la sûreté de l'Etat, il soit convoqué une assemblée des députés de tous les Etats provinciaux, et que cette assemblée puisse augmenter, provisoirement seulement et jusqu'à l'assemblée suivante des Etats Généraux, les impositions qui auront été accordées par l'Assemblée Nationale précédente.

8 — Que les logemens des troupes, les fournitures et l'entretien des fortifications soient compris dans les dépenses du département de la guerre et que les villes en soient déchargées.

9 — Que la milice ne soit formée, dans tout le royaume que par des engagemens volontaires et que les frais soient aussi compris dans les dépenses du département de la guerre[4].

10 — Que les soldats soient traittés comme des Français[5], que leur nombre soit diminué en tems de paix et que l'on ménage les changemens de garnison.

11 — Que la masse des pensions sur les fonds du royaume ne puisse excèder la somme qui sera déterminée par les Etats Géné-

---

[1] Cf. Craywick (2) et Boeseghem (1).
[2] Cf. Boeseghem (4).
[3] Cf. Bailleul (1).
[4] Cf. Boeseghem (26).
[5] Cf. Boeseghem (38).

raux, et que, jusqu'à leur réduction à cette somme, il n'en puisse être accordé des nouvelles qu'à concurence du quart des anciennes qui auront été éteintes.

12 — Que les biens de l'ordre ecclésiastique soient chargés de touttes les pensions accordées dans le trésor royal à des membres de cet ordre[1].

13 — Que l'on examine scrupuleusement à quel titre touttes les autres pensions ont été accordées[2]; que l'on diminue les grâces excessives ; et que l'on supprime celles qui n'ont point été méritées[3].

14 — Que l'on diminue les appointemens trop considérables qui sont attachés à beaucoup de charges[4]; que l'on supprime, dans tous les ordres celles qui ne sont pas nécessaires[5]; et que les gouverneurs et autres officiers, jugés nécessaires pour le service des places, soient sujets à résidence.

15 — Que touttes les provinces supportent également les contributions nécessaires au soutien de l'Etat et à la liquidation de la dête nationale, à raison de leur population, de leur commerce et de leurs productions territoriales[6]; qu'en conséquence les barrières soient reculées aux frontières du royaume[7].

16 — Que les impositions frappent également, tant sur les biens du domaine du Roy, ceux possédés par les officiers des places, que sur ceux de tous les particuliers, sans aucune distinction d'ordre et de rang, à proportion de la consommation et

[1] Cf. Boeseghem (35).
[2] Cf. Boeseghem (36).
[3] Cf. Dunkerque (40).
[4] Cf. Boeseghem (37).
[5] Cf. Dunkerque (41).
[6] Cf. Dunkerque (42).
[7] Cf. Gravelines, 1re partie (13).

de la possession territoriale de chacun, et que leur produit soit directement versé au trésor royal[1].

17 — Que l'on remplace par des taxes sur les consommations les moins nécessaires et sur le luxe les impôts qui gênent le commerce intérieur du royaume, et ceux qui nuisent à l'agriculture[2].

18 — Que touttes les impositions territoriales soient converties en une seule, qui soit partout la même, et proportionnée à la valeur des fonds[3].

19 — Qu'il ne puisse être fait aucun emprunt que du consentement des Etats généraux ; que la dête nationale soit consolidée, et qu'il soit établi, pour son extinction, une caisse d'amortissement distincte et séparée[4].

20 — Que le compte des finances soit rendu chaque année, et qu'il soit donné au public, par la voie de l'impression[5], avec l'état de la caisse d'amortissement et celui des pensions, qui contiendra le nom des pensionnaires.

21 — Que les députés proposent aux Etats Généraux, s'il est plus avantageux d'alliéner que de conserver les domaines de la couronne[6] ; que les forêts ne puissent néanmoins être alliénées dans aucun cas, que la régie et aménagement en soient confiés aux Etats provinciaux, ainsi que l'administration des autres domaines dans le cas où l'on jugerait à propos de les conserver.

22 — Que l'on défende la mendicité, en soulageant les pauvres

---

[1] Cf. Dunkerque (9), Bourbourg (19).

[2] Cf. Dunkerque (8).

[3] Cf. Dunkerque (6).

[4] Cf. Boeseghem (10).

[5] Cf. Bailleul (7).

[6] Craywick (7).

enfans, les infirmes, et en procurant du travail aux pauvres valides[1].

23 — Que l'on supprime les banquiers expéditionnaires en cour de Rome; qu'il soit défendu à touttes personnes sous les peines les plus sévères d'y faire passer aucune somme pour bulles, dispenses, etc. ; et au cas de refus, qu'il soit ordonné aux évêques d'user du droit attaché à l'épiscopat pour lesdites dispenses, comme il se pratiquait dans les premiers siècles de l'Eglise[2].

24 — Que les curés, vicaires et autres ecclésiastiques desservant les paroisses soient pourvus sur les biens ecclésiastiques de manière que touttes les fonctions de leur saint ministère soient exercées gratuittement[3].

25 — Que les petits bénéfices simples soient réunis au gros des curés, et qu'il soit défendu d'accumuler plusieurs bénéfices.

26 — Que le mérite soit le seul titre qui puisse faire admettre les personnes des trois ordres aux charges et emplois du royaume, tant civils que militaires[4].

27 — Que le privilège exclusif des messageries soit supprimé; que le secret de la correspondance par la poste soit inviolablement gardé ; que les directeurs des postes ne puissent faire aucun commerce ; que le poid pour les lettres et pacquets soit partout le même, et que le prix du port, dans la Flandre, soit fixé en monoie de France, comme dans les autres provinces du royaume[5].

---

[1] Cf. Boeseghem (40).

[2] Cf. Dunkerque (45).

[3] Cf. Boeseghem (32).

[4] Cf. Bailleul (6). Ce qui tend à la suppression de lois (comme l'Ordonnance de 1781 sur les officiers) et de pratiques et coutumes très anciennes (nomination des évêques, des magistrats des Cours souveraines, etc.)

Cf. Bailleul (17 et 19).

28 — Que le canal de Wattendam à Bergues[1] soit curé, approfondi et élargi comme une suitte des travaux du canal de jonction de la rivière de Lys à celle d'Aa[2], aux frais du Roy et des provinces qui ont contribués à la dépense dudit canal de jonction.

29 — Qu'à l'avenir, il ne soit fait aucun changement de limites, sans avoir préalablement entendu les habitans de l'endroit que l'on voudra donner en échange, pour qu'ils puissent faire connoître les inconvéniens qui pouraient en résulter[3].

30 — Que toutte propriété soit inviolable, et que personne ne puisse en être privé, même à raison de l'intérêt public, qu'il n'en soit dédommagé au plus haut prix et sans dilay[4].

31 — Qu'à l'avenir, la noblesse ne soit accordée qu'au seul mérite[5].

32 — Que l'on fasse cesser les abus dans les universités[6].

33 — Que les abaïes, qui ont des biens considérables dans la Flandre, soient tenus d'enseigner gratuitement la jeunesse et d'établir des collèges dans les villes de cette province.

Administration Provinciale

1 — Que la Flandre Maritime ait une administration provinciale distincte et séparée[7], et à l'instar de celle du Dauphiné[8],

---

[1] Canal de la Haute Colme.

[2] Canal de Neufossé.

[3] Cf. Bailleul (9).

[4] Cf. Boeseghem (46).

[5] On achetait très souvent des lettres de noblesse au Roi qui en avait fait une source de revenus.

[6] Cf. Mardyck (5).

[7] Cf. Dunkerque (30).

[8] C. St Donat lez Bailleul [1].

CAHIER GÉNÉRAL DU TIERS-ÉTAT 421

dont la moitié des membres sera renouvellée tous les 2 ans, et ne pourra être remplacée qu'après quatre ans d'intervalle [1].

2 — Qu'elle soit chargée de la répartition et de la perception des impositions, de la direction et entretien des grands chemins, rivières, grands canaux, écluses et ponts, sans que, ni le corps royal du Génie, ni l'administration des ponts et chaussées puissent s'en mêler.

3 — Que la direction et entretien des chemins particuliers et des petits canaux qui s'écoulent dans les grands, soit confiée à une administration particulière, composée des députés des différens villages ; et que les charges de cette administration soient supportées par touttes les terres du district.

4 — Que l'administration particulière de chaque ville et bourg, aiant châtellenie, soit réglée de la manière que la dépense particulière desdites villes, pour ouvrages dans son enceinte et autres choses nécessaires ou utiles aux habitans de la ville, soit à sa charge, sans que les habitans de la châtellenie soient assujettis à ces dépenses particulières, attendu que ceux de la châtellenie ont également des frais locaux à payer et à supporter personnellement [2].

5 — Que les charges municipales soient exercées gratuitement, et que les officiers municipaux, dont le tiers sera renouvellé chaque année, ne puissent s'attribuer aucun profit sous le titre de vacation, droit de robe ou autre, à la charge de l'administration ou des particuliers, à peine de concussion [3].

6 — Que les parens, jusqu'aux cousins germains inclusivement, ne puissent, à aucun titre, se trouver ensemble dans le

---

[1] Cf. Dunkerque (43).
[2] Cf. Esquelbecq (9).
[3] Cf. Gravelines 3ᵉ partie (12), Dunkerque (66), Bourbourg (7).

27

même corps d'administration municipale et que les dépenses de bouche et autres, onéreuses et inutiles, soient absolument supprimés[1].

7 — Que les notables, qui formeront, avec le corps municipal, l'assemblée de la commune, pour les affaires importantes, les comptes, etc., dont le tiers sera aussi renouvellé chaque année, soient librement élus par les habitans des villes, bourgs, justices vassales et paroisses, en la forme qui sera prescrite, et dans la proportion cy-dessus énoncée[2].

8 — Que les conseillers pensionnaires, greffiers, commis et autres officiers nécessaires, ainsi que les sergeans, soient nommés par l'assemblée de la commune, qui réglera leurs honoraires, appointements, émolumens et gages[3].

9 — Que l'administration de chaque paroisse, séparée de celle des villes[4], soit composée de personnes qui seront librement élues par toutte la paroisse ; que cette administration, subordonnée immédiatement à l'assemblée provinciale, ne soit chargée que des objets locaux et des autres qui lui seront confiés par l'administration provinciale, qui pourra établir des assemblées de district ou d'arrondissement.

10 — Que les comptes, tant de l'administration provinciale que de touttes les autres administrations particulières, soient rendus en présence de tous les membres des administrations[5], et qu'une expédition de chaque compte, soit mise dans un dépôt

---

[1] Cf. Ledringhem (20), Bissezeele (3).
[2] Cf. Dunkerque (53).
[3] Cf. Bailleul (34).
[4] Donc, plus de villages administrés par les pointers et asséeurs, nommés par l'administration municipale de la ville. Suppression en fait de l'autorité des villes chefs-collèges. Cf. Mardyck (2).
[5] Cf. Bailleul (33), Boeseghem (12).

public où il sera libre à toutte personne d'en prendre inspection.

11 — Que les adjudicataires, fermiers, régisseurs des impôts ou des travaux publics, les receveurs des deniers publics, leurs associés, cautions et commis des officiers du domaine du Roy et leurs commis, ne puissent être membres d'aucune administration.

12 — Que le païs de Langle, démembré du comté de Flandre, soit rendu à l'administration et à la juridiction de cette province, et que l'on fixe les limites entre la Flandre et l'Artois [1].

13 — Que l'on réforme les abus dans les justices seigneuriales [2].

14 — Que l'adjudication de la collecte se fasse chaque année au rabais.

15 — Qu'il soit établi des écoles gratuites ; et que les communautés religieuses, établies dans la Flandre Maritime pour l'instruction de la jeunesse ou le soulagement des malades, se conforment à leur institution, et que celles inutiles soient supprimées [3].

16 — Qu'il soit établi dans les campagnes, des chirurgiens et accoucheuses suffissament instruits [4].

17 — Que les abaïes de la Flandre Maritime soient exemptes de la commande, et qu'il ne soit accordé des pensions sur icelles qu'à des écclésiastiques résidens dans la province [5].

Législation

1 — Que le bureau des finances, le siège de la prévoté, la juris-

---

[1] Cf. Gravelines, 3º partie (1).
[2] Cf. Ledringhem (5).
[3] Cf. Dunkerque (65).
[4] Cf. Boeseghem (41).
[5] Cf. Saint-Pierre-Brouck (37).

diction des traites et tous autres tribunaux d'exception, les *committimus*, commissions et évocations soient supprimés[1].

2 — Que l'on fasse cesser tous les abus qui se sont introduits dans l'administration de la justice civile et criminelle et qu'elle soit rendue gratuitement[2].

3 — Que les offices de judicature et autres offices importans ne soient plus des objets de commerce[3].

4 — Que les dispenses d'âge d'étude soient suprimées[4].

5 — Que les sallaires des greffiers, partageurs, notaires, procureurs et des huissiers soient fixés[5].

6 — Que l'interprétation de la Loi soit réservée au législateur[6].

7 — Que les motifs des décisions soient exprimés dans les jugemens[7].

8 — L'interdiction absolue des arrêts de défenses des cours souveraines contre l'éxécution des sentences des juges inférieurs[8].

9 — Que l'on attribue aux premiers juges le dernier ressort, jusqu'à concurence de 40 livres tournois[9].

10 — Que les délits commis par les militaires soient de la compétence du juge ordinaire, sauf ceux qui seront nommément exceptés[10].

---

[1] Cf. Bailleul (11 et 22), Dunkerque (11), etc...
[2] Cf. Bergues (6).
[3] Cf. Boeseghem (16).
[4] Cf. Dunkerque (36).
[5] Cf. Ledringhem (2).
[6] Cf. Boeseghem (15).
[7] Cf. Bergues (7).
[8] Cf. Dunkerque (28).
[9] Cf. Bailleul (43).
[10] Cf. Bergues (12).

11 — Que l'on ne néglige aucun des moyens de détruir absolument l'injuste préjugé qui répand sur la famille d'un coupable la honte résultante d'une condamnation infamante ; qu'en conséquence les lettres de cachet soient supprimées et que la peine soit toujours proportionnée au crime, sans distinction des rangs et conditions[1].

12 — Que la peine du bannissement soit supprimée.

13 — Que les condamnations à mort ne puissent être exécutées qu'aprez un délay qui sera déterminé[2].

14 — Que les enclavemens dans les villes soient soumis aux ordonnances de police des juges de la ville[3].

15 — Que l'on fasse cesser l'abus des règlemens de police, tendant à procurer des amendes aux officiers qui les provoquent[4].

16 — Que tout commerce en détail soit interdit aux officiers de police et qu'ils soient obligés à résidence[5].

17 — Que le ministère des avocats puisse être exercé librement dans tous les tribunaux[6].

18 — Que ceux, détenus pour dettes, ne puissent être confondus dans une même prison avec les accusés.

19 — Que les villes de Dunkerque, Bourbourg et Gravelines, leurs territoires et châtellenie ressortissent au Parlement de Flandres[7] ; et que Dunkerque et Gravelines continuent d'être régis

---

[1] Cf. Boeseghem (19).

[2] Cf. Bergues (8).

[3] Cf. Bailleul (21).

[4] Il s'agit des règlements sur la chasse, les coutres de charrues, l'écouage des chemins. Cf. Bambecque (4ᵈ).

[5] Cf. Hazebrouck (41).

[6] Cf. Boeseghem (21).

[7] Cf. Bourbourg (6).

par la coutume de Bruges[1], et que celle de Bailleul soit généralement suivie à Merville.

20 — Que le privilège d'arrêt personnel soit rétabli[2].

21 — Qu'il ne soit accordé aucune lettre de répit, surséance ni sauf conduit[3].

22 — Que le droit de banalité soit suprimé[4], à charge d'indemnité à l'égard des particuliers propriétaires.

23 — Que tout Français domicilié dans le royaume soit exemt du droit d'issue[5].

24 — Que les hipothèques ne puissent engendrer droit seigneurial, ni autre.

25 — Que l'on donne la faculté de rembourser les rentes foncières et espiers[6].

26 — Que les contrats de mariage soient mis dans un dépôt public avant le mariage, pour en constater la date, et qu'il soit libre de les déposer clos et cachettés[7].

27 — Que les notaires soient gardes-notes.

28 — Qu'il soit permis d'aliéner l'argent à terme comme à perpétuité, moiennant l'intérêt fixé par la loi[8].

29 — Que tous les fiefs, susceptibles d'être divisés, puissent être partagés et rendus rotures[9].

---

[1] Cf. Dunkerque (58).
[2] Cf. Dunkerque (49).
[3] Cf. Dunkerque (20).
[4] Cf. Dunkerque (62), Estaires (9).
[5] Cf. Dunkerque (51).
[6] Cf. Bierne (16) et Hazebrouck (13).
[7] Cf. Boeseghem (22).
[8] Cf. Saint-Pierre-Brouck (29).
[9] Cf. Dunkerque (47).

30 — Que la garde coutumière sur les biens des mineurs soit étendue, pour les pères et mères, aux biens des successions échues pendant ladite garde [1].

31 — Que la presse soit libre [2].

32 — Que les grades continuent de ne pas avoir lieu dans la Flandre Maritime pour aucun bénéfice [3].

33 — Qu'aucun ecclésiastique ne puisse être pourvu d'un canonicat ou d'autre bénéfice quelconque, à moins qu'il n'ait rempli les fonctions de son ministère dans une paroisse ou chapelle pendant 10 ans, les anciens curés et les natifs de la province préférés [4].

34 — Que les décimateurs soient chargés des pauvres, ou qu'ils abandonnent la part des pauvres dans les dîmes ecclésiastiques ; outre les charges dont ils sont tenus, qu'ils soient aussi obligés au logement et pension d'un clerc dans chaque paroisse [5].

35 — Que l'on prévienne, par un sage règlement, touttes les contestations relatives à la perception des dîmes, en supprimant la dîme de sang et autres menues dîmes [6].

36 — Que le présidial de Bailleul ne soit plus privé du droit de connoître, en première instance, des contestations relatives aux portions congrues.

37 — Que les gens de main morte et tous autres propriétaires puissent accorder des baux pour 20 ans ; que ces baux ne soient pas censés emporter aliénation, et qu'ils soient d'éxécution nécessaire, même par les successeurs à titre singulier [7].

---

[1] Cf. Bergues [e-5⁰].
[2] Cf. Bailleul (12).
[3] Cf. Dunkerque (46).
[4] Cf. Dunkerque (44).
[5] Cf. Bourbourg (21), Petite-Synthe (8).
[6] Cf. Boeseghem (31).
[7] Cf. Loon (11).

38 — Que l'on facilite l'employ des deniers des fabriques, tables des pauvres et maisons de charité.

39 — Que l'on fasse cesser tous les abus résultans du droit de chasse [1].

40 — Que touttes garennes soient supprimées.

41 — Que les réserves des gouverneurs, officiers des places et de la garnison, soient aussi supprimées.

42 — Que l'exercice du droit de chasse du Roy dans la Flandre ne soit plus accordé aux officiers municipaux ni autres.

43 — Que le droit de chasse de S. M. dans chaque paroisse soit aliéné, à la charge d'être tenu en fief, ou qu'il soit loué au profit des pauvres [2].

44 — Que les habitans de la campagne puissent avoir des armes à feu pour leur défense, à charge d'être responsables des abus.

45 — Que l'on réclame contre la maxime : *nulle terre sans seigneur*, qui n'a point lieu dans la Flandres [3].

46 — Que l'on ne puisse exiger des gens de main morte d'indemnité pour les acquisitions faites avant 40 ans.

47 — Que les dilais pour les retraits légaux soient réduits à 3 mois dans les lieux où les coutumes ont un dilay plus long, pour favoriser l'agriculture et les manufactures [4].

48 — Qu'aucune survivance de charges ou offices ne soit accordée [5].

---

[1] Cf. Craywick (17), et bien d'autres cahiers au sujet du droit de chasse.
[2] Cf. Coudekerque (7).
[3] Cf. Dunkerque (48).
[4] Cf. Craywick (10).
[5] Cf. Bailleul (34).

Commerce

1 — Que les principales villes de commerce aient deux députés à la suitte de la Cour et des Etats Généraux, à leurs dépens[1].

2 — L'exclusion des étrangers pour capitaines de navires marchands, en France, sauf ceux qui auront fait leurs campagnes sur les vaissaux du Roy, les Nantuquois exceptés, en prenant un quart d'équipage français[2].

3 — L'encouragement des manufactures et celui de la plantation des bois propres à la construction, dont la coupe sera défendue hors de saison[3].

4 — Suppression du droit du consulat de Cadix, et celle de tous privilèges exclusifs, en fait de manufactures[4].

5 — La revindication égale dans tout le royaume et qui donne aux négocians français le même droit qu'ont sur eux les étrangers, et uniformité d'usances et échéances pour touttes sortes de lettres de change, billets à ordre, et billets valeur en marchandises[5].

6 — L'uniformité des poids, mesures et aunage dans tout le royaume[6].

7 — Que le traité de commerce avec l'Angleterre soit annulé[7] et que le transit général par tout le royaume soit accordé[8].

---

[1] Cf. Dunkerque (25).
[2] Cf. Dunkerque (37).
[3] Cf Dunkerque (64).
[4] Cf. Dunkerque (19 et 23).
[5] Cf. Dunkerque (16 et 15).
[6] Cf. Dunkerque (18).
[7] Cf. Hondeghem (16).
[8] Cf. Dunkerque (21).

8 — Qu'il soit défendu d'exporter les cuirs et colsat et d'introduire les toilles étrangères [1].

9 — Que la franchise du port de Dunkerque soit continuée.

10 — Que le droit de tonlieu sur les marchandises de France passant par Gravelines soit supprimé [2].

11 — Que l'arrêt du Conseil du 30 août 1784, qui a ouvert les ports de nos colonies aux étrangers, soit révoqué [3].

12 — Que la main d'œuvre des constructions maritimes soit conservée aux nationaux; défendu aux armateurs d'employer dorénavant aucun navire ou bâtiment de construction étrangère; bien entendu que cette défense n'aura aucun effet rétroactif, et qu'il sera libre aux nationaux de vendre leurs navires aux étrangers [4].

13 — Que les étrangers seront exclus de la navigation de France en France, à l'expiration des traités de navigation [5].

14 — Que le droit imposé sur les armements pour l'Amérique, à titre de rachat des places d'engagés, soit supprimé [6].

15 — Que le produit de la caisse des invalides de la Marine soit employé au soulagement des pauvres marins [7].

16 — Qu'il soit défendu aux colporteurs de vendre leurs marchandises, hors les jours de foires et francs-marchés [8].

17 — Que les intendans du commerce seront supprimés et

---

[1] Cf. Hazebrouck (48 et 50), Bailleul (56).

[2] Cf. Gravelines 3ᵉ partie (3).

[3] Cf. Dunkerque (24).

[4] Cf. Dunkerque (27).

[5] Cf. Dunkerque (26).

[6] Cf. Dunkerque (31).

[7] Cf. Dunkerque (33).

[8] Cf. Hazebrouck (42).

remplacés par des négocians pris et repartis dans les principales villes de commerce, éligibles par les chambres de commerce¹.

18 — Que la libre navigation soit accordée sur les canaux et rivières².

19 — Que les sentences consulaires soient éxécutées dans tout le royaume, sans *pareatis* et qu'elles ne pouront porter hipothèque³.

20 — Que l'exportation des bleds soit défendu lorsque le quintal vaudra 10 livres⁴.

21 — Que les registres, journaux et copies des lettres des négocians et marchands, tant en gros qu'en détail, seront cottés et paraphés par les juges et consuls⁵.

22 — Que l'ordonnance du commerce soit strictement éxécutée à l'égard des banqueroutiers⁶.

Agriculture

1 — Qu'il soit accordé des récompenses et encouragemens aux agriculteurs.

2 — Qu'il soit permis de planter des aunelles et têtards sur les rives des terres au long des chemins⁷.

3 — Qu'il soit fait un règlement pour les étalons.

4° Que l'arrêt du Parlement de Flandres, concernant les couttres des charues, soit révoqué.

Cf. Bailleul (26).

² Cf. Hazebrouck (49).

³ Cf. Dunkerque (7 et 14).

⁴ Cf. Dunkerque (35).

⁵ Cf. Dunkerque (22).

⁶ Cf. Hazebrouck (44).

⁷ Cf. Bailleul-Ambacht (10).

5º Qu'il soit permis aux gens de main-morte, d'alliéner des immeubles à rentes perpétuelles.

6º Qu'il est essentiel pour l'agriculture d'accorder les chaussées et canaux aux différentes villes et villages qui en ont fait la demande reprise au cahier particulier.

Ainsi fait et arrêté par nous Commissaires, nommés le deux avril mil sept cent quatre-vingt-neuf.

> J.-B. L. de Kytspotter, de Coussemaker, Maeyens, Top, Van Kempen de Creusaert, Huyghe, Gaillaert de la Croix, de Kytspotter, Bouchette, Van Bambeke l'aîné, P. J. de Schodt, Van Bambeke, de Lattre de Batsaert, Marchand, Dieussaert, Portebois, de Smyttere, Foutrein, Vanoudendycke, Desmidt l'aîné ; Herwyn, Claeys, Muchembled, Van Pradelles de Palmaert, lieutenant-général, et Craye d'Hagedoorne, secrétaire.

Supplément au cahier général

1 — Les habitans de la châtellenie de Bergues demandent à être séparés de la Ville et d'être restitués dans les anciens usages et prérogatives, comme ils étaient avant l'union à ladite ville.

2 — Les six vassaux de ladite ville et châtelenie de Bergues demandent l'indépendance absolue de la même ville et châtellenie.

3 — Plusieurs villes, bourgs et paroisses de la châtellenie de Cassel, demandent d'être désunis de ladite ville et châtellenie.

4 — L'ambagt et plusieurs paroisses de la châtellenie de Bailleul, demandent à rester désunis.

5 — Que les biens des cy-devant Jésuites soient alliénés ou régis au profit de l'Etat.

Ainsi fait et arretté jour, mois et an que dessus, signé :

J.-B. L. DE KYTSPOTTER, COUSSEMAKER, MAEYENS, TOP, VAN KEMPEN DE CREUSAERT, HUYGHE, GAILLIAERT DE LA CROIX, DE KYTSPOTTER, BOUCHETTE, VAN BAMBEKE l'aîné, DE SCHODT, VAN BAMBEKE, DE LATTRE DE BATSAERT, MARCHAND, DIEUSAERT, PORTEBOIS, DE SMYTTERE, FOUTREIN, VANOUDENDYCKE, DESMIDT l'aîné, HERWYN, CLAEYS, MUCHEMBLED, VAN PRADELLES DE PALMAERT, lieutenant-général, et CRAYE D'HAGEDOORNE, secrétaire.

CAHIER DE LA NOBLESSE

L'an 1789, le 6 de ce mois d'avril, par devant nous, messire Ildefonse-Joseph Maloteau, chevalier, seigneur de Beaumont, grand-bailli d'épée au Bailliage royal de Flandre...les membres de la noblesse ayant été avertis de s'assembler en une des salles de l'Hôtel de ladite ville de Bailleul.

Sont comparus : très haut et puissant seigneur M. le Prince Anne-Joseph-Alexandre de Montmorency de Robecq, Grand d'Espagne de la 1re classe, chevalier des ordres du Roy, lieutenant-général des armées du Roy, son commandant général dans les provinces de Flandres, Hainault et Cambrésis.

M. de Montmorency, Marquis de Morbecq, chevalier de l'ordre royal et militaire de St-Louis, lieutenant-général des armées du Roy, etc.

M. le Marquis d'Esquelbeque et Ledringhem, capitaine de cavalerie, porteur de deux procurations, celle de M. le chevalier d'Esquelbecque et celle de Mademoiselle de Wazières.

M. le Prince de Robecq est porteur de deux procurations, savoir : de M. le Comte de Beaufort et de M. de Godefroi.

M. le Marquis de Morbecq est porteur de deux procurations, savoir : de M. le Comte de Lauraguais et de M. Vandercruyce.

M. le Marquis de Baëghem, seigneur de Caestre et membre des Etats d'Artois.

M. le Marquis d'Harchies, seigneur de Drinkam, capitaine au régiment de Bresse, porteur des procurations de M. de Stappins et de M. du Sart.

Le Chevalier du Portal, chevalier de St Louis, capitaine au corps royal du génie, porteur de deux procurations, celle de

M. le Marquis de Louverval et celle de M. de la Ghesquière de Stradin.

M. Lenglé de Schoebeque, porteur de deux procurations, l'une de M. le Marquis de la Viefville de Steenwoorde, l'autre de M. Le Fevre de Renescure.

M. Taverne de Mont-d'Hyver, ancien mousquetaire, porteur des procurations de M. le Marquis de Nédonchel et de M. Enlard de Guémy.

M. le Comte de Blaringhem, porteur de deux procurations, celle de M. de la Bazèque, seigneur de Kemmel-Hof et celle de M. le Baron de Nédonchel, seigneur de Hofflande.

M. le Comte de la Buquière, seigneur de Hofflande.

M. Ghys, fondé de deux procurations, de M. Van Cappel de Briarde et de Mme de Herbais de Taflin de Tilque.

M. Taverne de St Antoine, porteur de la procuration de M. de Joigny de Pamele, seigneur de Lynde.

M. Clays Vanderhulst, fondé des procuration de M. le Chevalier de Croeser, seigneur de Balincourt et de Mlle Boudine, dame d'Oudenem.

M. Liot de Norbecourt, fondé des procurations de M. de Hoston, seigneur de Fontaine, et de M. Dorémieulx, seigneur de Wytbrouck.

M. de Balincourt, chevalier de St Louis, ancien capitaine de grenadiers au régiment de Languedoc, fondé des procurations de M. de Cardevac, seigneur de Wallon-Capelle et de M. de Pan, seigneur de Wisque.

M. Zylof de Steenbourg, porteur de la procuration de M. Lauwereyns de Berghendaele.

M. Lenglé de Moriencourt, chevalier de St Louis, colonel au corps royal du génie, fondé des procurations de M. Herts, seigneur des Mottes, et pour Mme Herts.

M. Lenglé de Westover, porteur de procurations de M. de Westover, conseiller au parlement de Douay, et de M. Duhamel.

M. Lenglé, Grand-Maître des eaux et forêts, seigneur de Pennynckbrouck, fondé de procurations de Dame Rosalie de

Warlette de Liennes, veuve douairière de M. de la Fraingue, seigneur de Lannoy, etc., et de M. Potteau, seigneur de Ledinck.

M. Coppens, seigneur d'Hontschoote, fondé des procurations de M. de Change, seigneur de Frevillers et de M. de Lion de Deuille et Coquerelle.

M. Lauwereyns, capitaine au corps royal du génie, fondé des procurations de M. le Baron de Boonaert, seigneur de Swyhlande en Houtkerque, et de M. Ghesquière, seigneur de Groene-Strade.

M. de Fruict, seigneur d'Oosthove.

M. de la Mette, seigneur de Coorenhuyse, porteur de deux procurations savoir : de M. le Josne Contay, seigneur de Verzigny, et de M. Gaillard, seigneur de Blerville.

M. Balthazar, seigneur de Bamarde, porteur des procurations de Mlle de Buissi du Secqbois, et de M. de Chalencourt, seigneur de Drooghland.

M. le Baron d'Arfeuille, porteur de la procuration de M. Carton, seigneur de Winnezeele.

M. Keignaert, seigneur de la Laeghe, et porteur de la procuration de M. Keignaert, son père, seigneur de Katsberg.

M. Lauwereyns, chevalier d'honneur au Présidial de Flandres.

M. Taverne de Niepe, chargé des procurations de M. Taverne son père, seigneur de l'Ypreau, et de M. de Heere, seigneur de Beauvoorde.

M. Pierre-Nicolas-Marie Taverne, seigneur de Coudecasteele, etc.

M. le Chevalier de Dreuil, chevalier de St Louis, ancien capitaine de grenadiers du régiment de Chartre.

M. Augustin Lauwereyns.

M. Bernard Coppens, porteur des procurations de M. Sandelin, seigneur d'Equerdes, et de M. le Baron d'Elbecq, seigneur de Volkerinkove.

M. Laurent Coppens, procureur du roi à l'Amirauté de Dunkerque, fondé des procurations de M. Vanderlynde, seigneur d'Oudenhove, et de D^{elle} de Buisson, dame de la Wastine.

M. Gamba, seigneur de Questingem en Boulonnois, porteur de la procuration de M. de Courcelles, conseiller au parlement.

M. de Salse, chevalier de St Louis, commandant de Bergues.

M. le Chevalier Gamba.

M. Lenglé de Schoebeque, fils.

M. le Chevalier de Colinet-Joustel, écuyer.

M. Marie-Joseph de Colnet, écuyer.

M. Claeys, seigneur de Steewerve tant pour lui que pour la personne de M. Hoston, seigneur de Smellinghem.

M. Balthazar, le Cadet.

Lesquels membres, sur la difficulté qui s'étoit élevée, si on admettroit des membres de la noblesse qui n'avoient pas comparus au procès-verbal de l'assemblée des trois ordres réunis le 30 de ce mois[1], jour par nous désigné, ont arrêté à la pluralité des voix de ne les admettre ; ensuite avant de procéder à la rédaction des cahiers et doléances et à l'élection des députés, nous ayant requis de nommer des commissaires pour examiner les titres et procurations produites au présent procès-verbal, nous avons nommé, après avoir ratifié la nomination du chevalier du Portal, pour secrétaire de l'ordre : MM. le Prince de Robecq et les Marquis de Morbecque, d'Esquelbeque et l'Archie.

Ensuite, ayant mis en délibération pour nommer six commissaires pour la rédaction desdits cahiers de doléances, nous avons nommé, à la pluralité de voix :

---

[1] Il s'agit de l'assemblée générale des trois ordres tenue le lundi 30 mars, à 8 h. du matin, en l'église du collège royal de Bailleul, sous la présidence du grand bailli d'épée. Ce fut une séance d'ouverture : discours, lecture des règlements pour la convocation et l'élection, appel nominal des députés, défaut prononcé contre les non comparans (Voir liste dans E. CORTYL, *M. de Calonne candidat aux Etats-Généraux à Bailleul,* dans les *Annales du Comité flamand de France,* t. XXIII (1897), p. 243). Les trois ordres ayant résolu alors de rédiger séparément leurs cahiers, la noblesse tint ses séances à l'Hôtel de Ville dans la salle échevinale, le tiers-état dans la chapelle du collège et les ecclésiastiques aux halles. (*Archives nationales* B III 20, p. 70 et suiv.)

MM. le Prince de Robecq ;
  le Marquis de Morbecq ;
  le Marquis d'Esquelbecq ;
  le Marquis d'Harchies ;
  De Salse ;
  Lenglé de Schoebeque.

Et, en conséquence, nous avons fait faire la lecture de tous les cahiers de doléances que les membres de l'assemblée avoient à présenter, et nous avons remis le travail de leur rédaction au jour de demain, huit heures du matin.

Avons ensuite procédé avec les quatre commissaires cy-dessus nommés, à la visite, examen et vérification des procurations produites parmi lesquelles nous avons jugé devoir rejetter comme nulles, sçavoir : celle donnée par messire François-Louis du Hamel, seigneur de Cauchi, etc., encore mineur, présentée par M. Winnoc Lenglé subdélégué au département de Bailleul, et l'autre présentée par M. de Niepe au nom de M. B. de Heere de Beauvoorde en Watoue.

Le neuf dudit mois, après que lesdits commissaires ont eu vacqué à la rédaction desdits cahiers pendant vingt-deux heures, en fait la lecture, signé ledit cahier conjointement avec le secrétaire de l'ordre de la noblesse, il nous l'ont remis, et avant de procéder au choix des scrutateurs, M. le Marquis de Baeghem a produit la procuration de M. le Comte de la Buquière qui s'étoit présenté en l'assemblée des trois Ordres, le 30 du mois de mars dernier, jour par nous indiqué et qui a été obligé de retourner chez lui, lui ayant donné acte de ladite production, on a choisi par scrutin trois membres de ladite assemblée sçavoir : M. le Prince de Robecq, M. le Marquis d'Archie et M. de Schoebeque, pour être chargés d'ouvrir les billets, d'en vérifier le nombre, de compter les voix et de déclarer le choix de la même assemblée; en conséquence, on a procédé à l'élection des deux députés[1] aux Etats-Généraux dans la forme prescrite par le règlement du 24 janvier dernier, choisi et nommé mondit

---

[1] Sur l'élection des deux députés de la noblesse et de leurs suppléants, voir l'étude intéressante de M. E. CORTYL, *M. de Calonne, candidat aux Etats-Généraux à Bailleul* dans les *Annales du Comité flamand de France* t. XXIII (1897) p. 219 et suiv.

M. le Prince de Robecq et M. le Marquis d'Harchie qui, sur la demande faite par l'assemblée, ont bien voulu se charger de cette nomination, laquelle a été faite par acclamation en faveur de M. le Prince de Robecq.

Ainsi fait et arrêté à l'assemblée tenue à Bailleul, le jour mois et an que dessus.

> Montmorency, Prince de Robecq ; Le Marquis de Harchies ; Malotau de Beaumont ; Le Chevalier du Portal, secrétaire de la Noblesse.

L'an 1789, le 9 de ce mois d'avril,... ladite assemblée, après avoir choisi pour députés M. le Prince de Robecq et M. le Marquis d'Harchie, ayant considéré que par quelque accident imprévu, l'un ou l'autre desdits députés pourroit trouver quelque obstacle à remplir sa mission et que par cet évènement la province pourroit éprouver quelque préjudice par le défaut du nombre de ses députés, nous a proposé de nommer deux suppléants ; en conséquence avons résolu, à la pluralité des voix, de choisir deux membres dudit ordre, et ayant procédé dans la forme ordinaire, par la voie du scrutin, à laditte élection, on a choisi et nommé à cet effet M. le marquis d'Esquelbecq et M. Lenglé de Schoebeque, lesquels ont bien voulu accepter cette commission.

Cahier des doléances et supplications de l'Ordre de la Noblesse de la Flandre Maritime[1].

D'ordre de la Noblesse assemblé à Bailleul, en exécution de la lettre du Roi du 19 février dernier, supplie très humblement Sa Majesté.

1 — De donner une forme de convocation pour les Etats Généraux, qui soit uniforme et constante pour tout le royaume.

---

[1] Ce cahier a été publié dans les *Archives Parlementaires*, t. II, p. 171-173, et dans les *Annales du Comité Flamand de France*, t VII (1863-64), p. 232-246. Il est animé d'un esprit réformateur qui le place directement à côté du cahier général du tiers état.

2 — De fixer le retour des premiers Etats généraux dans 3 ans, et de s'en rapporter, pour les retours successifs desdits Etats, à ce qui sera statué à cet égard par ceux qui vont s'assembler.

3 — De faire constater aux Etats généraux l'importance réelle de la dette nationale.

4 — De déclarer que nul impôt ne sera légal et ne pourra être perçu, qu'autant qu'il aura été consenti par les Etats Généraux, et ceux-ci ne pourront l'accorder que jusqu'à leur prochaine tenue.

5 — De déclarer les membres des Etats Généraux personnes inviolables, ne devant répondre qu'auxdits Etats eux-mêmes de ce qu'ils y auront fait, dit et proposé.

6 — Qu'à l'imitation des puissances voisines, nul étranger possédant des biens dans le royaume ne puisse être député auxdits Etats, ni habile à posséder aucune charge, à moins qu'il ne soit régnicole ou naturalisé.

7 — D'assurer la liberté individuelle de tous les citoyens, laquelle sera sous la sauve-garde de la Loi; et, en conséquence, d'abolir formellement toutes lettres de cachet, d'exil, et autres ordres arbitraires, sauf toutefois que, pour des cas graves et de nature à inquiéter les familles, il pourra être expédié des ordres de réclusion, mais seulement à la demande du tribunal qui sera à cet effet établi de l'autorité du Roi, par les Etats provinciaux, lequel ne pourra lui-même faire cette demande au ministre que sur la réquisition par écrit et duement motivée par les familles qui en seront responsables.

Ce tribunal sera spécialement chargé de faire visiter les détenus, au moins tous les 8 jours, conformément à l'ordonnance [1] de 1670.

---

[1] Ordonnance sur les matières criminelles, qui était observée en Flandre en vertu des lettres du roi de mars 1679.

8 — De faire cesser la violation du sceau des lettres, abus dangereux, contraire à la foi et à la sûreté publiques.

9 — D'établir la liberté indéfinie de la presse par la suppression absolue de la censure et de la nécessité des privilèges, à la charge par les auteurs et imprimeurs de mettre leurs noms à tous les ouvrages quelconques, et de répondre personnellement et solidairement de tout ce que les écrits pourroient contenir de contraire à la religion, aux mœurs, au bon-ordre général et à l'honneur des citoyens.

10 — D'établir dès à présent, de concert avec les Etats Généraux, une commission chargée de la réforme des lois civiles et criminelles, mais qui maintienne celles qui prescrivent que tout individu, arrêté par le pouvoir exécutif, soit remis dans les 24 heures au plus tard à ses juges naturels.

11 — D'accorder la réforme de l'abus des anoblissemens par charges, ni par aucun moyen de finance, suppliant S. M. de n'user à l'avenir du droit qu'elle a d'anoblir que pour récompenser des services réels, publics, importants ; que tous les anoblissemens soient proclamés aux séances des Etats Généraux.

12 — Que la noblesse soit maintenue inviolablement dans sa possession de tous les droits honorifiques, qui ne blessent en aucune manière la liberté des citoyens, et qui font partie essentielle de sa propriété[1], déclarant qu'elle ne veut, ni au présent, ni pour l'avenir, aucun privilège pécuniaire.

---

[1] Un exemplaire imprimé (à Dunkerque, de l'imprimerie de E. Laurenz, Place Royale, 9 p. in-4°), appartenant à M. le Colonel Arnould porte, écrites de la main du chevalier Du Portal, les protestations du prince de Robecq et du chevalier lui-même, au sujet de l'abolition par l'Assemblée nationale de toutes les distinctions honorifiques.

Protestation déposée par M. le Prince de Robecq, Député aux Etats Généraux du royaume de France par le corps de la noblesse de la Flandre maritime. Il m'a été prescrit formellement par l'article douze

13 — Que les lois constitutives arrêtées par les Etats Généraux soient imprimées, et qu'il en soit envoyé des expéditions aux Etats provinciaux, pour en donner connoissance dans les paroisses de leurs départemens respectifs.

14 — D'autoriser la création d'une banque nationale à l'instar de celle d'Angleterre (sauf les corrections convenables à la constitution monarchique) sous la seule surveillance des Etats Généraux qui, dans leurs assemblées, auront seuls le droit de faire les

de mes cahiers de demander qu'elle soit maintenue inviolablement dans tous les droits honorifiques qui ne blessent pas la liberté des citoyens, et qui font partie essentielle de sa propriété la plus précieuse, puisqu'elle lui rappelle les services rendus par ses ancêtres et par elle-même à ses rois et à sa patrie, dont elle a fait et maintenu la gloire jusqu'à ce jour.

Fidèle au serment authentique que j'ai librement et volontairement prêté à mes commettans et dans l'impossibilité de faire admettre par l'Assemblée nationale aucune protestation ni réclamation, je déclare qu'étant absent de l'Assemblée nationale le 19 juin, pour cause de maladie, je n'ai pris aucune part à la délibération et au décret de ce jour qui abolit la noblesse héréditaire et toutes les distinctions honorifiques, contre lequel je proteste formellement tant aux noms de mes commettans que personnellement.

Signé : Montmorency, Prince de Robecq.

Adhésion du Ch^r Du Portal. — J'adhère avec empressement et de tout mon cœur aux réclamations et protestations de tous les chevaliers français, restés fidèles à leur foi, à la monarchie, à leur Roi, à l'honneur et à la noblesse. J'adhère en particulier à celles articulées par Messieurs les marquis de la Queuille et de Beauharnais contre le décret du 19 juin, qui supprime la noblesse héréditaire, décret formellement contraire aux mandats que nos députés nous ont librement et volontairement juré de respecter, ainsi que le prince de Robecq (Montmorency) député de la noblesse de la Flandre maritime l'a fidèlement déclaré dans la protestation formelle qu'il a faite tant en son nom qu'aux nôtres. [Signé] Le Ch^r Du Portal, ch^r de l'ordre royal et militaire de St Louis, capitaine en premier au corps royal du génie, en résidence et demeurant à Bergues St Winnoc.

[*En marge*] : (adhésion) qui n'a pas été envoyée à l'assemblée nationale, parce que [*la phrase n'est pas terminée*].

règlemens relatifs à son administration et d'en disposer suivant les besoins de l'Etat ; cette banque paroissant le moyen le plus efficace pour rétablir le crédit de la nation et détruire l'agiotage.

15 — Que les Etats Généraux s'occupent de trouver un moyen de faire contribuer au soulagement des peuples les gens de finance, capitalistes ou autres, commerçants; etc., qui ont peu ou point de propriétés foncières, en proportion de ce que leur industrie peut leur procurer.

16 — De déclarer qu'aux seuls Etats provinciaux appartiendra le droit de consentir toutes les lois locales, concernant soit les impôts, soit le régime et l'administration, soit la police générale de la province ; qu'en un mot, dans les intervalles de la convocation des Etats Généraux, ceux provinciaux, pour tous ces objets, les représenteront *au petit-pied* dans la Flandre Maritime, et y auront les mêmes pouvoirs.

Ordonner que toutes les loix consenties par les Etats provinciaux seront ensuite adressées au Parlement, et par cette cour aix tribunaux de son ressort, pour être registrées et publiées.

17 — De statuer que ces Etats provinciaux s'assembleront tous les ans ; qu'il ne sera point fixé de terme à la durée de leurs assemblées, et que dans les intervalles de celles-cy ils auront une commission toujours subsistante, ainsi que des procureurs généraux syndics, spécialement chargés de veiller aux intérêts de leurs concitoyens.

18 — De s'en rapporter à la sagesse desdits Etats provinciaux, et leur donner en conséquence tous pouvoirs de régler tout ce qui peut être favorable à l'augmentation de l'agriculture, du commerce, des manufactures, à la destruction de la mendicité et autres objets quelconques, propres à améliorer le sort des habitants de leur province, étant par leur position plus à portée de juger des moyens locaux convenables à cette fin.

19 — Que, conformément aux lois constitutionnelles de la

Flandre Maritime et à ses capitulations, déclarer qu'au Parlement de Douay seul peut appartenir la juridiction souveraine sur tous les tribunaux de la province; en conséquence, rendre à cette cour et au siège royal l'exercisse de la plénitude de la juridiction ordinaire ; déclarer toutes commissions inconstitutionnelles et illégales, révoquer comme telles les évocations hors des tribunaux provinciaux, et toutes les attributions généralement quelconques, sauf celles faites à la jurisdiction consulaire, dont la conservation importe essentiellement au bien du commerce.

20 — D'accorder au Parlement de Flandres, la juridiction de la Cour des aides, et de comprendre dans son ressort les villes de Dunkerque, Bourbourg et Gravelines, avec leurs territoires, lesquelles villes n'avoient été mises que provisoirement dans le ressort du Parlement de Paris[1], et qui auparavant ressortissoient au conseil de Gand, et de là au conseil de Malines.

21 — Que les intendants ou commissaires départis soient entièrement supprimés, aussitôt que les Etats provinciaux seront légalement constitués.

22 — De réaliser la promesse que S. M. a daigné faire, de rendre publics, chaque année, les comptes effectifs de recettes et dépenses de l'Etat.

23 — D'accorder la suppression des receveurs généraux et particuliers des finances, et que les Etats provinciaux que S. M. a promis à la Flandre, nommément par l'arrêt de son conseil du 2 mars de la présente année, soient chargés de faire sans frais la répartition, le recouvrement et le versement direct des impôts au trésor royal.

24 — D'accorder l'union des deux provinces de Flandres, pour n'en faire qu'un seul pays d'Etats, conformément à l'article premier de l'arrêt du 2 mars 1789, en laissant à chaque province,

---

[1] Lors de leur réunion à la couronne, en 1659 et en 1662.

son administration particulière, régie par un bureau intermédiaire, composé de Wallons pour la Flandre Wallonne et de Flamands pour la Flandre Maritime; et que dans le cas où l'on conserveroit quelques distinctions ou prérogatives aux quatre seigneurs hauts justiciers de la Flandre Wallonne, ou à leurs représentants[1], dans la nouvelle formation des Etats provinciaux, il soit accordé la même faveur aux seigneurs hauts justiciers de la Flandre Maritime, pourvu que lesdits seigneurs soient en état de faire les preuves de la cour.

25 — Que le bureau intermédiaire de la Flandre Maritime soit composé d'un nombre de membres égal à celui de la Flandre Wallonne, réglé pour les trois ordres, dans la même proportion que les Etats généraux.

26 — Que la nomination des officiers municipaux soit faite par les Etats provinciaux, qui statueront sur la meilleure manière d'y procéder pour le bien et la sûreté du service public.

27 — Que tous les comptes soient rendus publiquement par devant les Etats provinciaux.

28 — Que, dans chaque ville intermédiaire de la Flandre maritime, il soit accordé aux officiers municipaux la juridiction consulaire, à charge de juger consulairement, suivant l'ordonnance observée dans cette jurisdiction, étant absurde que les habitants de Bergues, pour plaider à Lille, distant de 16 lieues, et pour y obtenir un jugement rendu sans fraix, dépensent néanmoins quelquefois plus que le montant du capital qu'ils poursuivent.

Qu'il soit aussi attribué aux officiers municipaux le droit de

---

[1] Les Etats de la Flandre wallonne comprenaient : le Magistrat de Lille, des députés des Magistrats de Douai et d'Orchies, et les quatre seigneurs hauts-justiciers de Phalempin, Cysoing, Wavrin et Comines, ou plus exactement les baillis de ces seigneurs.

juger en dernier ressort, jusqu'à la concurrence de 100 livres au principal.

29 — Que si le reculement des douanes aux extrêmes frontières est accordé, S. M., de concert avec les Etats Généraux, daigne pourvoir à l'indemnité des habitants des provinces de Flandres, vue la perte résultante de la défense qui leur seroit faite de cultiver le tabac[1], culture également avantageuse et pour l'agriculteur et pour le peuple, à qui l'usage de cette plante est en quelque sorte devenu un besoin.

30 — D'accorder la maintenue de l'exemption de la gabelle, dans le cas où, contre les intentions paternelles de S. M. elle ne seroit point annulée dans tout le royaume.

31 — D'abolir la vénalité des charges aussitôt que l'état des finances permettra d'en faire le remboursement effectif ; et, dans ce cas, rendre les offices électifs par les Etats provinciaux, qui pour chaque place présenteront trois sujets au Roi.

32 — D'accorder l'exécution de l'édit[2] de 1771 registré au Parlement de Flandres, concernant les frais de procédures criminelles, et que la totalité de ceux qui sont faits sur les terres appartenantes au Roi soient payées par le domaine, et qu'ils ne soient plus à la charge des châtellenies, ainsi qu'ils l'ont été abusivement jusqu'à présent.

33 — Que le dépôt de mendicité soit à l'avenir administré respectivement par les bureaux intermédiaires des deux provinces de Flandre[3].

---

[1] Cf. Gravelines (6), p. 385.

[2] Lettres patentes du 15 septembre 1771.

[3] Il y avait deux maisons de force, l'une à Lille, l'autre à Dunkerque, destinées à recevoir les mendiants, vagabonds et gens sans aveu. L'intendant de la province, qui avait la haute surveillance des mendiants, en avait confié la police à MM. Lagache, subdélégué à Lille et Denyau, secrétaire de l'intendant.

34 — D'accorder que les domaines royaux soient déclarés aliénables, tant dans ce qui les constitue actuellement, que dans tous les biens qui, par quelques motifs que ce puisse être, pourroient passer dans les mains du Roi.

35 — D'accorder la revente des paroisses appartenantes au Roi (dites vierschaere) dans les châtellenies de Cassel, Bourbourg, Bergues et Dunkerque (dont les motifs sont détaillés au mémoire joint au présent cahier[1]); mais en observant que les droits de lots et ventes et de mutation ne seront perçus que dans les lieux où ils seront établis d'ancienne datte.

36 — D'accorder à la province de la Flandre maritime la restitution des droits des quatre membres de Flandre[2]; et s'il n'est pas possible de l'obtenir en entier, que S. M. daigne au moins accorder la suppression de l'aide ordinaire, à l'instar de la province du Hainaut, où l'on ne l'impose pas, et où la *Cry de Mons* en tient lieu[3], ce qui fait un objet de 250.000 livres.

37 — De révoquer tous les privilèges exclusifs qui gênent le commerce et le roulage, ainsi que ceux des routes et messageries, sauf à accorder toutes les indemnités qui seront reconnues justes par les Etats provinciaux.

38 — D'accorder la liberté de la navigation intérieure de toutes les provinces belgiques, sauf à charger les Etats provinciaux respectifs de ces provinces de prendre les arrangement convenables pour que personne ne soit lézé.

---

[1] Voir p. 452.

[2] Voir le Mémoire joint au cahier, p. 454.

[3] On donnait le nom de *criées de Mons* aux anciennes impositions du Hainaut, levées par suite d'octrois accordés aux Etats, pour fournir aux charges du pays. On les appelait ainsi parce que les Etats mettaient leur perception en adjudication publique. Voir H. CAFFIAUX, *De Hannonia Lu'ovico XIV regnante*. Thèse de doctorat ès-lettres. Paris, 1860.

39 — D'anéantir et révoquer tous droits de *travers, vinage*[1], *pontonage, tonlieu, péages*, et tous autres de même ou de semblable nature, saufs les indemnités proposées cy-dessus.

40 — De supprimer tous les droits sur les grains et grenailles comme denrées de première nécessité.

41 — De rendre l'éxécution du traité de commerce avec l'Angleterre[2] exactement réciproque, en y mettant en France les mêmes restrictions qui l'accompagnent en Angleterre.

42 — Que les banqueroutiers soient punis conformément aux loix.

43 — Que tout officier chargé de régie des deniers publics ou de recettes particulières, ainsi que tout débiteurs fugitifs, seront réputés banqueroutiers frauduleux et punis comme tels.

44 — D'abolir les arrêts de *répi et surséance* ; autoriser les tribunaux à n'y avoir point égard, si l'importunité ou la surprise en obtenoit aucun ; révoquer tous ceux actuellement existants.

45 — De confier aux maisons régulières l'instruction de la jeunesse, en laissant (dans les endroits où il n'y a point de réguliers susceptibles de s'y livrer) subsister les collèges qui s'y trouvent, comme seule ressource pour les parents qui, faute de moyens ou par d'autres considérations, ne voudroient ou ne pourroient pas s'éloigner de leurs enfants.

46 — D'ordonner que les revenus des collèges qui seroient dans le cas de la suppression, soient employés à faire des maisons de travail, ou à d'autres objets de charité, sous la direction des bureaux intermédiaires et des Etats provinciaux.

47 — De supprimer les commandes des abbayes et bénéfices

---

[1] Ce sont, sous divers noms, des droits de péage, dont la redevance servait à réparer les routes, les ponts, etc.

[2] Le traité de 1786.

dans les églises belgiques, dont les droits qui les en exemptent sont solidement établis par les capitulations et les constitutions des conciles.

48 — De statuer qu'à l'avenir les monastères ne pourront être grevés de pensions au delà du tiers net de leur revenu, défalcation faite de toutes les charges réelles ; et que ces pensions ne pourront être données qu'à des ecclésiastiques résidents, ou à des établissements pieux, existants ou à établir dans la province où le monastère sera situé.

49 — D'accorder la suppression du privilège que l'Université de Paris prétend exercer dans la Flandre maritime, pour les cures[1]; et que celles-cy continueront d'être données au concours, conformément au concile de Trente et aux anciens privilèges et usages de la province.

50 — D'ordonner que la perception du droit d'amortissement sera restreinte dans les bornes posées par le règlement[2] du 12 juillet 1729, et en conséquence déclarer valablement amortis ou réputés tels avec finance, tous les fonds, maisons, héritages et biens quelconques, possédés par les gens de main-morte avant le 1er janvier 1681.

51 — Que le remboursement de toutes rentes d'épier, foncières, etc., de quelque nature qu'elles soient, appartenantes au Roi, à des corps ou communautés ecclésiastiques ou séculiers, ou à des particuliers, soit autorisé au denier vingt, comme l'Empereur vient de l'ordonner dans ses Etats.

---

[1] Le conflit entre le clergé et les gradués de l'Université de Paris durait depuis longtemps, Cf. la *Deffense des usages de la province de Flandre pour la collation des bénéfices contre les entreprises de quelques graduez de l'Université de Paris*. Paris. 1703. br. de 37 p. in-4° à 2 colonnes

[2] Arrêt du Conseil d'Etat du roi du 12 Juillet 1729, pour la levée des droits d'amortissement en la province de Flandres. RECUEIL D'ÉDITS. t. X, p. 263.

52 — D'ordonner la suppression du droit d'écart ou d'issue entre tous les sujets françois, à l'instar de ce que l'Empereur vient aussi de faire exécuter dans ses Etats, mais en indemnisant les seigneurs et autres propriétaires.

53 — Si, par les arrangements généraux, les droits sur les cuirs et huiles ne sont pas supprimés, d'obtenir l'abonnement d'iceux pour éviter toute régie étrangère.

54 — D'ordonner qu'il ne sera fourni à aucune personne quelconque ni fourrages, ni logement, ni fournitures d'aucune espèce, que d'après l'état arrêté par la cour.

55 — D'accorder la conservation des privilèges, exemptions et franchises de la ville de Dunkerque, en tout ce qui n'est pas contraire à la libre navigation intérieure du pays.

56 — D'ordonner que cette libre navigation intérieure, conservée et même étendue autant que possible pour le bien du service du Roi, et pour les avantages bien dirigés des provinces de Flandres, sous la surveillance des Etats provinciaux, sera néanmoins toujours subordonnée aux considérations majeures de la conservation et amélioration des terres [1].

57 — Que les dépenses qu'occasionnent les doubles emplois dans le militaire, les états majors et l'entretien des fortifications, soient charges communes pour tout le royaume dont le repos intérieur n'est assuré que par le bon état de défense des frontières.

Telles sont les doléances et représentations que le corps de la noblesse de la Flandre maritime charge ses députés de présenter au Roi et aux Etats Généraux, déclarant leur donner les pouvoirs nécessaires et suffisants pour proposer, remontrer, aviser et consentir tout ce qui peut concerner les besoins de l'Etat, la réforme des abus, l'établissement d'un ordre fixe et durable dans toutes

---

[1] Allusion aux inondations causées par les eaux du canal de Bergues.

les parties de l'administration, la prospérité générale du Royaume, et en particulier celle de cette province conformément à la teneur du présent cahier de doléances, auquel lesdits députés seront tenus de se conformer sans pouvoir s'en écarter dans aucun cas.

Fait et arrêté dans l'assemblée de l'ordre de la noblesse, tenue à Bailleul le 9 avril 1789.

Montmorency, prince de Robecq ; Montmorency, marquis de Morbecq ; le marquis d'Esquelbecq ; le marquis de Harchies ; Salse ; Lenglé de Schoebeque ; Maloteau de Beaumont, grand bailli d'épée ; le chevalier Du Portal, secrétaire de l'ordre de la noblesse.

Mémoire concernant les Vierschaires de la Flandre Maritime

La réunion des fonctions des baillis et gens de loi des Vierschaires de la châtellenie de Cassel à la Cour féodale de cette châtellenie, ordonnée par l'arrêt du Conseil de 1774, qui a supprimé l'office de Grand-Bailly de Cassel, et tous les officiers qu'il avait droit de commettre, extrêmement onéreuse aux tenanciers de ces Vierschaires, qui sont obligés de se transporter fréquemment à Cassel pour y passer les œuvres de loi auxquelles ils sont tenus, qui se faisaient auparavant dans les villages respectifs, Sa Majesté est supplié d'ordonner la vente de ces Vierschaires à cri public et à l'enchère.

On observe que le produit de ces Vierschaires, qui ne consistent qu'en de médiocres sensives et dans des droits de lots et ventes, d'autant moins considérables que les fiefs seuls y sont assujetis, et presque entièrement absorbés par les frais de recette et par ceux de justice, occasionnés par les délits commis dans les mouvances de ces Vierschaires. Il y en a vingt-huit dans la châtellenie de Cassel que les principaux propriétaires s'empresseraient d'acheter pour décorer leur domaine de la seigneurie du clocher, et des droits de chasse, pêche, vent, et des droits honorifiques de justice et de police qui en dépendent. Ces ventes produiraient une somme considérable à Sa Majesté, qui n'abandonnerait qu'un revenu presque nul.

Sa Majesté est aussi supplié d'ordonner la revente des vingt-quatre clochers situés dans la châtellenie de Bergues, et des dix situés dans la châtellenie de Bourbourg, et autres situés dans le département, clochers ayant été vendus en 1626, par le roy d'Espagne, alors souverain de cette province, à différens particuliers; les Magistrats de ces deux villes et châtellenies en ont obtenu le rachat, qu'ils ont payé des deniers publics. Les reventes qu'on supplie Sa Majesté d'ordonner seraient faites à charge de rembourser les caisses de ces villes et châtellenies des sommes qu'elles justifieraient avoir payé pour le rachat de ces clochers, et de verser le surplus dans la caisse de Sa Majesté. Il résulterait encore de ces ventes et reventes une autre avantage pour Sa Majesté, qui profiterait des droits de lots et ventes et des reliefs de ces Vierschaires, qui rentreraient dans le commerce, et qu'elle ferait relever des châteaux de Cassel, Bourbourg, et du perron [1] de Bergues.

La suppression de l'office de Grand-Bailly de Cassel et des officiers commis par lui dans les différentes Vierschaires dont il vendait les offices, ayant chargé cette châtellenie des intérêts de la finance de l'office de Grand-Bailly, dont le remboursement n'est pas encore effectué, et des pensions d'indemnité qui ont été accordés à ces différents officiers, la totalité des terre des villages de ces Vierschaires est imposé pour le recouvrement de ces payemens.

---

[1] Cour féodale de la châtellenie.

Sa Majesté est supplié d'ordonner que les terres de la dépendance de ces Vierschaires soient les seules assujetties à cette imposition, qui est absolument étrangère aux autres terres de ces villages.

Le Marquis DEHARCHIES.

Mémoire succint et historique des droits de quatre Membres de Flandre

Les droits de quatre membres de Flandres, originairement établis par les Etats sur les consommations des habitans, et consentis pour alléger l'imposition sur les terres, ont été réunis aux domaines du Roy à titre de conquête. La province n'a cessé de réclamer contre cette réunion, mais toujours sans succès. Seule privée de ses octrois, elle est forcé de suporter par les seuls cultivateurs le poid énorme de touttes les impositions quelconques.

Les Magistrats dépouliés de leurs octrois et fatigués par les inconvéniens inséparables d'une régie étrangère, en offrirent un prix considérable, et par arrêt du Conseil du 13 novembre 1759, leurs offres furent acceptées.

MM. de La Verdy et d'Invau, et notamment M. l'abbé Terray[1] firent rendre plusieurs arrêts contraire à ces dispositions; il établit une régie financière bien plus onéreuse que la précédente et, par cette opération, les rentes de l'emprunt de la Flandre Maritime furent réduites de cinq à deux et demi pour cent, ce qui ruina en partie les habitans et porta le coup le plus cruel au crédit de la province.

A la même époque, les rentes sur la Bretagne éprouvèrent le

---

[1] François de l'Averdy, Maynon d'Invault et l'abbé Terray successivement contrôleurs généraux des finances à la fin du règne de Louis XV.

mesme sort, mais elles furent remises peu de temps après à quatre pour cent. La Flandre Maritime réclama la mesme justice ; mais divisée alors, trop foible et très peu protégée, elle n'eut pas le mesme succès.

Le ministre, touché de ces justes et respectueuses représentations, fit rendre à la province la régie des droits de quatre membres de Flandre, non pas pour la première somme, mais pour celle de 823 mille livres, prix qu'en rendoient les régisseurs-généraux ; et par les lettres-patentes, en forme d'édit, enregistrées au Parlement de Flandre, Sa Majesté céda à la province ses anciens droits, et ouvrit, dans le pays étranger, un emprunt de dix millions, et pour sûreté duquel et de ses intérêts, il engagea par dessus les droits de quatre membres de Flandre, ses revenus et domaines, ainsi que les impositions qui s'y perçoivent avec les assurances les plus positives que jamais et sous aucun prétexte, il ne sera rien fait qui puisse suspendre, changer ni empescher en aucune sorte l'éxécution des engagemens, pris en cette occasion.

Cet emprunt, avantageux pour les finances de Sa Majesté, qui, tous frais compris, ne coûte que quatre trois quarts pour cent, rétablit en partie chez l'étranger la confiance et le crédit de la province, auquel on auroit porté le comble si les circonstances facheuses des finances avoient permis le ministre de faire comprendre et recevoir pour comptant les contrats réduits sur le pied du capital à quatre pour cent, justice qu'elle reconnaissoit.

Depuis cette époque, la régie de ces droits fut continuée, au contentement de tous les habitans, conformément aux articles 1, 3 et 4 des dites lettres-patentes, avec toutte l'économie possible.

Le receveur-général rendit compte des produits de la première année en 1785, et par-dessus les remboursemens effectués pour les ustenciles, et pour les eaux-de-vie qui restoient en magazin, il resta redevable de la somme de 88,936 liv. 11 s. pour la seconde, celle de 167,605 liv. 8 s. 9 d., et pour la troisième, celle de 160,443 liv. 3 s. 4 d., dont on fit des répartitions et dont les fonds ont été versés dans les coffres des receveurs des châtelenies, déduction faitte de celles emploiées à la chaussée de Bourbourg, et pour celle de Dunkerque à Gravelines, par ordre supérieur.

Mais ces droits rendus à la province à titre onéreux luy appartiennent, c'est son patrimoine, à l'instar de l'Artois et de la Flandre Wallonne, qui par les capitulations ont conservé leurs octrois, avantage que la Flandre Maritime seule n'a pu se procurer, parce que, conquise par parties, Louis quatorze s'empara de la ville de Bergues en 1667, qui étoit du membre de Bruges où elle devoit remettre ses fonds, mais le Roy s'opposa à cette remise et se les appropria.

Dans tout le royaume, il n'y a pas une province qui, porportion gardée, paie autant que la Flandre Maritime; mais à ces plaintes si souvent réitérées de la part des cultivateurs, pliants sous le poid des impôts multipliés, on ne peut porter aucun remède, n'aiant d'autre resource que l'imposition sur les terres. Il est donc de la justice et de la bienfaisance de Sa Majesté de venir à son secours en luy rendant son ancien patrimoine.

Lenglé de Schoebeque.

CAHIERS DU CLERGÉ

NOTICE

Le cahier du clergé fut rédigé, comme celui du tiers-état, d'après les cahiers particuliers, que l'on peut classer ainsi qu'il suit :

1º Les cahiers des chapitres,

2º Les cahiers des communautés d'hommes ou de femmes,

3º Les cahiers des curés,

4º Les cahiers du clergé paroissial.

CAHIERS DU CLERGÉ

NOTICE

Abrégé d'articles extraits des Cahiers du Clergé que l'on peut classer :

1° Règles générales — Discipline

2° Administration.

I° CAHIERS DES CHAPITRES

Cahier de plaintes, doléances et remontrances de l'ABBAYE de St WINOCQ[1], A BERGUES.

1° La liberté individuelle et personnelle et la propriété étant les bases principales de l'ordre social, et une de principales fins de l'établissement des loix et de la société, c'est par faire assurer aux citoïens français la jouissance de ces droits, que l'on estime devoir commencer les opérations des Etats, et l'on est d'autant plus convaincu du succès de ses efforts à cet égard, qu'il suffira d'indiquer au cœur paternel de Sa Majesté les moïens convenables de mettre l'une et l'autre sous la protection sacrée des loix, pour les faire adopter avec empressement.

2° Le rétablissement des Etats provinciaux de la Flandre étant le vœu unanime de tous ses habitans, l'abbaye de St Winocq s'y joint avez zèle pour supplier Sa Majesté d'accorder aux desirs et aux besoins de la ditte province, une forme d'administration qui mette fin aux abus dont on n'a cessé de se plaindre depuis plus d'un siècle, et qui conformément aux intentions bienfaisantes du Roi procure aux cultivateurs les soulagements qu'ils désirent depuis si longtems.

Les pièces, titres et documents qui reposent aux archives de l'abbaye de St Winocq ne laissant aucun doute sur le droit de l'abbé de cette maison d'assister aux états de cette province, on espère de la justice et de la bonté du roi, que, sil plait à Sa Majesté

[1] Représentée à l'assemblée de Bailleul par son abbé.

de combler les vœux de son peuple à cet égard, elle voudra bien maintenir le dit abbé dans les mêmes prérogatives dont il jouissoit jadis aux dits Etats, d'autant plus que, pour cette partie de la Flandre Maritime appartenante à Sa Majesté, il se trouve en rang le premier ecclésisastique et le seul abbé régulier de cette partie de province, et qu'à raison des biens que son abbaye possède au dit pays, cette maison a le plus grand intérêt à ce que son abbé assiste aux délibérations, qui pourroient être prises aux Etats assemblés.

3º L'abbaye de S¹ Winocq, située dans la Flandre Maritime, participe nécessairement à toutes les prérogatives de cette province et se croit surtout en droit de réclamer les loix que le vainqueur s'est imposées lui-même, lors de la réduction de cette ville sous son obeissance. Ces loix ont assuré à jammais à la ditte abbaye l'affranchissement de toutte pension ainsi que de commende.

La Capitulation[1] de 1646 porte expressément, art. 15, « qu'il sera pourvu aux abbaye de S¹ Winocq et du Nouveau Cloître, après le décès de ceux qui en jouissent, par élection de religieux et religieuses d'icelles, ainsi qu'il est accoutumé ».

Celle[2] de 1658, après avoir parlé, art. 3, de touttes les communautés en général, affranchit expressément les abbaye de S¹ Winocq et du Nouveau Cloître de toutte pension et commende, disant, art. 4, « qu'il sera pourvu aux abbayes de S¹ Winocq et le Nouveau Cloître, après le décès des abbés et abbesse qui y sont à présent, par élection des religieux et religieuses, et d'un abbé et abbesse de la même abbaye respectivement, sans qu'aucun

---

[1] Articles accordés par Son Altesse royale aux ecclésiastiques, nobles, bourgeois et habitants de la ville et châtellenie de Bergues S¹ Winoc le 31 juillet 1646. RECUEIL D'ÉDITS, t. IX, p. 23.

[2] Capitulation accordée à la ville de Bergues S¹ Winoc par M. de Turenne du 1ᵉʳ Juillet 1658. RECUEIL D'ÉDITS, t. IX, p. 31.

séculier puisse prendre ou être admis, et que le nouveau abbé ou abbesse pouront être chargés d'aucune pension ou rendage ».

Et enfin celle[1] de 1667, accordée aux habitans de la ditte ville de Bergues par M. le Maréchal Duc D'aumont, confirme expressément les deux précédentes « pour être exécutée selon leurs forme et teneur, et leurs être inviolablement maintenues ».

Ces exemptions et privilèges n'ont pas seulement été confirmés par la capitulation susdite, mais encor celle accordée par M^{gneur} Le Duc d'Orléans, en 1646, a été très expressément ratifiée par le feu roi Louis 14 et la reine régente sa mère sur les représentations des ecclesiastiques, nobles, bourgeois et habitans de cette ville[2].

Les memes représentations aiant été faites par les abbé, religieux, et couvent de l'abbaye de St Winocq pour obtenir une confirmation des articles des capitulations susdittes qui concernent plus particulièrement les dits exposans, Sa Majesté la leur accorda avec la même bonté, le 28 7bre 1646, disant « que, voulant gratifier et traiter favorablement les exposans, après avoir vu et lu de mot en mot les articles de la ditte capitulation, Sa Majesté, par l'avis de la reine régente, sa mère, l'a aggrée, approuvée et ratifiée en tant que besoin.... et veut être entretenue et exécutée de point en point, selon sa forme et teneur ».

D'après des engagements aussi formels et aussi expressément confirmés, l'abbaye de St Winocq a d'autant plus de raison d'espérer qu'il plaira à Sa Majesté de les faire exécuter dans la suitte, que les intérest de cette maison, quant à cet objet, paroissent étroitement liés à ceux de la province et que, dans un moment de régénération universelle, les droits sacrés de la propriété sont

---

[1] Articles accordés au nom du roi par Monseigneur le **Duc d'Aumont**, le 5 juin 1667. RECUEIL D'ÉDITS, t. IX, p. 12.

[2] Cahier présenté au roi, à la reine régente, etc... avec les réponses du roi. Du 15 novembre 1646. RECUEIL D'ÉDITS, t. IX, p. 26.

trop cher au cœur paternel du roi pour permettre d'en priver aucun de ses sujets.

4° Les possessions principales de l'abbaye consistent en dimes, touttes situées dans la Flandre Maritime, et comme les décimateurs de cette province se trouvent excessivement lésés par le dispositif des lettres patentes [1] du 13 Avril 1773 qui les assujettissent, contre le droit le mieux reconnu par une multitude d'arrêts rendus par le parlement de cette province, et contre l'usage établi de toutte ancienneté, à la reconstruction, réédification et entretient total de touttes les églises et bresbitères de ce pays, sous prétexte que ces charges se trouvent inhérentes à la nature et qualité de cette espèce de bien, tandis que cette inhérence n'est reconnue dans aucune autre partie du royaume, où elles ne sont point connues, elle se croit en droit d'en demander la suppression, comme surprises à la religion du roi, et d'autant plus contraires aux droits de la propriété que, par ses lettres patentes du 26 8bre 1754, enregistrées au parlement de Flandre le 22 9bre ensuivant [2], et non revoquées par celles de 1773, Sa Majesté avoit décidement prononcé sur cette matière.

5° Par une suite des dispositions onéreuses des lettres patentes cy-dessus réclamées, les biens des fabriques particulièrement

---

[1] Lettres patentes données à Versailles le 13 avril 1773, qui assujettissent, en Flandres, le gros décimateur aux réparations, reconstructions et entretien des églises et presbytères, dans le Recueil d'édits... t. VII, p. 651.

[2] Lettres patentes données à Fontainebleau le 26 octobre 1754 et enregistrées au Parlement le 22 novembre suivant. Elles concernent les portions congrues et autres objets relatifs à la perception des dîmes dans le ressort du Parlement de Douai. « En ce qui concerne les réparations et entretiens des églises paroissiales et des presbytères, etc... voulons que les contestations nées et à naître à ce sujet, continuent d'être jugées, soit en première instance, soit en cause d'appel, suivant les lois et règlements particuliers de notre dite province et les usages observés en icelle ». Recueil d'édits, t. VI, p. 568.

destinés à l'entretient des églises, se trouvant à la seule disposi- du marguillier, choisi par ses cohabitans sans l'intervention du décimateur, l'administration en est d'autant plus vicieuse, que ces administrateurs renferment ordinairement deux qualités propres à la rendre telle, savoir, celle de non interressé à la chose, fort souvent jointe à très peu de capacité dans le sujet, et celle bien plus vicieuse encor de représentant et membre d'une communauté, dont les vues opposées à celles du décimateur ne tendent ordinairement qu'à l'épuisement total de la fabrique par des dépences mal combinées et quelquefois par des profusions indécentes et répréhensibles, afin de le priver de la seule resource que la rigueur de la loi en question lui accorde.

Ce sont ces motifs qui déterminent l'abbaye de St Winocq à supplier Sa Majesté, en attendant qu'il lui plaise la réintégrer dans les anciennes exemptions à cet égard, de lui conférer, ainsi qu'aux autres décimateurs de la province, la conservation et l'administration des biens des fabriques à l'exclusion de tout autre, et à la seule intervention de Messieurs les curés respectifs dont le zèle égale ordinairement les autres qualités nécessaires à cet effet.

6° La fâcheuse et onéreuse incertitude relativement à la fixation des portions congrues et alimentaires de Messieurs les curés et vicaires, dans le ressort du parlement de cette province, fait l'objet d'une autre remontrance de la part de cette abbaye.

Si dans tous les cas il est désagréable de se trouver dans la nécessité de recourir aux tribunaux de justice pour la décision de difficultés qu'on désireroit toujours éviter, il l'est sans doute infiniment plus lorsque des ecclésiastiques entre eux, des ministres de la paix et de la concorde se trouvent contraints par la disposition même de la loi de paroître sur cette scène par la privation d'une règle assurée à laquelle ils puissent se conformer, c'est cependant ce qui arrive en Flandre parce que la loi, qui fixe la portion congrue de Messieurs les curés et vicaires dans presque touttes les autres provinces du royaume, laisse au parlement de Flandre la faculté arbitraire de les déterminer.

Cette source continuelle de procès et de désunion entre une partie du clergé de cette province, tariroit d'elle-même s'il plaisoit au roi de porter une loi qui fixàt, pour elle comme pour les autres, la portion alimentaire des ministres des autels à une somme déterminée.

Ainsi fait et arrêté en l'assemblée capitulaire de la ditte abbaye, extraordinairement convoquée au son de la cloche, ce 27 mars 1789.

Benoit Vandeweghe, abbé de St Winoc,
A. Maupetit, secrétaire du Chapitre.

Cahier de plaintes, doléances et remonstrances dressé par le chapitre de l'église collégiale de Saint Pierre de Cassel [1], immédiatement soumis au Saint Siège apostolique, en conformité du règlement fait par le roi pour l'exécution des lettres de convocation du 24 janvier 1789, par résolution et arêté capitulaire du 17 mars de la même année, et approuvé en l'assemblée du 24 ensuivant du dit mois.

1º Voté que Sa Majesté sera très humblement suppliée pour que l'ancien établissement des Etats de Flandre y soit rétabli dans toute sa vigueur, si mieux il ne lui plaise d'y établir la forme de ceux votés pour le Dauphiné.

2º Les dimes inféodées, tant avant qu'après le Concile de Latran n'en doivent point être moins considérées comme des biens ecclésiastiques, et comme celles qui sont actuellement tenues par les ecclésiastiques sont assujetties à toutes les tailles et impositions quelconques, outre la charge d'entretenir les églises et

---

[1] Représenté à l'assemblée de Bailleul par MM. Bornisien et Légier.

les presbytères, Sa Majesté sera très humblement suppliée de vouloir bien assujettir les premières aux mêmes impositions, en en les comprenant aussi dans les charges et entretiens susmentionnés des endroits où elles seront levées.

3º La fixation des portions congrues semble avoir été jusqu'à présent un objet arbitraire dans le ressort du parlement de Flandres. On suppliera Sa Majesté que par le même principe qu'elle a bien établi une uniformité constante dans toutes les autres provinces de son roiaume relativement à cet objet, elle veuille bien déterminer celles de la Flandre au même taux des autres provinces [1].

4º Que la nécessité des vicaires dans les différentes paroisses de la Flandre ne puisse d'hors-en-avant être constatée que par les ordinaires des diocèses, sauf en cas de contestation d'en appeller au métropolitain en conformité des arrêts du Conseil d'Etat du 12 décembre 1653 et 2 juin 1654.

5º En cas de capacité requise, les naturels d'une province quelconque semblent avoir acquis la préférence en fait d'avantages que peuvent leur procurer les différentes fondations qui y ont été faites. Le roi sera de même très humblement supplié qu'à l'avenir les bénéfices fondés dans la Flandre ne soient donnés qu'à des naturels de cette province. Il semble que l'élection des abbés et la concession des pensions, dont on charge les abbayes, devroit s'appuyer sur le même principe, et que le premier dignitaire de chaque collège, corps ou communauté dont le bénéfice est consistorial, ne devroit être élu que parmi ceux qui composent ce corps respectif et surtout avec l'agrément du roi.

6º MM. les décimateurs ont des droits aussi incontestables que ceux qu'ont MM. les Curés ; ceux-cy peuvent alléguer des prérogatives inséparables de leurs fonctions ministérielles ; ceux-là

---

[1] Cf. le cahier précédent (6).

sont en droit de faire valoir tous ceux qui sont inhérents à leurs propriétés et à leurs possessions partout appuyées sur des monuments avérés. Il ne s'agiroit que de concilier les intérêts des uns et des autres, afin que les déprédations, si souvent constatées des fonds des fabriques des églises paroissiales, puissent enfin être empêchées par une intervention mutuelle dans l'audition des comptes qui doivent en être rendus ; autorisée surtout à les faire employer, par une bonne administration, aux usages aux quels leur nature les destine. Alors MM. les décimateurs ne feront qu'agir de concert avec MM. les curés ; leur but sera rempli lorsque par cette intervention la plus part des fabriciens n'employront ces mêmes fonds qu'à des usages légitimes. Sa Majesté sera très humblement suppliée d'autoriser partout également cette intervention [1].

7° L'intérêt de Sa Majesté exige d'autoriser les provinces à faire verser directement au trésor roïal les revenus ordinaires de chacune d'icelles ; la suppression des receveurs généraux des finances paroit en être une suite nécessaire.

8° Le reculement des barières est le vœu général de la Flandre. MM. les députés insisteront fortement à ce qu'il ait lieu.

9° Les droits des quatre membres de Flandres aiant été primitivement imposés sur la consommation, ont été depuis repris par le souverain, et par différentes opérations graduelles et posterieures ont été imposées sur les terres mêmes. Il est donc avéré que la Flandre a payé jusqu'à ce jour ce droit de deux manières et par double employ. Sa Majesté sera suppliée d'y pourvoir.

10° Qu'en conformité de la constitution primitive de la Flandre, aucuns corps d'officiers municipaux ne pourra soutenir ni permettre de soutenir des procès tant en qualité de demandeur ou de defendeur, sans déliberation préalable et convocation faite des

---

[1] Cf. le cahier précédent (5).

communautés respectivement intéressées, et que l'une communauté ne pourra se joindre à une autre sans faire conster de l'intérêt qu'elle peut y avoir. Le roy sera très humblement supplié de faire observer les mêmes formalités en cas d'appel et d'ordonner que les causes majeures et importantes concernant les intérêts des territoires, châtellenies, etc... ne pourront à l'avenir se décider sans cette convocation.

Nous prévôt, doïens, chanoines et chapitre de l'insigne et exempte église collégiale de St Pierre de Cassel, après avoir entendu la lecture faite à haute et intelligible voix par notre secrétaire des articles qui précèdent et qui forment le cahier de nos plaintes, doléances et remontrances, délibération faite, les avons approuvé dans tout leur contenu. Fait et arrêté en notre assemblée capitulaire le vingt quatre du mois de mars de l'année mil sept cent quatrevint neuf, sous notre scel ordinaire et la signature de notre secrétaire.

Par ordonnance :

Legier chan^e et secret^e.

Cahier du CHAPITRE DE NOTRE DAME A CASSEL [1] présenté à l'assemblée générale des troits Etats, tenue à Baillieul le 30e mars 1789.

1re Doléance. Sur les lettres patentes du roi données à Versailles le 13 du mois d'avril 1773, qui assujettissent en Flandres les gros décimateurs aux réparations, reconstructions et entretien des églises et presbytères [2].

1° Elles sont obreptices et subreptices [3], ayans été données sans la moindre connaissance des parties intéressées.

---

[1] Représenté à l'assemblée de Baillieul par M. Logié.
[2] Cf. Cahier de l'abbaye de St Winoc (4).
[3] Obreptice = contraire à la vérité ; subreptice = incomplète par omission frauduleuse.

2° Elles chargent indistinctement et sans aucun égard à la quantité ou quotité des dîmes que les gros décimateurs perçoivent. Le chapitre de Notre Dame ne reçoit à Buysscheure, paroisse de la châtelenie de Cassel, que la sixième partie de la dime et il est tenu à touttes les charges, comme dans d'autres paroisses où il perçoit toutte la dime. Ces charges ne devroient-elles pas être proportionnées aux émolumens et doivent-elles surpasser le sixième ?

3° Ces lettres patentes ne faisant aucune mention des tours et des clochers, qui ne servent ordinairement qu'à l'ornement des villages, et qui sûrement n'ont été construits qu'aux frais des paroissiens, soumettent-elles les décimateurs à leur réparation et entretien ?

4° Suivant les dispositions de ces mêmes lettres patentes tous les concordats et conventions faittes entre les décimateurs et les paroissiens devoient être envoiées au commissaire départi pour par lui être envoiées au Conseil du Roi, à effet d'y être confirmées ou rejettées. Le chapitre y ayant satisfait, et entre autres lui ayant remis le concordat le plus solemnel et le plus authentique fait avec les directeurs de la paroisse de Notre Dame, et qui avec les formalités requises a été homologué le 26 février 1616 au Conseil souverain de Gand, ne devroit-il pas rester en sa vigeur et en son entier ? Les chef-collèges de la Flandre Maritime peuvent-ils assujettir le chapitre qui n'a qu'un tiers de la dime (malgré la teneur du même concordat) au tiers des réparations et entretien de l'église ?

2ᵐᵉ Doléance. Sur les appels comme d'abus des decrets des évêques, sur la nécessité ou non-nécessité d'un vicaire ou d'un second prêtre.

Les évêques constitués par la loi seuls juges, touchant la nécessité ou non-nécessité de vicaire ou second prêtre ; est-il permis d'appeller comme d'abus de leurs decrets ou sentiments devant la cour de Parlement ? et s'il y avoit abus, l'appel ne devroit-il pas être interjetté devant l'archevêque métropolitain ?

3ᵐᵉ Doléance. Relativement aux droits des quatre membres de Flandres.

Ces droits qu'on fait paier par les pauvres comme par les riches doivent être regardés comme contraires à la bienfaisance du prince, connue de toute l'Europe, et à l'humanité même. Est il juste qu'un pauvre laboureur qui gaigne le pain pour lui et sa famille à la sueur de son frond ne peut en manger un morceau, sans paier de droits à son souverain. Au lieu de ces impôts si onereux à la moindre classe des citoiens, ne plairoit-il point à sa Majesté d'ordonner d'autres, par exemple, sur le luxe, comme sur les roues des carosses et d'autres voitures de faste ; sur les cheminées ou feux au dessus de deux ; sur chacque domestique à la charge des maitres qui en ont plus d'un ; sur la chasse, sur la pesche, sur les chiens, etc., etc., etc.

1ʳᵉ Remontrance. Sur les dépenses énormes pour la perception des droits de Sa Majesté.

La suppression des fermiers et des receveurs généraux ne seroit-elle pas très avantageuse au roiaume, et l'établissement d'un receveur général dans chacque province qui verseroit directement les fonds dans la caisse de Sa Majesté, ne seroit-il pas infiniment plus utile et en même tems moins dispendieux pour l'Etat ?

2ᵐᵉ Remontrance. Sur les appointemens excessifs dont jouissent les grands du roiaume.

Combien de personnes du premier rang ne jouissent pas des bienfaits du roi, qui montent souvent à cent et deux cent mille livres et même au dela, à qui cependant la moitié ou le tiers suffiroit pour soutenir honorablement leur état.

Ainsi fait et rédigé en l'assemblée du chapitre convoqué capitulairement et extraordinairement au son de la cloche dans le lieu ordinaire et accoutumé, le 20e mars 1789. En temoin de quoi avons à ces présentes fait apposer le scel dudit chapitre et la signature de notre secrétaire à ce authorisé.

JACQUET, secrét. par ord^e.

Cahier du député du CHAPITRE DE S^t AMÉ, A DOUAI [1].

Représentations et doléances présentées en l'assemblée du Clergé de la Flandre Maritime, à Bailleul.

1° Il seroit à désirer qu'on empêchât la pluralité des bénéfices dont la réunion excéderoit la somme de dix mille livres, conformément aux Saints Canons.

2° Qu'on rendit inhabile aux prébendes et aux bénéfices simples quiconque n'aurait pas servi utilement l'église au moins pendant dix ans et même d'avantage.

3° Qu'on ordonnât la résidence des gros bénéficiers dans le lieu de leur bénéfice, à peine de privation de leurs fruits, si leur absence est de plus de trois mois.

4° Réduction des commensaux [2] de la maison du roi et des autres maisons royales.

5° Révocation de l'arrêt du Conseil d'Etat du roi du 7 septembre 1785 concernant les formalités trop rigoureuses à observer pour les constructions et reconstructions des batimens appartenant aux gens de main morte, hopitaux, maisons et écoles de charité, etc.

6° Confirmation de l'arrêt rendu par le Conseil d'Etat du roi le

---

[1] Représenté à l'assemblée de Bailleul par M. L. Legrand. Le chapitre de St Amé de Douai était seigneur de Merville.

[2] Nom donné aux officiers et aux domestiques de la maison du roi et des maisons royales.

12 juillet 1729, pour les provinces de Flandres, Hainaut et Artois[1], avec la clause expresse que tous les biens possédés par les gens de main morte avant le 1ᵉʳ janvier 1681 *seront reputés amortis avec finance*.

7° Décharger du droit d'amortissement et de nouvel acquêt les maisons abbatiales, prieurales, canoniales, pastorales et presbytérales qui ne seront louées que pour un tems, sans que leur destination primitive en soit changée.

8° Les rentes constituées ou reconstituées par gens de main morte sur une communauté quelconque séculière, régulière ou laïque, affranchies du droit d'amortissement.

9° Exempter aussi du droit d'amortissement les fondations pour prières ou retributions de messes qui ne doivent pas durer plus de 50 ans, et dont la rente n'exédera pas la somme de 300 livres. Ces fondations n'étant pour l'ordinaire qu'un moyen de conscience pour satisfaire à quelque devoir qu'on a pu négliger pendant sa vie.

10° Suppression du serment qu'on exige des accusés dans les causes criminelles et qui les expose au parjure.

11° Réforme de l'éducation publique, en la rendant plus simple, plus méthodique et uniforme dans tout le royaume.

12° Restriction du pouvoir des députés aux Etats généraux, établissement d'une commission intermédiaire pour empêcher les changemens dans nos constitutions et nos privilèges.

L. LEGRAND, chanoine et député du chapitre
de Sᵗ Amé à Douai.

---

[1] Arrêt du 12 juillet 1729 pour la levée des droits d'amortissement dans les provinces de Flandre, Hainaut et Artois. RECUEIL D'ÉDITS, t. X, p. 263.

2° CAHIERS DES COMMUNAUTÉS D'HOMMES OU DE FEMMES

Doléances à faire pour la communauté des Religieuses sœurs grises du tiers-ordre de St François[1] en cette ville de Bailleul.

En ce qu'elle se trouve privée depuis dix années d'une aumône de cent livres de France par an, que Sa Majesté leur a bien voulu accorder depuis nombre d'années dans les aumônes générales que Sa Majesté accorde annuellement aux sujets les plus indigents de son royame, qu'elles sont dans le cas de devoir se soutenir par les pensionnaires, aux quelles elles donnent une éducation proportionnée à leur âge ; à deffaut de ce, il leur seroit impossible de se soutenir.

Cette communauté ne contient actuellement pas de religieuses en nombre suffisant pour avec efficacité donner touttes les instructions requises à leurs pensionnat, qui est assé considérable et estimé parmy le publicq. La raison en est que plusieurs paroisses confines, telles que Westoutre, Neuve Eglise, Dranoultre, etc., sont passées sous la domination autrichienne, d'où cette communauté n'est de distance que d'une demie lieue ; il seroit à désirer, pour soutenir cette communauté, que Sa Majesté daigneroit de permettre d'accepter et recevoir comme religieuses des sujets autrichiennes, moyennant de faire valoir aux Royune reconnoissance quelconque pour leur lieu de naturalisation, et cela seulement jusques à ce que le nombre de religieuses soit complet, les sujets francois toutte fois préférés.

[1] Représentée par M. Van Merris à l'assemblée de Bailleul.

MM. les députés, qui se trouveront à l'assemblée générale des Etats Généraux, sont priés de suplier Sa Majesté de vouloir prendre égards aux suplications qui précèdent. Fait à Bailleul, en notre chapitre, le vingt sept mars 17° quatre vingt neuf.

>Sœur Bernardine MEURILLON, supérieure, sœur Marie Anne CLAIRE DE CAMP, sʳ Rosalie LE ROY, sœur Marie Joseph LE FRANÇOIS, sœur,... (?) POTIEL.

Supplications et remontrances à présenter à Bailleul de la communauté des R. R. PÈRES CARMES DÉCHAUSSÉS[1] DE LA VILLE DE DUNKERQUE.

1° Que Sa Majesté sera très humblement supplié de continuer sa protection roiale à l'église catholique, apostolique et romaine et au clergé de son royaume.

2° Sa Majesté est aussi supplié de continuer sa protection et bienveillance à notre ordre des Carmes déchaussés et principalement de notre couvent des Carmes déchaussés de Dunkerque très fidèles sujets de Sa Majesté, qui sont au service des habitans de la ditte ville et païs adjacent domination du roi.

Ce espérant, la communauté ne cessera pas de continuer de prier le tout puissant pour la conservation de l'auguste personne du roi, et de toute la famile roiale, pour le bien être de l'Etat, ainsi que pour la paix et la tranquilité du royaume etc., etc.

Vœux pour les RELIGIEUSES SŒURS GRISES D'HAEZEBROUCK[2], assemblées capitulairement le 26 mars 1789.

1° Qu'il plaize à Sa Majesté Très Chrétienne de continuer sa bienveillance et protection spéciale à toutes les communautés

---

[1] Représentée à l'assemblée de Bailleul par Didier de Sᵗᵉ Brigitte.
[2] Représentées à l'assemblée de Bailleul par P. Van de Walle.

religieuses et particulièrement à celles qui par leur établissement se sont, comme celle d'Haezebrouck, assujetties à l'enseignement de la jeunesse gratuit, à soigner les malades et à faire et rendre au public tous les services qui dépendent d'elles.

Cette communauté implore la providence divine pour qu'elle dirige dans sa sagesse tous les cœurs et tous les esprits vers le but désirable de Sa Majesté, celui du bonheur de son royaume et de tous et chacun de ses sujets.

Sre Scholastique BONTE, mère supérieure.

Vœux et doléances de la communauté des RELIGIEUX AUGUSTINS[1] DE LA VILLE D'HAEZEBROUCK.

Résolu :

1º De voter qu'il plaize à Sa Majesté, protecteur de la religion catholique, apostolique et romaine, de conserver les communautés et couvens, et surtout ceux qui comme celui d'Haezebrouck, sans être à charge au public plus que de raison, sont de grande utilité, tant par l'enseignement de la jeunesse de la ville et des environs, celui des humanités, leurs prédications, la visitation des malades, etc.

2º Que le couvent désireroit, pour n'être plus à la charge du public, par les quêtes qu'il fait, obtenir une pension tant pour l'enseignement de la jeunesse et des humanités, proportionnée à celle des autres communautés régulières qui vaquent à pareils enseignemens, et obtenir pendant dix ans par la libéralité de Sa Majesté une pension pour être à même de terminer la construction de la nouvelle église commencée depuis grand nombre d'années, laquelle, faute de secours et moiens, n'a pu être achevée.

Ledit couvent observe qu'il a, entre nombre d'autres grandes

---

[1] Représentée à l'assemblée de Bailleul par P. Le Bon.

charges, celle de fournir un organiste à l'église paroissiale d'Haezebrouck, d'y prêcher deux fois par mois et toutes les fêtes de
l'années, ce qui fait voir qu'il est d'une grande utilité à cette
ville, sans être recompensé à proportion.

Ainsi le présent cahier des plaintes et doléances fait et arretté
audit couvent le 21 mars 1789.

> Fr. Lud. Lebon, prieur, Fr. Benoit Vande-
> walle, vischeur, Fr. J.Ryngaert, supp.,
> Fr. Aur. Warin, prof., Fr. Clément
> Foort, régent, Fr. Thomas Baeckeroot,
> Fr. Francois Demeurisse, procureur,
> Fr. Filix Lauwers, régent, Fr. Albertus
> Van Brabant.

Mémoire, plaintes, doléances et remontrances faites par les
Sœurs pénitentes récollectines de la congrégation de Lim-
bourg, du tiers ordre de Saint-François [1], en la ville d'Hondtschoote, pour être représenté par leur fondé procureur à l'assemblé au bailliage royal à Baillieul, le trente mars de la présente
année 1789, pour ensuite être représenté à l'assemblé des Etats
Généraux.

Les dittes religieuses, au nombre de seize, ont une servante en
dehors. Aïant ouï dire que les messieurs du tiers état ont la volonté de les taxer de nouveau sur la bierre et le vin, elles font
leurs très humbles remontrances que parreille taxation leurs
seroit fort à charge, et inouie dans la province, et elles espèrent
que la bonté du roy y aura égard à cause de l'utilité qu'elles sont
pour le public. Car elles tiennent un pensionnat de toutes sortes
des personnes sottes, lunatiques, imbécilles et autres quelconques, et cela pour un prix fort raisonnable. Il semble pour cette
raison qu'on doit avoir égard pour les susdittes religieuses, et que

---

[1] Représentées à l'assemblée de Bailleul par A. Becquet.

le bien être du tiers état demande qu'on les maintient dans tous leurs droits et privilèges de cette nature : Que feroit à la vérité le public peu à son aise, avec des personnes qui ont le malheur de perdre l'esprit s'il n'existoient des couvents charitables pour les gouverner ?

L'état devroit donc s'en charger : et par conséquant, se seroit chercher à augmenter la dette nationale, en place de la diminuer. On veut en outre charger les mêmes sœurs à rouvrir leurs écoles qu'elles ont fermées depuis peu d'années, mais ces messieurs ne font certainement pas attention, que les susdittes religieuses n'ont agis de la sorte que par pure nécessité : Car peut'on tenir école sans maitresses ?

Et comment fournir des maitresses quant on les a pas ? Ces messieurs doivent bien savoir, que, si les susdittes pénitentes étoient en nombre suffisant, qu'elles n'auroient jamais fermées leurs écôles, car elles ne sont pas riches, et depuis l'état de leurs biens qu'elles ont données au parlement de flandre, elles ont perdues une grande ferme qui étoit la plus belle épingle de leur voile : Elles ne sont pas riches, dis-je, car leurs revenues ne va pas au delà de huit cent francs, elles ont donc du mal à vivre. D'aillieurs, il y a t-il un couvent, excepté les riches abbayes, surtout dans cette province, qu'il puisse se maintenir et vivre à son aise, sans être frappé de milles craintes et angoises pour l'avenir quant on considère le passé ? L'édit du seigneur roy de mil six cent quatre vingt un ne fit il pas trembler les pauvres communautés ? Celui de mil sept cent trente six n'occasionnoit il pas des nouvelles angoises ? Et finalement qu'elles vives inquiétudes ne donne pas le dernier édit ordonnant de recevoir des religieuses sans dot ? Ne semble til pas qu'on à captivé la bonté du monarque, et ce qu'il vouloit être exécuté à l'égard des riches communautés, qu'on l'a sans distinction étendu à toutes communautés quelconques : il y a donc une humble supplicque à faire au seigneur roy, comme les susdittes religieuses font très humblement par la présente qu'il plaise à Sa Majesté, si elle veut maintenir et conserver dans sa province de Flandre les religieuses du deuzième et troisième ordre de Saint François de leurs accorder :

Primo. Qu'elles puissent recevoir les postulantes avec un dot convenable pour leurs entretiens ;

Et secondo. Qu'il plaise au même seigneur roy de leurs accorder l'emploi de leur argent par la voie ordinaire de la constitution des rentes, à toutes personnes, soit séculieres soit régulieres, comme étant le seul et unicque moïen de les faire subsister.

Les susdittes religieuses ont une vraie espérance que Sa Majesté, qui se montre débonnaire et affable à tous ses sujets daignera de peser dans la balance de sa justice la droite raison de leurs demandes, doléances, plaintes, et remontrances, et qu'elle accordera ce moïen unique pour faire subsister celles qui demandent jour et nuit par leurs prières la conservation du dit seigneur roy, de sa famille royale et la prospérité de tous les sujets de son vaste royaume.

Fait au couvent des susdittes religieuses de la même ville et seigneurie du dit Hondtschoote, en présence des sœurs discrètes qui représentent la communauté, et cachetté et soussigné par elles en personne.

Sr Séraphine DE CAESTEKER, mère supérieure, Sr Marie Dorothée VAN OUDENDYCKE, mère vicaire, Sr Bernardine ANNYCKE, discrète, Sr Anna Clare HEBBEN, dischrète.

Doléances du COUVENT DES SŒURS TIERÇIAIRES DITTES SŒURS GRISES [1] DE LA VILLE ET SEIGNEURIE D'HONDTSCHOOTE.

Etant constitué procureur pour le couvent des sœurs tierçiaires

---

[1] Représentées à l'assemblée de Bailleul par M. Becquet.

dittes sœurs grises de la ville d'Hondtschoote, et par cette charge étant authorisé de faire des plaintes, doléances, remontrances conformément, selon l'expression de sa Majesté elle même, il est de mon devoir, aïant ouï que les Messieurs du tiers état de la même ville d'Hondtschoote veulent charger les dittes sœurs de garder les malades en ville et à la campagne ; il est de mon devoir, dis-je, de faire observer, que cette charge très pénible par elle même, n'a jamais été exercée ni par elles, ni par leurs encêtres, comme ses messieurs le prétendent bien. Ils sont donc dans un faux supposé, quand ils prétendent que les dittes sœurs ont autrefois exercées la même fonction, comme on peut faire voir par des pièces authentiques. En outre les dittes sœurs sont par leurs profession obligées à l'office romain, et elles y ont étées astreintes depuis leur établissement à Hondtschoote, preuve incontestable qu'elles n'ont jamais étées reçues pour exercer cette charge ; puisque toutes celles gardantes malades n'ont jamais étées astreintes à l'office divin, mais à l'office de la très sainte Vierge. Elles protestent donc contre cette demande : premièrement, comme étant incapables de remplir cette charge ; et à la vérité leur communauté n'étant que de vingt avec les converses, je puis protester que le tiers est hors d'âge de remplir cette charge.

Secondement, que l'autre tiers est d'une nescessité absolue pour le travail manuel du couvent.

Et troisièmement, le tiers restant pour l'office divin et le besoin des vielles et malades. D'ailleurs accorde t'on si facilement ce qu'on demande, sur tout lorsqu'il s'agit de lézer la liberté d'un corps qui, quoique petit, ne laisse pas d'être l'objet de la bonté et de la justice d'un bon roy ?

Et seroit-il difficile de prouver qu'on cherche à lézer les susdittes religieuses dans cette partie si cher à l'homme ? étants nées libres, par la même liberté elles choisirent un couvent pour y mener une vie monastique : telle fut leur liberté, tel fut leur gout, tel en un mot fut leur choix ; et si au pied des autels, prêtes à se consacrer à Dieu, ont leurs auroient demandé pareille question, toutes sans contredire auroient repondues : si j'avois voulue être garde-malade j'aurois choisie un hôpital. Par conséquant personne n'auroit fait ses vœux. Elles insistent donc fortement afin qu'il plaise à la volonté du trône de leurs maintenir dans leurs libertés, afin qu'il ne soit pas dit que celle qui fit ses vœux au pied des autels pour embrasser une [vie] monastique et éloignée du monde, se trouve contre le choix de sa liberté enveloppée dans la foule du monde et tout d'un coup méthamorphosée en une garde malade.

A l'égard de toute autre demande que les messieurs du tiers état de la ville et seigneurie d'Hondtschoote veulent charger les dittes religieuses, elles espèrent dans la bonté d'un roy, dont les bienfaits ne cessent de combler ses sujets. Il semble que ces messieurs prétendent de leur ôter le droit des fossés, droit qu'elles ont depuis un temp immémorial, mais elles espèrent qu'on leur ôtera pas le droit sans en venir à des demandes ultérieures. Et par conséquant elles pourront recourir alors, comme elle font par la presente, à la bonté et à la justice du roy.

S^{re} Catherine RYSSAEL, supérieure, s^{re} Régina BALLOG, s^r vicaire, la marque de sœur Thérèse TORRÉE, s^r Beatrice DUCAMPT, s^r Constance DE LAETER, discrète, s^r Joanna MASTAERT, s^r Marie Eugenie MARTEN, s^r Stanswete VANSCHINGEL, s^r Cornillie LOUWAGE, s^r Angela HENNEWYN, s^r Anna WYVERT, s^r Jacoba DEBREYNE, s^r Anna WYVERT, s^r Placide ROUSSEEL, s^r Joseh PATFOO, s^r Natalie SALOMÉ, s^r Isabelle BAERT.

Nous, frère Emmanuel Bernard, prieur et député des Religieux Carmes de St Laurent, Paroisse de Steenworde, représentons :

Que les services que nos sujets rendent dans la Flandre Maritime sont très considérable et très essentiels, tant par leur prédications, cathéchismes, que par l'administration des sacremens dans les paroisses et aux infirmes qui se trouvent auprès et à la distance d'une demie lieu de leur couvent, services d'autant plus nécessaires que le clergé séculier diminue et se trouve dans l'impossibilité de suffir.

Qu'ils n'ont point d'autres salaires que les quettes qui se réduisent à peu de choses, à cause des impôts dont le peuple est chargé, et des ravages plus ou moins considérables qu'on éprouve chaque année.

Que leur maison n'est pas suffisament fondée et que le peu de bien qu'ils ont est chargé d'obits, de messes et autres obligations.

Que les exemptions dont ils ont toujours jouis sous la bienveillance des souverains leur sont d'un secours absolument nécessaire et que si le bien général exigeoit d'otter touttes les exemptions indistinctement, ils espèrent que la bienveillance du roy pourvoira à leur subsistance par quelq'autre moien.

Que leurs biens étant déjà amortis, et leur batisse sujette aux impositions comme les biens des laïcs, on devroit leur permettre d'y batir, soit pour eux, soit pour d'autres, sans paier derechef un nouveau droit d'amortissement.

Fait ce 30 mars 1789 ; en foy de quoi nous avons signé ces présentes et apposé le scele de notre office.

F. Emmanuel Bernard, prieur et député
des carmes de St Laurent.

3° CAHIERS DES CURÉS

Plaintes et doléances de la part du CʊRÉ D'ARNÈKE.

1º C'est l'infinité de loix et ordonnances concernant les impôts, ce qui fait que la régie d'yceux par ces frais, ses procès, ses contraintes et une multitude de chefs et commis, comporte quatre fois et plus la valeur de l'impôt.

2º La régie actuelle accable des sujets libres sous une multitude de servitudes odieuses.

3º La régie actuelle étant très compliquée est nécessairement obscures et conséquemment livre la nation à des exactions et des vexations de la part des traitans, impé[né]trable aux yeux du prince et magistrats.

4º La régie présente invite les peuples à la fraude par l'apas du gain et ruine ensuite ou livre aux prisons et autres tourmens les fraudeurs surpris souvent contre toute justice divine et humaine.

5º La régie actuelle étouffe le commerce, arrette la circulation par les obstructions que tant de caisses apportent dans les versemens et par le profit des traitans.

6º La régie présente est absolument inconnue à tous les redevables ; enfin elle est odieuse au peuple et elle excite le murmure le plus vif et ainsi par ces faits elle mérite sa proscription.

Ainsi, on doit faire connoître au prince l'avantage infini de la suppression de tant de loix et ordonnances concernant tout ce grand nombre des impôts, et celuy d'une impôt unique, personnel dans la ville, et réel dans la campagne.

La totalité de l'impôt nécessaire à l'Etat seroit fait par le grand conseil du roy ; le contrôleur général avec tous les députés aux Etat Généraux du royaume feroient la répartition par baillage ; à ces députés des baillage, se joigneroient les autres députés de chacque communauté pour faire la repartition à chacque paroisse ou communauté, et les députés d'ycelle les feroient pour leur propre communauté et pour eux-même.

La perception d'impôt unique a l'avantage de se lever à très peu de frais et de verser son produit presque directement dans les coffres du roy, au lieu que le grand nombre des impôts a besoin quatre vingt mille agens pour les exécuter.

Autre remontrance

1° Faire connoitre à Sa Majesté le profit considérable qui résulteroit de l'abolition d'un grand nombre de juges qui ruinent chacque année au moins 1200 à 1500 familles dans le royaume ; ainsi que de la suppression de procès de chicane et de long cours, qui causent le même maux, et un embargo aux grands frais qu'ils font.

2° Prier le roy de donner un ordre pour l'érection d'un hôpital en chacque ville et en chacque paroisse contenante entre le 3 ou 4000 mesures de terres, ou 12 à 1500 âmes, pour les pauvres de chacune des communautés.

3° Supplier Sa Majesté pour une sage femme en chaque communauté de 1000 ou environ de communians, qui seroit pensionnée par y ceux, et cela pour le bien-être de l'humanité, et l'honnêtteté exige que pareille femme exerce seule cette art.

4° Demander humblement au roy qu'il plaise ordonner à son controleur général de rendre un compte exacte de tous le produit du bien et dettes du royaume en présence de tous les députés aux états généraux.

5° A supplier humblement Sa Majesté pour qu'il daigne ordonner aux décimateurs d'exécuter son ordonnance du mois de septembre de l'an 1786, concernant l'augmentation de portion congrue des curés[1] etc., sans forme de procès, non obstant arrêt, sentence, ou transaction quelconque faite par les curés avec les décimateurs avant la dite ordonnance, et d'y joindre même encore 300ll de France.

6° A faire la supplique à notre Souverain, afin qu'ille ordonne à tous les députés de chacque communauté de ville ou paroisse de faire élection des personnes d'une humeur douce et charitable pour la direction des hopitaux et des pauvres ; les directeurs de ce jour étant des homme richard, fiers et avares, dures et barbares envers cette troupe des pauvres et malheureux, qui chargé d'une bande d'enfant sont renvoiez sans un seul denier de consolation, tandis que ces Mrs directeurs tirent de sommes considérables et augmentent les comptes de communautés de beaucoup, en vertus de cette administration de pauvres et autres petite besoignes de communautés de villes ou paroisses de campagne.

7° Qu'il veulle aussi réprimer l'esprit orgueillieux de seigneurs de paroisses ou seigneurs dans dé paroisses qui, aiant quelque faculté et revenu plus qu'un autre, veulent mettre sous leur volonté tous les paroissiens et dominer sur toute, excitent des haines et des inimitiés irréconciables par les grands procès qu'ils font aux gens notables, aux églises, aux voisins, et aux particuliers, et excitent l'un parossien contre l'autre à en faire, et c'est ce qui occasionne dé troubles considérables dans les communautés, et, s'il pouvoient, ils les mettroient en esclavage.

8° A démontrer au prince combien il seroit utile à l'église que le premier administrateur de ses biens fut le curé et comme il

---

[1] Déclaration du 2 septembre 1786 concernant la portion congrue, qu'elle fixe généralement à 700l pour les curés et à 350l pour les vicaires. ISAMBERT, *Recueil des anciennes lois françaises* t. XXVIII, p. 232. Cf. cahier de l'abbaye de St Winoc à Bergues, (6).

étoit et qu'il est en France, et comme il étoit icy en Flandre avant l'arrêt du Conseil supérieur de Douai de l'an 1773 qui l'a accordé aux seigneurs du lieu [1].

Cahier du curé de Bailleul.

Je soussigné, curé de Bailleul et doyen de chrétienté, profitant de ce moment heureux pour coopérer à la gloire du Seigneur et pour le bien-être de Sa Majesté Très Chrétienne ainsi que de l'état, a l'honneur de représenter :

1° Que la paroisse de Bailleul, la ville et le territoire, est composé de sept mille communians, dont il y a trois mille sur le territoire, plusieurs à un lieu et demi de la paroissiale, et pour le service d'un si grand nombre, il y a le curé, vice-curé et deux chapelains, modiquement payé par les décimateurs. Pour quoi est il nécessaire d'en obtenir encore ulterieurs ouvriers pour travailler en la vigne du seigneur.

2° Que les chemins du territoire sont impracticables; une partie est pourvu des pierres à pas, mais la plus grande partie en est dépourvu, sur tout dans les cantons les plus éloignée. Pourquoi la communauté désire et solicite instamment d'obtenir de ceux qui en sont interressé des pierres de pas pour faciliter l'accès à la paroissiale aux paroissiens, soit pour les offices divins, soit pour porter les enfants au baptême, soit pour venir au marché, soit pour d'autres raisons.

3° Qu'il y a sur la paroisse et même dans la ville une grande quantité de François et Walon, incapable de profiter des instructions chrétiennes. Pourquoi on a besoin d'un sermon en françois, au moins une fois par moi.

---

[1] Arrêt de règlement concernant la reddition des comptes des biens des églises, des pauvres, et autres lieux pieux, du 22 mars 1773. Rien, dans cet arrêt, n'est modifié au sujet du droit du curé d'assister à la reddition des comptes. — Cf. Cahier du curé d'Estaires (1).

Moien d'en avoir est de changer un père capucin françois, par exemple d'Armentière, avec un père capucin flamand du couvent de Bailleul, celui-ci peut rendre service en flamand à Armentière, et le capucin françois nous deviendroit utile à Bailleul.

4° La profanation des dimanches et fêtes est un article digne de toute attention.

Cahier du CURÉ DE BAMBECQUE.

Messieurs les chanoines de St Omer ont onze cent mesures de dimes sur notre paroisse de Bambeke. Le curé paye la portion congrue au sieur vicaire. Nos paroissiens demandent dans leurs plaintes que les décimateurs seroient obligés de céder une petite portion de leurs revenus pour assister leurs pauvres. C'est ce qui ont encore jamais fait, mais au contraire ils méditent à faire payer le sieur curé une partie dans les dépences à faire pour la reconstruction de la maison pastorale, par quoi ils veulent rendre le curé incapable d'assister ses pauvres du superflu qu'il pouroit avoir.

J. E. DE HAECK, Curé de Bambek.

Cahier du CURÉ DE BOLLEZEELE.

Etant appellé par les ordonnances de Sa Majesté à l'assemblée général du balliage de Bailleul, par serment de fidelité, étant interrogé, je me trouve obligé en consience par le dit serment de repondre, néamoins avec crainte, car que suis-je, pour aider, conseiller, assister un monarque dans l'état de ses finances, n'ayant jamais eu aucune connoissance et jamais mêlé des affaires séculières ; étant donc interrogé je me trouve obligé de repondre.

J'espère cependant que cette illustre assemblée m'excusera si je glise quelque phrase mal arrangée, quelque mot mal mit ou inusité, car étant né en Flandre, il est impossible de sçavoir la langue françoise à la lettre et si quelque fois il arriveroit que je metterai quelque' uns en général dans mon cayer pour trouver selon ma petite capacité un remède à l'Etat selon les ordonnances de Sa Majesté, j'espère qu'on m'excusera, affirmant et assurant que ce n'est pas par crytique, partialité ni jalosie, mais uniquement pour exécuter les ordonnances de Sa Majesté. Ainsi donc selon cet préambule je répond ce qui suit.

1° Il seroit bienséant et à souhaiter que M^{rs} les curez auroient la direction de la table des pauvres de leurs paroisses et que les comptes leurs seroient présentés, connoissant la nécessité de leurs paroissiens.

2° La direction et administration de leurs églises dans les endroits où il ne sont point décimateurs, connoissant le seuls la nécessité de leurs églises et que le compte leurs seroient presentée, car c'est une honte de les voir à l'hôtel avec des habilements mal propres et déchirées et que personne auseroit portées dans les rües.

3° Il seroit à souhaiter que les curés seroient à portion congrue selon la charge de leurs bénéfices, rendant comptes de leurs casuels à ceux qui doivent les payer.

4° La portion des sieurs vicaires augmentée à cause de la cherté des denrées, devant faire presque toutes les administrations de pauvres malades à cause de l'infirmité de leurs curés âgés, ne pouvant soulagés le dit pauvres malades à cause de leurs peu d'aisance, les voyant périr misérablement.

5° L'église ne devroit point avoir des maisons, encore moins de cabarets, à elle appartenante, car les réfections de telles maisons aux qu'elles on fait peu d'attention emportent très souvent les revenues, et l'argent de ces maisons vendues, donnée en rente selon les ordonnances de Sa Majesté, produiroit davantage dans l'espace de temps que les revenues des dittes maisons, principalement de ceux qui sont en emphitéose, mesme contre les ordonnances de Sa Majesté.

6° Les biens de l'église, tables de pauvres, paroisses et autre de telle nature devroient être loués publiquement et aux plus offrant, selon les ordonnances préalablement annoncé à la porte de l'église, défence faite pour une fois seulement d'admettre le même locataire après son bail fini, sinon qu'il voudroit les louer selon les pris et valeurs des autres biens, pour éviter les abus qui règne entre les voisins paroissiens, qui ne veulent pas augmentés les dits biens de peur de déplaire à leurs amis, desorte que les dits biens ne vont pas leurs valeurs, ce qui intéresse l'église et ceux qui doivent les entretenir.

7° Les papiers de l'église doivent être déposés de crainte de les égarer comme il arrive.

8° L'ancien marguillier devroit être obligé de mettre les avancements de son dernier compte de l'église, si il en a, entre les mains du nouveau, un demi an après son désistement, pour que le nouveau marguillier puisse faire la nécessite de l'église.

9° Tous les cimetières renfermés pour empêcher que les animaux y entre, encore moins dans l'église, la porte étant très souvent ouverte, et ne détruisent la fosse de corps morts, d'où il résulte beaucoup d'abus, de sorte que les porcqs mangent et détruisent les os qui s'y trouvent quelque fois découvertes.

10° Défense faite à toutes sortes de personnes de parler, badiner, etc., dans les portail des églises pendant l'office divin et exhortation du curé, à peine de.....

11° Il seroit utile que les ordonnance données, faites dans la visite des évêques et doyens du district, seroient exécutées ponctuelement, les refections devenants plus onéreuses, la visite inutil et la depense.

12° Défence aux ordres mendians de faire la quete pour éviter les abus, les entretenans selon leurs états dans leurs couvent, obligés néamoins de rendre service aux paroisses étant payés honnettement.

13° Il devroit être posée à la porte de l'église ou dans un autre lieu une petite caisse avec une grille de ferre pour y poser toutes les ordonnances de Sa Majesté et autres, afin qu'ils soient connues et notifies à tout le monde, car il arrive sans cela que toutes les ordonnances étant arrachées dans l'instant ne peuvent être connues, comme il est arrivé des ordonnances de Sa Majesté, pour la convocation de l'assemblée à Bailleul, qui a resté un demi jour, temps insufisans pour le comprendre ; de même de toute autres ordonnances, d'où il résulte beaucoup de procès, comme il est arrivé des ordonnances défendantes l'entrée du colsat, etc., à Bergues St Winocq sans certificat, qui n'avoit jamais été publié.

14° La recette de paroisse, etc., devroit être louée aux moins offrant publiquement.

15° Les plaintes des écouages et réfections des rues, qui deviennent fort onéreuses au publicq, M^{rs} les ballys ou autres qui doivent faire la ditte visitte sont obligés de faire leurs publication selon le règlement dans le mois de mars et peuvent faire les dittes écouages quand il leurs plaisent pendant l'été, desorte qu'il seroit nécessaire d'avoir un domestique presque toujours occupés dans les rues pour éviter les amandes. Les hayes ne pouvant être à quatre pieds d'hauteurs, de sorte que les mauvais bestiaux peuvent passer au dessus, presque tout le bois abbatus, d'ou il résulte une disette de dits bois.

Mais le temps étant fort court entre la publication des ordonnances et l'assemblée n'étant que deux ou trois jours pour les paroisses et neuf jours pour l'assemblée de Baillieul, il est impossible de s'arreter sur les abus. Faisons donc notre possible pour discuter les moyens des finances de Sa Majesté.

N'examinant sur ces difficultés, je ne sçai comment m'y prendre. Si je me tourne vers le peuple de notre Flandre, je les trouve surchargée des impositions, comme on pourroit voir par les impositions suivantes que Sa Majesté connoit mieux que je ne peut dire, par exemple :

Les vaclages portant de chaque beste par an, cheveaux à labour, quatre livres, dix sols par an. Vaches, trois livres sept sols et demi par an. Mouton à....

Tuages : Vaches, un livre treize sols trois liard par chaque. Veaux, treize sols un liard. Moutons, sept sols et demi. Porcqs, dix sept sols. Bœuf de quatre dents, trois livres. Bœuf de deux dents, deux livres un sols. Bœuf d'un an, un livre quatre sols et demi.

Impositions sur la boisson. Vins rouge, trente trois livres la pièce. Vin blan d'avantage. Bierre, trois livres quatre sols et demi par tonneaux. Petite bierre, dix huit sols et demi la tonne.

Eau-de-vie à...

Vinaigre, dix huit sols et demi la tonne.

Huile à...

Genèvre à... et autre boisson.

Autres impositions par notre coutume de Cassel pour l'achat des ventes des biens, trois livres du cent, un denier (nommé marckgelt) un livre dix sols, demie denier du cent (nommé pontgelt) de tous les ventes de meubles et betailles, le droit d'issue qui est le douzième denier de tout le bien qu'on hérite, quand on est point cytoiens de l'endroit ou le bien fond est situé.

Autres impositions : Le..... deniers pour livre de vente de meubles, le deux vingtièmes, les droits sur les cuires, amidon, etc., et tout ce qui sort des port de mers. Taxation de la paroisse, dix sept sols et demi par tête des grands jusqu'aux petits d'un an, le douzième et vingtième deniers des dismes, le vingt cinquième deniers des maisons, scituées sur un petit fond avec un jardin qu'on appelle en notre langue (de Kortgeseten huysen), les fonds des dittes maisons, payant double vingtième, taxation sur les personnes de metiers qui occupent mêmes des terres, comme marchal, brasseur, etc., sur les riches qui n'occupent pas de terres qu'on appelle Cortgeseten, pour aider la table des pauvres qui augmente de jour en jour par la cherté des denrées.

Les biens rentés doivent payer après sept ans les droits, dit Pontgelt et Margelt.

Impositions des cabaratiers en particuliers suivant les brassins, quelque fois dix huit livres par an (dit Calmaege).

Les impositions combinées sont fort considérable et, s'il nous vienne une autre augmentation, il résultera de là que les cultivateurs de terre ne pourroient les améliorer, de sorte que ces terres, produisant quatre ou trois razieres de bled par mesures ne produiroient point la moitié, n'étant point améliorées comme il arrive aujourd'huy ; desorte que le petit peuple ne peuvent payer leurs impôts de la paroisse, d'ou il résulte quelque fois le vol, la révolte dans les provinces. On peut conclure de là qu'on ne peut souffrir d'autres impositions.

Considerant, je trouve que les abbayes illustre et personnes intelligentes et ecclesiastiques de la France, opulent en biens fonds et richesses, devroient prêtés la mains par eux mêmes sans les ordonnances de Sa Majesté, pour le calme et la tranquillité de sa personne, croyant qu'il seroient moins interressés que le peuple en lui offrant soit vingtième de leurs revenus, selon la volonté de Majesté.

Je trouve que les forrêts étant présentement les meillieurs biens et toute autres terres, payant deux jusqu'a cincq mesures pour une, devroient payer en entiers comme les autres par mesure.

Je trouve de plus qu'on fait considérable profits par les acensements de domaines et, si Sa Majesté voudroit faire examiner les comptes de deux ou trois ans par des fidèles et intelligentes sujet, il pourroit voir le profit qu'on y fait, de lui faire apporter de mesme les comptes de sortie de boisson de toutes les villes et ports de mers, il pourroit voir combien portent les revenus.

Comptons par exemple qui sorte de Duncquerque deux cent pièces de vins ou plus par an, à trente trois livres la pièce, sans compter le reste; de plus qu'il seroit plus profitable d'oter l'exemption de la noblesse, des abbayes et autres ecclésiastiques qu'ils souffriroient moins que les autres.

Ainsi tous ces articles combiné produiroient de sommes immense pour aider Sa Majesté dans ces finances et, si Sa Majesté mets nouvelles impositions sur le peuple, il rendroit, dans l'espace de temps, insolvables.

Je finis donc et laissant toutes les propositions à la volonté de Sa Majesté.

Défence d'occuper deux fermes.

Augmentation de vaclages, après la maladie.

Médecin et chirurgiens mieux examiné.

A. E. Itzweire.

Cahier du curé de Borre.

1º Que le décimateurs laïques devroient contribuer prorata de leurs dismes à l'entretien des églises et maisons pastorales et portions congrues.

2º Que les évêques seroient envoyé par Sa Majesté à la résidence de leurs diocèses, comme ils doivent résidé, du droit divin ou ecclésiastique, pour veillier sur leur tropau.

3º Que l'on établira dans toutes les villes et bourg un hopital pour les pauvres et misérabiles vieillard et autres qui sont dans de grandes misères.

4º Que toutes les bourgs et paroisses seroient régie par le Magistrats du lieu, taxé à une somme fixe de chaque bourg ou paroisse pour porter au bureau assigné et de là au trésor royal pour éviter le frais immens et qui sont fait par la congrégation des généralités.

5° Une diminution ou suppression du don gratuit.

6° Que les quêtes des religieux mendiant seroient suppremé, et pourvu à leur entretien par des autres moyens ; de constitué des receveurs et que le déficit viendra des abayes au chatelenie.

DE BROCK, curé de Borre.

Cahier du CURÉ D'EBBLINGHEM.

Nous soussigné Jean-Baptiste Depotter *prêtre-curé de la paroisse d'Ebblinghem*, diocèse de St Omer, châtellenie de Cassel, étant assigné à comparoître à Baillieul le trente du présent mois de mars, à lassemblée des trois états, qui s'y tiendra, à quoi ne pouvant satisfaire à cause de notre grand âge et nos infirmités, avons choisi et nommé le s^r et maittre Matthieu Druy, curé de la paroisse de Renescure et doyen du district d'Arques pour nous représenter et user des droits et voix que nous pourrions avoir, et l'avons chargé de nos doléances telles qu'elles suivent.

1° Eloigné des villes, environné de chemins impraticables, nous devons avoir un domestique pour aller au marché et pour nous accompagner. Cependant la modicité de ma cure ne me permet point ce secour nécessaire. Je supplie Sa Majesté d'ordonner aux décimateurs de la porter à quinze cent livres tournois.

2° Plaise à Sa Majesté d'ordonner aux décimateurs qu'ils aient à bien loger les curés, dont la plus part, et nous surtout, ne sont point à l'abri de la pluie et du vent.

3° Plaise aussi à Sa Majesté ordonner aux seigneurs de faire résider leurs officiers de police, afin qu'ils soient à même de parer aux désordres qui se commettent dans les paroisses, où l'on boit jour et nuit et pendant le service divin.

4° Plaise enfin à Sa Majesté ordonner aux administrateurs de communautés de se conformer aux placcars qui admettent les curés comme premier administrateur de la table des pauvres, afin d'obvier à l'ignorance source funeste des désordres et corruption des pauvres enfants qu'ils mettent entre les mains de gens sans religion. En même tems que chacque paroisse soit seulement chargé de ses pauvres habitans et non des nés paroissiens et habitans. C'est la louable pratique des administrateurs de Lille.

Fait à Ebblinghem, ce vingt six mars dix sept cent quatre vingt neuf.

J.-B. Depotter, curé d'Ebblinghem.

Cahier du curé d'Eringhem.

Cahier ou proposition pour et par J. F. Cailliau, prêtre-curé d'Eringhem, châtellenie de Bourbourg, en Flandre, qui représente très humblement à Sa Majesté, roy de France, etc., etc., disant [1°] qu'il désireroit augmentation de portion congrue[1], à raison qu'il voit souvent ses pauvres paroissiens dans une grande misère et pauvreté à tout égard, sans les pouvoir aider et secourir par une portion à peine suffisante pour pouvoir vivre selon son état de prêtre curé etc., tandis que les dismes sont originairement donnés en partie pour les pauvres, patrimonia patrimonia pauperum. Ainsi l'entretien de pauvres est comme une charge inhérante aux dismes. Nous donc qui voyons avec la dernière doléance ce criant abus des biens ecclésiastiques, attendoent avec toute confiance et pleine vénération que Sa Majesté pourvoira à ce que les biens du crucifix soient myeux employés, bona crucifixi etc.

2° Le suppliant prie aussy les mains jointes Sa Majesté de supprimer et prohiber la théologie dite vulgairement la théologie de Lyon[2], nouvelle, pleine d'amphybologies et équivoques pro-

---

[1] Cf. Cahier du curé d'Arnèke, autre remontrance (5).
[2] Cf. Cahier du curé de Noordpeene (1 et 2).

pre à introduire dans le royaume le Janssenisme, le Luthranisme et Calvinisme ; car selon cette théologie tout ce fait dans le monde comme par un decret fatal sans liberté, omnis voluntas Dei proprie dicta semper est efficax. La base de cette théologie : toute volunté de Dieu proprement dite a toujours son effet, etc.

3° Le suppliant remontre aussy que le très grand nombre de procès est contre le bien publicq du royaume, la cause des ruines de plusieurs familles, et la source des inimitiés irréconciliables, etc., etc.

4° Nous voyons aussy avec beaucoup de la peine que nos fermiers à la campagne occupent plusieurs fermes contre toute fois les cotumes de la Flandre, ce qui cause que les jeus gens ne peuvent jamais ou très rarement sé tablir selon leur capacité pour l'agriculture ; ainsi, nous souhaitons et espérons que Sa Majesté pourvoira à cet abus, etc.

5° Les danses dans les cabarets, les festes et dimanches, sont contre la félicité publique du royaume. Par ainsy le suppliant pénétré d'une vive douleur sur cet profanation des saints jours supplie, prosterné aux piedts de Sa Majesté de vouloir défendre les danses, les festes et dimanches, pour le bonheur du royaume.

6° Le règlement du Conseil d'Etat en 1750 touchant l'entretien de pauvres dans la West-Flandre et la Flandre Maritime [1] n'est point observé à notre très grand regré, non obstant qu'il fut très sagement et utilement porté pour le bien public de toute la Flandre, etc.

7° Le suppliant propose aussy, avec toute et pleine vénération, que le publicq en est schandalizé, attendant qu'on donne de

---

[1] Arrêt du Conseil d'Etat du roi du 17 octobre 1750, qui ordonne que la convention passée entre les Magistrats des chefs-collèges de la West-Flandre et ceux de la Flandre Maritime le 6 juin dernier, au sujet des pauvres, sera exécutée dans les lieux désignés. RECUEIL D'ÉDITS... t. X. p. 563.

grandes pensions sur les abbayes aux évêques sans qu'on entende les grandes services que messieurs les évêques ou autres ecclésiastiques ont rendu à l'église etc.

Cahier du curé d'Estaires.

Mémoire sur l'administration des églises dans la Flandre Maritime.

Cet heureux moment, désiré depuis si longtemps, est enfin arrivé, sous les auspices d'un monarque bienfaisant qui daigne inviter tous ses sujets de différens ordres à lui procurer les connoissances qu'il désire avec empressement, et souvent inutilement, à raison de la difficulté et même de l'impossibilité où se trouve tout particulier de les faire parvenir au pied du thrône. La paroisse d'Etaires est située dans la Flandre Maritime et le soussigné, qui est curé de la dite paroisse depuis dix sept ans, a considéré dans le silence et l'amertume de son cœur des abus énormes dans l'administration des biens de son église et autres fondations. Abus qu'il ne croit pouvoir laisser ignorer à l'assemblée respectable qui est chargée d'en prendre connoissance, non plus qu'aux personnes qui ont authorité de les réprimer. Aussi le dit soussigné ne craint point de proposer les notes suivantes, avec offre de les vérifier, si l'on doutoit de ce qu'il a l'honneur d'avancer.

1º Aussitôt après l'expédition des lettres patentes[1] de Sa Majesté en datte du 13 Avril 1773, qui assujétissent les gros décimateurs de la Flandre Maritime aux réparations, réconstruction et entretien des églises et presbytères, on a vu une révolution étonnante et presque incroïable dans l'administration des biens de l'église paroissiale d'Etaires. MM. les Magistrats du dit lieu qui se qualifient d'administrateurs supérieurs de l'église, et qui dans le

---

[1] Cf. t. II, p. 462.

fonds en sont les destructeurs[1], ont commencé leur opération par faire construire un nouveau portail, pour le moins inutile, et ont absorbé dans la minute environ deux mille quatre cens trente livres de France, dont le sieur Jean Baptiste Vanuxem, receveur de l'église, étoit redevable par le reliquat de son compte ; et (chose bien plus étonnante et plus incroïable !) nos dits Magistrats n'ont eu ni remors ni scrupule de s'attribuer et de partager entre eux la somme d'environ cent livres de France, à titre de vacations, et tout cela nonobstant l'épuisement subit de la fabrique qui étoit un de leurs chef-d'œuvre ordinaires et contradictoirement à l'arrêt du parlement de Flandre[2], nouvellement émané en datte du 22 mars de la même année 1773, en exécution des synodes de Cambray et de Malines et des placards de 1587 et 1608, placards dont ces MM. se prévalent extraordinairement et auxquels ils sont bien éloignés de se conformer. C'est de quoi je répons, malgré la précaution que ces MM. ont toujours eu de confondre les papiers tant de l'église que des autres fondations dans le greffe civil avec ceux des différens particuliers et qui y sont renfermés comme dans une forteresse inaccessible aux personnes à qui il compète le plus d'en avoir connoissance.

2° Le revenu le plus clair et le plus considérable de l'église d'Etaires provenoit du loyer des chaises au nombre de 1400 et l'adjudication des dites chaises a été portée pour 1770 et 1771 à la somme de 2400 livres parisis ; mais depuis l'année 1776 que MM. les administrateurs supérieurs ont diminué graduellement et suivant la girouette de leur caprice, le prix de la dite adjudication, et qu'ils l'ont fixé décidement au rendage biennal de 1000 livres parisis, je m'offre de démontrer qu'ils ont fait tort à notre fabrique de 8700 liv. parisis, c'est à dire 5437 livres dix sols de **France**.

[1] A rapprocher du cahier de l'abbaye de St Winoc à Bergues (5).
[2] Cf. Cahier du curé d'Arnèke (8).

3° MM. les administrateurs supérieurs qui semblent avoir un goût inné pour la musique, plus qu'inutile dans notre église, mais qui leur plait beaucoup, quand elle ne leur coûte rien, ont sçu trouver plusieurs fois avec leur addresse ordinaire le moyen de lever les gages des musiciens sur les deniers de la fabrique.

4° MM. les administrateurs supérieurement mercenaires se sont emparés de la manutention de la chapelle de Notre Dame d'intercession, laquelle avait été sagement administrée par les parens de feu Matthieu Bailleul, fondateur en partie de la dite chapelle, conjointement avec le curé de la paroisse : Mais cette fondation n'ayant pu subsister parce qu'elle n'étoit pas revêtue des formalités prescrites par les loix du royaume, nos dits Magistrats n'ont point hésité sans aucune authorisation de soutenir un procès aux dépens de la dite chapelle et, tant le sieur bailli que son lieutenant, n'en ont pas moins soustrait la somme de 1284 livres de France, sans compter ce qui n'est point parvenu à ma connoissance.

5° Un particulier nommé Gilles Deheestre a légué par testament une ferme à l'effet de faire décharger six messes chaque semaine, dont trois dans l'église paroissiale par MM. les vicaires et coûtre, et trois dans celle des R.R. P.P. Récollets. MM. les Magistrats qui sçavent toujours saisir l'occasion de s'engraisser les mains, se sont emparé d'abord de cette administration, dont ils n'ont rendu compte qu'à eux-mêmes, et depuis environ vingt ans toutes les messes sont supprimées.

6° Il y a environ 25 ans qu'une dame pieuse, nommée Marie Guislaine Le Brun, à fondé une école dominicale, qu'elle a fait batir en neuf, après avoir obtenu les patentes nécessaires et payé les droits d'amortissement ; et qu'elle a doté d'un revenu annuel de 705 livres, 12 sols, 6 deniers de France, à charge de payer une pension à la maitresse d'école, et 25 sols par mois à douze pauvres filles. Le curé est désigné premier administrateur ; et malgré tout je n'ai jamais été consulté en rien sur cet objet. Le batiment de l'école dépérit à vue d'œil, la maitresse ne reçoit plus sa pension, non plus que les douze pauvres filles ci dessus mentionnées.

7° Je ne m'étonne donc plus comme autrefois de l'empressement extraordinaire que MM. les Magistrats d'Etaires ont toujours fait paroitre pour avoir seuls le droit exclusif dans l'administration des églises et autres fondations pieuses, car je vois bien clairement que la simple surveillance d'un pasteur est un compromis trop incommode pour ces MM., compromis qui ne souffleroit pas en poupe le vent favorable à la barque de leurs systèmes arbitraires et mercenaires : Non, je ne m'étonne plus de cela ; mais je m'étonne, et avec raison, que les mêmes Magistrats osent se roidir de plus en plus contre tant de sages ordonnances qui se succèdent sans interruption pour le bien des églises et autres fondations ; et je ne crains point de dire que si les choses restent encore quelque tems sur le même pied, les revenus des églises et autres lieux seront bientôt totalement anéantis par la diminution affectée des biens les plus apparens, par leur emploi à des choses ou de surérogation ou inutiles, par les présences et vacations des baillis et échevins, par les droits iniques de chapeaux ou pots de vin qu'ils perçoivent lors du rebail des dits biens, au préjudice et en diminution du rendage principal, enfin par les salaires exorbitans des greffiers, et qui augmentent encore de jour en jour. Ainsi fait en notre maison curiale le vingt quatre mars 17 C quatre vingt neuf.

      A. Dassonville Chan. Reg. de l'abbaye de
       Chocques, curé des ville et paroisse
       d'Etaires.

Cahier du curé d'Hazebrouck.

L'an mil sept cent quatre vingt neuf, le vingt huit de mars, en exécution des lettres du Roi, données à Versailles, le vingt quatre janvier 1789 et 19 février ensuivant, des règlemens annexés etc.

Le sousigné *Curé de la ville et paroisse d'Hazebroucq* en la Flandre françoise at redigez ses doléances, remontances et supplications comme il suit.

1° Je supplie avec toute humilité Sa Majesté notre Roi très chrétien, pour la conservation et le maintien de la religion catholique, apostolique et romaine, dans toutes les provinces et terres de son auguste domination, que toutes les mauvais et pernicieux livres soient strictement défendu et qu'il ne soit pas permis de donner d'autre théologie dans les séminaires et couvents que des théologies approuvez par Notre Saint Père le pape ou par l'assemblée du Clergé de France ou par la stricte faculté de la Sorbonne[1].

2° De déroger au droit belgicque, qu'il n'accorde aux curez de Flandre que le droit de simple intervention dans les comptes de leur église, de la table des pauvres et autres fondations[2], et d'accorder aux curez de Flandre le droit d'auditeur et de coadministrateur dans les susdits comptes et administrations, comme jouissent les curez de toutes les provinces de la France. Les curez de la Flandre sont les très fidelles sujets du roi, comme sont les curez des autres provinces.

3° Que les ordonnances émanées sur la santification des dimanches, fêtes, contre les débauches, la dépravation de mœurs, soient exactement observé, et les transgresseurs punies.

4° Que les curez soint pourvu et aussi leur vicaires, d'une portion congrue[3], raisonnable pour subsister honêttement et assister leurs pauvres paroissiens, dans leur indigence, sans leurs faire recourire à ce fin à la justice.

---

[1] Cf. le cahier du curé de Noordpeene.
[2] Cf. Cahier du curé d'Estaires (1).
[3] Cahier du curé d'Arnèke, *autre remontrance* (5).

5° Que les collateurs des bénéfices et canonicats des cathédrales et collégiales à l'exemple de l'immortel archevecque de Cambrai Mgr de Fénelon, donneront préférablement les dits bénéfices au curez et vicaires qui ont blanchie dans la charge des annez, et étant souvent hors d'état par leur âge de supporter le fardeau de ditte charge, sont sans recompense et sans moien de vivoter en leur vielliesse : Sa Majesté donne la croix de St Louis à de vieux et fidels officiers.

6° Ne seroit-il pas résonnable que nos évecques feroient de tems à autre la visite des couvents de leur diocèse, pour examiner si les constitutions de l'ordre sont bien observé, si les religieux vacant à l'étude, afin que les bons et scavants confesseurs et prédicateurs ne manqueroint pas dans les ordres religieux, qui sont la troupe auxiliaire de l'église.

7° Ne seroit-il pas résonnable, que les paroisses du plat pays donneroient aux religieux starionnaires annuellement une pension pour l'honoraire de leurs stations, et qui seroit défendu aux dits religieux de faire la queste à la compagne, ce seroit le moien de décharger les couvents d'un grand nombres des frères laïcques et de prevenir bien des scandalles.

D. C. Hannebicque, curé d'Hazebroucq.

Item, que touttes les collations et institutions des bénéfices à charge d'ames, soient reservé au évecques, conformément au droit commun.

Cahier du curé de Killem.

A son âge de soixante ans, à la convocation des Etats Généraux à Versailles, le 27 avril 1789.

A chaque paroisse du diocèse, curé et vicaire ; si il a bénéfice, comme à Killem, bénéficier obligé de résider, ou quitter bénéfice.

Fait à Bailleul, le 30 mars 1789.

J.-B. Dousinelle, curé de Killem.

Observations du sieur N. van den Berghe curé de Noordpeene, à adjouter au cahier de doléances du clergé.

1° La gazette ecclésiastique ou les nouvelles ecclésiastiques doivent être prohibés sous des peines le plus grièves, étant perfaitement Jansénistes.

2° A supprimer et prohiber tous les livres contre la religion, et les livres hérétiques ou tendant à l'héresie, entre autres la théologie de Lyons, qu'elle doit être défendue partout le royaume.

3° Les religieux domiciliés à la compaigne doivroit dire, le jours de dimanches et fêtes, la messe à port clause, par qu'on n'y fait pas des instruction, et où il n'y pas des instruction les mœurs se perdent.

Cahier du curé de Renescure.

1° Remontre très humblement le soussigné que dans le tems de la maladie épidémique des bestiaux, il en est péri considérablement à Renescure, sans qu'aucun habitant en eût été indemnisé, quoique Sa Majesté, l'eut accordé et ordonné.

2° Que pour l'utilité de l'Etat, nous supplions Sa Majesté d'accorder l'union des deux Flandres et l'établissement des états provinciaux, dont les commités où les présidents feroient la fonction d'intendants, chacun dans son ressort, à moins qu'il ne plut au roi de charger de cette besoigne le bureau ou commité de deux Flandres, d'où il résulteroit un bénéfice notable pour l'Etat et le public.

3° Qu'il plaise à Sa Majesté de considérer que dans la châtelenie de Cassel, il seroit possible de supprimer un tribunal de justice, tellement que de la justice seigneuriale on iroit en appel directement au bailliage, et de là au parlement, tandis qu'actuellement on est souvent obligé de parcourir quatre tribunaux avant d'obtenir droit définitif.

4º Qu'il plaise enfin au meilleur des rois de punir selon sa justice celui ou ceux qui vers l'année 1777 ont osé surprendre la religion de Sa Majesté en obtenant (sous prétexte du bien public) un arrêt[1] sur requête en vertu duquel de ravager les possessions firent abattre pour plus de 10 millions de bois. C'est qu'assurement a causé en partie le rencher de cette denrée si nécessaire, detruisirent nos prairies, en faisant éloigner les lits des ruisseaux ou bèques antiques, qui les arrosoient, et faisoient produire le foin si essentiellement nécessaire à la nourriture de notre richesse, qui consiste en chevaux, bêtes à cornes, etc. Ils firent plus, car à l'ombre dudit arrêt, ils picorèrent plus de quarante mille livres d'amendes aux habitants de cette Flandre, cruellement tyranisée depuis plus d'un demie siècle ; et c'est qui est encore plus insurportable, est que les baillis sont autorisés de faire cette besoigné, chaque année, au tems de leurs écouwines, et quelque fois sert de prétexte pour punir ceux qui leurs ont manqué.

M. S. Druy, curé de Renescure, doyen du district d'Arques.

Sujets des doléances et remontrances pour le soussigné curé de la paroisse de Zuytpeene.

1º Pour le soulagement du peuple, il sera nécessaire de solliciter auprès du roy l'abolition des droits sur les cuirs, huiles et amidon, et du taxe pour le moulage ; qu'on pourra suppléer par une taxe sur plusieurs objets de luxe.

2º La suppression des petits censes et leur union à des plus grosses étant contraire à la population, et cause que les personnes d'une médiocre fortune ne puissent s'établir, et delà le nombre des pauvres s'augmentant considérablement, on pourra solliciter une ordonnance royale pour que toutes censes supprimées depuis

---

[1] Il s'agit probablement de l'arrêt de 1780. Cf. Steenwerck (6) ; t. I, p. 443.

trente ans soient rétablies et mises dans leur ancien état, et données en bail à ceux qui sont depourvu de tout autre cense.

3° Le salaire des ouvriers n'étant presque jamais proportionné à le cherté des vivres, on sollicitera un arrêt du roi, qui autorise l'assemblée provinciale de taxer le salaire des ouvriers, de l'augmenter, ou de le diminuer selon le besoin.

4° Pour meilleure administration des pauvres, on renvoyera tous les pauvres aux paroisses, dont ils doivent être alimentés, pour y demeurer et vaquer à leur travail ; on cantonnera les paroisses beaucoup peuplées et d'une grande étendue, on établira un proviseur dans chaque canton, pour prendre soin des pauvres de ce canton, les faire travailler et les pourvoir du nécessaire, et on tentera le possible pour bannir toute mendicité[1].

5° Solliciter une prohibition, pour que les lins ne sortent pas hors du païs, avant que soient reduites en toile.

6° Pour oter grand nombre d'abus, on diminuera le nombre des cabarets ; des fainéants devenus cabaretiers attirent tout le monde à boire, favorisent les débauches, donnent à boire les jours de fêtes et dimanches pendant le service divin et le soir, après la retraite sonnée, attirent la jeunesse de l'un et de l'autre sexe et forment des assemblées, où on danse impunément, contre les prohibitions réitérées de nos rois. Dans l'ordonnance d'Orléans il est dit à l'article 23ᵉ « défendons à tous juges *permettre* qu'es
« jours de dimanches et fêtes annuelles et solemnelles, aucunes
« foires et marchez, soient tenus *ni danses publiques faites* et leur
« enjoignons de punir ceux qui y contreviendront ».

Cette ordonnance fut enregistrée au parlement de Parys, le 13 7ᵇʳᵉ 1561.

Elle fut renouvellée par l'ordonnance de Blois 1579, par celle de François premier, rendue le 7 janvier 1520, par celle de Louis

[1] Cf. le cahier du curé d'Eringhem (6).

13, rendue l'an 1610 et par celle de Louis 14 rendue le 16 X^{bre} 1698. On urgera une nouvelle publication des dites ordonnances et sera enjoint aux baillis de veiller à l'exécution d'y celles, en mettant dans l'amende ceux qui y contreviendront. Ce sera de même des ordonnances du Roi données pour empêcher toute profanation des dimanches et fêtes par des œuvres serviles.

7° Comme la foire du Jeudi Saint, qui se tient à Cassel, dépeuple nos églises tout à l'entour de Cassel, au grand détriment du service divin, on demandera que l'assemblée provinciale soit authorisée à la transférer à un autre jour. Demande sera faite pareillement pour que la dite assemblée puisse solliciter auprès notre notre seigneur évêque, la translation de la Dedicace de Cassel, qui se fait le jour de la fête Dieu, au premier dimanche après cette fête : auquel jour pourroient aussi être fixés toutes les dedicaces des autres églises paroissiales de la partie de notre diocèse sur la domination du roi. Ce qui empêcheroit bien des abus, qui se commettent dans chaque paroisse, par les concours d'un très grand nombre des personnes qui y viennent des paroisses voisines et élongnées.

8° Nous, pasteurs de la Flandre Maritime, demandons à être rétabli dans les droits d'intervenir et d'assister aux contes des églises et des pauvres, de les signer et d'avoir une clef, comme cy devant des archives des églises, qu'un arrêt du parlement de Flandre nous a oté.¹

9° Nous exigeons que deux curés de notre doienné par nous députés puissent assister à toutes les assemblées provinciales.

10° La portion congrue ou canonique en dimes exempte de toutes charges.

11° Que les dimes novalles soient à jamais aux curés de la Flandre maritime, comme il a été ordonné par le Roi pour d'autres

¹ Cf. Cahier du curé d'Arnèke, *autre remontrance* (8).

provinces du royaume. Dans la déclaration du Roi, touchant les dîmes rendue le 28 août 1759, il est dit :

« Les curés continueront pareillement de percevoir les dîmes
« sur les fonds sur lesquels ils se trouveront en possession de la
« percevoir, au dit titre des novalles, au jour de l'enregistre-
« ment des présentes et à l'égard de toutes les dîmes novalles,
« qui seront à percevoir à l'avenir sur les héritages défrichez
« depuis le jour de l'enregistrement de présentes, voulons qu'elles
« appartiennent aux dits curés à l'exclusion des dits abbés,
« prieurs et religieux, non obstantes declarations quelconques,
« édits, ordonnances, lettres patentes, toutes arrêts etc. ».

12° Nous supplions Sa Majesté d'ordonner qu'une retraite honorable avec une pension honnête, pour vivre selon leur état, soit donnée aux vieux curés et vicaires qui par caducité ou autres raisons aimeroient à se reposer après avoir rendu un long et pénible service à l'église par la conduite des âmes. La dite pension sera fornie par les riches abbaïes de notre païs et par les autres gros bénéficiers.

Fait à Zuytpeene, ce 28 mars 1789.

MAZEMAN, curé de Zuytpeene.

Meshiurs le secrétaire et commissaires denommés pour la redaction du cahier du clergé.

Réflexions qui paroissent devoir être ajoutées aux deux cahiers qu'on a lus ce matin le 31 mars 1789.

On voit très souvent des procès dans les élections des coutres et maîtres d'école. Pour les prévenir il seroit à souhaiter que Sa Majesté ordonneroit qu'ils soient seulement élus par les Directeurs et Notables qui sont dans ces paroisses actuellement en fonction, et que les curés y auroient leur voix, et qu'on ne pourroit élir que des sujet munis des témoignages de probité et de capacité signés des curés.

Les baillifs ou officiers de police devroit être résidens dans les paroisses dans lesquelles ils sont baillifs ou officiers de police, et ainsi ils ne pourroient être officiers de police que dans une seule paroisse.

Les curés devroient rester libres de se contenter avec les dimes, terres, etc., qu'ils possèdent ou d'adopter la pension congrue que Sa Majesté fixera. La raison est que les donateurs ont donné ces biens non seulement pour les curés mais aussi pour les pauvres de ces paroisses, et la pension des paroisses nombreuses devroit être plus forte parce qu'il y a plus des pauvres et que le travail est plus considérable.

L'édit pour la création de grands bailliages devroit avoir sa pleine et parfaite exécution, étant très utile à l'Etat.

Aussitôt après le décès d'un curé, le curé le plus voisin devroit avoir droit de visiter les lettres qui pourroient se trouver chez le curé défunct pour brûler celles qui regardent le secret de conscience ou l'honneur des particuliers et cela gratis.

Cailliau, curé du Vieuberquin, N. De Swarte, curé de Lederzeele.

Le systhème d'augmentation des pensions des curés et vicaires devroit contenir le moien d'avoir cette augmentation des pensions aussitôt.

N. De Swarte, curé.

Le curé doien soussigné, qui a entendu la lecture des mémoires dont il s'agit et vu les reflexions qu'on faites les curés sus dits estime :

1º Que la promesse d'un vicaire par chaque cinq-cens communians ne peut pas avoir lieu dans les grandes paroisses de trois, quatre, huit mille, vu la pénurie des prêtres et l'impossibilité de les entretenir et loger.

2º Que dans les villes où le casuel fait le principal et quelquefois l'unique moien de subsister, le suprimer, c'est renverser toutes les distinctions des états et mettre lesdits curés dont les soins, peines et embarras, sont incomparablement plus grands que ceux des curés des petites campagnes, dans le cas de ne pouvoir vivre comme les derniers.

3° L'augmentation que l'on offre aux curés et pour eux et pour leurs pauvres sur des réunions de bénéfices, etc., ne présente rien de présent ni de certain. Il conviendroit d'ajouter qu'en attendant qu'elle puisse s'effectuer, elle seroit payée comme le reste sur les dimes des paroisses.

4° La fixation de deux milles livres ne doit pas regarder les curés de grandes campagnes en possession de dimes dont le revenu excèderoit la dite somme, par la raison qu'on ne veut pas reduire les abbé et chanoines à moindres dimes, que celle dont ils jouissent et les dits curés pourront toujours opter, et s'en tenir à leur bénéfice actuel.

Reflexions aprouvées par les sudits curés dont ledit doien a vu le mémoire cy-joint :

> J. F. Carpentier, curé de Merville, Cailliau, curé de Vieuberquin, N. De Swarte, curé de Lederzeele.

4° CAHIERS DU CLERGÉ PAROISSIAL

Cahier de doléances. Observations sur les demandes que fait Sa Majesté à tous ses sujets, sur les moyens à prendre pour percevoir ses revenues avec plus de facilité et à moins de frais, ses fidèles et respectueux sujets les CHAPELAINS ET BÉNÉFICIERS DE L'ÉGLISE COLLÉGIALE DE St PIERRE[1] A CASSEL s'empressent à lui détailler, ce 24 mars 1789.

1° Que les barrières soient portés aux extrémités du royaume.

2° Que le sel provenant des sallines de Sa Majesté soit vendu à ses sujets à un prix convenue et égal dans tout le royaume, pour diminuer les commis et conséquemment les sallaires, et conserver des hommes qu'ils passent leur tems à frauder et courent le danger de périr, et les laisser utile soit par leur travail, soit par leur industrie.

3° Que les impôts soient sur une même dénomination, et tous les sujets imposées sans distinction.

4° Que l'exportations des bleds soient defendues et que sur cet article on se conforme aux sages ordonnances qui en ont été faites.

5° Que les deniers provenantes des impôts soient portées immédiatement dans la caisse du receveur qui fera sa résidence dans la ville principale de la province, qui les fera porter à la fin de chaque mois dans les coffres de Sa Majesté, afin qui ne les

---

Représentés à l'assemblée de Bailleul par M. de Magnac, prévôt de l'église.

place pas à son profit et que par sa lenteur il ne cause pas un déficit et ne force Sa Majesté à emprunter, à des gros interêts souvent, un argent que lui appartient et qu'on lui fait prêter par une main tierce, c'est qui diminueroit ses moiens et retomberoit sur le peuple.

6° Il seroit nécessaire que les curés et vicaires, qui sont les seuls ecclésiastiques qui travaille, eussent à une âge avancé ou par des infirmités incurables une retraite qui ne fut pas prise sur le bénéfice qu'il quitte, mais bien sur des abbayes ou chapitres.

7° Sa Majesté ai supplié de ne nommer au bénéfice dont il [est] le collateur aucun sujet du lieu où est situé ledit bénéfice, par une infinité d'inconveniens qui en resulte, comme aussi ceux qu'ils ne sont pas regnicoles même naturalizés, attendu que presque toujours ils troublent l'ordre et l'harmonie qui doit régner dans ses corps et il apporte des mœurs depravées que lé chefs ne peuvent arrêter.

8° Que les onze bénéfices fondés dans l'église collégiale de St Pierre et que les chapitre a fait réduire, passé huit à neuf années, par décret de Monseigneur l'évêque d'Ipres, à quatre, à la retribution de quatre cens livres tournois chaque, en y imposant encore quelques charges arbitraires, seront remis sur pied, aux formes des fondations respectives, sans prendre égard audit décret de reunion, abusivement obtenu et malgré l'opposition des intéressés, dont il n'y avoit qu'un ou deux qui a résidé depuis un siècle, et plus encore à une rétribution arbitraire de la part dudit chapitre qui les a de tout tems éloignée de la résidence par des chicanes et sous prétexte que les bénéfices n'étoient d'aucune valeur, en confondant généralement tous les revenus avec les leurs et dans leur bourse commune.

9° Que sur le pied des anciens fragmens qui subsistent et qui disent que chaque fondation étoit suffisante pour la sustentation honnette du titulaire, il sera ordonné audit chapitre de donner à chaque titulaire de quoi à pouvoir vivre honnettement de son bénéfice qui oblige à une résidence stricte sans pouvoir réclamer ou se fonder sur le prétendu ou réel égaremens des titres dont il étoit lui-même dépositaire, cela uniquement pour pouvoir incorporer les biens dans sa propre manse capitulaire, comme il est desja accoutumé de faire depuis différens siècles, en ne donnant que des faibles retributions arbitraires à ceux qui ont quelque fois résidé et toujours en très petit nombre.

10° Qu'il ne sera permis audit chapitre de s'aider d'aucune convention ou transaction, par lui happée de quelques titulaires, par surprise, sous des promesses vaines et par la crainte des procédures ou par l'impuissance des titulaires, qui par des semblables intrigues ont été obligés et contraints de compromettre leurs véritables droits, à quoi néanmoins ils n'étoient point compétens, y obstant les lois et règles de l'église.

11° Que les revenues des bénéficiers absens pour de raisons légitimes ou attachées aux autres fonctions soient distribuées entre les bénéficiers présens sans être versées dans la bourse commune des chanoines, et que de cette réunion abusivement obtenu il y a pas un qui réside.

12° Nous avons omis un article qui regarde les intérêts du Roi qui sont qui l'y est dans les paroisses des collecteurs qu'ils perçoivent les impositions et qui est qu'un seul pour six villages, à qui on donnera une revenue suffisant pour le dédommager d'un tems qui auroit tourné à son profit, et qui ne soit que trois ans en exercice, et qu'il en est un second pour apprendre la manière dont sa ce fait, à qui il doit succéder et que l'un et l'autre soit solidaire.

A. J. Bornisien, J. J. Elleboode, prêtre et bénéf^r, C. N. Kersteloot, Josephus Heneman, prêtre, P. L. Varlet, P. J. Dubuy, p^{tre} vic., J. F. Vanpeene, p^{br}, Jean Ignace Vankemmel, prêtre et bénéf.

Cahier de remontrances, représentations et doléances des ÉCLÉSIASTIQUES NON POSSÉDANT BÉNÉFICES DE LA VILLE DE GRAVELINES[1] que présentent à Sa Majesté, MM. Antoine François Herman et Jean Martin Noé, vicaires, Pierre François Debette, sacristain, Thomas Antoine Augustin Devienne, chantre, Antoine Lowe, directeur des dames angloises Clairisses, et Joseph Anson, prêtre anglois, habitué et domicilié en ladite ville, en l'assemblée des Etats généraux du Royaume, en exécution et conformité à la lettre du roi du 24 janvier dernier et réglements y annexés des 24 janvier et 19 février dernier, ainsi qu'à l'ordonnance du grand bailli d'épée au bailliage royal et siège présidial à Bailleul pour l'exécution des lettres de convocation aux Etats généraux dans le ressort dudit bailliage et dans les villes de Dunkerque, Gravelines et Bourbourg, en datte du 7 mars suivant, présent mois.

1 — Ils supplient très humblement S. M. de considérer qu'il y a douze ans qu'aiant reconnu que les appointemens ou pensions des vicaires, chantres et sacristain de cette unique paroisse ne suffisoient pas à beaucoup prez pour leur subsistance et entretien de leur état, eu égard à l'augmentation du prix de toutes les denrées, les officiers municipaux de cette ville, chefs administrateurs de la fabrique ont cru qu'il étoit de justice et de nécessité indispensable de leur accorder une augmentation de pension qui a été fixée alors à une somme annuelle de six cent livres, y compris tous les honoraires accidentels attachés à leur poste, laquelle pension leur a jusqu'à présent été ainsi payée. Mais comme depuis cette époque le prix des denrés n'a cessé de s'augmenter graduellement, presque chaque année, cette pension de six cent livres, aujourd'hui et depuis un certain tems même, est devenue insuffisante au maintien de leur état, considération qui les oblige à supplier S. M. de venir à leur secours en leur accor-

---

[1] Le clergé de Gravelines fut représenté, à l'assemblée de Bailleul, par le vicaire J. M. Noé.

dant une nouvelle augmentation de pension proportionnée à celle sollicitée par MM. les curés et qu'il plaira à S. M. leur accorder.

2 — Par un abus qui s'est introduit depuis plusieurs années, les marguilliers en la paroisse qui sont toujours membres et commissionnés par le Magistrat, se sont continuellement refusés à faire payer par le receveur des revenus de la fabrique leur quartier de pension à chaque terme et ont entretenu cette négligence six, douze et jusqu'à dix-huit mois après leur échéance, ce qui n'a pu que gêner infiniment ceux à qui ils sont dus et qui n'ont d'autres moiens pour la plupart de subsister que cette rétribution, et qui osent exposer dans la plus exacte vérité que plus d'un d'entre eux dans ces circonstances a du se refuser peut être son plus strict nécessaire.

3 — Par une suitte de ces observations, ils supplient S. M. de vouloir bien ordonner que ces pensions soient exactement payées non sensément aux termes de l'échéance de chaque quartier, mais encore au besoin par un quartier d'avance en conformité des intentions de S. M.

4 — Par une suitte encore des abus introduits dans l'administration de la fabrique, les marguilliers échevins se refusent à faire faire aux maisons des suppliants les réparations nécessaires et urgentes dont elles sont susceptibles et presque toujours ils ne se laissent conduire en ce qu'ils font que par fantaisie et caprice en faveur de ceux qui les sollicitent de plus prez pour les réparations. Ils supplient à cet égard S. M. d'ordonner qu'il sera fait, dès à présent et chaque année, des visites d'ouvriers suffisans afin d'être pourvu aux dittes réparations, et les réparations exactement et sur le champ exécutées.

5 — Independemment des objets que l'on vient d'établir aux yeux de Sa Majesté, il en est un que la dignité du minister ne permet pas aux prêtres de la paroisse de tenir dans le silence ;

et comme il pourroit être échappée au zèle et à la mémoire du sieur curé *qui n'a pas à se plaindre d'être payé à tord*, ils croient être de leur devoir d'exposer icy que généralement tous les linges servans à la célébration des Saints Mystères et à l'administration des sacrements, les quels linges sont à la charge des gros décimateurs, religieux de St Bertin, sont dans un tel état d'indécence par leur malpropreté, qu'ils sont hors de service et même dans le cas d'interdit par leur défectuosité.

Fait à l'assemblée du clergé de Gravelines, tenue chez le Sr Herman, l'un d'eux, premier vicaire, en laquelle il a été procédé entre eux à l'élection de leur député en la personne du Sr Noé vicaire, par suitte à leur assemblée tenue chez le S^r curé de la paroisse, auquel député il a été délivré le double du présent cahier, joint à l'acte de nomination contenant procuration convenable aux fins énoncées en texte. Ce vingt sept mars mil sept cent quatre vingt neuf, après midy, et ont signé :

A. F. Herman vicaire, J. M. Noé, vicaire,
Debette sacristain, Devienne, chantre,
Antoine Lowe, Josephe Anson.

Plaintes et doléances du Clergé de l'église paroissiale d'Hondschootte.

1° Suivant l'usage reçu dans le diocèse d'Ypres, un vicaire perçoit dans les casuels de la paroisse la moitié du curé, ce qui semble se confirmer par le dispositif de Monseigneur l'évêque d'Ypres, en date du vingt quatre janvier mil sept cent quatre vingt neuf, qui ordonne que, dans les casuels provenans des Moëres, les deux vicaires ensemble perçoivent autant que leur curé, et autant que la fabrique.

Or, cet usage par lequel un vicaire perçoit la moitié du curé, approuvé par les évêques, consacré par son antiquité, se trouve sensiblement violé à Hondschotte, où les casuels se perçoivent dans une disproportion si étrange, qui semble blesser l'équité et la justice, et qui nous fait réclamer l'appui du clergé à prendre des moyens efficaces pour faire cesser un tel abus, qui tend visiblement à priver les vicaires de l'entretien honnête que les canons et les loix du royaume leurs accordent.

Le tarif des droits de la fabrique et du sieur curé, en fera la preuve : dans tous les services pris collectivement la fabrique perçoit soixante livres de France.............. 60^{liv} 00
le sieur curé............................ 59 00
un vicaire............................... 19 10

Quel est le moyen de faire cesser un tel abus et d'en arrêter le progrès ?

Il nous semble que la cotte-part du curé et de la fabrique, comme exorbitante, excédante plus que la moitié, pourroit être réduite à une proportion plus juste en elle même, et plus favorable aux vicaires. Ce qui ne blesseroit aucunement les droits du curé, car le droit du curé de percevoir autant dans les casuels, n'est que précaire, et n'est fondé sur l'indulgence du Magistrat, qui ayant eü autrefois deux cures et se voyant deservi que par un seul curé, n'a pas défendu au curé de percevoir les casuels de deux curés tandis qu'il étoit seul : On ne doit pas trouver étrange que les vicaires de ce temps là ne se sont pas opposés ; puisqu'il n'étoient pas déclarés nécessaires, et n'avaient aucun droit de réclamer contre cette indulgence abusive du Magistrat.

Aujourd'hui, nous sommes déclarés nécessaires, et nous nous croyons autorisés à implorer le secours du clergé pour y apporter du remède et y faire un division nouvelle dans les casuels dans une proportion plus juste.

2º Comme il paroit qu'on demande à Hondschotte qu'il soit enjoint aux vicaires de nécessité de dire la messe tous les jours à une heure fixée, et cela sans rétribution, nous réclamons contre cette demande, comme contraire à l'équité, et la jurisprudence de France, qui ne met aucune charge sur les vicaires de nécessité, sinon que d'assister les curés dans leurs fonctions curiales, dans l'administration des sacremens et de la parole de Dieu, à moins que la communauté accorde quelque rétribution honnête pour cet assujettissement certainement appréciable.

En outre, les habitans de notre ville surpassent en nombre ceux de la campagne, aucune faveur nous est accordée par les habitans de la ville, pas même notre logement, et on veut nous oter toute exemption ! Il seroit donc injuste d'assujettir un vicaire de nécessité, le rendre de commodité, et ne rien contribuer.

3° Nous nous plaignons de ne pas être logés à Hondschotte, ni par les décimateurs, ni par la communauté, ni par la fabrique.

Fait et arrêté à Hondtschoote, ce 28 mars 1789.

P. J. G. Vandecasteele, vicaire, P. Geeraert, vicaire d'Hondschootte.

Observations des vicaires pour être jointes à la rédaction du cahier des doléances et plaintes du Clergé.

1° Que la portion congrue projettée pour les vicaires, en dessus du logement gratis et à ce particulièrement destiné, n'est pas en proportion de celle des curés, que si un curé doit avoir deux milles livres pour son entretien, les vicaires doivent avoir les deux tiers, d'autant plus que le casuel des vicaires est à peine la cinquième partie de celui des curés, dans la supposition qu'il ne soit pas tout à fait aboli par l'assemblée des Etats généraux, d'autant plus encore que les vicaires ne sont pas moins exposés à voir la misère des paroissiens, puisque ce sont eux qui sont plus exposés à leur administrer les sacremens et à voir leur indigence.

2° Que la pluralité des bénéfices soit totalement abolie, comme un abus reprouvé tant par les anciens canons que par les modernes, comme un abus évidament demontré dans la docte décision de la faculté de Sorbonne, redigée par Fromageau[1]; que si la réunion de plusieurs charges civiles est abusive, à plus forte raison la réunion de plusieurs bénéfices.

3° Que tous les bénéfices simples soient donnés aux anciens curés et vicaires blanchis dans les travaux de leur ministère, ou à d'autres personages de mérite natifs de la provinces, affin que les propres citoiens de la province puissent jouir d'une retraite honnête après être cassés par leur travail pénible, en un mot qu'on confère ces bénéfices conformément à l'intention des fondataires.

4° Que touttes exemptions pécuniaires dans tous les ordres de l'Etat soient abolies par tout le royaume. Rien de plus conforme à la raison que de supporter tous à proproportion de ses biens les charges de l'Etat, étant tous membres d'un même corps, tous sujets d'un même prince, tous également deffendus et protégés par les mêmes forces et les mêmes loix.

5° Qu'on assigne une portion des dixmes au soulagement des pauvres, conformément à leur institution primitive.

P. F. COMPAGNION, P. J. HANNEBICQUE prêtre, J. M. NED vicaire, SENNESAL prêtre, PALMAERT, J. M. G. BLANCKAERT vic. et déserviteur de Flêtre.

[1] Germain Fromageau (1640-1703) s'occupa particulièrement de la décision des cas de conscience qui étaient soumis à la Faculté de théologie.

CAHIER GÉNÉRAL DU CLERGÉ

31 mars 1789, par devant Charles Alexander, comte d'Arberg et de Vallengin, etc., évêque d'Ypres,....sont comparus : [*Suit la liste des membres du clergé, qui ont comparu en personne ou par procureurs*[1]].

[1] On trouvera le procès verbal publié *in extenso* dans les *Annales du Comité flamand*, t. VII, p. 191 et suiv. Voir aussi p. 218 et suiv. la liste des ecclésiastiques, corps et communautés qui se sont fait représenter à l'assemblée bailliagère, avec les noms des mandataires.

Les mandataires devaient être porteurs d'une procuration en bonne et due forme. Nous publions la procuration suivante, à titre d'exemple : « L'an mil sept cent quatrevingt neuf, le vingt sixième jour du mois de mars, en l'assemblée du couvent des religieuses sœurs grises du tiers ordre de St François de la ville d'Haezebrouck, convoquée capitulairement et extraordinairement au son de la cloche dans le lieu ordinaire et accoutumé et où se sont trouvées les Sœurs Scholastique Bonte, mère supérieure, Marie Claire Faucquenbergue, vicaire, Bernardine Facon, Victoire de Kytspotter discrètes, Anne Thérèse Van Mechelen, Rose Bollaert, Benoite Deroo, Constance Delerue, Ursule Ghys, Josephe Dequidt, Geneviève Dequidt, Dorothée Loones, Rosalie Coopman, Marie Christine Dousinelle, Marie Thérèse Monet, Anne Catherine Briever, Marie Anne Asseman, Elisabeth Vermelle, Augustine Houvenaghel, Agathe Terwant, Cecile den Drael, Caroline Du Bois, Reine de Kydtspotter, Apolline Bellynck, Jeanne Rose Denys, pour, en exécution des lettres du Roi, données à Versailles le 24 janvier 1789 et 19 février ensuivant, des réglemens y annexés, et de l'ordonnance de M^r le Bailli de Bailleul rendue en conséquence le 7 mars ensuivant et au desir de l'assignation donnée à ladite communauté le treize dudit mois en la personne de sœur Scholastique Bonte, mère supérieure dudit couvent, être procédé à la nomination d'un député et fondé de procuration de ladite communauté dans la forme déterminée par l'article

Lesquels aiant procédé à haute voix à l'élection d'un secrétaire, ont choisi, à la pluralité des suffrages, le sieur et maître G. J. Van den Bavière, prêtre, curé de Terdeghem....

onzième du règlement, à l'assemblée générale des trois états du bailliage de Bailleul, qui doit se tenir le 30 dudit mois de mars.

Lesdite religieuses après en avoir délibéré et avoir recueilli les voix en la manière usitée ont nommé et député et donné procuration au révérend père Benoit Van de Walle, religieux Augustin du couvent de la ville d'Haezebrouck, Visiteur de la province du couvent desdits R. R. Pères Augustins, à l'effet de, pour et au nom de la dite communauté de sœurs grises d'Haezebrouck, comparoir à ladite assemblée générale des trois états, et là, représenter cette dite communauté, et concourir avec les autres membres de l'ordre du clergé, à la rédaction du cahier de plaintes, doléances et remontrances qui sera rédigé conjointement ou séparément, suivant que les trois ordres l'auront déliberé séparément, à l'élection des députés qui seront envoiés aux états généraux, dans le nombre et proportion déterminés par la lettre de Sa Majesté, et leur donner tous pouvoirs généraux et suffisans de proposer, rencontrer aviser et consentir tout ce qui peut concerner les besoins de l'état, la réforme des abus, l'établissement d'un ordre fixe et durable dans toutes les parties de l'administration, la prospérité générale du royaume et le bien de tous et chacun des sujets de Sa Majesté.

Promettant lesdites sœurs délibérantes d'aggréer et approuver tout ce que leur député et fondé de procuration cy dessus nommé aura fait, délibéré et signé en vertu des présentes, de la manière même que si les dites sœurs délibérantes y avaient assistées en personnes.

Fait et arretté en ladite assemblée capitulaire, lesdits jour et an et ont signés :

Sr Scholastique Bonte mère supérieure, Sr Marie Claire Faucquenbergue vicaire, Sr Bernardine Facon, Sr Victoire de Kydtspotter discrètes, Anne Thérèse Van Mechelen, Suster Rosa Bollaert, Sr Benedicta Deroo, Constantia Delerue, Ursule Ghys, Josephe Dequidt, Geneviève Dequidt, Dorothée Loones, Rosalie de Coopman, Marie Christine Dousinelle, Marie Thérèse Monet, Catharine de Briever, Marie Anne Asseman, Elisabeth Vermelle, Augustine Houvenaghel, Agathe Terwant, Ceciele den Drael, Coroline Du Boé, Reine de Kydtspotter, Apollinie Bellynck, Janne Rose Denys,

Nommés pour procéder à la rédaction du cahier MM. de Fabry, Blanckaert, Roussel, Macquet, Van de Weghe et Légier.

Le lendemain, le Clergé s'est assemblé à quatre heures du soir, afin d'entendre la lecture du cahier rédigé, mais Monseigneur l'évêque d'Ypres étant retourné la veille en la ville d'Ypres, M. l'abbé de Bergues St Winnocx, suivant l'ordre hiérarchique et conformément au règlement de S. M., a accepté la ditte présidence.

De sorte, nous, Benoit Van de Weghe, abbé de l'abbaye de Bergues St Winnoc, étant assemblé avec ledit clergé, le Tiers Etat nous aiant présenté une délibération par eux prise ledit jour et conçue en ces termes : « Il a été dit par un des membres de l'assemblée que M. de Calonne, ex contrôleur général, expatrié, avait paru hier dans la ville de Bailleul, et avoit manifesté le désir de se faire nommer député aux Etats Généraux, la matière mise en délibération, a été unanimement résolu que le Tiers Etat ne pouvoit admettre ni dans son assemblée, ni dans l'élection, mondit Sr de Calonne ; que même les subdélegués, contre qui frappent principalement les doléances, ne pouvoient point être élus ». Etoit signé : Craye d'Hagedoorne, greffier du Tiers Etat, nous demandant de vouloir y adhérer : et après que cette matière a été mise en déliberation, nous y avons adhéré à la pluralité des voix[1].

Après ce, la lecture du cahier a été commencée et on en a re-

---

[1] Voici l'acte de résolution : Ayant reçu la députation de MM. du Tiers Etat, le 1er avril 1789, à quatre heures et demie de l'après-dinée, avec la question par eux résolue d'exclure de l'éligibilité pour députés aux Etats Généraux M. de Calonne, ex-contrôleur, de même que tous les subdé'égués.

Cette question ayant été immédiatement mise en délibération, il a été résolu à la pluralité des voix d'adhérer à la résolution prise par le Tiers-Etat.

Collationné, se trouve conforme à l'original par le soussigné secrétaire, G. J. Van den Bavière, curé de Terdeghem.

mis la continuation au lendemain 2 avril 1789, à 8 heures du matin.

Le jeudi 2 avril, nous avons continué la ditte lecture du cahier, en marge duquel différentes protestations ont été actées.

Le 3 avril, nous avons arrêté et clos le cahier rédigé, qui a été signé par nous, les commissaires présens et le secrétaire.

. . . .

L'après-midi du même jour, 3 avril, nous avons procédé à l'élection de deux députés aux Etats Généraux, et après les différens scrutins, faits à cet effet, le sieur et maître Pierre Cornil Blanckaert, doyen de chrétienneté et curé de Wormhout, diocèse d'Ypres, et le sieur et maître Jean-Baptiste-Joseph Roussel, curé de Blaringhem, diocèse de St Omer, ont été choisis...

14 avril, par devant Charles Alexandre comte d'Arberg et de Vallengin etc., évêque d'Ypres, le Clergé assemblé, ledit seigneur Président a communiqué une lettre reçue le 8 du courant, de M. Blanckaert, doien de chrétienneté et curé de Wormhout, élu le 3 du courant, pour député aux Etats Généraux, conçue en ces termes :

« Mgr, Monsieur Cuvelier m'a donné part qu'il avoit informé votre Grandeur du choix des députés pour le clergé; étant indisposé, je n'ai point été dans la dernière assemblée qui a fini par le scrutin. Assurément Votre Excellence a été informé de tout ce qui s'est passé : il étoit tard quand on m'a venu annoncer que j'étois député avec le sieur curé de Blaringhem ; pour satisfaire aux vœux de mes confrères et ne point prolonger la besogne au lendemain, auquel jour plusieurs curés auroient été absens, j'ai acquiescé, cependant contre mon inclination à raison de mon âge et peu de connoissance dans les affaires d'Etat; mais comme mon indisposition ne diminue point, je prévois de ne pouvoir accomplir cette commission et vois qu'il n'y a pour moi d'autre parti à prendre que de désister et faire démission de l'honneur que MM. du clergé m'ont voulu faire. Je supplie Votre Excellence de la vouloir agréer et d'être convaincu de tous les sentiments de la plus profonde vénération, etc.

Etoit signé : P. C. Blanckaert, doien-curé de Wormhout, ce 8 avril 1789 ».

Cette lecture aiant été faite, Monseigneur le Président a proposé, qu'attendu que M. Blanckaert étoit en ville, il convenoit de lui envoier des députés pour se rendre personnellement à l'assemblée ; lequel aiant comparu, et sa lettre relue en sa présence, il a répondu que cette lettre n'étoit pas une démission en régle, mais uniquement un conseil qu'il demandoit à son évêque; mais après mûre délibération, ledit sieur Blanckaert a répondu qu'il désistoit de sa députation aux Etats-Généraux, et a signé ceci en conséquence.

Signé : P. C. Blanckaert, doyen-curé de Wormhout.

Ainsi, vu la démission du sieur Blanckaert cy dessus, il a été résolu de procéder à l'élection d'un autre Député aux Etats-Généraux, suivant la forme énoncée et prescrite par le règlement de Sa Majesté du 24 janvier dernier. En conséquence, le clergé assemblé, composé de MM. les abbés de Bergues S¹ Winnoc, de S¹ Jean aux Monts et Vormezeele, ainsi que de différens députés de chapitres des églises collégiales, des curés et autres ecclésiastiques, (plusieurs curés s'étant retirés le 3 de ce mois, après l'élection faite de susdits deux députés de leur ordre, à cause de la semaine sainte), a choisi, élu et nommé Monseigneur Charles-Alexandre comte du Saint-Empire Romain, d'Arberg et de Vallengin, évêque d'Ypres, etc., lequel a accepté et aggréé la ditte nomination[1] pour conjointement avec le susdit sieur Roussel,

---

[1] Sur l'élection de l'évêque d'Ypres, voir INTRODUCTION, p. XLIV. Cette élection fut déclarée nulle par l'Assemblée constituante, le 20

curé de la paroisse de Blaringhem se rendre aux Etats-Généraux avec tous pouvoirs ci-devant énoncés.

Fait à Bailleul, ce 14 d'avril 1789, à l'assemblée du clergé.

>Signé : CHARLES, évêque d'Ypres, G.-J. VAN DEN BAVIÈRE, secrétaire de l'assemblée du clergé.

Cahier des demandes et doléances du Clergé[1] de la Flandre Maritime.

Si le premier sentiment dont le clergé de la Flandre maritime doit être animé est de remercier le Roi des vues de sagesse, de justice et de bienfaisance qui ont porté S. M. à convoquer les Etats Généraux, sa première demande doit avoir pour objet de supplier un roi aussi digne de l'amour de ses peuples, d'employer tous ses soins et son autorité pour faire rendre à la religion catholique-romaine tout l'honneur et le respect qui lui sont dûs. Sans la religion, point de mœurs ; et sans les mœurs, point de félicité publique : les plus beaux plans d'administration, s'ils ne sont point fondés sur cette base, seront défectueux : bientôt on oubliera que le Roi est l'image de Dieu sur la terre, et on se livrera à un esprit de systhème et de philosophie qui plongera l'Etat dans le désordre. Plus, au contraire, les peuples seront religieux, plus ils seront fidèles à obéir aux lois. Il est donc d'une saine politique, comme il importe au bien spirituel des peuples, que les ordonnances du roiaume, qui proscrivent l'introduction des livres impies et contraires aux mœurs, comme celles qui défendent la profanation des dimanches et fêtes, soient renouvellées pour être éxécutées avec la

---

juillet 1789. Les électeurs de l'ordre du clergé furent donc convoqués encore une fois. Le 15 septembre ils choisirent le sieur et maître Van den Bavière, licencié en théologie, prêtre curé de Terdeghem.

[1] Ce cahier a été publié par MAVIDAL et LAURENT, *Archives parlementaires*, t. II. p. 168-171.

plus scrupuleuse exactitude ; et qu'en conséquence, les baillis qui non seulement tolèrent aujourd'hui les infractions qui y sont faites, mais encore les authorisent au moien des permissions qu'ils se font paier, soient punis rigoureusement par les soins des procureurs généraux, lorsqu'ils ne tiendront pas la main à l'exécution des dites ordonnances.

Le rétablissement des synodes diocésains et des conciles provinciaux et nationnaux étant le seuls moiens de détruire les abus qui peuvent exister dans le clergé, et de faire revivre la discipline ecclésiastique dans toute sa vigueur, il paroit indispensable d'en ramener l'usage.

Le patrimoine de l'Eglise est suffisant, sans doute, pour l'entretien de tous ses ministres ; mais il est inégalement réparti, d'où il résulte que les curés et vicaires, qui en sont la classe la plus utile, n'ont point une dotation suffisante. Ils préchent contre les richesses ; ils ne doivent point les désirer ; mais ils ont besoin d'une subsistance honnète : leur dotation doit même aller au delà de leurs besoins personnels. En préchant la charité, ils donnent le droit qu'on la leur demande sans cesse ; et tous les pauvres honteux de leurs paroisses sont principalsment à leur charge. D'après ces motifs, les Etats Généraux sont suppliés de faire un règlement général par lequel il seroit ordonné :

1 — Que la portion congrue des curés et vicaires *(a)* seroit fixée d'une manière proportionnée aux circonstances de leur état, sans qu'ils soient désormais assujettis à avoir recours aux tribunaux qui aujourd'hui règlent arbitrairement les contestations qui s'élèvent sur cet objet.

> *(a)* Quelques membres de l'assemblée ont demandé qu'il fût ajoutté après ces mots des curés et vicaires : *soit des villes ou des campagnes*. D'autres ont demandé qu'il fût mis à la suite de cet article : *nonobstant tout arrêt, sentences ou transaction précédemment faites par les curés avec les décima-*

teurs. — Les décimateurs ont protesté contre ces deux additions.

2 — Que les portions congrues soient exemptes de toute imposition, ainsi que le Roi l'a toujours expressément ordonné. Que, dans le cas où les cures se trouveront dotées d'une manière qui excédera la valeur de la portion congrue qui sera déterminée, elles soient exemptes de toute charge jusqu'à concurrence de laditte portion congrue. Que si cette exemption ne pouvoit point se concilier avec la loi générale, qui assujettiroit indifféremment toutes les propriétés au paiement des charges publiques, il seroit accordé aux curés et vicaires un dédommagement convenable (*b*).

(*b*) Les décimateurs ont demandé qu'il fût ajoutté à la fin de l'article 2 : *Moiennant que ce dédommagement ne soit point à la charge des décimateurs.*

3 — Que toutes novales[1] soient attribuées à perpétuité aux curés par préférence aux gros décimateurs, et sans diminution de leur portion congrue, aux termes de la déclaration du Roi touchant les dîmes[2], rendue le 28 août 1759 et enregistrée au Parlement de Paris; sauf néanmoins les privilèges et exceptions particulières accordées par titres authentiques, tels que des fondations ou autres concessions (*c*).

(*c*) Les décimateurs ont protesté contre tout l'article 3, comme étant contraire et attentatoire aux droits de propriété !

4 — Que les cures, dont les revenus, en sus de la somme représentative de la portion congrue, n'excéderoient pas le tiers

---

[1] Dîmes sur les terres nouvellement défrichées. Elles ne se levaient que 40 ans après le défrichement.

[2] Règlement pour la perception des dîmes novales entre les curés et les religieux des ordres de Cluny, Citeaux et Prémontré. RECUEIL D'ÉDITS..., t. VI, p. 678.

de la dîme générale de la paroisse, soient exemptes de toutes charges inhérentes aux dîmes, étant à présumer que les dîmes et terres appartenantes aux cures ont été données par portion congrue personnelle (*d*).

> (*d*) Les décimateurs ont protesté pour que l'excédent de la portion congrue soit assujetti au prorata. Sur quoi, les curés ont observé que l'excédant de leur portion congrue pourroit contribuer, si les décimateurs prouvoient que les curés possédent leurs dîmes et terres à autre titre que celui de portion congrue : les décimateurs ont prétendu que cette preuve ne leur incomboit pas.

Il est nécessaire que, par le même règlement, la jurisprudence relative aux dîmes insolites[1] soit fixée de manière qu'il n'y ait point d'altération dans les propriétés ecclésiastiques, ni de surcharge dans la contribution des peuples.

Il y seroit pareillement ordonné que les décimateurs seroient assujettis, non seulement au paiement des portions congrues des curés, vicaires, et coutres ou clercs, ainsi qu'à toutes les fournitures nécessaires au service divin, subsidiairement aux revenus de la fabrique, mais encore à la construction et entretien des églises et des maisons pastorales et vicariales, auxquelles charges les curés désirent encore qu'il soit ajoutté une imposition pour les pauvres; mais qu'en même tems, les décimateurs seroient admis à participer à l'administration des fabriques, dans un bureau composé des seuls décimateurs, curés et marguillers, librement élus par la paroisse, et que les propriétaires des dîmes inféodées seroient tenus de partager, dans la proportion de leurs dîmes, la charge des autres décimateurs; car, si, dans le droit, la charge est essen-

---

[1] Par opposition aux dîmes ordinaires. Les dîmes insolites sont extraordinaires soit par rapport à la nature des fruits sur lesquels on veut les percevoir, soit par rapport à la quotité.

tiellement inhérente aux dîmes, nulle loi, nulle convention particulière n'a pu les en libérer (*e*).

(*e*) Les décimateurs observent sur cet article : 1° par rapport aux constructions et reconstructions des églises et maisons pastorales, qu'ils sont en instance au Conseil d'Etat du Roi, pour obtenir la révocation des lettres patentes[1] de 1773, qui les assujettissent à cette charge, et aucunement à celle de maisons vicariales ; sur quoi ils attendent de la justice de Sa Majesté une décision; 2° par rapport à la portion du coutre, qu'ils n'ont, pour la plupart, jamais été tenus au paiement de laditte portion, laquelle a été communément paiée par les paroisses, la possession aiant, jusqu'à présent, servi de règle à cet égard ; 3° par rapport à l'imposition demandée sur les dîmes pour les pauvres, que l'aumône est libre et qu'elle doit être laissée à la conscience des décimateurs. Les curés ont observé sur le même article qu'il étoit important que l'élection des coutres et autres officiers de l'église, fût faite par l'intervention et avec l'approbation des curés.

Qu'il seroit désormais établi un vicaire par chaque paroisse, et un plus grand nombre, suivant la population de la paroisse, la distance des lieux et la difficulté des chemins ; que le nombre nécessaire ne seroit déterminé que par les ordinaires des diocèses, sauf, en cas de contestation, d'en appeler au métropolitain, en conformité des arrêts du Conseil d'Etat du 12 décembre 1653 et de juin 1654 ; de sorte que de pareilles contestations ne fussent jamais portées dans les tribunaux séculiers (*f*).

(*f*) Les décimateurs ont observé sur cet article qu'il ne devoit être établi de vicaire dans chaque paroisse qu'autant qu'il y auroit été jugé nécessaire par l'ordinaire des lieux.

---

[1] Cf. Cahier de l'abbaye de St Winoc à Bergues (4), t. II, p. 462.

Que les bénéfices de la province seroient donnés de préférence aux naturels du pays, et que les premières dignités des églises collégiales leur seroient spécialement réservés

Que les prébendes des dittes églises ne pourroient être conférées qu'à des ecclésiastiques avancés en âge, qui auroient rendu, pendant 10 ans au moins, des services, soit dans le ministère, soit dans l'éducation publique, dans la province (g).

(g) Il a été protesté contre cet article par le prévôt de St Pierre de Cassel.

Que les bénéfices ne pourroient point être multipliés sur une même tête, et que ceux appelés *forains* ne pourroient être conférés qu'à des ecclésiastiques employés aux mêmes fonctions ou qui auroient rendu de longs services, et auxquels il convient de faire une retraite ; et que, dans le cas où les titulaires desdits bénéfices ne seroient point employés dans le ministère du diocèse, ils seroient tenus de résider dans le lieu de la situation desdits bénéfices.

Que la disposition du concile de Trente, relativement au nombre des commencaux de la Maison du Roi, seroit observée à l'égard des églises de la Flandre.

Il n'est pas moins nécessaire d'arrêter par une autre loi les vexations de toutes sortes que la régie des domaines fait éprouver à toutes les mains-mortes, relativement aux droits d'amortissement, d'indemnité, et autres semblables ; qu'à cet effet, il soit fixé un terme après lequel il ne soit plus permis de revendiquer de pareils droits, et qu'en outre, toutes les quittances données aux gens de main-morte à raison d'iceux, soient enregistrées dans les tribunaux ordinaires, pour y avoir recours au besoin.

Qu'il soit aussi prescrit, par la même loi, que les maisons abbatiales, prieuriales, canoniales, pastorales et vicariales, qui ne seroient louées que pour un tems, sans que leurs destinations primitives en soient changées, soient déchargées des droits d'amortissement et de nouvel acquêt.

Que l'arrêt du Conseil d'Etat du Roi du 7 septembre 1785, concernant les formalités trop rigoureuses à observer pour les constructions et reconstructions des bâtiments appartenants aux gens de main-morte soit révoqué.

Que les fondations pour les prières ou rétribution des messes, qui ne doivent pas durer plus de 50 ans, et dont la rente n'excèderoit pas la somme de 300 livres, soient exemptes du droit d'amortissement.

Que les écoles dominicales, ainsi que le logement des personnes qui y sont préposées, soient déclarées exemptes du même droit, comme étant des établissements de pure charité.

Qu'il ne puisse point être pareillement exigé pour les reconstructions faites par les gens de main-morte sur des terreins déjà amortis.

Que, dans le cas où les rentes foncières, appartenantes aux gens de main-morte, seront rachettées, selon le vœu du gouvernement, par les propriétaires des terres grevées de ces rentes, les gens de main-morte soient authorisés à faire le remploy des deniers en provenant, soit en acquisition d'autres propriétés foncières, soit en rentes constituées, sans qu'ils soient tenus à aucun droit d'amortissement ou autres.

Sa Majesté est suppliée d'accorder une protection spéciale aux couvents de l'un et de l'autre sexe des ordres mendians et autres, et principalement à ceux de ces établissements qui s'occupent de l'enseignement ou autres objets d'utilité publique ; et qu'elle daigne expressément défendre aux Magistrats des villes et bourgs, de leur imposer d'autres charges que celles auxquelles ils sont assujettis par les traités de leur établissement dans lesdittes villes et bourgs (*b*).

(*b*) Les curés ont observé que les religieux, étant non seulement utiles, mais encore très souvent nécessaires pour les besoins spirituels[1], le Roi doit être supplié, attendu la diminution des sujets françois, de vouloir bien accorder *gratis* des lettres de naturalisation aux étrangers : à quoi les autres membres de l'assemblée ont adhéré.

L'administration de la Flandre maritime se trouve constituée d'une manière si vicieuse, que les intérêts du Clergé et de la Noblesse, ainsi que ceux des habitans des campagnes, y sont entièrement dans les mains du tiers état des villes ; et que celui-ci se trouve presqu'entièrement dans la dépendance d'un seul homme, tout à la fois subdélégué général de la Flandre maritime, subdélégué particulier de Cassel, député du département à la cour, commissaire perpétuel de la province, inspecteur général de ses pavés, inspecteur particulier de ceux de la châtellenie de Cassel, député de la même châtellenie, conseiller pensionnaire de la cour de Cassel, greffier de la même cour, et en cette qualité exerçant l'office de tabellion garde notes ; offices et employs qui lui donnent, outre des gages et des émoluments considérables avec le maniement des deniers publics, une influence nécessaire sur toutes les affaires de la province, et dont il pourroit si facilement abuser ; en conséquence, le clergé demande le rétablissement des anciens Etats de la Flandre, composés et réglés d'après l'organisation même des Etats généraux, et dans lesquels les curés et autres ecclésiastiques réguliers et séculiers soient pareillement admis (i).

(i) Les abbés, les chapitres de St Pierre et de Notre Dame à Cassel, le tiers des curés et autres ont protesté contre tout ce qu'il pourroit y avoir de personnel dans cet article[2]. Ces abbés sont de St Winnoc de Bergues, de Vormezeele et de St Jean d'Ypres.

[1] Cahier du curé de Bailleul (3).
[2] Il s'agit ici de Longlé de Schoebeque. Voir A. DE SAINT-LÉGER, *La Flandre maritime*, pp. 251 et 415 notamment.

La Flandre Maritime, aiant des intérêts différens de ceux de la Flandre Wallonne, il demande aussi que ces Etats soient entièrement distincts et séparés de ceux de cette province ; qu'en conséquence l'arrêt du Conseil du 2 mars 1789, qui réunit les deux administrations ne soit point exécuté.

Que la Flandre maritime soit confirmée et rétablie dans tous ses privilèges et usages, en tant qu'ils ne seront pas contraires au plan général qui sera établi pour tout le roiaume, conformément aux capitulations[1], notamment en ce qui concerne l'exclusion de la commande et des pensions, ainsi que l'exemption des grades, y compris les villes et territoires de Dunkerque, Bourbourg et Gravelines, comme faisant partie de la Flandre Maritime.

Que, néammoins, l'on abolisse l'usage qui exclut le clergé de l'administration des biens des fabriques, tables des pauvres et autres fondations, comme évidemment injuste et abusif, en ce qu'il diminue le respect que les peuples doivent à leurs pasteurs, et contradictoire avec leur droit de participer, comme citoyens, à l'administration même de la province; et qu'en conséquence, les comptes desdittes administrations soient présentés et rendus, suivant le droit commun, aux curés conjointement avec les autres coadministrateurs.

Que pareillement, l'usage de n'accorder aucun secours aux étrangers domiciliés dans la province et tombés dans l'indigence, soit aboli, comme blessant l'humanité et contraire à la charité, sauf à la province à s'occuper des moiens les plus propres à prévenir les inconvénients qui pourroient en résulter.

Que la province continue d'être exempte des impôts qu'elle a rachettés en différents tems.

Que les officiers municipaux soient librement élus par les communes, que leur nombre soit réduit et leurs gages modérés.

---

[1] Cf. Cahier de l'abbaye de S¹ Winoc, à Bergues (3).

Qu'il soit rendu compte par les villes, des dix dernières années de leur administration, par devant une commission composée de membres pris dans les trois ordres des Etats de la province, et nommés par eux, afin de constater les abus ; et qu'à l'effet de les prévenir pour la suite, les comptes annuels soient rendus de la même manière.

Le clergé de la Flandre maritime demande, en outre, qu'il ne puisse être établi d'impôt que par le consentement libre de la nation, et qu'ils soient principalement établis sur les objets de luxe.

Que les dettes de l'Etat soient liquidées après avoir été préalablement vérifiées, de manière qu'il ne reste aucun doute sur le *déficit*.

Que les dépenses des départements soient fixées, et que chaque administrateur soit responsable aux Etats généraux de sa gestion.

Que l'administration des finances soit simplifiée, de façon qu'elle ne soit point surchargée de cette foule des receveurs, commis et agents intermédiaires qui vexent le public au détriment des deniers roiaux.

Que chaque province prenne respectivement l'administration et régie des Domaines du Roi.

Que les barrières soient portées aux frontières extrêmes ; qu'on ne laisse point sortir du roiaume aucune matière première. Qu'il ne soit permis d'en exporter le bled, qu'à une valeur déterminée par les soins des Etats particuliers et converti en farine, mis en sacs. Que les toiles étrangères ne puissent y être introduites qu'en paiant un droit considérable, afin que la balance [1] ne reste plus en faveur des étrangers, et que leurs manufactures puissent être attirées en France.

Que le Roi soit supplié de faire jouir ses sujets, le plutôt qu'il

---

[1] La balance du commerce,

se pourra, de la réforme que S. M. a bien voulu leur annoncer, tant dans le code criminel que dans le code civil.

Que les baillis des seigneurs soient tenus de résider dans les lieux dont ils sont baillis.; et qu'il soit obvié, par une nouvelle loi, aux abus de la prévention en matière criminelle.

Que les villes de Dunkerque, Bourbourg et Gravelines avec leurs territoires respectifs, qui se trouvent démembrés par des circonstances particulières du ressort du Parlement de Flandre, soient réintégrées à sa juridiction, pour que les jugements y soient rendus conformément à leurs coutumes et privilèges.

Que les procès au-dessous de 100 livres soient jugés dans les premières juridictions, sans frais, sommairement et sans appel.

Que toutes les cours d'attribution soient supprimées, leurs fonctions pouvant être facilement remplies par les juridictions ordinaires ; et que le nombre des justices intermédiaires soit réduit de manière que l'on ne parcoure jamais que trois degrés de juridictions.

Qu'il soit ordonné, par une loi, qu'aucun étranger ne soit admis dans les villes, bourgs et paroisses, pour y faire sa résidence, sans être muni d'un certificat de vie et mœurs, signé du curé du lieu d'où il vient.

Qu'aussitôt après le décès d'un curé, le doyen de chrétienté soit autorisé, par lui ou un autre prêtre qu'il commettra à cet effet, visiter les lettres et papiers qui pourroient se trouver chez le curé défunt, et d'y apposer le scellé, afin qu'aucuns documents qui peuvent intéresser la cure, ni aucune lettre contenant des secrets de conscience ou des affaires qui pourroient compromettre l'honneur des particuliers, ne tombent entre les mains des laïcs, comme il arrive journellement, au scandale public et détriment des successeurs.

Qu'il soit remédié aux abus des Universités, où l'on obtient quelquefois des grades par le seul argent, et que, dans aucune, l'âge ne puisse tenir lieu d'étude.

Qu'il ne puisse, en aucun cas, être accordé d'arrêt de surcéance ni d'évocation ; et que, sous aucun prétexte, personne ne puisse être distrait de ses juges naturels et domiciliaires ; qu'en conséquence, tout privilège de *committimus* et autres semblables soient abolis.

Que personne ne puisse perdre la liberté, ni être arrêté sans un jugement préalable et conforme aux lois ; qu'en conséquence, les lettres de cachet cessent d'avoir lieu.

Que l'assemblée des Etats généraux se tienne régulièrement tous les 2 ans ; que chaque assemblée fixe le jour où se tiendra la suivante, sans qu'il puisse être changé ; et que les différentes provinces puissent se réunir pour élire leurs députés, sans qu'il soit besoin d'aucunes lettres de convocations.

Que, préalablement à toutes les opérations des Etats Généraux, toutes les lois constitutionnelles et fondamentales de l'Etat soient rassemblées et rédigées en un code national pour assurer inviolablement la constitution du Roiaume.

Que, pendant la tenue des Etats Généraux, il soit établi dans la province une commission intermédiaire, composée de quatre membres, dont un du clergé, un de la noblesse, et deux du tiers-état; laquelle sera authorisée par le Roi à rechercher dans les dépôts publics, tout ce qui pourra servir de document et d'instruction, pour être envoié aux députés de la province à ladite assemblée (*j*).

> (*j*) Les décimateurs protestent contre la trop grande influence des curés dans l'assemblée, dont le nombre surpasse le leur de deux tiers.

Telles sont les demandes, remontrances, doléances et supplications que l'assemblée du Clergé de la Flandre Maritime croit devoir présenter à l'assemblée des Etats Généraux du Roiaume, en exécution des ordres du Roi, pour y être fait droit, conformément aux vues de sagesse, de justice et de bienfaisance de Sa Majesté.

Ainsi fait, clos et arrêté en laditte assemblée à Bailleul, le 3 d'avril 1789.

Benoit VANDEWEGHE, abbé de St Winoc, président de l'assemblé, DE FABRY, J.-A. MACQUET, curé-doien de Dunkerque, LÉGIER, J.-B. J. ROUSSEL, curé de Blaringhem ; P. C. BLANCKAERT, curé de Wormhout, doyen de X^{té}.

Par ordonnance de l'assemblée : G. J. VANDENBAVIERRE, curé de Terdeghem, secrétaire.

TABLE DES MATIÈRES

contenues dans le Tome second

Cahiers du Tiers Etat *(suite)*

Châtellenie de Bergues : Notice	5
Bergues *(corporations)*	7
» *(ville)*	80
Wormhoudt *(paroisse)*	97
» *(comté)*	120
Wylder	125
Herzeele	127
Socx	132
Quaedypre	141
Hoymille	149
Uxem	154
Bambecque	158
Oost-Cappel	164
Rexpoëde	166
West-Cappel	169
Armbouts-Cappel	171
Cappelle	174
Téteghem	175
Bierne	178
Steene	183
Chrochte	186
Killem	188
Warhem	196

TABLE DES MATIÈRES

Châtellenie de Bergues (suite) :

Coudekerque	202
Ghyvelde	210
Leffrinkhoucke	219
Spycker	221
Brouckerque	223
Pitgam	231
Looberghe	237
Bissezeele	245
Esquelbecq	251
Ledringhem	258
Houtkerque	265
Hondschoote (*extrait du procès-verbal*)	278
Les Moëres	279

Territoire de Dunkerque : Notice ... 283

Dunkerque	285
Mardyck	307
Grande-Synthe	311
Petite-Synthe	316
Coudekerque-Branche	323
Branches de Téteghem, Ghyvelde et Uxem	327
Leffrinkhoucke-Branche	330
Zuydcoote	334

Châtellenie de Bourbourg : Notice ... 337

Bourbourg	339
Craywick	343
Loon	350
Saint-Pierre-Brouck	354
Saint-Georges	358
Drincham	360
Eringhem	366
Millam	368

Châtellenie de Bourbourg (suite) :

  Holque 372
  Cappelle-Brouck 373
  Merckeghem 378

Territoire de Gravelines : Notice 383
  Gravelines 384

Cahier général du Tiers-Etat 409

Cahier de la Noblesse 435

Cahiers particuliers du Clergé 457

  Cahiers des chapitres 459
  —   des communautés religieuses 473
  —   des curés 483
  —   du clergé paroissial 511

Cahier général du Clergé 521

Imprimerie Dunkerquoise, 34, rue de Soubise.

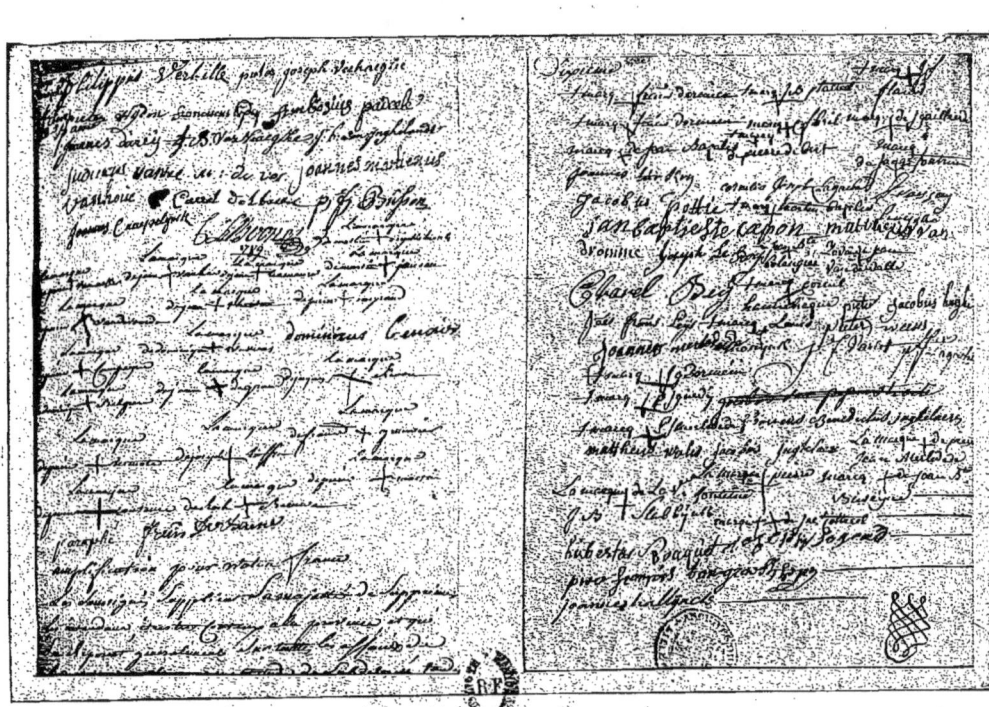

DERNIÈRE PAGE DU CAHIER DE WATOU
Signatures et amplifications.
Cf. t. I, p. 185-186.

DERNIÈRE PAGE DU CAHIER DE BOESCHÈPE
Signatures.
Cf. t. I, p. 82.

CARTE
DE
LA FLANDRE MARITIME

(Voir notice à l'appendice)

A LA MÊME LIBRAIRIE :

Documents pour servir à l'histoire de la Révolution française dans la ville d'Amiens. Etats généraux, élections, cahiers. Registres aux délibérations de l'administration municipale, années 1789, 1790, 1791. P. 1889-1902, 5 vol. in-8° br. .... **30 fr.**

LALLEMAND (Léon), correspondant de l'Institut de France. — *La Révolution et les pauvres.* 1 vol. gr. in-8°.... **12 fr.**

Liste des membres de l'Assemblée de l'ordre de la noblesse du bailliage de Nivernais aux Etats Généraux de 1789, publiée d'après le cahier original 1847, in-8°.. **1 fr. 50**

MARCÉ (V.). — *La comptabilité publique pendant la Révolution.* 1893, in-8° (95 p.)...................... **2 fr.**

ONON (A.). — *La comparution des paroisses en 1789.* 1897, in-8° (63 p.)................................... **1 fr. 50**

PERRIN (J.). — *Le cardinal de Loménie de Brienne*, archevêque de Sens, ses dernières années, épisode de la Révolution. Sens, 1896, 1 vol. in-8° br., portr. héliog..... **4 fr.**

PORÉE (Ch.). — Etudes sur l'histoire de la Révolution. *Les subsistances dans l'Yonne* et particulièrement dans le district d'Auxerre pendant la Révolution, 1903, 1 vol. in-8° (CXXVII p.)..................................... **3 fr.**

PONCINS (L. de). — *Les cahiers de 89 ou les vrais principes libéraux*, 2ᵉ édit. 1887, 1 vol. in-8°, br. (XLV-475 p.) ... **5 fr.**

GESLIN DE BOURGOGNE (J.) et BARTHÉLEMY (A. de). — *Etudes sur la Révolution en Bretagne*, principalement dans les Côtes du Nord, 1878, 1 vol. in-8° (XVII-213 p.).... **2 fr.**

ANGOT (L'abbé A.). — *Mémoires épistolaires sur la Révolution à Laval*, avec notice sur M. Duchemin de Villiers, 1896, 1 vol. in-8° br............................. **4 fr.**

BOUDET (Marcellin). — *Les tribunaux criminels et la justice révolutionnaire en Auvergne*, d'après les minutes des greffes et des documents inédits. Les exécutés, 1873, 1 vol. in-8° (XV-305 p.)............................. **3 fr.**

www.ingramcontent.com/pod-product-compliance
Lightning Source LLC
Chambersburg PA
CBHW070841230426
43667CB00011B/1886